U0936941

宋元窑业技术交流研究

中国古陶瓷学会　编

科学出版社
北　京

内 容 简 介

本书收录29篇论文，涉及宋元时期南北方窑厂、高丽国青瓷，以及建筑构件和琉璃画等，不仅有根据相关史料进行梳理的窑业发展史，也有根据科技检测对不同时期或不同窑厂的产品进行对比研究，对于从事考古学、历史学等方面的人员具有重要参考价值。

图书在版编目（CIP）数据

宋元窑业技术交流研究 / 中国古陶瓷学会编. —北京：科学出版社，2020.6

ISBN 978-7-03-065175-4

Ⅰ. ①宋…　Ⅱ. ①中…　Ⅲ. ①陶瓷工业-工业史-研究-中国-宋元时期
Ⅳ. ①F426.71

中国版本图书馆CIP数据核字（2020）第090184号

责任编辑：张亚娜　张睿洋 / 责任校对：邹慧卿
责任印制：肖　兴 / 封面设计：北京美光设计制版有限公司

科学出版社 出版
北京东黄城根北街16号
邮政编码：100717
http://www.sciencep.com

中国科学院印刷厂 印刷

科学出版社发行　各地新华书店经销

*

2020年6月第 一 版　开本：889×1194　1/16
2020年6月第一次印刷　印张：23　插页：6
字数：680 000

定价：198.00 元

（如有印装质量问题，我社负责调换）

编委会

目录

北宋磁州窑（系）镶嵌工艺的发现、演化及与高丽青瓷镶嵌相互关系之浅探

赵学锋
（磁州窑博物馆）

摘要： 冶子磁州窑遗址出土了北宋镶嵌工艺标本，山东冠县老城作为磁州窑当年的集散地出土了一批磁州窑镶嵌器物及标本。通过比对看出，磁州窑从灰褐地划花镶嵌过渡到灰褐地刻花镶嵌和剔划花镶嵌，最后演化出珍珠地划花镶嵌。同时期（辽）的山西浑源窑也出现了镶嵌工艺，它从灰褐地刻花镶嵌逐步演化为青瓷划花镶嵌和剔划花镶嵌。高丽青瓷镶嵌出现于公元13世纪，其演化过程也经历了划花镶嵌、刻花镶嵌和剔划花镶嵌。高丽青瓷镶嵌是朝鲜半岛古陶瓷的最高成就，但其出现时间比磁州窑（系）镶嵌晚了一个半世纪。高丽青瓷和朝鲜粉青沙器的铁画、雕花剥地等工艺在不同时期都深受磁州窑（系）的影响，有明显的传承关系，据此推论，高丽青瓷镶嵌和磁州窑（系）镶嵌工艺也同样存在着传承关系。

关键词： 磁州窑　浑源窑　高丽青瓷　镶嵌

一

2015年5月至2016年8月，考古工作者对冶子磁州窑遗址进行了抢救性发掘，从宋代地层出土一枚镶嵌工艺标本，从形状上看，初步确定为北宋灰褐地刻划镶嵌瓷枕（图1）。在此之前，因看到此类标本太少，没有引起足够重视。2018年底，笔者在筹办山东聊城地区出土磁州窑（系）瓷器的“宋元磁萃”展览时，意外的在山东冠县“金铤斋”瓷片标本博物馆里看到一批北宋磁州窑（系）的镶嵌标本瓷片（图2），马上对镶嵌工艺有了一个全新的认识。从这组图片上看，最早的镶嵌应该是灰褐地划花镶嵌；其次是刻方格纹镶嵌，这方印花刻方格纹镶嵌瓷枕（图3）和冶子窑遗址出土的那件标本是一模一样的，既说明了地层、年代问题，又表明了镶嵌工艺的演变。关于镶嵌工艺的技法和原料的使用，我们和中国科学技术大学王昌燧、罗武干教授合作，对以上两种镶嵌标本进行了科学测试分析，结论（摘要）是：“截面观察提示镶嵌瓷的制作工艺为：先在素胎刻划纹饰，然后通体施化妆土，再将纹饰素面化妆土刮去，仅在纹饰内保留化妆土，最后施透明釉。XRF提示镶嵌料和化妆土成分一致，应为同一材料。”由此可以看出，镶嵌工艺是北宋磁州窑（系）的一个重要技法，可能是演化较快，被后来的剔划花、黑绘花等技法冲击，生产量相对较少，地层遗存也不多见，传世的精品更是凤毛麟角，这一方收藏在英国不列颠博物馆的划花镶嵌凤凰展翅纹叶形枕就是罕见

图1 北宋灰褐地刻划镶嵌瓷枕标本

图2 北宋灰褐地划花镶嵌花卉纹瓷枕

图3 北宋灰褐地刻划镶嵌鹿鹤莲花纹银锭枕

图4 北宋灰褐地划花镶嵌凤凰展翅纹叶形枕

的一件珍品（图4）。叶形枕是北宋观台磁州窑的标准器型，这方枕应该是观台窑的产品。那么，灰褐地划花镶嵌和灰褐地方格纹镶嵌工艺之后，镶嵌工艺是否还有新的发展呢？我认为，北宋中后期的珍珠地装饰也应该划归到镶嵌工艺的范畴。珍珠地只是一种技法，就像是划花，珍珠地的凹槽内填入赭色料，施透明釉后呈赭红色，这种工艺应该是珍珠地镶嵌，是镶嵌工艺的一种延续和发展。同时，对此类工艺的称谓也应改为“划花珍珠地镶嵌行炉、划花珍珠地镶嵌叶形枕”。

笔者着手整理镶嵌工艺资料时，了解到同时期的河南登封窑也生产有此类镶嵌瓷器，其工艺和磁州窑别无二致。山西介休窑也生产有镶嵌瓷器，但最受关注的是山西大同浑源窑出土的镶嵌青瓷。任志录、孟耀虎老师曾多次撰文介绍浑源窑的重要发现和考古成就，并进一步确定了浑源窑镶嵌青瓷生产年代在辽金时期。从20世纪末到21世纪初的十几年间，部分学者对浑源窑镶嵌青瓷的发现提出一些争议，并由此也延伸到对高丽镶嵌青瓷是否存在传承关系的探究上。

笔者真正关注磁州窑（系）镶嵌和高丽青瓷镶嵌是否存在传承关系是从2018年10月开始的。2018年6月8日中国磁州窑博物馆和韩国国立光州博物馆正式缔结了友好馆后，即着手筹办“中国磁州窑陶瓷精品展——黑白艺术盛宴”赴韩国展览，为此我们一行三人应邀到韩国参加一个化妆土学术会议并参观考察，有幸在博物馆看到了精美的高丽镶嵌青瓷（图5、图6），其温润的釉色，不事张扬的韵致，真的让人惊叹。但我们很快发现，不论是高丽王朝时期的陶瓷装饰工艺，还是朝鲜王朝时期的陶瓷装饰工艺，都和磁州窑有相似的地方，如雕花（划花）、剥地（剔花）、铁画（黑绘花）、印花等几乎和磁州窑如出一辙，只是时间概念上有早晚之别而已。那么，作为韩国古陶瓷最得意的作品镶嵌青瓷，和磁州窑（系）镶嵌是否存在有传承关系呢？为此，我们把对磁州窑（系）镶嵌工艺和高丽青瓷镶嵌的比较性研究作为了一个课题。

为了掌握第一手资料，真正了解山西浑源窑镶嵌青瓷的特质，在孟耀虎老师的介绍下，我们专程上大同市拜访了民间收藏家赵炳恩老师。在他那里看到好多浑源窑的青瓷镶嵌标本（图7、图8）。从这些标本中看出，浑源窑镶嵌最早可能也是由灰褐地镶嵌转变为青瓷镶嵌的，这件标本非常典型地展示了灰褐地镶嵌的结构和技法（图9、图10）。而后来的青瓷镶嵌就具备了非常温润的感觉，这种感觉瞬间让我们想到了高丽镶嵌青瓷，两者有异曲同工之妙，堪可媲美。赵炳恩老师是一位老收藏家，收集窑址瓷片标本有二三十万片，资料非常丰富，也发表有多篇研究文章。他认为浑源窑镶嵌青瓷出现在宋辽时期，对高丽镶嵌青瓷产生应该有很大影响。对此，我们也有同感。首先，磁州窑（系）镶嵌工艺出现时间在宋辽时期，其工艺可能是从青铜器镶嵌借鉴而来，又经历了一个创新、演变和区域化发展的过程。磁州窑和登封窑从灰褐地划花镶嵌到划花珍珠地镶嵌是一个表现形态，而山西境内以浑源窑为例，从灰褐地镶嵌到青瓷镶嵌、青瓷剔划镶嵌（图11）是一个表现形态。我们不妨在时间上和高丽镶嵌青瓷做一个比较，磁州窑（系）镶嵌工艺出现在10世纪末、11世纪初，而高丽镶嵌青瓷出现在12世纪，在

图5　镶嵌菊花纹瓶

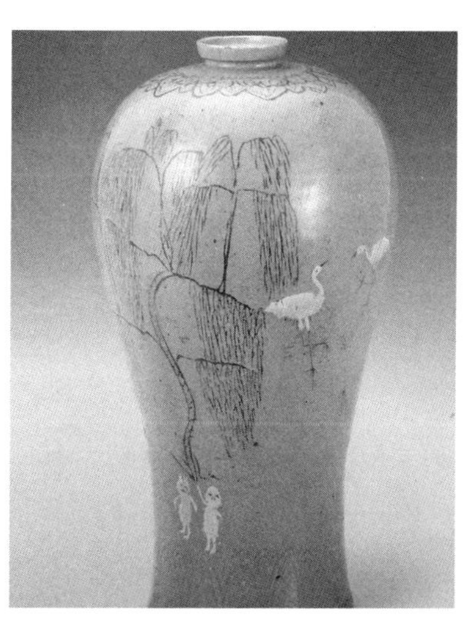
图6　青瓷镶嵌蒲柳鹤童子纹梅瓶

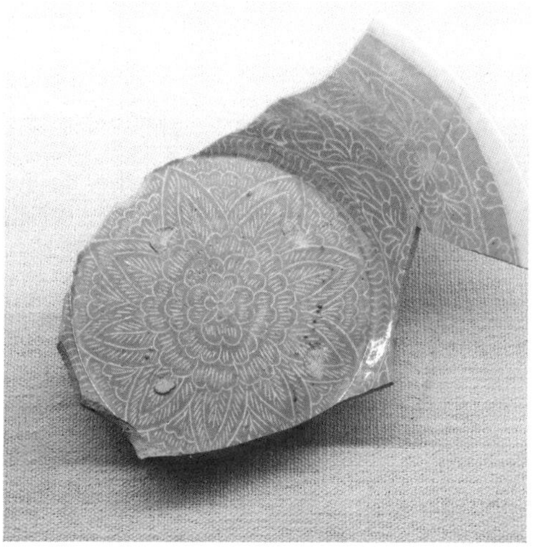
图7　辽青瓷划花镶嵌花卉纹碗

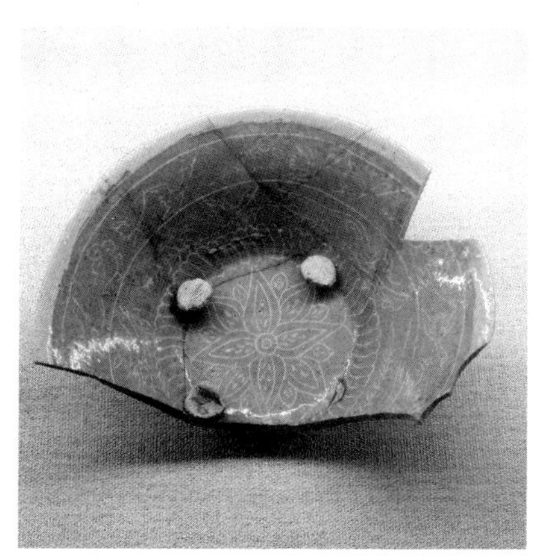
图8　辽青瓷划花镶嵌云雁花卉纹碗

图9　辽灰褐地划花镶嵌花卉纹钵标本

图10　辽灰褐地划花镶嵌花卉纹钵标本

时间概念上，磁州窑（系）镶嵌工艺比高丽镶嵌青瓷早了一个半世纪。如果说因为磁州窑（系）的镶嵌工艺出现早就必然影响到了高丽镶嵌青瓷，这种说法未免太过牵强，但我们可以从磁州窑（系）的其他装饰技法对韩国古陶瓷形成的影响上，来解释这种说法存在的可能性。

图11　辽剔划花镶嵌花卉纹梅瓶

1. 高丽青瓷铁画和北宋磁州窑黑绘花

高丽青瓷铁画出现时间在11世纪和12世纪（图12、图13），它不但充分展示了瓷器的釉色之美、器型之美，还增添了花卉之美。

同样，磁州窑瓷器的黑绘花（又名白地黑花）成熟于北宋中晚期，到金代形成了装饰的主流，并一直延续到现代。高丽青瓷铁画和磁州窑黑绘花有所不同的是，高丽青瓷铁画是将铁料直接绘在胎上，然后施青色釉料烧成；而磁州窑则是在胎上先施化妆土，后再将铁料（斑花石）绘在化妆土上，最后施透明釉烧成，由此呈现出白地黑花对比鲜明的艺术效果。

图12　青瓷铁画牡丹纹梅瓶

高丽青瓷铁画和磁州窑黑绘花装饰工艺的使用，存在着一个时间概念问题。磁州窑有确切的地层出土资料证明，黑绘花装饰工艺的出现在10世纪后期，而且应该是黑剔花工艺的一个延伸。而高丽青瓷铁画出现的最早时期在11世纪中期，时间上磁州窑黑绘花装饰工艺明显要早了最少半个世纪左右。但从各自的装饰艺术形态来看，高丽青瓷铁画相较于北宋磁州窑黑绘花就是一种效仿，而没有形成超越，从磁州窑金元时期的白地黑花作品中可以印证这一观点。

2. 朝鲜粉青沙器雕花和北宋磁州窑划花

图13　青瓷铁画牡丹唐草纹长鼓

朝鲜粉青沙器雕花工艺大约出现在15世纪（图14），正是中国的明朝后期和清朝早期。这个时期磁州窑早已度过了金、元时代的巅峰期。但划花工艺是北宋中期（10世纪中期）的产物。随着划花工艺又衍生出篦划花和珍珠地划花工艺。后来的剔花和黑绘花装饰中也融入了划花技法。同时，划花工艺还渗透到剔划花和黑绘花划花的工艺之中，在北宋装饰工艺中扮演了重要角色。

朝鲜粉青沙器雕花工艺出现时间较晚，但装饰技法和外在特征与北宋磁州窑的划花工艺非常相似。这里最重要的因素是，朝鲜粉青砂器雕花技法也是在化妆土的基础上进行的，这是磁州窑和朝鲜粉青沙器的机缘巧合。磁州窑划花工艺至少比朝鲜粉青沙器雕花工艺早了5个世纪，这中间肯定存在了传承和影响关系。但朝鲜粉青沙器雕花虽然是后来者，却没有达到后来者居上的水平。

图14　粉青沙器雕花鱼纹扁瓶

3. 朝鲜粉青沙器剥地、剥地雕花和北宋磁州窑剔花、剔划花

剥地和剔花是一个相同的概念。但朝鲜王朝出现的剥地、剥地雕花装

图15 粉青沙器雕花剥地牡丹纹壶

饰技法和北宋磁州窑出现的剔花、剔划花装饰技法，在表现形态上还是有一定的差异。首先，北宋磁州窑剔划花分黑釉剔划花和白釉剔划花，而朝鲜粉青沙器剥地雕花仅只见白釉剥地雕花；其次，装饰工序上有繁有简。北宋磁州窑剔划花工艺分白剔划花和黑剔划花两种；而粉青沙器只有白化妆土剥地雕花一种，所以，烧成后的观赏效果就大为不同。

朝鲜粉青沙器剥地雕花虽然只是白化妆土剥地雕花的表现，但在胎、白化妆土、剥地雕花和粉青釉的融合下，也表现出了独特的韵味（图15）。

在剥地雕花（剔划花）技法的使用和表现上，北宋磁州窑比之朝鲜粉青沙器还是早了五个世纪，但北宋磁州窑的剥地雕花（剔划花）工艺后人还是无法超越。

4. 朝鲜粉青沙器印花和北宋、金磁州窑印花

图16 金代耀州窑牡丹纹碗印花范

朝鲜粉青沙器印花也同样出现在15世纪，从出土资料看，印花工艺应是当时粉青沙器装饰主流技法之一。印花分两种形态，一种是外壁印花，如盒、器盖等；一种是内壁印花，如碗、盘一类。印花工艺首先要有印花范，然后泥料入范挤压成型，方可进行下一步的装饰。图16和图17这两件印花范一是中国耀州窑博物馆藏的牡丹纹碗印花范，一是中国磁州窑博物馆藏的龟鹤齐寿印花范，都属于内壁印花范。碗印花范呈馒头状，内腔空，顶部一周凸弦纹，顶心素面，腹部一周印折枝牡丹纹。盘印花范盘底为六弧连环圆，圆内刻龟鹤齐寿左右对称排列，上刻龟，下刻鹤，中间刻福字和卧鹿，连弧圆外有折沿，折沿周边刻忍冬草纹。

图17 金代素胎龟鹤齐寿盘印花范

磁州窑印花工艺出现较早，大约在北宋中晚期，最早见的是白釉印花，有印花盘、印花碗、印花盆、枕墙印花等器型。

朝鲜粉青沙器印花工艺出现虽然很晚，但在印花工艺的使用上却有自己的创新，最大的特点就是在印花工艺的基础上与镶嵌工艺相结合，形成了粉青沙器印花镶嵌技法。北宋磁州窑印花有两种形态，一是白釉印花，一是棕黄釉印花。一般是釉满不露胎（涩圈除外），印花部分隐约可辨。而朝鲜粉青沙器印花则大面积露胎，和施白色料的印花部分形成鲜明对比，图案则非常清晰。再加之辅以镶嵌工艺，使这种装饰工艺又提高了一个审美层次。但磁州窑的满釉印花也有一种温润的美感，在这方面可谓各有千秋。

图18 粉青沙器印花菊花纹盒

5. 朝鲜粉青沙器铁画绘画、书法装饰与宋金元磁州窑同类装饰

朝鲜粉青沙器铁画是高丽青瓷铁画的延续，只是随着时代和工艺的变化，铁画的表现形式变成了胎上的铁画和化妆土上的铁画两种。因为

化妆土的因素，粉青沙器铁画客观上更接近于磁州窑的“白地黑花”（图18）。

朝鲜粉青沙器书法至少有三种表现形式，第一种是阴刻文字，第二种是镶嵌文字，第三种是铁画（毛笔）文字。关于瓷器上的书法装饰技法，磁州窑应该是最具有影响力的，宋代就有阴刻文字装饰，继而有了毛笔书法文字装饰，进入金元时期，书法文字装饰成为一种时尚，除了表述文字内涵之外，书法艺术也成为了一种炫耀。朝鲜粉青沙器上的文字装饰出现较晚，但和宋金元磁州窑的表现形式基本相同。首先，器皿底部铭款形式相同（图19）；其次，阴刻文字在宋代磁州窑的器表和金代磁州窑的器底都有表现，在朝鲜粉青沙器的底部也有同类表现（图20～图22）。

图19　粉青沙器梅竹纹罐

图20　粉青沙器印花“光”铭菊花纹碟匙

图21　粉青沙器雕花“丁三”铭标本

图22　粉青沙器印花阴刻“光上”铭片

二

镶嵌工艺是北宋磁州窑（系）的一种重要装饰技法，后来虽然在本窑口没有形成主流装饰，但当时在一定范围内也形成了传播和影响。从中原到辽西京（大同），从灰褐地镶嵌到青瓷镶嵌，代表了磁州窑（系）镶嵌工艺的发展过程。一个半世纪以后，高丽青瓷镶嵌异军突起，在世界青瓷镶嵌领域成为佼佼者，但寻其根源与磁州窑（系）的装饰工艺还是存在着必然的传承关系。高丽铁画与磁州窑黑绘花，朝鲜粉青砂器雕花与磁州窑的划花，朝鲜粉青沙器剥地雕花与磁州窑的剔划花，朝鲜粉青沙器印花与磁州窑印花，朝鲜粉青沙器书法绘画装饰与磁州窑的书法绘画装饰，无不是同出一源。从时空概念上来看，两者之间是存在承接关系的；从装饰内容上看，两者之间也存在着相互影响的因素。这充分体现了两国文化的相似性和互融性。这个现象不是偶然的，毕竟韩国历史上与中国的唐代、元代和明代先后有过700年左右的同化过程，在文化的走向上基本相同，在对生活的理解、审美的追求上也非常相近。

最后想说的就是，中国磁州窑（系）与韩国古陶瓷工艺是有关联的，甚至是有很深的传承关系的。但高丽青瓷镶嵌后来者居上，她把民族的文化和民族的审美发挥到了极致，走上了世界青瓷镶嵌艺术的最高峰。

略谈宋金磁州窑印花瓷器

庞洪奇
（邯郸市人民代表大会常务委员会）

摘要： 磁州窑从北宋初期至金代早期就一直在烧造棕黄釉印花瓷器、化妆粗白瓷印花器、经改良的“类定”化妆白瓷印花器，至金代选用优质瓷土烧造精细白瓷及其印花器。这既是其自身由低到高、一脉相承发展的结果，亦是在特定历史条件下，窑场之间相互学习借鉴、相互交流影响使然。在以往一概称之为“定窑印花瓷器”的传世及出土器物中，肯定还有定窑之外磁州窑等其他窑场的制品。这既对精白印花瓷器烧造窑口鉴别提出了挑战，亦为古陶瓷考古及学术研究增添了新课题。

关键词： 磁州窑　精白印花瓷器　讨论

磁州窑素以装饰技法及其艺术成就称著于世，马忠理先生撰文论及其技法达60种之多[1]。其中包括1987年观台窑发掘出土的棕黄釉印花器装饰，但因其出土数量较少而未能引起人们的重视。近来，随着考古发掘的不断深入，不仅进一步证实棕黄釉印花瓷器在磁州窑观台、冶子和临水、彭城两大中心窑场均有大量烧造，而且还在多处窑址发现了磁州窑化妆白瓷印花器和精细白瓷印花器。尤其是精白印花器，其瓷质及制作精美度，实不在定器之下。这不仅引起业内人士关注，而且还引发了不少争议。本文拟在介绍上述印花瓷器发掘出土情况的基础上，重点就磁州窑烧造印花瓷器、尤其是精白印花瓷器问题提出自己的看法和认识，敬请学者专家批评、赐教。

一、磁州窑印花瓷器出土情况

（一）观台窑和冶子窑

据《观台磁州窑址》，1987年北京大学考古系、河北省和邯郸市文保机构联合发掘磁县观台窑址时，曾分别在宋初期及宋晚金早期地层发现了棕黄釉印花瓷碗标本，碗内印纹多为缠枝菊花或菊瓣纹（图1）。其中，宋早期印花碗圈足薄而外撇，三足垫饼支烧，宋晚及金早期为涩圈叠烧[2]。

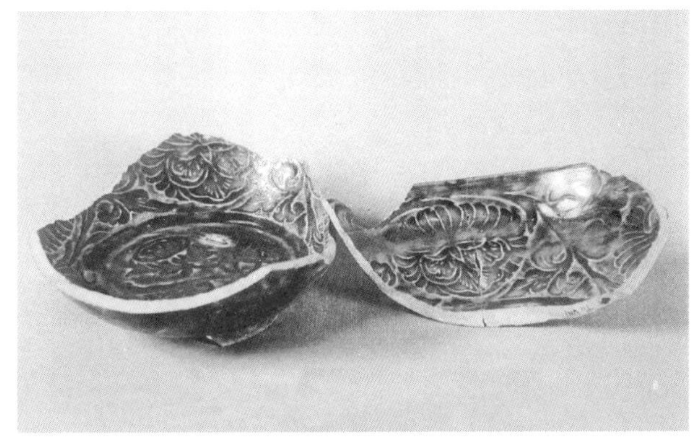

图1 观台窑址及棕黄釉印花器标本

冶子窑，位于漳河东出太行山口西岸的磁县都党乡冶子村，隔河与观台窑址相望。2015年5月，结合该村旧村改造，河北省文物研究所与磁县文保所联合对所发现的瓷窑遗存区域进行了抢救性考古发掘，在其宋代地层发掘出土棕黄釉刻印花碗200余件[3]。其装饰技法主要为印花及印、刻花相结合，纹饰多为缠枝菊花、折枝菊花或菊瓣纹、荷莲纹等，印纹图案清晰、纹饰精美，剔刻刀法犀利、线条流畅。另有乌篷船童子嬉戏纹，运用刻、印两种工艺，勾画出水波荡漾、荷花盛开，童子在乌篷船上划船、嬉戏的场景，具有浓郁的生活气息和很强的艺术感染力。还发现碗里“涩圈”内釉下模印或刻有“刘氏”“何”等文字的标本，应是不同制瓷作坊“字号”标记。（图2-1、图2-2）

冶子窑棕黄釉印花器亦如观台窑，分别采用三足垫饼和涩圈叠烧工艺烧造，而以后者居多，以节省窑炉使用空间，降低成本，提高产量。

（二）临水窑和彭城窑

临水窑址位于邯郸市峰峰矿区政府所在地临水镇城区西部、紧靠滏阳河的区域内。其古瓷窑址全部压在现代城市之下，除20世纪70年代中期分别在临水火车站南发现一处青瓷窑址和峰峰汽车队宋元古瓷窑址外[4]，其真实面目一直不为世人所知。近年来，随着城市建设的不断加快，一些古瓷窑遗址得见天日。笔者对此进行了多年的调查及研究，并促成了2002年4、5月间市、区文保机构对临水三工区古瓷窑址的抢救性清理发掘，其发掘简报发表在《文物》2015年第8期上，认定临水窑为时跨北朝晚期至元末的古瓷窑[5]。其中，出土的化妆白瓷印花器及精白印花瓷器标本则为历来磁州窑考古调查发掘之仅见，尤其是后者，让我们见识了与

图2-1　冶子窑址棕黄釉及白釉印花标本

以往面貌不尽相同的磁州窑，给人以耳目一新之感。

临水三工区窑址出土的白釉印花瓷器，按其造型、胎质、釉色及支烧方式的不同，分为三种类型：一是化妆白瓷印花碗，碗内印缠枝花卉，胎质粗，胎体厚，底足高深而外撇，无釉，采用碗内五个长条形支钉摞烧（图3）；二是施化妆土的“类定”白釉印花器，胎质细，胎体薄，内外满釉覆烧，芒口，有碗、盘等不同器型，且数量较多（图4）；三是精细白瓷印花器，胎釉洁白，釉无泪痕，胎质致密，胎薄形俏，制作精美，印纹有花卉纹、回纹、海水纹、博古纹、鱼纹、龙纹、犀牛望月纹等（图5）。上述前两类白釉印花器虽胎质精粗有别，但印花纹饰和图案均清晰、精美，与同时出土的精细印花白瓷相比，印花工艺相同，差别主要在胎质、施釉及支烧方式上。

图2-2 冶子窑址棕黄釉及白釉印花标本

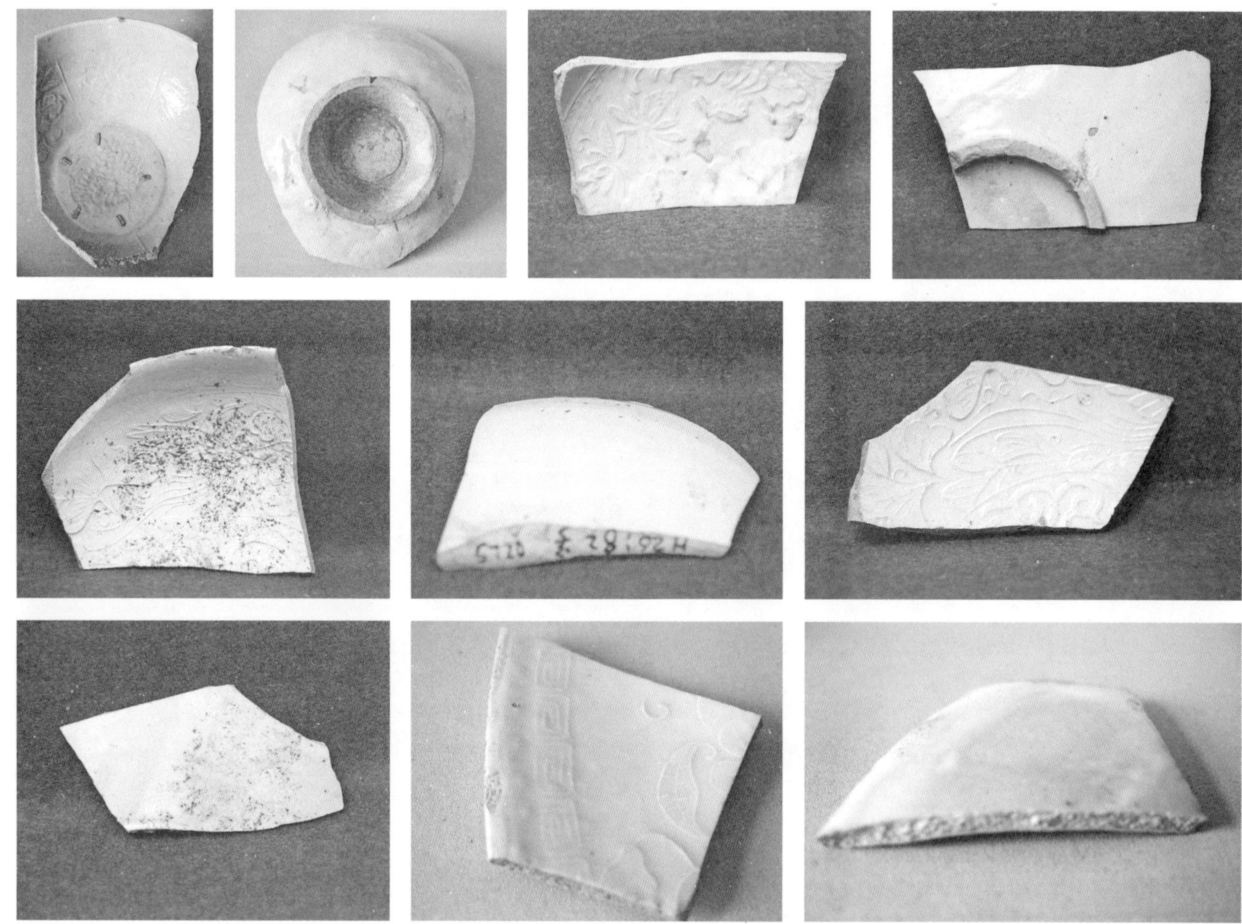

图3　临水三工区窑址化妆白瓷印花器标本

2008年4月，河北冶建公司在位于临水三工区窑址西侧的峰峰热电厂承建150吨锅炉改扩建工程时，该公司职工、磁州窑爱好者牛培刚先生在此发现了古瓷窑址，并采集了一批从北朝晚期直至明代的磁州窑瓷器标本。其中，出土了为数较多的棕黄釉印花瓷器、化妆白瓷印花器、精细白瓷及精白印花器标本（图6、图7）。

除此之外，还在峰峰矿区彭城窑址及其西三里之近的炉上窑址发现了少量化妆白瓷印花及精细印花器标本[6]（图8、图9）。

从上述磁州窑遗址印花瓷器标本的出土情况来看，棕黄釉印花器在磁州窑两大中心窑场，即漳河流域的观台、冶子窑和滏阳河流域的临水、彭城窑均有烧造，而白釉印花瓷器则主要发现于临水、彭城窑场（图10）。

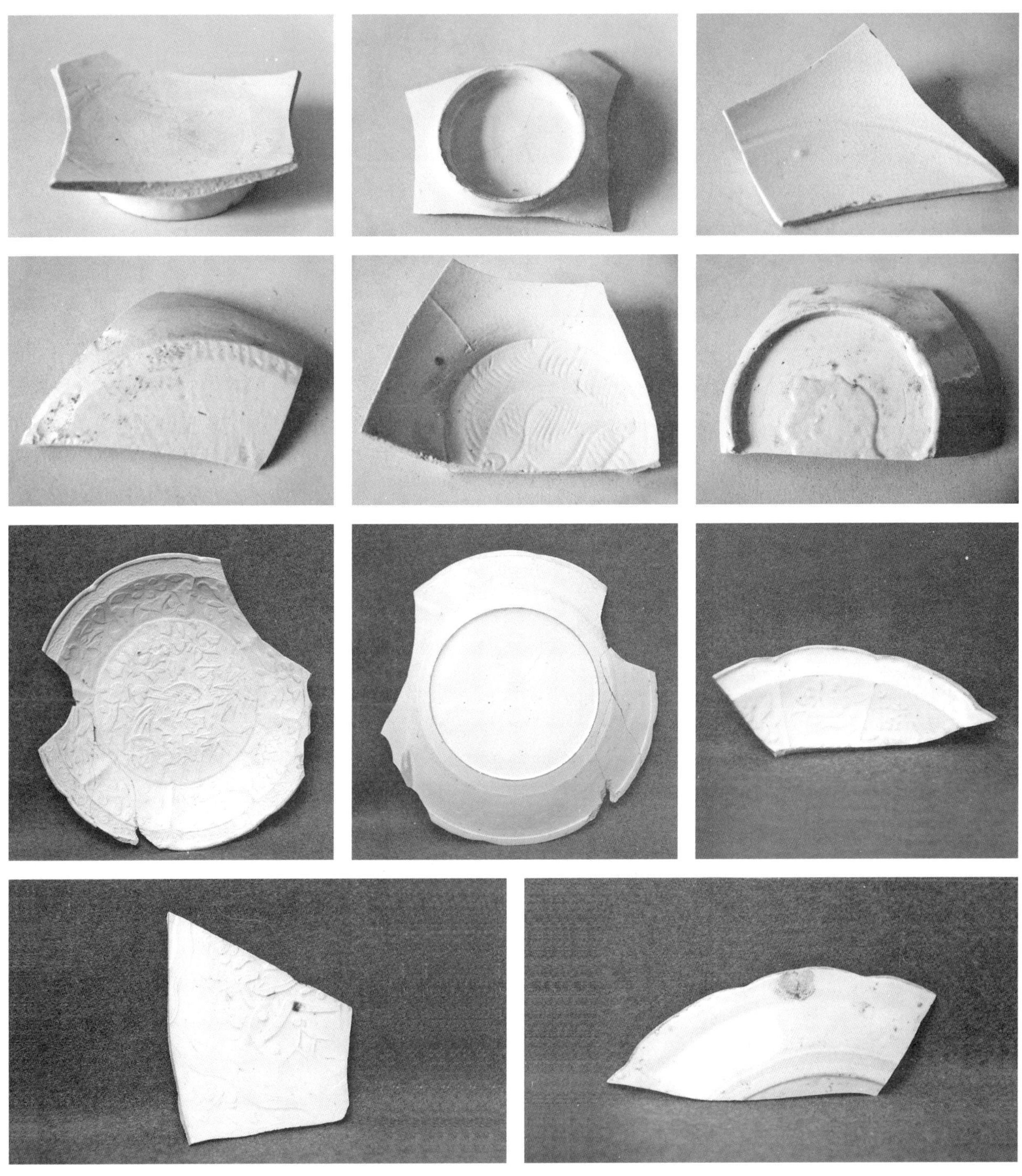

图4 临水三工区窑址“类定”印花标本

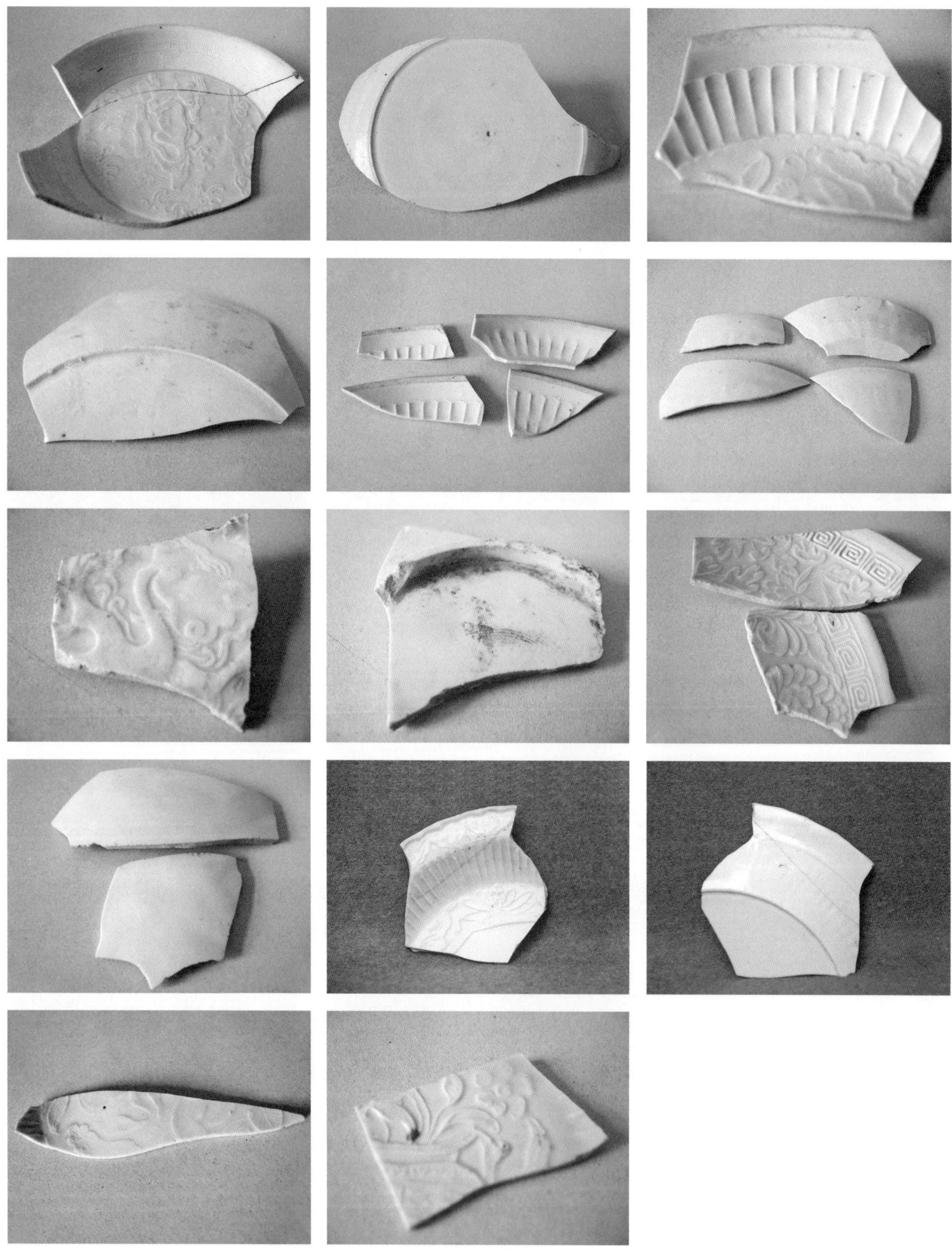

图5 临水三工区窑址精细白瓷印花标本

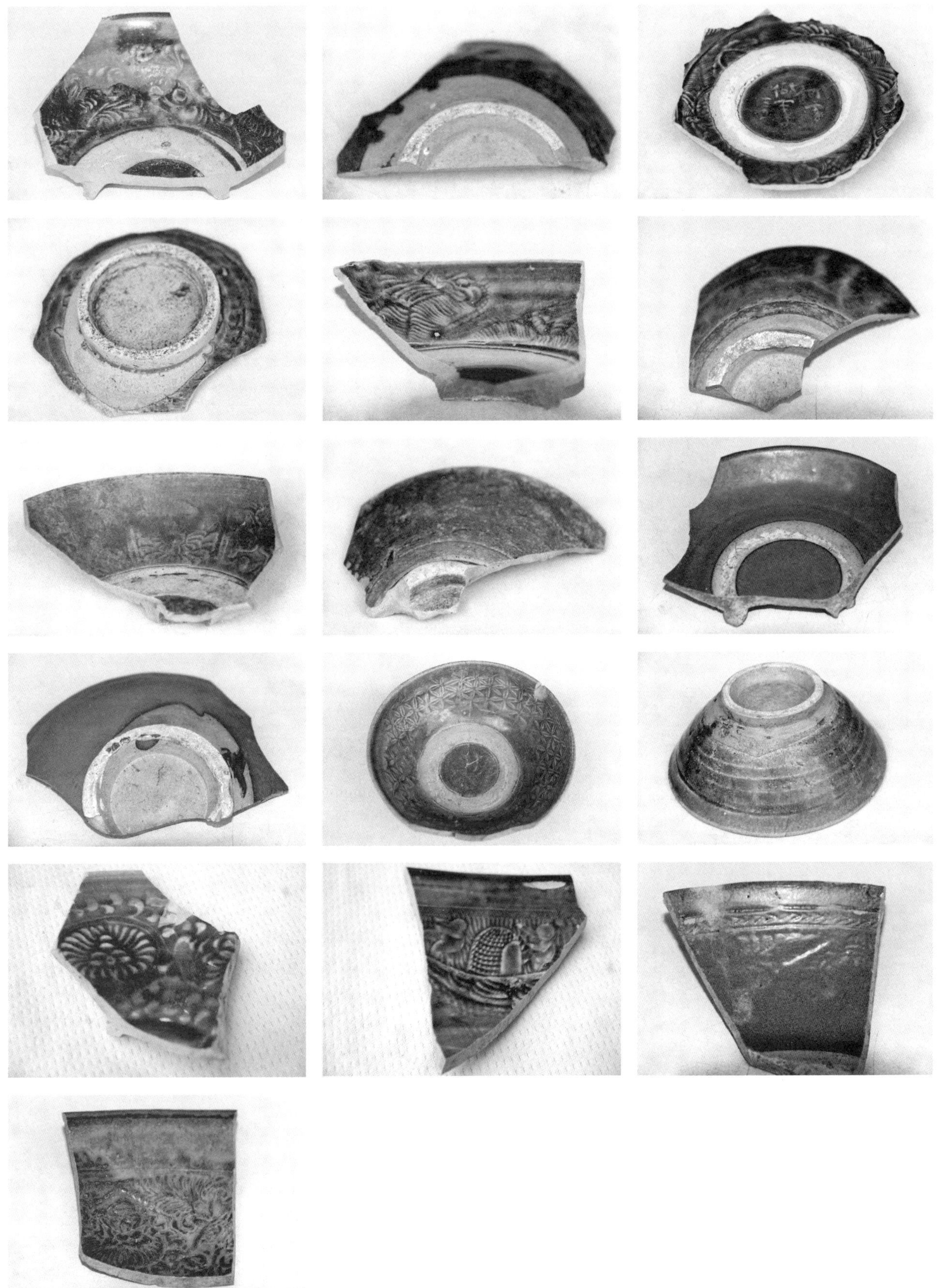

图6 峰峰电厂窑址棕黄釉印花标本

图7　峰峰电厂窑址化妆白瓷印花标本

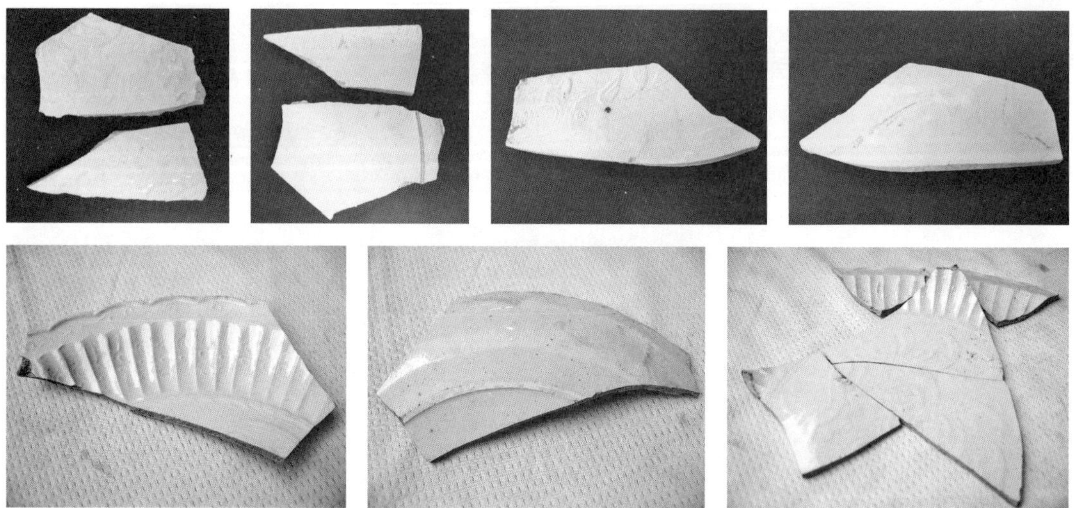

图8　峰峰电厂窑址“类定”印花标本

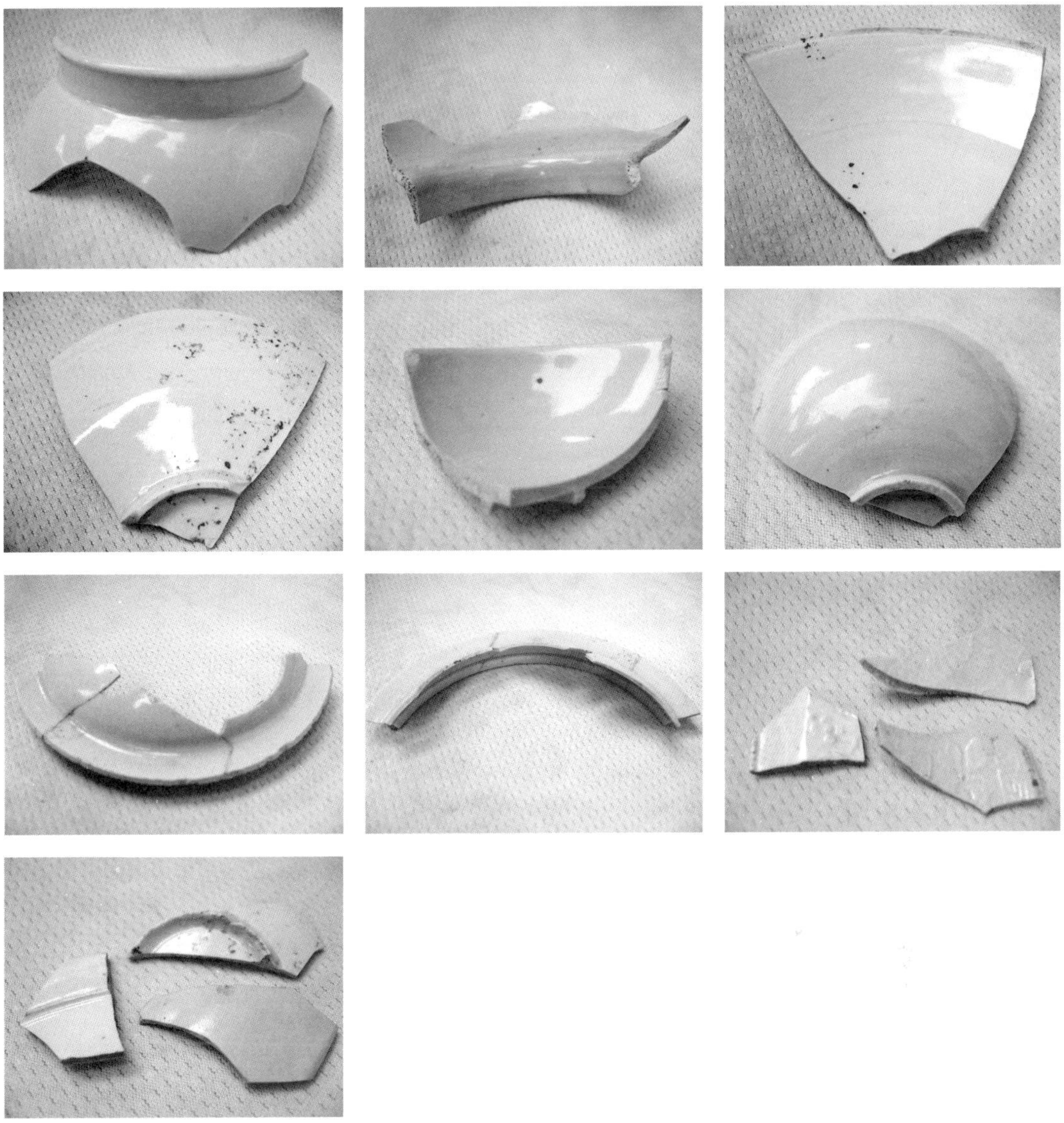

图9　峰峰电厂窑址精细白瓷印花标本

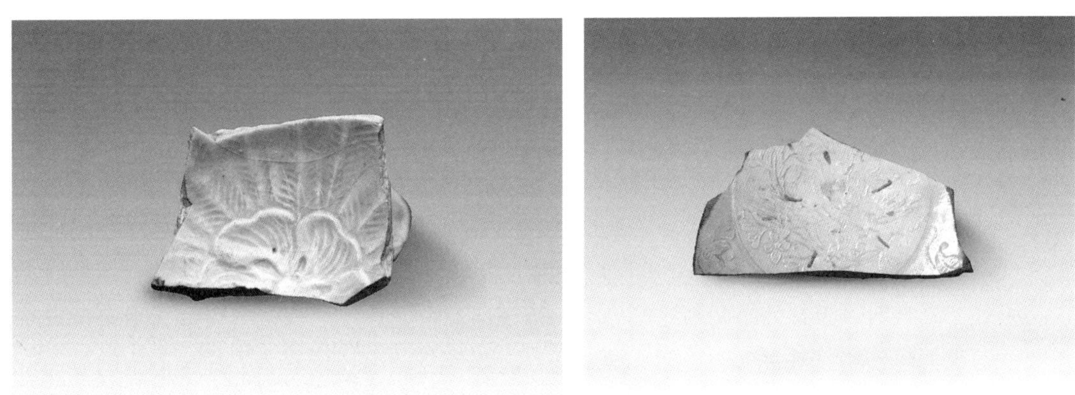

图10　彭城炉上窑址化妆白瓷及精细白瓷印花标本

二、磁州窑印花瓷器相关问题讨论

（一）关于磁州窑棕黄釉瓷器的烧造年代

关于棕黄釉印花器，其烧造窑口除磁州窑外，陕西铜川黄堡窑、河北定州燕川窑、河北井陉窑等遗址均有出土，只不过对其釉色称呼不同而已（有的称之为“黄釉”“茶叶末釉”或“酱釉”“饴釉”）。但对其烧造年代却有不同说法：磁县冶子窑认为是宋早期，陕西铜川窑定为是宋晚期或金代，河北定窑、井陉窑则持金代之说[7]。那么，磁州窑棕黄釉印花器究竟烧造于什么年代?

笔者经认真查阅、分析相关考古研究资料，比较认同《观台磁州窑址》所持观点，即棕黄釉印花器烧造年代有宋初期和宋晚金早期之分。其理由一是有考古地层之分，观台窑宋初期标本分别出土于T8和T11两个探方的第8层，经发掘者研究考证，该地层出土器物标本应为观台窑第一期第一段，约宋初太祖、太宗时期；而宋晚金早期标本则分别出土于T2、T3探方的第3、第7层，应为观台窑第二期的前、后两段，约北宋后期神宗熙宁年间至金初海陵王朝前。二是有支烧方式的区别，观台窑宋初期标本均为三足垫饼支烧，而宋晚金早期标本则多为涩圈叠烧。那么，冶子窑和临水电厂窑因与观台窑同处磁州一地，这两处窑场烧造棕黄釉器的年代亦应与观台窑大致相同。

（二）关于化妆白瓷印花器的烧造年代

白釉印花器（包括化妆白瓷及精细白瓷印花器），观台窑址考古发掘未见出土[8]。因而其烧造年代亦未有考古定论。但其中“类定”化妆白瓷印花器及精白印花器，其造型、纹饰、烧造工艺等均与金代定窑印花白瓷相同，故其烧造年代亦应为金代。而极具磁州窑传统化妆白瓷特征的粗白瓷印花碗标本，从其造型、胎质、支烧方式，特别是其底足高深而外撇，与北宋磁州窑化妆粗白瓷碗完全相同（金代磁州窑同类碗之足墙低浅而内外均直），以此判断亦应始烧于北宋，至迟不晚于宋晚期，并延至金代。

（三）关于磁州窑址出土精细白瓷印花器标本之产地

磁州窑在长达千年的烧造历史中，素以烧造化妆白瓷为大宗，并以此成为其基本特征。正因为如此，对上述磁州窑遗址出土的精细白瓷印花器标本，不仅一些业内人士武断地认定为定窑产品，即便是邯郸考古发掘者亦曾怀疑磁州窑能否烧造精细白瓷及其印花器，以致在《文物》杂志上发表的临水三工区窑址发掘简报中竟然将此类出土标本排除在外!

那么，究竟应该怎样分析判断这些出土的精细印花白瓷标本之烧造窑口？无数科学发现和考古实践告诉人们，观察事物必须见微知著，在纷繁复杂中抽丝剥茧、找到正确的方向；分析问题，需要触类旁通，在光怪陆离中去伪存真、得出正确的结论。20世纪70年代，叶喆民先生由宝丰县清凉寺窑址偶得一片汝窑瓷片而发现汝官窑遗址的实例就是明证[9]。

以此梳理分析临水窑址出土的标本资料，并佐以定窑之外鹤壁窑等其他多处窑址的相似考古发现，就不难得出判断，磁州窑烧制精细印花白瓷毫无悬念，真实可信！

第一，精细印花白瓷标本出土于古瓷窑址而不是生活地层。文物机构在临水三工区古瓷窑址发掘现场不仅发现了十多处早期青瓷料池及窑炉、金代红绿彩作坊、大量炉渣及窑具，而且可从地槽断面上发现，烧造北朝隋代青瓷、唐代化妆白瓷及宋金元白釉点彩、珍珠地及剔划花、白釉印花、黑釉及窑变、白地黑绘、红绿彩、五彩瓷及“类定”瓷器的地层直接叠压，年代关系十分清晰。邯郸市文物保护研究所乔登云所长等据此发掘资料，并参照邯郸历年来磁州窑及北朝墓群考古研究成果撰写发掘简报并发表在国内权威杂志上，认定临水窑为时跨北朝晚期至元末的古瓷窑（实际上该窑址还出土了少量明代白地黑绘赭彩标本）。磁州窑精细印花白瓷亦是第一次在此窑址中发掘出土，只是囿于对磁州窑制品的传统认识，这类珍贵的标本被当做了“仿定瓷器”[10]。

第二，精细白瓷及其印花器在临水、彭城多处窑址出土，且数量众多。除包括笔者在内的磁州窑爱好者分别在临水三工区、峰峰热电厂、彭城及附近的炉上等多处窑址采集到为数较多的此种标本外，考古工作者在清理发掘中亦收集了不少精细印花白瓷标本（图11、图12）。

第三，与精白印花瓷器一同出土的化妆白瓷“类定”印花器标本证明，磁州窑具备烧造精白印花器的工艺技术。二者成型及印花工艺相同，差别主要在胎质、施釉及支烧方式上。据观台窑考古发掘可知，磁州窑在北宋中晚期就已烧造出质量精良的“类定”白釉器，临水

图11　临水三工区窑址考古发掘图片

图12 彭城窑址考古发掘图片

窑在宋金之际又烧制出化妆粗白瓷印花器、经改良的“类定”化妆白瓷印花器。那么，在此基础上选用优质瓷土烧造出精白细瓷及其印花瓷器，则是完全可能的。

以上三方面情况互为补充、印证，可证明临水古瓷窑址出土的这两批精白印花瓷应为磁州窑所制无疑。那么，业内一些人士对磁州窑烧造精白印花瓷器持怀疑乃至否定态度又是怎样的说辞呢？

一是认为磁州窑没有优质瓷土，无法烧造出精白细瓷。

这种说法是不符合实际的。客观地说，磁州窑主要出产以施化妆土为特征的粗瓷器，既有原料优劣之因，亦是市场需求使然。当地缺少优质细瓷原料是实情。然而，“缺少”并不等于“没有”，“现在”缺少，并不等于“金代”缺少。实际上，磁州窑从北朝晚期一直在瓷器上施用的化妆土，即“白碱（主要成分为三氧化二铝）”，就是一种高级白瓷原料，与磁州窑常用大青土、二青土（含杂质多）都是与煤层伴生的制瓷原料，且储存量并不少。只不过一来其矿物储藏呈“鸡窝状”，不方便大量开采使用，二来其矿物缺少溶融之物，无法单独制作胎体。但若按一定比例加入石英、长石等矿物原料，即可调配成精细白瓷原料[11]。据有关文献资料可知，晚清、民国时期官方曾派窑冶及地质专家到磁县进行地质调查，并由天津工业试验所（前身为晚清由天津工艺总局设立的“考工场”）在彭城设立工业试验厂（分所），推动磁州窑进行包抬胎质改良在内的瓷业改良，并用白碱配合以适量大青土、二青土，烧造出了“二细瓷”。只是由于日寇入侵，抗战爆发，造成磁州窑业衰败，改良被迫中断。但抗战胜利后，共产党晋冀鲁豫边区政府又很快在彭城设立工业试验所，并由边区建设厅副厅长刘雨辰亲任所长，选用当地原料烧制成功第一代细白瓷。1952年又选派从日本留学回国的叶麟趾、叶麒祥兄弟到彭城窑指导细白瓷试制工作。以后，叶麟祥及叶广成叔侄二人又落户彭城专事此项工作，最终于1954年用当地“苏村白碱”——白龙观高级矾土，添加其他原料烧制出了高质量的精细白瓷[12]。事实说明，磁州窑当地并非没有烧制精细白瓷的优质瓷土，只不过因开采、烧制成本较高，尤其是中低阶层对粗质白瓷又有着巨大需求，再加上宋元时期黑白水墨成为艺术时尚，磁州窑白地黑绘装饰瓷器应运而生并风行天下，从而抑制了其精白瓷烧制罢了。金代中期南北议和，经济迅速发展，社会奢靡成风，高档瓷器需求量大增。在此条件下，临水窑得以克服原料成本劣势，选用优质瓷土原料多元配方烧制精细印花瓷器，不仅可能，而且成为必然。

二是认为这些精细印花白瓷标本可能是当时窑工将其他窑瓷器拿来比对和使用，造成遗留。

古代陶瓷烧制确实存在一个著名的窑场烧造出一种市场畅销品而引发其他窑场纷纷仿烧的情况，磁州窑系、定窑系等所谓宋代八大窑系，也是这样互相仿烧而形成的[13]。仿烧，自然有可能拿来其他窑口器物作样本，也有可能为窑址遗留，但数量一定是少之又少。许知，宋金定窑刻花、印花瓷器是进御的高档瓷器，当时的磁州窑户即使要重金购得少许作样本，自然会“囊以蜀川之锦，椟以豫章之木，藏之若授圭，出之如执玉”而宝贵之[14]，不会随便丢失窑场而任其破碎的，更不会像临水窑这种相邻两个遗址均大量出土的情况。那么，产生这种偏颇认识的根源，实则是一种先入为主的惯性思维使然。这样，必然会因“先入”而障目，看不到或忽略事物全貌，以“一叶”之偏，盖“整体”之全。至于“如果是仿烧就不可能与定窑那么像”之说，只能说是在思维定势下的一种“情绪宣泄”。因为，如果说磁州窑手工绘制的纹饰与定窑手工刻花类图案可能很难完全一样，但印花器为模具制品，出现相同的纹饰图案实不足为奇。另外，秦大树教授曾于2002年10月在北京召开的磁州窑研讨会上提出，从观台窑出土的一些器物看，金代磁州窑极有可能是官窑。若如此，则临水窑址出土的精细印花白瓷标本，或许还有可能是使用与定窑一样的“官制”模具制作的。

三是认为要想证明是某窑烧的，必须满足三个条件：大量出土、带有窑具、窑床出土。

如前所述，临水窑址出土精细印花白瓷标本是在不同遗址大量出现的。关于“带匣钵”的标本，因当时建筑施工时窑址已经破坏严重，笔者未能采集到带匣钵的这类标本。至于当地文保机构抢救性清理发掘时是否有出土覆烧工艺所需的支圈等窑具，因其出土资料至今未全面整理发表尚不得而知。因此，这点确实需要在今后的考古调查中特别注意，以收集更加充分的证据。但与临水窑相近的鹤壁窑，不仅出土了大量质量不在定窑之下的精细白瓷及印花器，而且采集到不少带匣钵的精白印花瓷标本。另据了解，金代井陉窑、介休窑、河津窑等窑场都曾烧造精白印花瓷器。据此完全可以证明，除定窑之外尚有多处窑口在烧制高质量的精白印花瓷，这亦可作为临水窑可能烧造精白印花器之“佐证”。

至于所谓标本应“出于窑床”之说，笔者觉得不必完全拘泥于教科书刻板的“教义”。只要窑址金代文化层出土大量此类标本及相应的模范、匣钵、支圈等窑具，即完全可以得出令人信服的结论。

三、结　语

磁州窑从北宋初至金早期就一直在烧造棕黄釉印花瓷器，至迟于宋晚期之后又先后烧制出化妆粗白瓷印花器、经改良的“类定”化妆白瓷印花器，直至金代烧造精细白瓷及其印花器，应是其自身由低到高、一脉相承发展的结果。

磁州窑于金代成功烧造精细白瓷及印花器，既有其自我发展的必然性，亦是当时社会政治、经济、文化、科技等因素综合影响使然。其中，其与耀州窑、定窑及周边窑场就相关陶瓷工艺技术的相互学习借鉴、消化吸收，亦是应有之义。

金代烧造精白印花瓷器的窑场除定窑外尚有磁州窑、井陉窑、鹤壁窑、介休窑、河津窑等多处。因而在以往一概称之为“定窑印花瓷器”的传世及出土器物中，肯定还有这些窑场的制品。这既对精白印花瓷器烧造窑口鉴别提出了挑战，又为古陶瓷考古及学术研究增添了新课题。

注释

[1] 马忠理：《磁州窑器物的造型和装饰艺术及其考古分期变化》，《中国磁州窑》，河北美术出版社，2009年。

[2] 北京大学考古系、河北省文研所、邯郸地区文物保管所：《观台磁州窑址》，文物出版社，1993年，第236~239页，彩版二六。

[3] 赵学锋、乔登云、王志强，等：《河北省磁县冶子村窑址阶段性考古发掘的收获和意义》，《磁州窑文化之传承与创新》，文物出版社，2017年，第22页。

[4] 马忠理：《磁州窑的装饰品种及其流行时代》，《文物春秋》1997年增刊。

[5] 薛玉川、申慧玲、许培兰，等：《河北邯郸临水北朝至元代瓷窑遗址发掘简报》，《文物》2015年第8期。

[6] 庞洪奇：《从考古调查看临水窑与彭城观台诸窑之关系》，《宋元磁州窑与诸窑工艺的相互传播和影响》，河北美术出版社，2012年。

[7] 笔者就此分别请教过禚振西、杜文、穆青、赵学锋老师，他（她）们分别持以上观点。

[8] 马忠理：《磁州窑考古发掘及其分期研究》，《邯郸考古文集-马忠理考古文集》，中国文史出版社，2018年，第348页。

[9] 叶喆民：《中国陶瓷史》，生活·读书·新知三联书店，2011年，第271页。

[10] 乔登云：《浅谈宋金元时期磁州窑仿烧工艺的发展——以峰峰临水三工区、彭城盐店窑址为例》，《文物春秋》2014年第2期。

[11] 侯德封：《河北省磁县粘土矿地质矿业及窑业》，《地质汇报》第十七号，实业部地质调查所、国立北平研究院地质研究所，1931年。

[12] 叶广成：《磁州窑》，《磁州窑研究论文集》，邯郸市陶瓷工业公司，1985年。

[13] 刘毅：《论“窑系”》，《中国古陶瓷研究（第八辑）》，紫禁城出版社，2002年。

[14] 王兴：《磁州窑诗词》，天津古籍出版社，2004年。

当阳峪窑《土山德应侯百灵庙记》“铜药”与“铜叶”考辨

刘 岩
（山西省考古研究所）

摘要：河南当阳峪窑现存一通北宋崇宁四年《土山德应侯百灵庙记》石碑，碑文中的“江南提举程公作歌并序”赞颂了该窑瓷器产品的精美，多数学者将其中“铜叶”两字隶定为“铜药”，并认为是指当阳峪窑北宋时期瓷器生产中的铜红釉。本文从“铜叶”字形、程氏“赞歌”结构和内容，并结合当阳峪窑考古发掘收获，考证“铜叶”当为北宋时当阳峪窑制作瓷器尤其是制作细白胎仿定器类的铜质片刃状制瓷工具。

关键词：当阳峪窑 铜药 铜叶 仿定器 制瓷工具

河南省焦作市修武县当阳峪窑是我国宋元时期北方地区民间制瓷窑场的杰出代表，受磁州窑、定窑及钧窑等众多窑口的影响而又不断创新，制瓷工艺兼容并蓄、装饰方法多样、产品种类丰富、质量档次分明，尤以剔花瓷和绞胎瓷闻名。

当阳峪村口的一座小庙里至今还保存着一通北宋崇宁四年所立的石碑，记载了当时当阳峪村制瓷业的辉煌（图1）。碑额篆刻“德应侯百灵翁之庙记”，碑文为楷书，主要记载了宋

图1 “德应侯百灵翁之庙记”石碑

代的当阳村制瓷业发达盛况及乡里饮水思源建盖制瓷祖师柏灵翁庙的缘由，并附有一首江南程筠所作的七言长歌（诗），称赞当阳制瓷技艺高超和瓷器质量精美，附文如下：

江南提举程公　作歌並序　公讳筠号葆光子

斫轮至于轮扁，飞鸢至于墨子，天下之绝工也。予尝观当阳陈立子基之徒，造范磁器，皆得百灵之妙意，亦天下之绝工也。因作歌以赠焉。

当阳铜叶真奇器　巧匠陶钧尤精至　成器曾将下王呈[1]　当时见者增羞愧　春风晓入青山谷

目运心劳机径速　陶钧一转侔造化　倏忽眼前模范是　即成于天[2]在红炉　三日不余方可熟

开时光彩惊奇异　铜色如朱白如玉　竹林终叟真奇士　持之远赠[3]葆光子　光子开缄尽数陈

光辉满座庆云紫　异时林下宴亲宾　千里天涯知远[4]意　观后□□图书侧[5]余意忽然生幅忆

河朔江南事一同　故乡远在鄗君国　鄗君之民喜陶冶　运以千里[6]遍天下　其间精绝固难求

逡巡往往误真价　君今所寄皆奇器　收拾艰难已祥审　古人投□□[7]有礼　我独忙然甚为贵

君诚河朔君子儒　我亦江南真丈夫　缔交风义老不变　持此为序岂[8]可乎

此歌开篇第一句为“当阳铜叶真奇器，巧匠陶钧尤精至”。笔者在翻阅有关此碑释文资料时，发现很多学者将“铜叶”隶定为“铜药”二字。笔者有幸于2003～2004年在当阳峪窑参加陶瓷考古发掘实习，深度参与了相关考古发掘和整理工作。期间曾临碑逐字逐句校对碑文，经过认真比对辨识，所谓“铜药”的“药”字，实为“叶”字之讹[9]（图2-a、图2-b）。

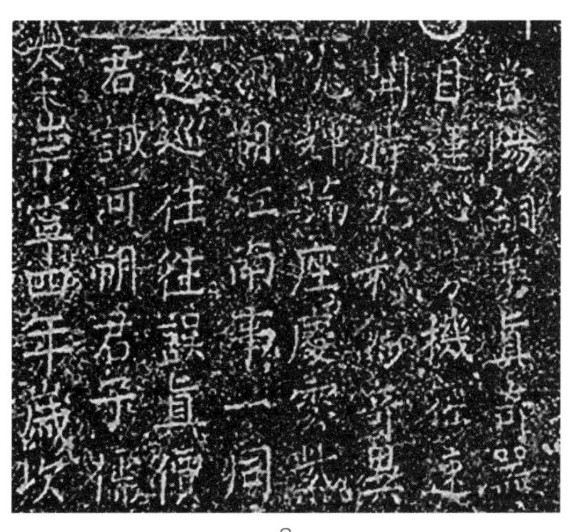

a

b

图2　当阳峪窑碑文拓片及“铜叶”特写

最早将“铜叶”隶定或者说解释为“铜药”的人恐怕是20世纪30年代初期在焦作一带对当阳峪窑址进行盗掘的英国人司瓦洛（R. W. Swallow）雇用的中文翻译人员。1934年，瑞典人卡尔贝克（Orvar Karlbeck）受司瓦洛之邀来当阳峪窑调查，卡氏随后撰文《记焦作窑陶瓷器》[10]，发表在《人类学》期刊1943年第3期上。卡氏一文对当阳峪窑的地理概貌、瓷窑遗存、出土瓷器品种、制瓷工艺（绞胎、剔花工艺）等进行了较为详细的介绍和探讨，还对当阳峪窑停烧原因进行了推测。文中卡氏首先对一些被认定为磁州窑产品的窑口归属问题提出了质疑，认为它们应当属于当阳峪窑的产品。值得注意的是，他在文中提到“他们配料和制作瓷器的方法与众不同”[11]，这里的“配料”应当就是指碑文上所谓的“铜药”了。卡尔贝克第一次向世界介绍了焦作当阳峪窑，引起了中外陶瓷界不小的震动，此后陆续有中外学者造访过这个小山村。

1951年，我国著名陶瓷学者陈万里先生到当阳峪窑考察，并撰有《调查平原、河北二省古代窑址报告》[12]和《谈当阳峪窑》[13]两文。《谈当阳峪窑》一文在摘录碑文时将此长歌首句录为“当阳铜药真奇器”。叶喆民先生于1962年到当阳峪窑考察，在《论当阳峪窑与磁州窑系》[14]一文中还对“铜药”进行了解释。1972年，路易·艾黎从焦作到当阳峪村，他在《瓷国游历记》[15]中收录当阳峪宋代石碑上的诗时同样也将“铜叶”写作了“铜药”。此后凡是论及当阳峪窑百灵庙碑文时，几乎都采用了“当阳铜药真奇器”的说法。直到1997年，罗勇在《当阳峪窑陶瓷器研究》[16]文后附录七中才首次将“铜药”隶定为“铜叶”，还该字以本来面目。

那么“铜叶”一词是如何产生的呢？1951年时，陈万里先生在当阳峪村中的“一座破败不堪的窑神庙里，（发现）有一块崇宁四年的碑记。原石现在庙外壁间，已断裂为二，……碑文剥落地方不少”。可能因石碑保存条件较差，碑文字迹漫漶或不甚清晰，才有可能将“叶”字误识为了“药”字。囿于当时采集瓷片标本品种的限制，陈先生还提出“不过红如朱的色釉，是怎样一种作品？同时已提到铜药，都是值得以后注意的[17]”两个问题。叶喆民先生进而在《论当阳峪窑与磁州窑系》中认为铜药“应该说就是指的用还原铜烧成的‘钧红’釉”[18]。

在镌刻碑文的北宋崇宁四年（1105年）之前，当阳峪窑是否有可能已经开始生产以铜为呈色剂的钧红釉产品呢？近年来考古工作者对河南禹州神垕镇西南部早期钧窑中心窑场大刘山下4处窑址进行了科学系统的考古发掘，在此之上的分期研究表明，北宋末期徽钦二宗时期是钧窑的创烧时期，钧窑在仿汝的过程中逐渐成熟并形成自己的特色。钧窑创烧期产品釉色分为“较浅淡的青蓝色”和“色彩强艳，呈天蓝色，釉层稍厚，流动性和玻璃质感都较强”的两类，当然钧窑在仿汝过程中还发明了高温铜红彩和铜红釉，“这时期钧釉器上带红彩的极少见，少数器物上有大片的红彩”[19]，总体来说数量极少，不是主流。钧釉在创烧之后，大约于金代、元代向北方传播，形成了一批烧制钧釉产品的窑场[20]。当阳峪窑也应是在这一股钧釉作风迅速扩展的潮流下开始烧造钧釉器物的。从当阳峪窑址发掘情况来看，第三期（金中期到金宣宗迁都开封之前）地层中才出现了少量的钧釉瓷片和一类施化妆土且有划花装饰的青灰釉瓷片，第四期（蒙古时期到元前期）钧釉器物才渐多起来[21]。其钧釉产品的整体面貌仍是以蓝釉、天青釉色为主。退一步讲，假设当阳峪窑在北宋末期与神垕镇早期钧窑同时或前后生产，其产品面貌也当与后者相同，也绝不会出现以铜红釉呈色为主要产品的情况。

从程筠的诗文内容来看，若“铜药”真是钧釉的铜红釉的话，程氏的赞歌中一定会描述这样的瓷器。北宋末年的程筠“尝观当阳”陈立子基等窑工制瓷的高超技艺，又有感于竹林约叟远赠当阳所产瓷器，遂作歌答谢以为序。整首歌可分为四部分，首先称赞当阳瓷器产品质量上乘，曾经进入东京官家，以致“见者增羞愧”；第二部分从“春风晓入青山谷”至“铜色如朱白如玉”，简要介绍了当阳峪窑瓷器的生产过程及瓷器烧成出窑后惊艳的外观效果；第三部分讲竹林约叟远赠程筠一批当阳瓷器，程筠珍爱有加，用之宴请宾朋，瓷器呈现“光辉满座庆云紫”的视觉效果；最后一部分，程筠投桃报李作歌回赠。

“当阳铜药真奇器，巧匠陶钧尤精至”，开篇两句将“铜叶”与拉坯所用的“陶钧”并举，“巧匠陶钧”自是指制瓷技术的高超和巧妙，而将“铜叶”称为“器”，指的则应当是一种器具了，在这里应当是指一种颇具代表性的制瓷工具。工具独特而得心应手，工匠心思巧妙技艺高超，后句自然紧接“成器曾将卞王呈”一句。若是“铜叶”当作某种特殊的配方或者釉料的“铜药”来讲，行文上或许改成“当阳铜药真奇剂”更加贴切些。

那么什么是铜叶呢？被程筠称作“奇器”的“铜叶”让他印象深刻，想必也一定被使用在了他所盛赞的瓷器品种的制作过程中。程筠用“开时光彩惊奇异，铜色如朱白如玉”来形容他所见到烧成出窑后瓷器的外观效果，而在收到竹林约叟远赠的当阳瓷器后，“光子开缄尽数陈”众多的瓷器呈现出“光辉满座庆云紫”的震撼视觉效果。

2003～2004年当阳峪窑考古发掘时，曾在北宋晚期地层中[22]出土了大量仿定窑的酱釉、黑釉和少量不施化妆土的薄胎白釉碗、盘、盏等器物残片。这些器物胎质细腻而坚致、胎体轻薄、器形规整、造型秀丽挺拔。酱釉釉面光洁，釉色多数呈现棕红色或红褐色，有如铁锈般锈色，也如红铜色，还有少量呈偏红紫色的色调。而白釉釉质洁净，釉色洁白光亮，给人留下了深刻的印象。“铜色如朱白如玉”指的就是这类有一定产量的高温酱釉、白釉仿定类器物（图3）。陈万里先生在调查时因没有见到此类标本，故有“红如朱的色釉，是怎样一种作品”的疑问。

图3 当阳峪出土的酱釉器物

笔者在对这类器物细致观察后发现，其修坯、利坯及挖足手法娴熟，刀法干净利落。进而思考这是用了一种什么样的工具来实现的？一件黑釉斗笠盏的足部残片引起了笔者的注意。圈足外墙与盏腹壁交接处有一周略微凹入胎体的旋削切槽，宽度极窄，小于0.5毫米，这是在修坯时留下的痕迹。推测形成原因是在将外壁旋削变薄之后，又横向在圈足与外壁交接处旋切了一刀，以明确其界线。由于用力稍大而将旋削工具的尖端锋利刃部插入了胎体，以致在旋转过程中形成了一圈细细的凹槽（图4）。

除了修坯之外，仿定器物在挖足、刮釉等工

艺上也达到了较高的水平。碗、盘、盏等圆器圈足的足墙往往被挖成略微外撇状，足沿内外两边多数要再斜削一周，形成一个小的坡面。足内墙与器内底交界处也做得一丝不苟，分界明显，角度多为直角或稍微大于直角的钝角（图4）。

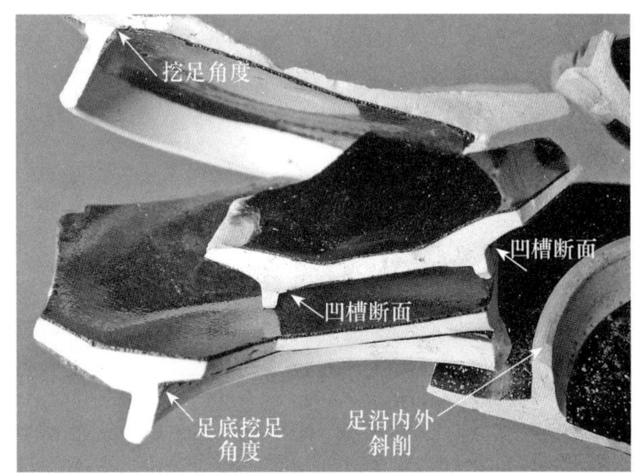

图4 黑釉器物修坯挖足细部

这类仿定的酱釉、黑釉器物施釉后，在釉层略干之后还要将外壁近足处不规则的釉层边缘旋削去除，以达到釉面下限规整的效果。这样精细的旋削显然是由一类薄刃的工具来完成的（图5、图6）。

这不禁让我想起了“铜叶”，顾名思义，如树叶形状般的铜质金属片刃状工具。因制作器类的差别，同类器物尺寸的差别、器物修坯旋削部位的差别，这类工具又会演变出很多与之相适应的形式，或宽、或窄、或直、或折。但与器物接触部位为片状且有刃部的特征是不变的。

图5 酱釉折腹盘足部刮釉

图6 酱釉钵足部刮釉

事实上金属质地的修坯工具在以往的考古发掘中早有发现，如浙江龙泉窑发现了铁质的修坯刀，河北井陉窑在作坊区发现铁质刮刀，河南汝窑发现长条形银抿子（修坯刀）以及福建宋元时期窑址中发现的修坯所用的瓷刀等[23]。用铜为原料制作片状的修坯、利坯、挖足、刮釉等工具有显而易见的优点。铜不易锈蚀，硬度略低于铁，有良好的延展性，更易于加工、修整成形状各异的片状工具。“铜叶”一词，当是诗歌作品中对这类工具最形象的概括了。

传统的看法认为当阳峪窑以剔花瓷器闻名，这样很容易使人联想到“铜叶”是否是制作剔花瓷器的工具。从出土的剔花瓷片标本看，剔花纹样的转角、接头处有明显剔刻工具尖端所留下的圆润的工具痕。若以有刃或较薄的铜质工具剔刻，被剔刻掉的化妆土或釉层边缘线条会很呆板，接头、转角处也会显得太过尖锐，丧失剔花装饰的独特韵味。此外，从当阳峪窑址采集到的剔花工具来看，多是骨质或象牙质的长条形工具，尖端磨损，较为圆润[24]。

综上所述，当阳峪窑《土山德应侯百灵庙记》中的“铜药”实为“铜叶”之误，虽一字之差，意义却完全不同。"铜叶"是北宋晚期当阳峪窑制作胎体薄俏的仿定类器物时在修坯、利坯、挖足、刮釉等程序中所使用到的各种式样的铜质片刃状工具。

附文：德應侯百靈翁之廟記

德應侯百靈翁之廟記[25]

懷州脩武縣當陽村　土山德應侯　百靈廟記

鳳州團練推官知威勝軍綿上縣田頠撰

解牛之技以神而遇\庖丁得其妙理\削鐻之能以神而凝\梓慶全在性覺\然則士有獨見之智\固足以

創立萬世法\大哉\百靈之智也\造範茲器乃其始\燿州立祠則其□光也\性天內觀\神心反照\因土山

之所宜\假陶甄之作器\大樸既革於紅爐\造化巧成於天地\器範 一國[26] 利用\周世雖有智者無以過也\

述之而已\雖有能者無以踰也\繼之而已\茲天下後世之賴也\雖 天生[27] 其材有時\而廢吾之器無時\不

用百工之械有時\而綏吾之器無時\不急是宜有功於民\故以祠之\百靈之功為利於世豈小補哉\時

惟當陽工巧\世利茲器\埏埴者百餘家\資養者萬餘口\或作一日□□[28]都户温良昆仲聚衆而議曰\嘗

聞水之有派必因其源\木有枝必根其本\吾徒世事此業\豈可忘其 本乎\ 於是允協衆意欣然翕從\遂遂

蠲日發徒\遠邁耀地\觀其位貌\繪其神儀\廼立廟像於茲焉\春秋祀 之\自 此始矣\

江南提舉程公　作歌並序　公諱筠號葆光子

斲輪至於輪扁\飛鳶至於墨子\天下之絕工也\嘗觀當陽　陳立子基之徒\

造範茲器\皆得百靈之妙意\亦天下之絕工也\ 因 作歌以贈焉

當陽銅葉真奇器　巧匠陶鈞尤精至　成器曾將卞王呈[29]　當時見者增羞愧　春風曉入青山谷

目運心勞機徑速　陶鈞一轉侔造化　倏忽眼前模範是　即成 於天[30] 在紅爐　三日不餘方可熟

開時光綵驚奇異　銅色如朱白如玉　竹林紟叟真奇士　持之遠 贈[31] 葆光子　光子開緘盡數陳

光輝滿座慶雲紫　異時林下宴親賓　千里天涯知 遠[32] 意　觀後□□圖書側[33]　餘意忽然生幅憶

河朔江南事一同　故鄉遠在鄱君國　鄱君之民喜陶冶　運以千 里[34] 遍天下　其間精絕固難求

逡巡往往誤真價　君今所寄皆奇器　收拾艱難已祥審　古人投□□[35]有禮　我獨忙然甚為貴

君誠河朔君子儒　我亦江南真丈夫　締交風義老不變　持此為 序豈[36] 可乎

大宋[37]崇寧四年歲次乙酉閏二月十五日建　扈慶　雷順　楊貴立石　河內□□□□許振篆

苗進秦俊刊　主安天清元立

注：该碑通高177厘米，宽66厘米，厚19.5厘米。文中按照碑文每行实际字数换行。"□"为碑文缺字或不可辨识者。方框内字为今人据文意所补，因人异而所补也不同，本文系笔者据当阳峪村中韩树人老人手抄稿后又临碑校对而成。

另，碑阴刻有盖庙和重修此庙的记录，主要记载当时人的不同分工，绝大部分篇章是人物姓名的罗列。现择其要点附录于后。

施廟地陳應男陳朔

盖廟都维那温坦男温玉　同维那任守和

同维那張谨姪張□張潤……

元符三年七月十五日盖　廟毕

廟令陳傑

保正胡萬　大保□□

……

懷孟路脩武縣當陽村重脩土山德應侯百靈廟記

維那頭李議……

皇慶二年七月十五日功畢

藺村石匠田秀刊

書名人本村趙文遠

另在碑侧还刻有如下一行文字：

沙鍋户　王用　男王玉施幡竿

注释

[1] 作“工”。陈北朝：《当阳峪〈土山德应侯百灵庙记·江南提举程公作歌并序〉解析》，《焦作大学学报》2006年第1期。

[2] 作“即成坯器”。罗勇：《当阳峪窑陶瓷器研究》，北京大学硕士学位论文，1997 年。

[3] 碑文上该字为“贝”于“赏”之合体字，推应为“赠”字。罗勇：《当阳峪窑陶瓷器研究》，北京大学硕士学位论文，1997年。

[4] 作“君”。罗勇：《当阳峪窑陶瓷器研究》，北京大学硕士学位论文，1997年。

[5] 作“珍藏当阳图书侧”。罗勇：《当阳峪窑陶瓷器研究》，北京大学硕士学位论文，1997年。

[6] 作“里”。罗勇：《当阳峪窑陶瓷器研究》，北京大学硕士学位论文，1997年。

[7] 作“古人投报尚有礼”。罗勇：《当阳峪窑陶瓷器研究》，北京大学硕士学位论文，1997年。作“桃报”。陈北朝：《当阳峪〈土山德应侯百灵庙记·江南提举程公作歌并序〉解析》，《焦作大学学报》2006年第1期。

[8] 作“持此为盟亦可乎”。罗勇：《当阳峪窑陶瓷器研究》，北京大学硕士学位论文，1997 年。

[9] 刘岩：《河南修武当阳峪窑分期研究》，北京大学硕士学位论文，2005年。

[10] Orvar Karlbeck, Notes on the Wares from Chiao T’so Potteries,Ethnos, 1943（3）.

[11] 原文为“Their method of mixing the materials and of making the porcelain were different from all others.”

[12] 陈万里：《调查平原、河北二省古代窑址报告》，《文物参考资料》1952年第1期。

[13] 陈万里：《谈当阳峪窑》，《文物参考资料》1954年第4期。

[14] 叶喆民：《论当阳峪窑与磁州窑系》，《中国陶瓷》1982年第1、2期。

[15] 〔新西兰〕路易·艾黎：《瓷国游历记》，轻工业出版社，1985年，第29页。

[16] 罗勇：《当阳峪窑陶瓷器研究》，北京大学硕士学位论文，1997年。

[17] 《谈当阳峪窑》，前揭注。

[18] 《论当阳峪窑与磁州窑系》，前揭注。

[19] 秦大树：《钧窑始烧年代考》，《华夏考古》2004年第2期。

[20] 权奎山：《简论钧窑系形成的过程》，《中原文物》1999年第3期。

[21] 《河南修武当阳峪窑分期研究》，前揭注。

[22] 《河南修武当阳峪窑分期研究》，前揭注。笔者全程参加了河南省文物考古研究所于2003年11月～2004年5

月在当阳峪窑的考古发掘，并使用典型地层、出土遗物等材料进行分期研究。

[23] 欧阳希君：《窑业工具考——瓷刀》，《中国文物报》，2005年7月15日第7版。

[24] 杨佩、杨贵金：《古代剔刻划花瓷制作解密——河南当阳峪窑址发现剔刻划花工具》，《文物春秋》2007年第4期。

[25] 碑额篆刻此九字。

[26] 作"成"。罗勇：《当阳峪瓷器研究》，北京大学硕士学位论文，1997年。

[27] 作"各用"。罗勇：《当阳峪瓷器研究》，北京大学硕士学位论文，1997年。

[28] 作"当阳"。罗勇：《当阳峪瓷器研究》，北京大学硕士学位论文，1997年。

[29] 作"工"。陈北朝：《当阳峪〈土山德应侯百灵庙记·江南提举程公作歌并序〉解析》，《焦作大学学报》2006年第1期，第16～18页。

[30] 作"即成坯器"。罗勇：《当阳峪瓷器研究》，北京大学硕士学位论文，1997年。

[31] 碑文上该字为"贝"于"赏"之合体字，推应为"赠"字。罗勇论文作："寄"。

[32] 作"君"。罗勇：《当阳峪瓷器研究》，北京大学硕士学位论文，1997年。

[33] 作"珍藏当阳图书侧"。罗勇：《当阳峪瓷器研究》，北京大学硕士学位论文，1997年。

[34] 作"里"。罗勇：《当阳峪瓷器研究》，北京大学硕士学位论文，1997年。

[35] 作"古人投报尚有礼"。陈北朝文作"桃报"。罗勇：《当阳峪瓷器研究》，北京大学硕士学位论文，1997年。

[36] 作"持此为盟亦可乎"。罗勇：《当阳峪瓷器研究》，北京大学硕士学位论文，1997年。

[37] "大宋"二字不及碑文正文工整，应为补刻。

河南宋金青釉、钧釉瓷概说

郭木森　韩少峰
（河南省文物考古研究院　宝丰汝窑博物馆）

摘要：本文对河南宋金时期古窑址出土的青釉、钧釉瓷进行初步梳理，认为进入北宋以后中原地区逐渐改变了南方青瓷一统天下的局面，将制瓷及陶瓷的烧造工艺推向更高阶段，在中国陶瓷史上占有十分重要的地位。北宋晚期，汝窑的出现为北宋官窑、南宋官窑乃至钧釉瓷的产生奠定了基础。同时，让读者不仅认识到金代陶瓷烧造业繁荣的一面，更重要的是对北宋以来青釉瓷、汝瓷和钧釉瓷的关系及它们的来龙去脉有了进一步的认识。同时笔者还认为，对钧釉瓷的产生不能还处在仁者见仁、智者见智阶段。

关键词：宋金　青釉瓷　钧釉瓷

继唐代“南青北白”之后，中原地区制瓷技术得到了空前发展，瓷器烧造星罗棋布。各窑场在造型、釉色、装饰和烧造工艺诸方面各有所长，彼此取长补短，相互影响。据目前已掌握的考古调查材料，河南境内宋金时期大大小小的青釉、钧釉瓷窑遗址在300处以上，有的窑场规模大、品种多、延续时间长，且装饰手法丰富多彩，如黄河以南的宝丰清凉寺窑、鲁山段店窑和黄河以北鹤壁集窑、修武当阳峪窑等。以烧制青釉、钧釉瓷为主的窑场有黄河以南汝州大峪、蟒川、禹州神垕和黄河以北鹤壁、林州等窑址群。这类窑址一般规模较小，分布区域相对集中，个别的年代可早到北宋末，尤其是进入金代，不少器形、釉色质量上乘，制作工艺娴熟。本文拟以现有考古资料，对中原地区宋金时期青釉、钧釉瓷的器形及装饰技术发展做简要的梳理，谈谈自己一点不成熟的看法，供大家研究参考。

一、北宋时期的青釉瓷

中原地区早在3500年前的郑州商城遗址，就出土了所谓的原始青瓷尊、罐、罍等，洛阳、鹿邑、平顶山等地的西周墓葬中发现的原始青瓷器，器类和装饰更加丰富，器物的造型、质量也有一定的提高。到了汉代，在商周原始青瓷的基础上烧制出真正的青釉瓷器，成为中国陶瓷工艺发展的里程碑。遗憾的是到目前为止，在河南境内尚未发现这些瓷器的烧造地。依据现有的考古资料，河南境内发现最早的青瓷窑址仅有巩义白河窑、铁匠炉窑和安阳相州窑、灵芝窑等，寥寥数处，它们的烧造年代除巩义白河窑年代可早到北魏外[1]，其他几处皆以隋代为主[2]。到了唐代，南方青瓷崛起，北方青瓷虽然受到冲击，但白瓷得到进一步发展，由此形成了中国陶瓷史上“南青北白”的局面。经过晚唐、五代十国的混乱局面之后，进入宋代结束了长期的割据局面，经济得到了恢复。随着社会经济的发展，陶瓷烧造产业发展迅速，官窑林立，民窑四起，各个窑口相互竞争，促进了陶瓷烧造业繁荣昌盛局面的出现。这一时期河南境内陶瓷烧造业也进入了鼎盛时期，据不完全统计，仅北宋时期以青釉瓷为主的瓷窑遗址至少有数十处。这些窑址群主要分布于黄河以南的汝州、宝丰、鲁山、禹州、新安、宜阳、邓州[3]、内乡和黄河以北的鹤壁等地，目前已做过考古发掘的窑址有汝州严和店窑、宝丰清凉寺窑、鲁山段店窑、宜阳城关窑、禹州神垕刘家门窑和鹤壁集窑等（北宋时期主要青釉瓷窑址位置分布图）。其中的宝丰清凉寺窑发掘面积最大，出土相关青釉瓷遗物最丰富，它的产生及发展序列最清晰。

晚唐五代以后，尤其是河南逐渐结束“南青北白”局面。北宋早期青釉瓷开始出现，以青黄釉为主（图1），所谓的豆青釉瓷不多，青灰釉也占一定比例（图2），表明这一时期青釉瓷的釉色尚不稳定，器形以碗、盏类器为主，有装饰的仅见于个别豆青釉碗类器（图3、图4）。

图1　青黄釉碗（北宋早期）

图2　青灰釉碗（北宋早期）

图3　青釉碗（北宋早期）

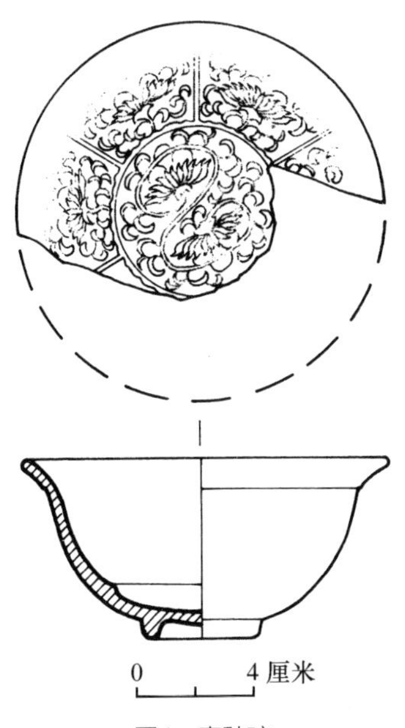

图4　青釉碗

北宋中期青黄釉瓷开始流行，器形以碗类器为主，常见的有大碗和小碗两种。这类器形多采用同时期白釉瓷装饰工艺，釉下施化妆土，口沿施透明釉一周，腹部施青黄釉，俗称白覆轮。青釉瓷逐渐趋于成熟，新增的器形有盘、碟、盅、盏托、罐、瓶、炉和器盖等。不同器形有不同的装饰风格，常见的带装饰的器形有碗、盘、碟、盏、钵、罐和炉等。

碗分大碗和小碗两种，大碗以单色釉素面为主，凹弦纹装饰多见于器表口沿下一周或两周，个别器内壁模印的菊瓣纹是这一时期的主要装饰（图5）。小碗做工精细，虽然还是以单色釉素面为主，带装饰的器物也占一定比例，且装饰手法较丰富，常见的有剔花、刻花、划花和印花等。剔花、刻花的常见于器表，多做三重仰莲（图6）。划花、模印装饰常见于器内，装饰图案有菊瓣纹、六分或八分菊花纹等（图7-1、图7-2）。

盘出土数量较少，以素面平口和葵口器内等距六分为主（图8）。碟出土数量较多，带装饰的器物极少。常见的有腹壁饰凹弦纹，器内腹壁模印三

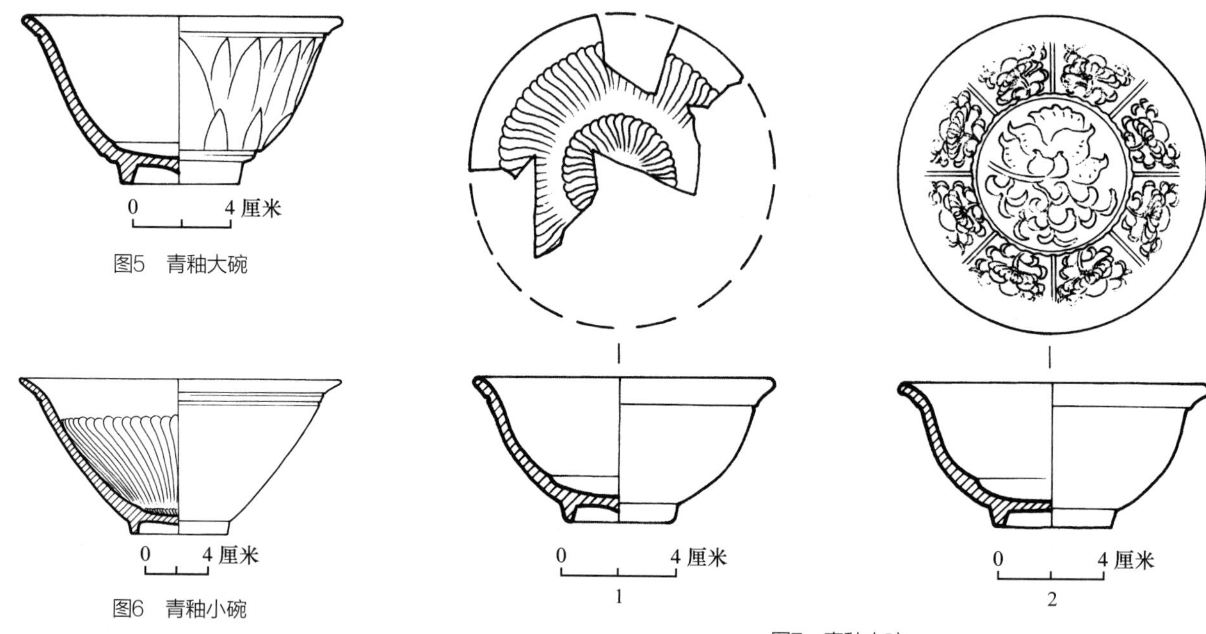

图5 青釉大碗

图6 青釉小碗

图7 青釉小碗

重团菊和水波游鱼纹图案较为常见（图9-1、图9-2），内底面刻划线菊图案的极少。盏出土数量较多，器形较小，以素面为主。有装饰的胎体较薄，装饰手法以模印海水游鱼和花卉图案为主（图10）。钵类器在这一时期较为流行，器表腹壁上下饰凹弦纹，其间刻划菊瓣纹最为常见（图11），器内腹壁上刻划花卉图案的极少。罐、炉类器仅见于部分器表凹弦纹装饰。

北宋晚期青釉瓷达到鼎盛时期，装饰图案不仅丰富多彩，而且更加完美。青釉瓷中常见带装饰的器物有碗、盘、盏等。

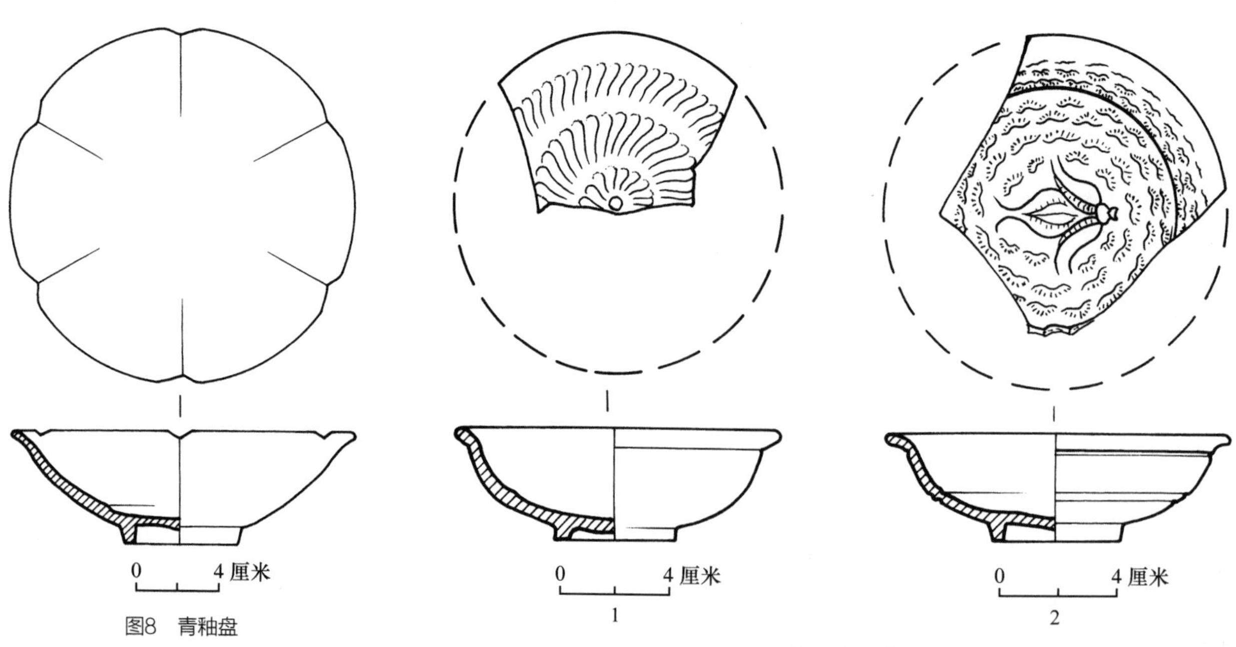

图8 青釉盘

图9 青釉碟

碗分大碗、小碗和斗笠碗三种。大碗常见器内模印菊瓣纹、缠枝菊花图案、海水游鱼纹等（图12-1至图12-3），同时也流行器表腹壁上刻菊瓣纹和器内壁竖向等距六分凸线装饰（图13）。小碗装饰手法更加丰富，常见的有剔、刻（浅刻）和模印三种。前者以缠枝花卉和三重仰莲装饰为主（图14-1、图14-2），后者皆以菊瓣、牡丹等花卉装饰为主，其中分为整体花卉和等距六分或八分花卉装饰两种（图15-1至图15-3），花口或葵口器内凸线等距六分、八分的也占一定比例，其中六分的占多数。斗笠碗出土数量较多，是这一时期中新出现的一种器形。装饰手法以器内模制为主，常见的有器内模印倒置枝叶和枝叶牡丹花卉等（图16-1、图16-2），器内器表分别刻划线菊纹装饰的极少（图17）。

盘是这一时期的主要器形之一，不仅出土数量多，而且装饰题材丰富，通过归纳青釉盘有造型、模印和刻划装饰三大类，其中刻划装饰的极少。造型装饰为内壁微凸等距六分，有平口和葵口两种，期间没有任何装饰的占多数（图18），有装饰的以模印缠枝花卉和枝叶图案为主（图19-1、图19-2）；内壁模印三重水波纹的盘，底面上常见的有交枝花卉和游鱼图案，其中水波游鱼装饰图案相对较少（图20-1、图20-2）；以龙纹作题材装饰图案见于本期，并且非常流行（图21）。

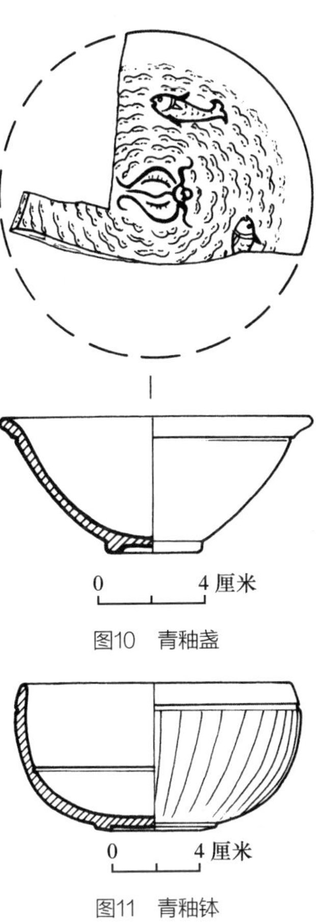

图10 青釉盏

图11 青釉钵

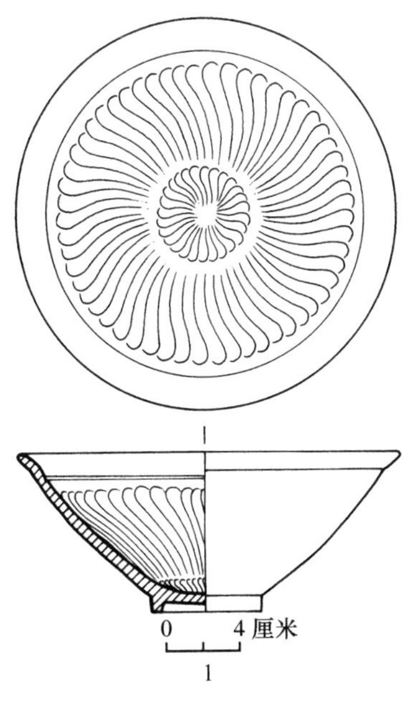

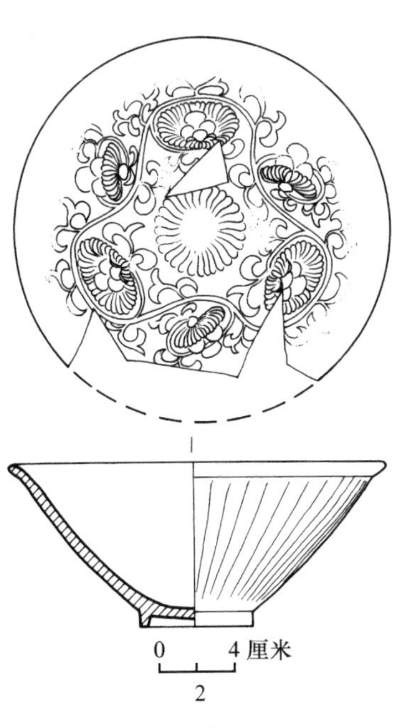

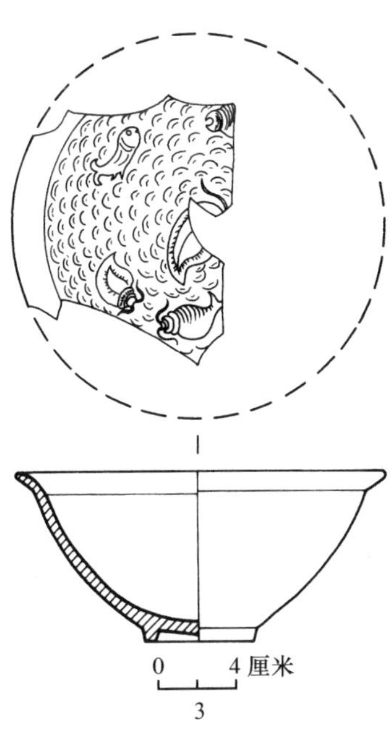

图12 青釉大碗

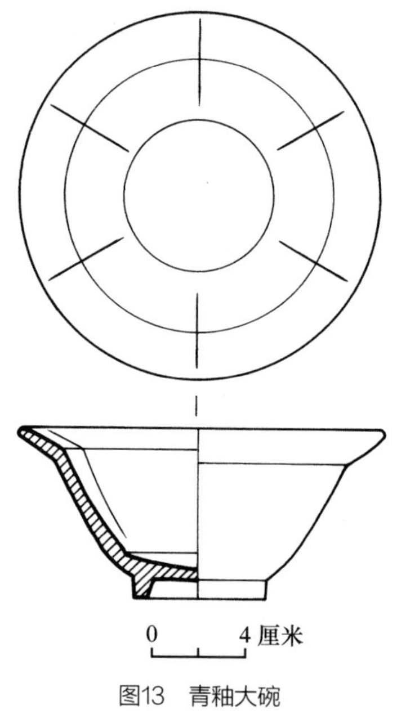

图13 青釉大碗

盏也是青釉瓷中数量较多的器形之一，以素面为主，有装饰的皆胎体较薄。此类盏最早出现在北宋中期，流行于本期，有装饰的皆以器内模制而成，其中以缠枝菊花和海水游鱼纹为主（图22-1、图22-2），海水蛟龙纹相对较少（图23）。

二、北宋时期的钧釉瓷

目前已得到考古证实的北宋时期烧制钧釉瓷的窑址只有禹州神垕刘家门一处[4]。刘家门窑址产品非常精美，以青釉瓷为主，其次是素烧器。钧釉瓷已出现，但数量较少，另有少量黑釉瓷和白釉瓷。据不完全统计，青釉瓷占57%，素烧器占21%，钧釉瓷占13%[5]。器形比较丰富，有碗、盘、洗、盒、注壶、罐、瓶、香炉、枕和器盖等。这一时期器物胎色较浅淡，即通常所说的“香灰胎”，胎质较细腻坚致。青釉器釉色以青绿釉为主，釉色纯净，玻璃质感较强，与汝州（临汝窑）同时期的橄榄绿色（豆青色）瓷有明显区别，与宝丰清凉寺汝窑青绿釉接近，不同的是汝窑青绿釉质感乳浊。钧釉器物的釉层较薄，釉的流动性不强，釉色淡雅匀净，带红彩装饰的极少。大部分碗、盘类器均施釉至足底，并在足心内施釉，成为这一时期的一个重要特征。同时，还有部分产品采用了裹足支烧的方法，底部遗留有较大支钉痕，这一点不如汝窑同期产品精美，年代不晚于北宋末年[6]。其他经过考古发掘的窑址，如宝丰清凉寺窑、汝州大峪东沟窑、鲁山段店窑和黄河以北鹤壁窑等窑所有钧釉瓷出现的年代都不早于金代[7][8]。当然，鹤壁窑不在黄河以南钧釉瓷产生的区域内，钧釉瓷的出现可能会相对滞后一点[9]。

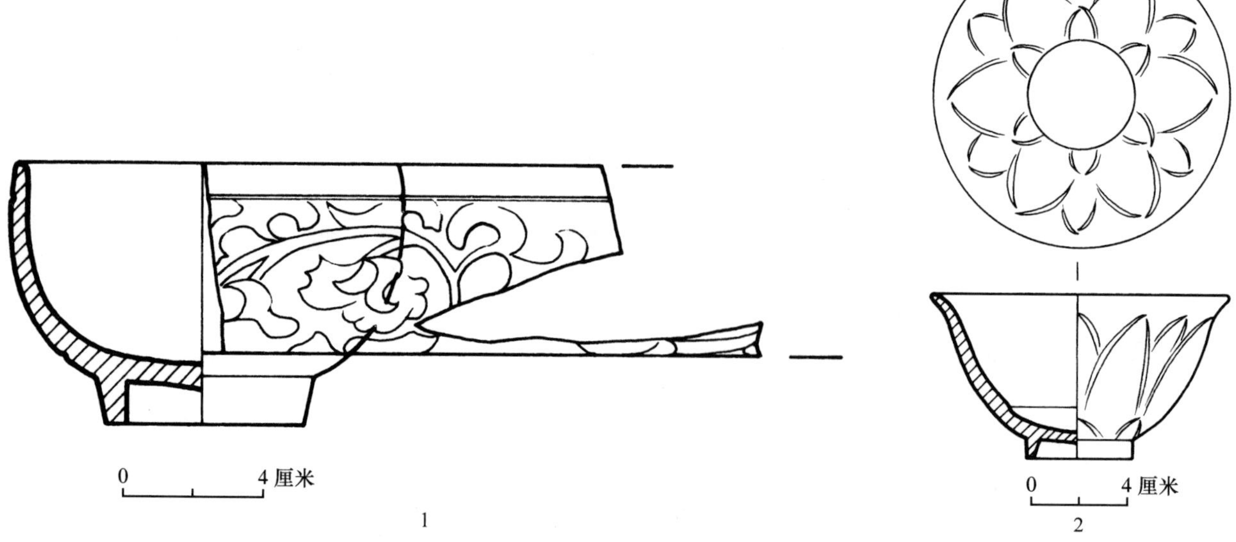

图14 青釉小碗

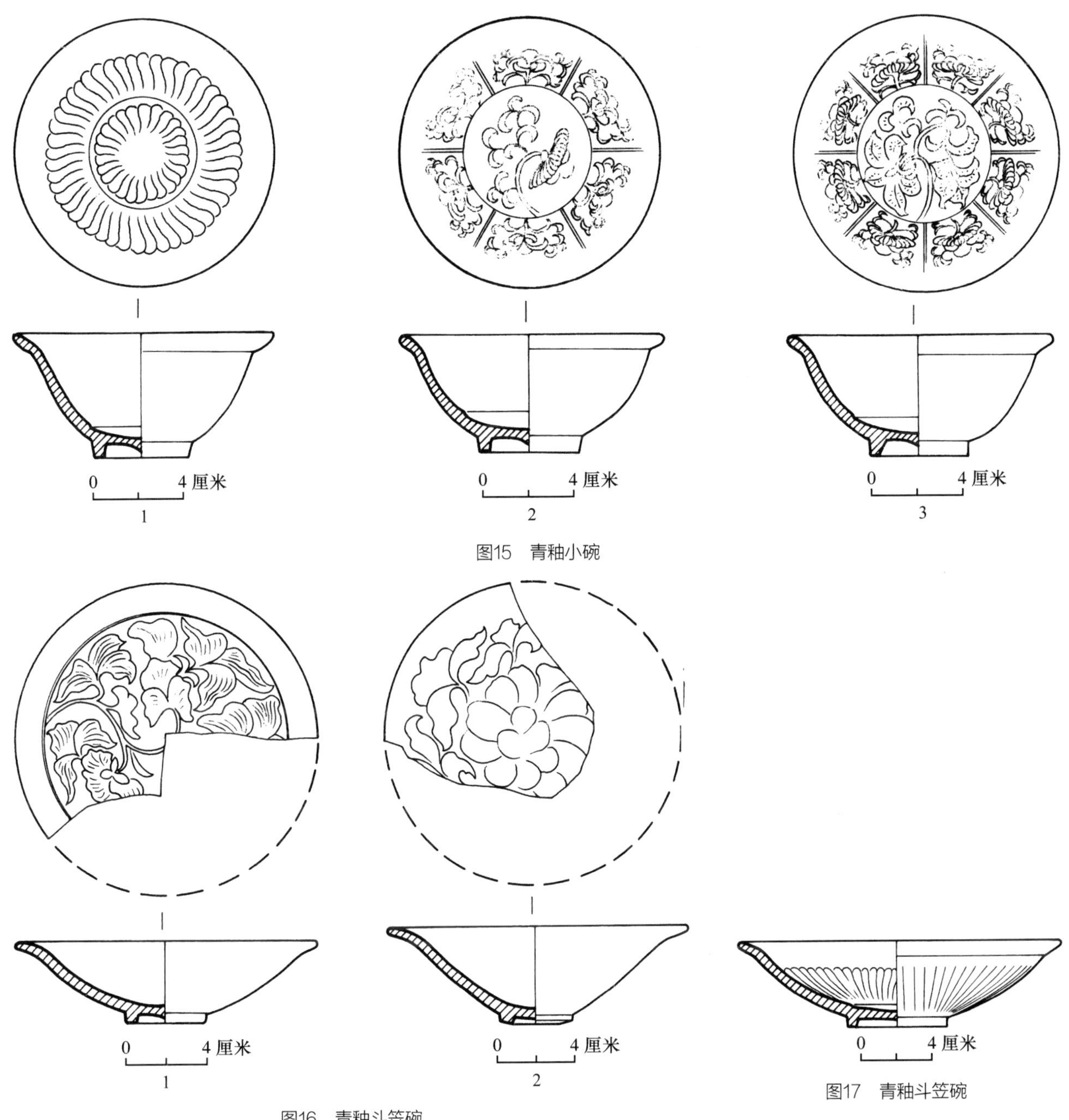

图15　青釉小碗

图16　青釉斗笠碗

图17　青釉斗笠碗

三、金时期的青釉与钧釉瓷

从整体看，进入金代后，一些老窑口如宝丰清凉寺窑、鲁山段店窑、汝州严和店窑和严和店周边新兴起的轧花沟等窑，青釉瓷基本上还是沿袭宋制。尤其是汝州严和店附近轧花沟等部分窑口产品的装饰虽然还是以枝叶、花卉为主，但所谓的枝叶花卉一般都较稀疏粗犷，且釉色青中泛黄，是釉下带花卉装饰的典型代表（图24、图25）。此外，这一时期新出现的如汝州大峪和蟒川窑址群，产品的器形、釉色及装饰则一改旧制，以单色青釉、钧釉或青

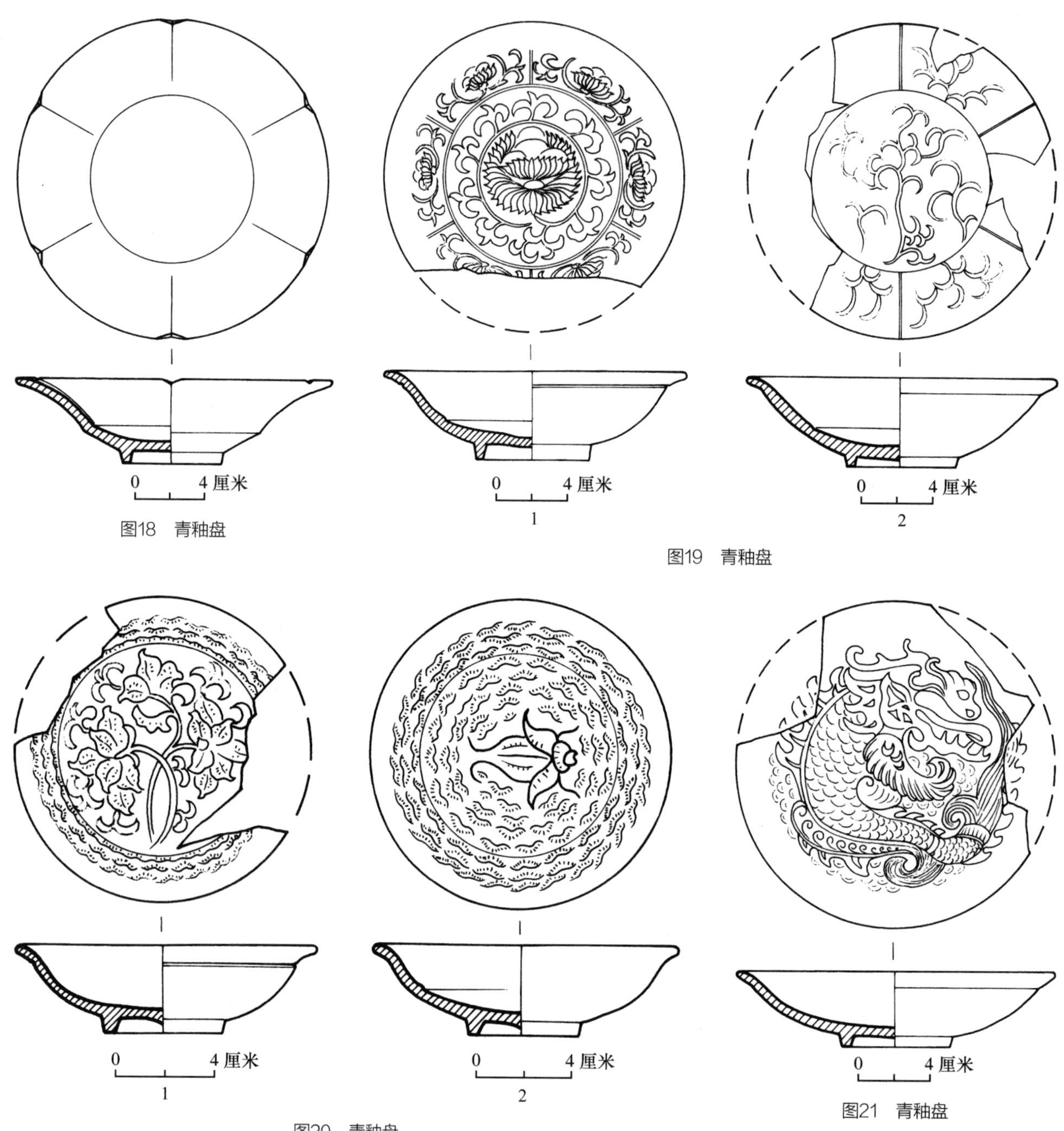

图18 青釉盘

图19 青釉盘

图20 青釉盘

图21 青釉盘

釉、钧釉红斑窑变为主，采用釉下图案装饰的极少（图26至图28）。它不仅为这一时期的青釉、钧釉瓷增添了新的发展路径，更重要的是它为后来的钧釉瓷发展奠定了基础。仅在汝州辖区大峪和蟒川两地分布着大大小小的窑口49处，就现有考古调查和个别窑址考古发掘材料看，除严和店、苇子园两处窑址可早到北宋外，金代窑址在20处左右，其余窑口皆为元代。这些窑址中有的以烧制青釉瓷为主，有的以烧制钧釉瓷为主，无论是哪种情况，这类窑口的产品绝大多数无釉下装饰。老窑口和个别新兴起的窑口青釉瓷虽然以沿袭旧制为主，但部分

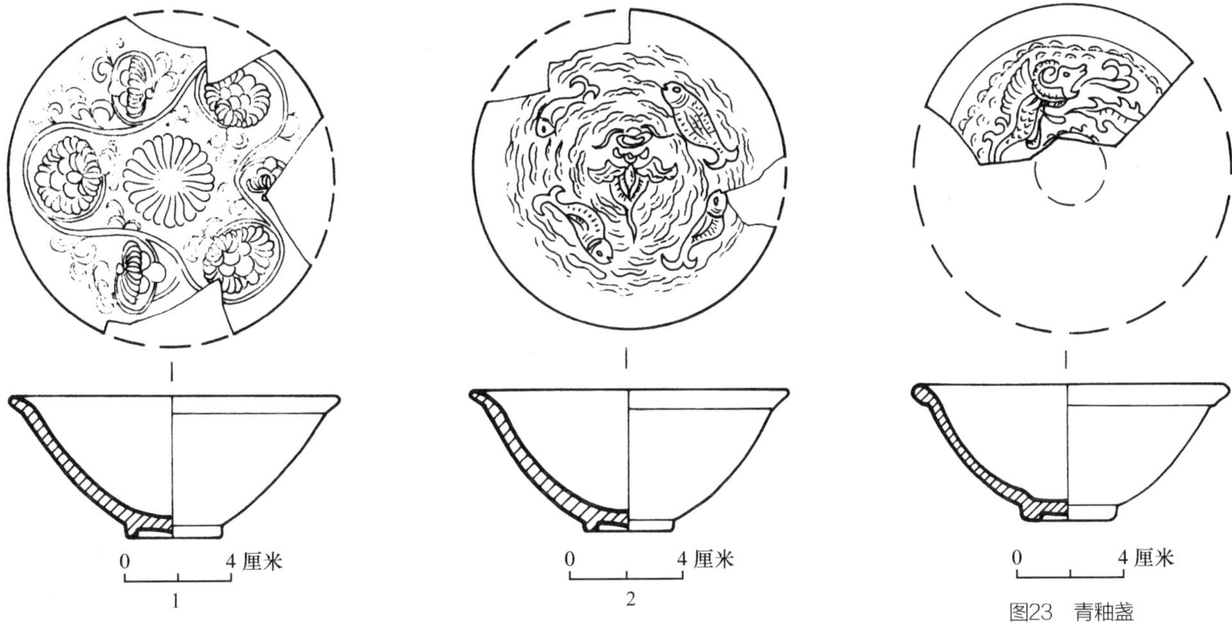

图22　青釉大碗

图23　青釉盏

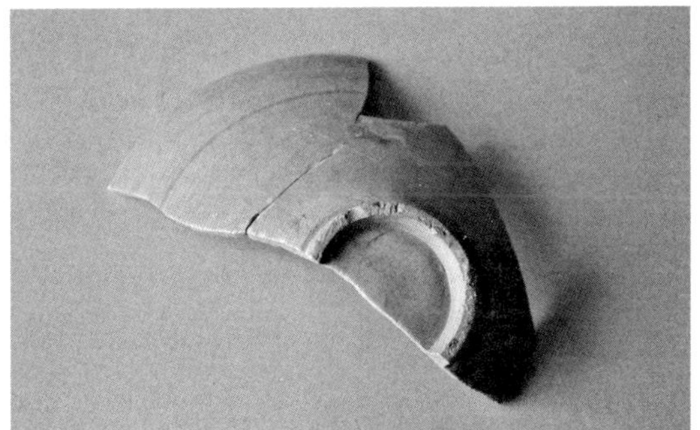

图24　青釉碗及背面

1

2

图25　青釉碗及碗面

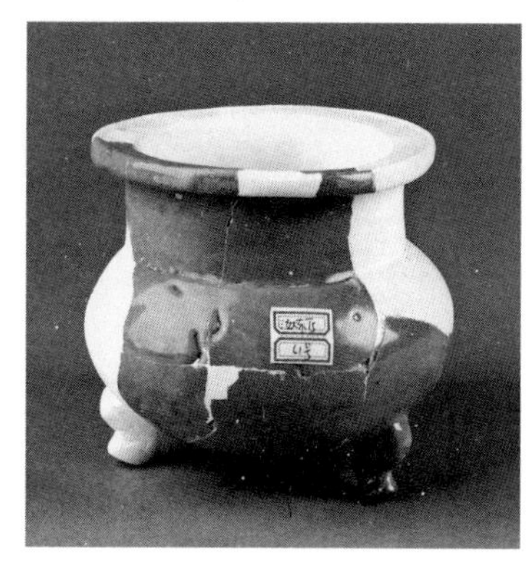
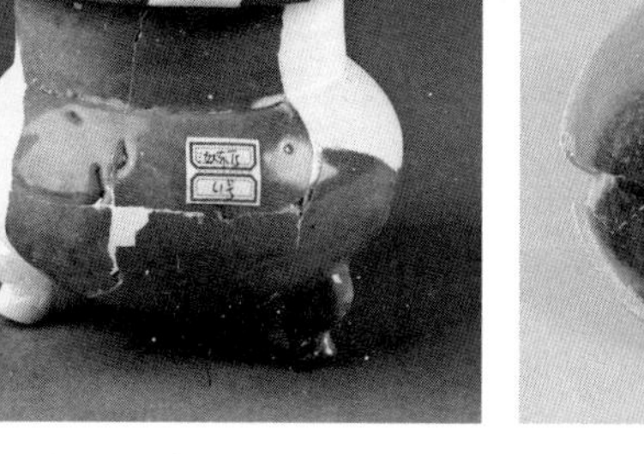

图26　青釉三足炉

图27　青釉红斑洗

图28　钧釉碗

精细程度不如以前，装饰手法逐渐趋向简洁，在这里不再做详细介绍。

值得关注的是，宋金战火熄灭之后，金朝注重经济的恢复和发展，陶瓷产业也逐渐步入高峰。目前考古调查、发掘材料表明，金代瓷业除了一些老窑口得到继续发展外，相继产生的青釉、钧釉瓷窑址群有禹州神垕、汝州大峪、蟒川等，并辐射黄河以北焦作、鹤壁和安阳的林州等地。这些窑口绝大多数以烧制青釉和钧釉瓷为主，兼烧其他品种瓷的极少，有的以青釉瓷为主，有的以钧釉瓷为主，以钧釉瓷为主的窑口相对滞后一点。常见的器形有碗、盘、碟、洗、盏、盒、盏托、瓶、枕、擂钵和小型俑类玩具等，多为民间生活用品。青釉瓷以青绿为主，除个别的带红斑外，绝大多数器表无任何装饰。钧釉瓷有接近汝瓷天青、月白、天蓝，也有红斑艳丽。钧釉瓷之美，主要体现在釉色上。这一时期的钧釉瓷，虽然还列入青釉瓷的范畴，但从严格意义上讲，它并不属于一般的青釉瓷。所谓的青釉瓷，其釉色都是单纯青绿色，没有乳浊、窑变，而青釉瓷中有红斑窑变的往往会出现半乳浊状态。通过150倍显微镜对北宋晚期青釉、天青釉汝瓷釉质观察，与金代青釉、钧釉瓷比较，可以看出它们之间虽然横向关系不明确，但各自的纵向关系是一脉相承，它为我们对青釉、钧釉瓷的产生、发展先后序列提供了重要参考依据[10]。

四、余　　论

北宋时期，是河南青釉瓷发展的重要时期。这一时期陶瓷烧造业的发展，除了继承汉魏、隋唐传统陶瓷技术外，在南方越窑青釉瓷器的影响下，并在借鉴陕西耀州窑装饰技术的同时，逐渐形成了自身青釉瓷制作技术和独特的烧造工艺。北宋晚期，河南青釉瓷烧造技术不仅达到巅峰，而且还烧制出专为宫廷使用的天青釉汝瓷。同时，也为后来所谓的北宋官窑、南宋官窑和钧釉瓷的产生奠定了基础。

钧釉瓷是中国陶瓷史上一个亮丽的奇葩。多年来，陶瓷界对于这棵奇葩的年代争论不休，笔者曾在《试探钧釉瓷的创烧与成熟》一文中对钧釉瓷做过较详细阐述，认为钧釉瓷的创烧年代不早于北宋天青釉汝瓷，在此不再更深赘述[11]。今天再次谈这个问题，目的不仅是让读者认识金代钧瓷的辉煌一面，更重要的是让读者进一步了解金代青釉瓷的繁荣，并且对北宋以来青釉瓷、钧釉瓷的来龙去脉有更深入的认识。

长期以来，人们对金代陶瓷状况仅限于个别墓葬出土器物的认识上，却忽视了刻划花、印花青釉瓷及其他青釉瓷产品在金代的地位。当然，对待一个窑系及成果应该从多方面去认识，传承与延续虽然是一个方面，但我们也不能忽略金代对中原地区陶瓷窑业发展、创新作出的贡献，在大是大非问题上，不能还一味地仁者见仁、智者见智，这是我们陶瓷工作者和收藏界今后应取的态度。

至于所谓“钧官窑”陈设类用瓷的年代，我们确信它的烧造年不会早到北宋末年，是金还是元末明初，从现有材料看还是公说公有理、婆说婆有理，很难得到大家的共识。因此，我们认为，问题的解决，还有待可靠的文献资料和考古的不断发现。

以上是本人从一个侧面对宋金青釉、钧釉瓷的一些粗浅认识，不当之处，请各位方家批评指正。

注释

[1] 赵志文、刘兰华：《河南巩义白河窑址发现北魏青瓷、白瓷和唐青花瓷器》，《中国文物报》2008年2月6日。

[2] 赵文军：《安阳相州窑的考古发掘与研究》，《中国古陶瓷研究（第十五辑）》，紫禁城出版社，2009年。

[3] 2016、2017年，邓州市人民政府在修建城区团结中路时，出土一批青釉、白釉和黑釉瓷等，同出的还有一定数量的匣钵、垫圈、垫饼等窑具。《南村辍耕录》卷二九引《坦斋笔衡》“窑器”条云：“……本朝以定州白瓷器有芒不堪用，遂命汝州造青窑器，故河北唐、邓、耀州悉有之，汝窑为魁。”可见邓窑在北宋时期烧制的青釉瓷已非同小可。过去陶瓷界一直认为文献记载中的邓窑就是现在的内乡窑，邓州城区团结中路的发现，有可能是文献记载中邓窑的一个重要组成部分，值得关注。

[4] 在这里指的是北宋时期民用钧釉瓷，不涉及禹州钧台官用钧釉瓷。

[5] 先素烧，然后施釉二次烧成，最早见于北宋晚期清凉寺汝窑，与钧釉瓷有关的二次烧成工艺，是该窑址考古发掘中最早的记载，再晚一点的是宝丰清凉寺窑和汝州大峪东沟窑。

[6] 秦大树、赵文军：《钧窑研究、发掘与分期新论》，《2005中国禹州钧窑学术研讨会论文集》，大象出版社，2017年。

[7] 《宝丰清凉寺窑报告》，待发表。

[8] 河南省文物考古研究所：《河南汝州市东沟瓷窑址发掘简报》，《华夏考古》2009年第2期。

[9] 王文强：《鹤壁窑的青瓷和钧瓷》，《中国古陶瓷研究（第七辑）》，紫禁城出版社，2001年。

[10] 由于烧成温度、气氛和釉的厚度等相关因素的差异，釉中内质的形成也不完全相同，不能一概而论，从整体上观察它们的纵向关系是一脉相承。

[11] 郭木森、王团乐、赵宏：《试探钧釉瓷的创烧与成熟》，《故宫博物院八十八华诞钧窑学术研讨会论文集》，故宫出版社，2016年。

“黄堡窑剧变”与山西吕梁山中-南段地区五代北宋窑业技术源流的探索

——从装烧工艺流变的视角

朱鑫海

（浙江大学）

摘要：山西是我国古窑业高度发达的地区之一，陶瓷烧造历史源远流长，南北各地皆有较为密集的窑业遗存。其中，兴县、交城、介休、霍州、河津等窑所在的吕梁山中-南段地区的窑业面貌在北宋时呈现出一定的一致性、整体性。有趣的是，整个山西地区唐代的窑业面貌不甚明晰，较确定的仅有浑源、泽州二窑。它们各自独立，不成体系，生产基础较弱且与五代-北宋时期吕梁山中-南段的整体面貌存在较大差异。因此，我们不得不考虑这一面貌是否为外来技术传播的结果。巧合的是，五代时期，距离吕梁山中南段不远处的陕西铜川黄堡窑正发生着翻天覆地的变化，主要产品在短时间内从粗瓷、三彩向精细青瓷转变，本文将其称为“黄堡窑剧变”。而吕梁山中南段地区早期窑场的产品面貌恰与唐-五代黄堡窑存在一定的相似性。有理由推测，剧变的同时发生了一次范围较大的技术辐射。通过器物品种及支钉间隔具、窑炉结构等重要装烧工艺因素的比对，笔者认为，吕梁山中南段五代北宋时期的窑业技术很可能来源于黄堡窑的这次技术辐射。

关键词：吕梁山中南段　五代-北宋　黄堡窑剧变　装烧工艺　窑业技术传播　支钉间隔具

千百年来，山西地区在我国的政治经济文化等多方面一直占据着举足轻重的地位。深厚的人文底蕴孕育了丰富多彩的陶瓷文化，也形成了山西地区风格独特的窑业面貌，大大小小的陶瓷窑址遍布各地。已经调查或发掘的窑址有浑源窑[1]，磁窑坡窑[2]，交城窑[3]，孟家井窑[4]，洪山窑[5]，陈村窑[6]，平阳窑[7]，固镇窑等。其中，2016年发掘的河津固镇窑发现了保存较好的宋金窑业遗迹，较为完整地揭示了河津地区宋金时期的陶瓷生产链及产品面貌[8]，对我国陶瓷研究的发展及传播历史的深入研究有着重要的意义。

山西地区如此丰富的宋金时期窑业遗存直接引出一个问题——这些窑是什么人在使用，他们从何而来？他们所使用的技术是源自本地长时段的技术积累，还是其他地方窑工的技术迁移？遍观山西诸瓷窑，我们不难发现——从年代上看，目前资料中可以确认年代信息的窑址多集中于五代-宋初以后，而唐代窑址极少。水既生先生曾撰文略论山西唐窑，有浑源、平定（柏井）、河津（北午芹）、乡宁（西坡）、交城[9]，除此之外近年又发现了晋城泽州窑[10]、河津古垛窑[11]。耐人寻味的是，以上几个窑址，除浑源、泽州窑基本确定有唐代遗存外，其他"唐代窑场"的断代并不明确。其中，乡宁西坡窑未见早期资料；平定柏井窑年代大致为晚唐-五代，是否明确到唐还有待进一步考古确认；而河津北午芹、古垛的早期产品从已公布的资料来看，常见一种化妆土粗白瓷碗，其修足部分为饼足或玉环底。或有点绿斑装饰，胎体多为黄色，瓷化程度不高。其中，点绿斑器物常见于五代-北宋时期的我国北方如陕西、河南、河北、山东等地区的窑场，各单位多将此类器物断为北宋产品[12][13]，目前没有充足证据表明山西地区的此类产品会早至唐。而其中可能年代偏早的交城窑，早期标志性产品为黑釉黄白斑花瓷（图1-1、图1-2）[14]，此类产品不论是釉面质感还是花斑的斑色，都绝类陕西黄堡窑[15]（图1-3、图1-4）而与河南窑场不同。在已出版的唐代黄堡窑发掘报告中，花瓷产品所在的考古单位为T10-④，T10-⑤，T19-②等[16]，而与其同层出土的产品例如碗、炉、钵等，以T19-②为例（图2-1至图2-3）[17]，其年代跨越了晚唐至北宋，无法凭借地层关系确定其中某一类器物的年代——如同层所出折沿炉在太原小井峪墓群多有出现（图2-4、图2-5），该墓群的年代多为北宋[18]。因此，交城窑花瓷的生产年代，同样是无法确定的。目前可以确认较早开始生产的窑场为古垛窑址，调查发现有黑釉穿带瓶[19]，与晋阳古城一号建筑基址出土A型瓷瓶（T10603④a：27）器形一致（图3）[20]，为五代-辽宋时期典型器。而该遗址年代下限较为明确，为公元979年（宋灭北汉，毁晋阳），故古垛窑始烧时间应在五代晚期-北宋早期前后。

1

2
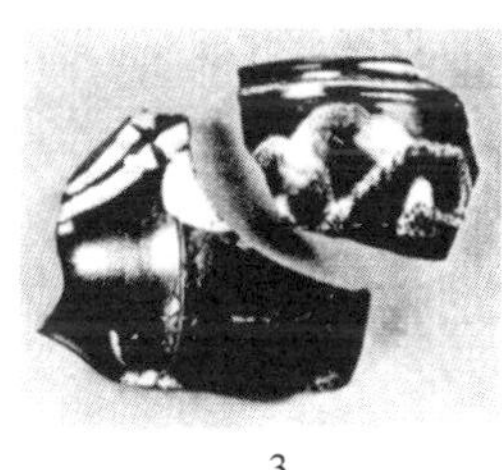
3

4

图1　交城窑和黄堡窑花瓷对比
1、2. 交城窑花瓷　3、4. 黄堡窑花瓷，其中4为T19-②出土

1
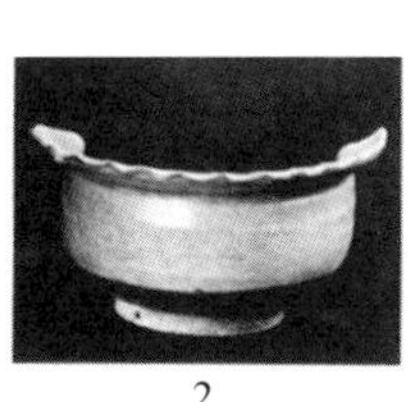
2

3
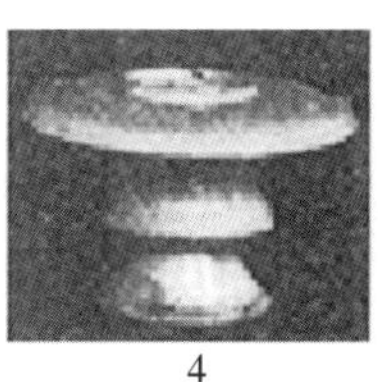
4
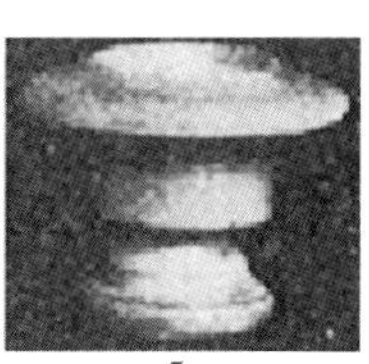
5

图2　唐代黄堡窑T19-②出土标本（1-3）与小井峪M28（4）和M37（5）出土折沿炉

1

2

图3　晋阳古城出土黑釉穿带瓶腹和河津古垛窑黑釉穿带瓶底

山西地区唐宋时期的窑业，除了前文提及的浑源平定交城榆次霍州介休乡宁河津平阳晋城外，还有兴县、长治等地，主要分布于吕梁山中-南段东侧的汾河平原地区，西侧亦有少量分布。为便于表述，笔者将其称为吕梁山中-南段地区。这一地区的生产面貌与浑源、平定、长治等地存在一定差异，并非同一系统下的产物。倘若这些古窑址的窑业技术起源于本地，则在此之前该地区必然存在着较为发达的、面貌与其相似且具有较强传播动力（即生产基础）的窑场。然而，目前所发现的考古资料并不支持这一情况，因此，这些窑场的生产技术极有可能来自外地。

一、窑业的“文化交流层次论”与装烧工艺视角的引入

正如熊海堂先生所说，当我们探讨窑业的相似性和技术交流时，应注意区分三个层次：第一层为单纯器物上外观的模仿；第二层次为生产工艺的相似性，通常体现在装烧工艺上；而第三层次为窑炉的相似性，直接体现在窑炉形制中多方面细节的建造模式上。这是一个窑场的核心技术，更是其维系生产的根本。一般来说，出现形制类似的窑炉，大都是关键技术人员直接或间接迁移导致的结果，且这一过程的发生通常伴随着第二和第一层次的相似。[21]

熊先生同时提出，“只有实现了技术者的直接交流才有可能在短期内缩短技术上的差距，低水平一方出现技术上的飞跃，并发展出自己特色的风格”“在古代，技术水平较低的一方接受高技术时，一般只能通过直接的工匠之间的传授才能实现”[22]，而吕梁山中-南段地区五代-北宋早期的窑业面貌正符合该情况。

在陶瓷生产的过程中，最直接体现在器物上的过程即为器物的装烧，主要包括支烧具、间隔具、匣具的制作及使用工艺。而其中的间隔具是一类与器物直接接触且较易保存的中间产物[23]，同时也是最容易在器物上留下痕迹的窑具。在诸多间隔具中，支钉间隔具在吕梁山中南段的分布较为广泛，在器物上留下的痕迹特征也较为明显。这些支钉痕迹的背后，存在着高度多样化的支钉形态及支撑面形状的可能，模仿者难以从产品外观的观察中直接推测出所用间隔具的形制，因此非常适用于技术交流层面的比较研究。因此，本文试图从支钉间隔具的角度，结合窑炉形制和产品面貌，来探究吕梁山中-南段地区窑场的技术来源。

二、吕梁山中-南段地区五代北宋时期的生产面貌

吕梁山中-南段地区五代-北宋中期的产品面貌较为单一，以化妆土白瓷为主，胎多呈黄色，较为粗糙且瓷化程度不高，釉面常泛青黄色，部分器物用点彩绿斑装饰，亦发现有不少黑釉类产品。常见器形有碗、折沿炉、卷沿钵、壶、盆等等[24]。较为特色的是，不少窑口存在着一类在白地绘赭红、柿黄彩的产品，称为“赭彩”，纹样内容从点彩斑块到花卉草叶乃至动物，丰富多样，在交城、介休、兴县、霍州等地均有发现（图4）[25]。此外洪山、固镇[26]北宋时期还有一类高温白胎的精细白瓷，此类产品胎土极细，结晶度可达到透影白瓷的水平[27]。

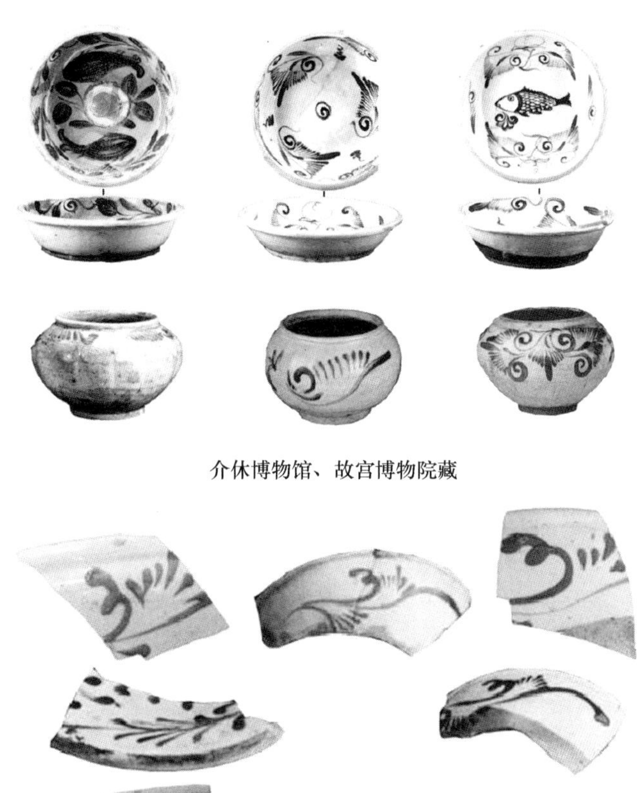

介休博物馆、故宫博物院藏

交城窑址采集

图4　白地赭彩瓷器

从窑具上看，吕梁山中南段的诸窑场常发现一类支撑面呈三分叉状的支钉间隔具（图5）[28][29]，用粗粘土或者精细瓷土制成。此类窑具呈扁平状，三个分支的末端隆起作为支点，部分有明显可见向中轴捏制的痕迹。通过外观观察，我们可以大致推测其制作过程，以常见的粘土质三叶支钉间隔具为例，该窑具由一泥团向三个方向拉扯或压制而成。根据分叉的形态可以分为两类。

1. 一类

分叉较粗，呈弧形，似三叶草状。根据支点是否有明显的两侧捏痕可分为两型（图5-1，图5-2）。

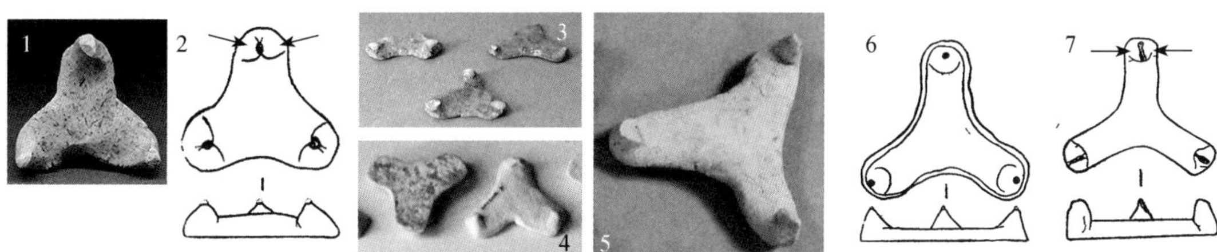

图5　吕梁山中南段地区常见三叉/三叶支钉及制作方法差异示意图

一类A型：支点两翼的压痕并不明显，支点位于分叉边缘，多呈外撇或竖直状。胎质较粗，制作时，直接将三叶的“叶尖”向上折弯，形成支点，随后从尖端的两侧对支点处进行捏夹修整，形成三个支痕为圆形或者放射状芝麻点形的支钉（图5-1），当承托物过重时支痕可能变为切向[30]。

一类B型：支点两侧存在明显的压痕，部分在近末端处也存在压痕，支点位置与分叉末端存在一定距离。制作时直接捏夹两侧近末端处的粘土并堆高、压实，形成支点（图5-6、图5-7箭头所示处），支痕与一型类似，但当承托器物较重时，支痕常变为近方形，存在较明显的棱角。根据精致程度可以分为两个亚型。

一类Ba型：较为粗糙，粘土制，个体通常较大（图6-3）。

一类Bb型：较为精致，通常为白瓷土制，也有泛灰、泛黄的情况，个体通常较小（图5-4[31]、图6-2下、图6-3）。

2. 二类

分叉较细，制作较为精致，常用细白瓷土制成，个别用一般泥料。叉臂两侧接近于直线，似三叉状。根据支点两侧是否有压痕可分为两型（图5-6、图5-7）。

二类A型：支点两侧压痕不明显，末端折起支点后多从四周修整。支钉锥体较圆，支点位置略小于分叉半径。支痕常为近圆形或变为切向，亦有向心的芝麻点状（图5-5、图6-2上）。

二类B型：支点两侧有明显压痕，末端向内折起后从两侧向内压制。支点位置通常较B-I型略靠近中心，支痕为向心的芝麻点状（图5-7、图6-1）。

小　结

以上四型的主要区别在于，一、二类A型的支点两侧修饰较为简单，接近分叉末端，而B型支点则较为靠内，两侧压痕较重。一类A型和Ba型广泛分布于吕梁山中南段各个使用支钉间隔具的窑场，而一类Bb型和二类两型目前仅见于介休洪山、霍州陈村及河津固镇，其中霍州二类的比例高于洪山，而固镇则绝大多数为一类Bb型（图6-3）[32]，兼有极少量的二类

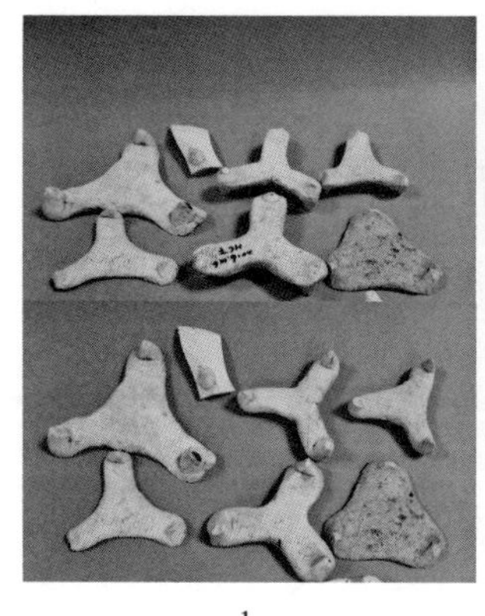

1

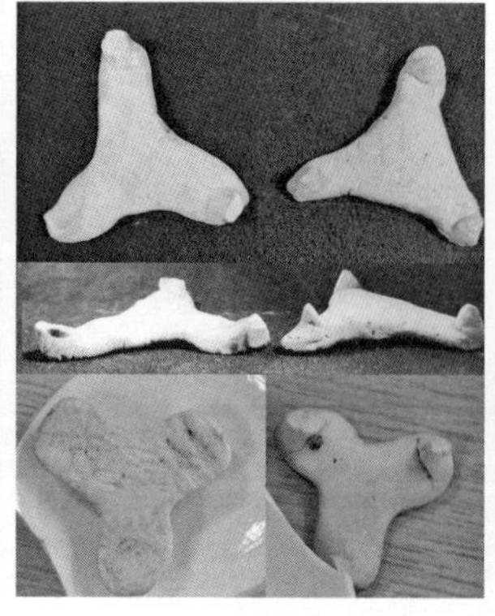

2

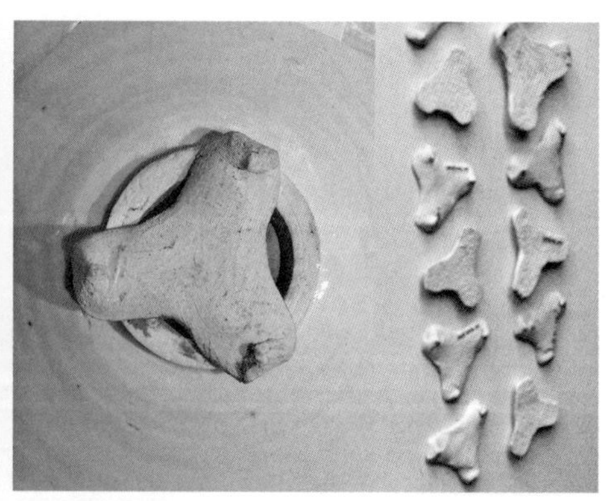

3

图6　吕梁山南段各地的精细支钉

1. 介休洪山　2. 霍州陈村　3. 河津固镇Y1

B型。洪山窑有时会在背面三叉的末端处各加一支点，形成双面支钉间隔具[33]（图7-1）。另外，在洪山窑发现了一类圆饼形支钉窑具，在垫饼圆周上接近三等分点的位置，直接堆塑起三个锥形支钉[34]（图7-2[35]、图7-3），为瓷土制成，应为烧制精细白瓷类产品之用。

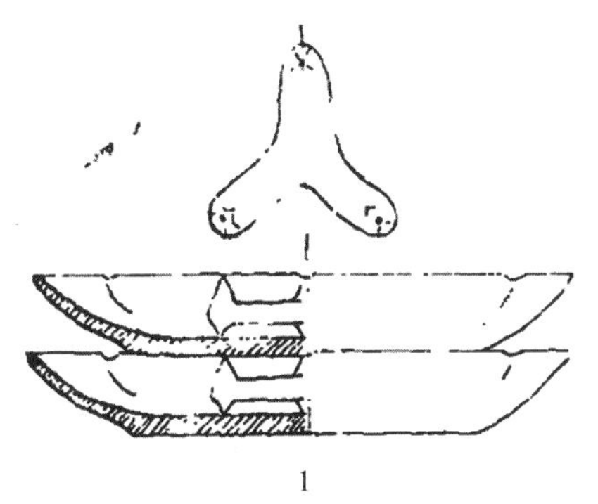

1

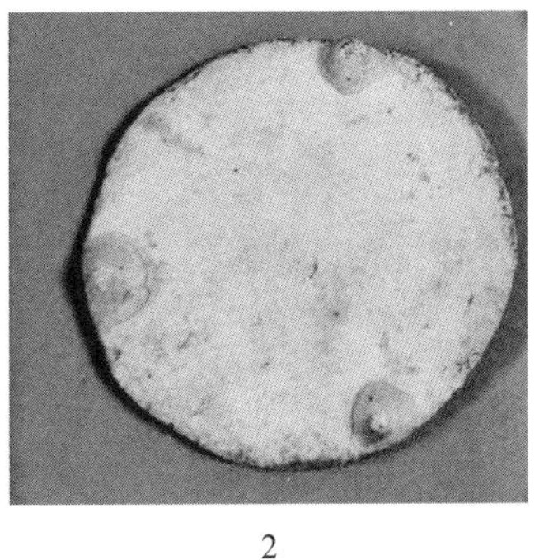

2

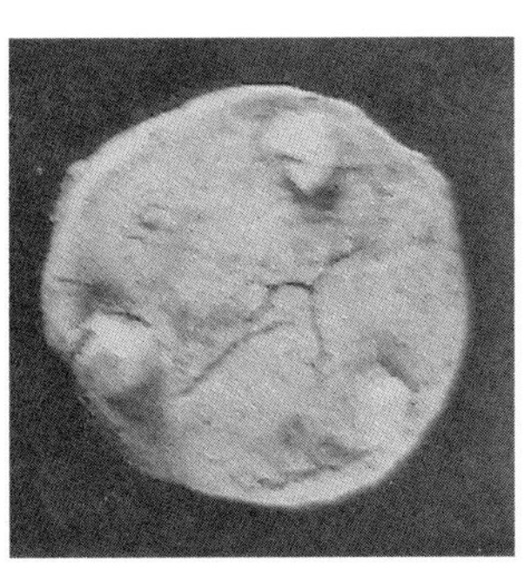

3

图7　洪山窑特殊支钉间隔具

1. 双面三叉支钉间隔具及用法示意　2、3. 圆饼状支钉间隔具

图8　河津固镇北涧疙瘩Y1俯视图

而在窑炉方面，目前这一地区北宋时期经考古发掘的窑址较为有限，仅见河津固镇北涧疙瘩1号窑炉。该窑呈马蹄状，由西北向东南倾斜。由火膛、落灰坑、挡火墙、窑床和烟室组成。窑表面烧结，存在落灰坑结构。东西并排各一个极大的长方形烟室，火膛呈扇形，前部被破坏，窑室呈梯形（图8）[36]。值得注意的是，该窑出现了黄堡地区常见而其他地方极其罕见的下沉式落灰坑结构，窑炉的形制也与宋代耀州窑极其相似。二窑具体的比较分析将在后文中展开。

三、“黄堡剧变”与陕西黄堡窑五代北宋时期的生产面貌

黄堡窑在五代时的生产面貌发生过一次翻天覆地的变化，在吸收了南方瓷窑的生产技术后，由一个原本烧制粗瓷、三彩类产品的窑口摇身一变改以生产精细青瓷为主。这一技术传播事件的绝佳体现，便是来自越窑系统的M型匣钵在黄堡的出现和推广[37]。值得注意的是，在引入外地技术的同时，原有烧制粗瓷的窑场在短期内几乎消失殆尽，原有除黑瓷外的各类产品几乎不见。这种短期内发生的，在烧造未间断的情况下，某类新产品的突然崛起和本地传统产品的突然消失在陶瓷史上是极为罕见的。如此大规模的转变应为官方主导的、应某种特殊需求而生的转变，这一点在五代黄堡窑址发现的青釉官字款残片中也得到了印证[38]。

晚唐五代黄堡窑，除青瓷外，以生产三彩、化妆土白瓷、黑釉和黄釉瓷为主，胎较粗松，多呈黄色或灰色。装饰方法多样，胎体装饰有贴塑、堆塑、戳印等，而釉面装饰有青釉白彩、花釉、白釉褐/绿/黑彩、素胎黑花、黑釉刻花填白彩等等，器形亦较丰富。与此相对应的是其多样的装烧方式，窑址发现了大量形态各异的匣钵、支烧具、垫具等等。以支钉间隔具为例，在唐代黄堡窑报告中称为III、IV型垫具[39]（图9）。其中，III a、III b、III d、III g式垫具与前文所提及的吕梁山南段所发现的一二两类间隔具高度相似（图6、图10[40]）。

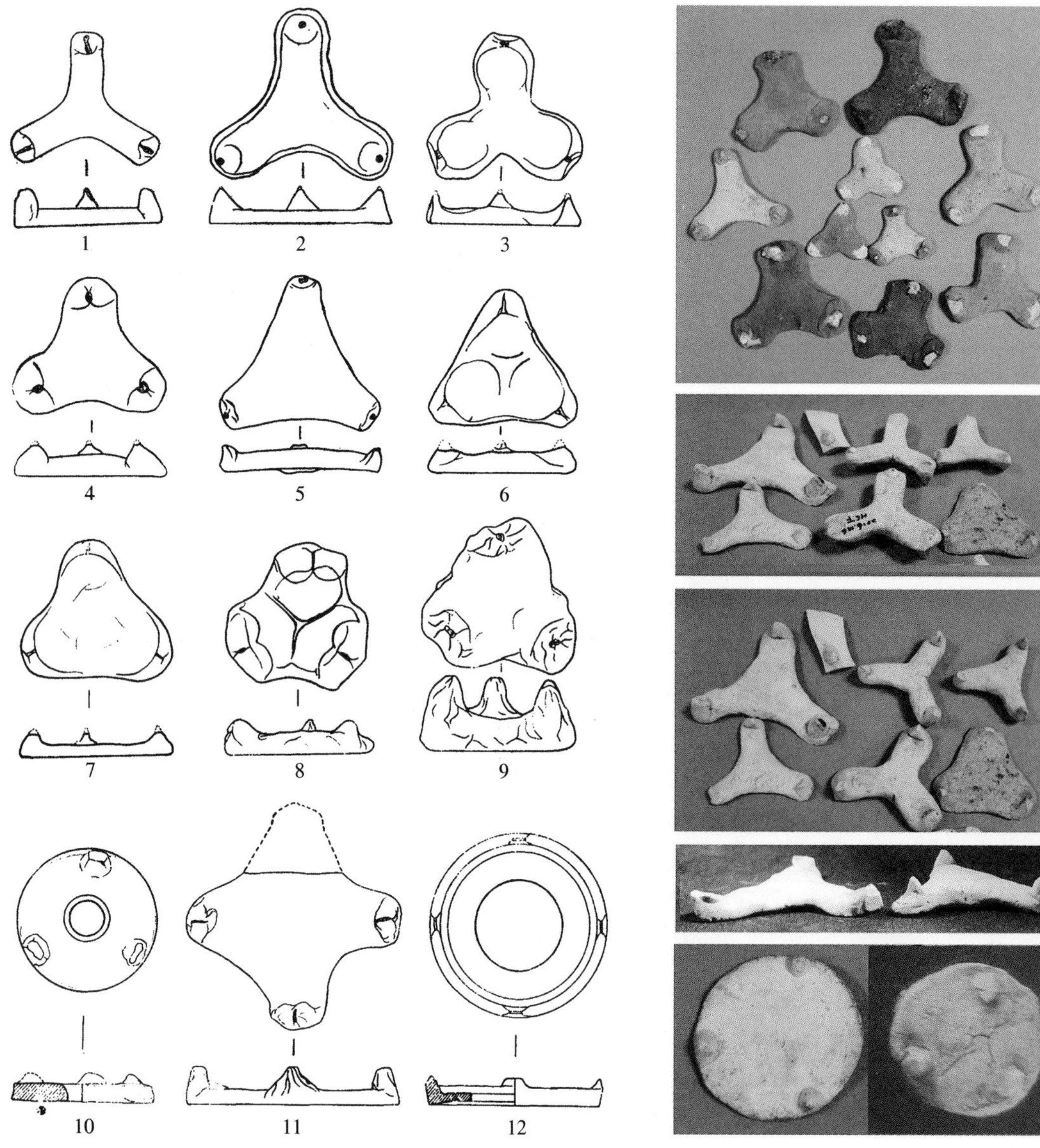

图9 黄堡窑出土各类支钉间隔具线图

1. Ⅲa式垫具ⅢH33：4 2. Ⅲb式垫具ⅠT13③：59 3. Ⅲc式垫具ⅠT8③：1 4. Ⅲd式垫具ⅡT2⑤：51 5. Ⅲe式垫具ⅠT18④：2 6. Ⅲf式垫具ⅡT2⑤：52 7. Ⅲg式垫具ⅡT3④：9 8. Ⅲh式垫具ⅡT3④：10 9. Ⅲi式垫具ⅡZ2—4：36（2—9为1/2，1为1/4） 10. Ⅲj式垫具ⅠH13④：59 11. Ⅳa式垫具ⅠT18②：33 12. Ⅳb式垫具ⅡZ2—4：37（1为1/2，2为1/4，3为1/6）

图10 吕梁山中南段各窑出土支钉间隔具

而III j式的圆环状三钉垫饼则与介休不同，先制作圆饼，旋削后留下棱角分明的外壁和中间的孔洞，再在一面堆泥，捏制支点。而另一类环状削制支钉即IVb式垫具（图9-12）则是在环沿处的窄墙上削出支点，此类较为少见，粘有黑釉，或为烧制黑瓷所用。

唐-五代黄堡窑的瓷窑窑炉多为长方形，主体结构分为烟室、窑床和燃烧室，为北方传统的马蹄窑（图11-1）。三彩窑口较为原始，形态整体较小，与瓷窑差异较大[41]，故不参与比较。到了宋代，耀州窑窑炉出现了明显的炉栅、下沉式落灰坑结合长通风道的结构，并形成了较为固定的模式（图11-2）[42]。在河北观台磁州窑[43]（图11-3）和山东地区北宋晚期窑址[44]

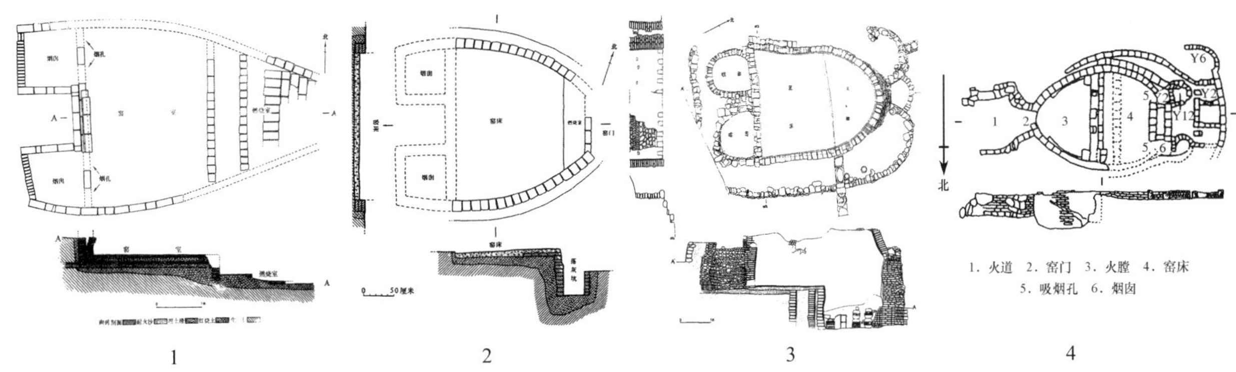

图11　北方典型窑炉结构示意图

1. 五代黄堡窑Y29　2. 宋代耀州窑Y5　3. 河北观台磁州窑Y3　4. 山东淄博磁村窑Y2

（图11-4）亦发现落灰坑和炉栅结构——山东地区的此类窑多近椭圆形，山东称苹果形窑，与黄堡明显不同，而观台磁州窑的炉栅需要每次使用后拆卸重新安装[45]，二者均并未出现落灰坑下沉的现象。有学者认为，落灰坑、炉栅结构的出现或与煤燃料的使用有关[46]，然而从宋代耀州窑Y5、临汝严和店Y3（结构与耀州基本相同）中发现的柴灰[47]和定窑[48]、河南目前所见煤窑未出现该结构等情况来看，下沉式落灰坑的出现与煤燃料的关系似乎并不明显。换句话说，以耀州窑为代表的下沉式落灰坑应是在窑炉建造过程中窑工的创新和传承。下沉式落灰坑通常与长通风道和或被分隔成两半的方形浅池共同出现，如此复杂的结构组合通常是难以一蹴而就的，应当存在一定的早期演化阶段即探索过程。由于发掘材料的限制，目前并未发现该结构的早期形态，其肇始时间不明，应略早于其成熟期即宋代中-晚期。由于该结构与早期炼铁、炼铜所使用的鼓风系统存在一定的相似性，其使用有助于在冶炼时控制升温速度并且保持还原氛围，而还原氛围恰是烧造青瓷所必须的。因此笔者推测，这一创新的发生可能于“黄堡窑剧变”所在的五代晚期-北宋早期相近，且与冶金工艺存在较为密切的联系。

四、支钉间隔具的流变与窑业技术交流

在我国陶瓷窑址调查或者发掘的过程中，常发现一定量的支钉间隔具，这类窑具一般用于叠烧套烧或者器物与匣钵/架板支架间的隔离，防止器物与器物或窑具因直接接触粘连而产生废品。因此，在使用过程中间隔具需直接与器物接触，是窑具中最易在器物上留下痕迹的一类。该类型窑具原理简单，仅需满足隔离面间有硬物填充，并在烧成后容易去除的要求即可，留给窑工的发挥空间较为丰富。因此此类窑具的形态和制作模式多种多样——形态上有粘钉/托珠、三叶支钉、三叉支架、锯齿状支钉、圆形/环形支钉垫饼等等；其制作方式有捏制、削制、旋削、模制、分体、镶嵌等等——呈现出高度的多样性但功能基本趋同。一般来说，功能相近而形态高度多样的同一类窑业中间产物，倘若起源于两个技术上较为隔绝的地区，则很难形成相近的制作模式——如湖南地区东汉-三国时期出现的削制齿状间隔具（图12-1）[49]和浙江地区同时期的模制三足支钉间隔具（图12-2）[50]，分属于两个完全不同的间隔具系统。

换句话说，若两窑的支钉间隔具在面貌上呈现出一定的相似，甚至是可以判断为同一制作

思路下的产物，则可以说明两窑之间存在一定的技术交流。进而，倘若A窑支钉间隔具的整体面貌较为丰富而B窑相对单一，且B窑间隔具的类型基本包含于A窑，则可以大致推测技术交流的方向是由A至B。这一传播过程通常也体现在窑炉和产品面貌的相似性或者包含关系上，因此，分析传播方向时需从多层次综合考查，互为佐证。应注意的是，在分析AB两窑包含关系的过程中，要极小心B窑可能发生的技术创新。创新可能形成原有制作模式下的新一类窑具，亦有可能产生一种全新的制式。因此，应当充分考虑两窑的整体性和特例的存在，并将特例放入全国同时期的各类间隔具之中进行全局的对比、考察，以推测可能发生的创新情况，绝不能过分关注于特例而忽视了两窑整体面貌上的相似或者包含关系。

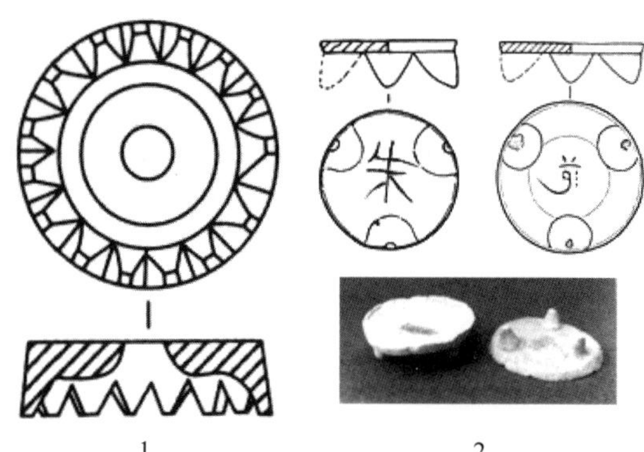

图12　南方汉晋间隔具形制对比
1. 湖南湘阴岳州窑出土齿状支钉间隔具
2. 浙江上虞出土三足支钉间隔具

在这样的背景下，笔者将吕梁山中南段地区、黄堡窑及其相关地区所发现的部分支钉间隔具整理如下，可根据承托面的形状分为两类。

1. A型

承托面呈三分叉状，根据支点根据分叉呈直棒状还是叶形可分为两个亚型。

（1）Aa型

分叉呈直棒状，两侧线条较直。根据分叉的精粗程度不同可分为三式。

Aa-I式：制作较为粗糙，为较为原始的状态。直接捏制出支钉形态，分叉截面或呈近方形。从末端直接折起一个支点，支痕常近方形或圆形。此类窑具在邢窑[51]及邺城周边[52]等地的隋代窑址（图13-1、图13-2）等地均有所发现。在黄堡所发现的量极少，仅见于唐代作坊z2-4一件（图13-3），所在单位功能并非制瓷且年代靠后，与原始状态关联不明，故下文中关于该窑具演变的推测多以邢窑及邺城周边等地早期窑址出土的此类窑具展开。

Aa-II式：制作相对细致，呈细长状，从两侧及上下方捏制，分叉呈方形，支点为芝麻点状或

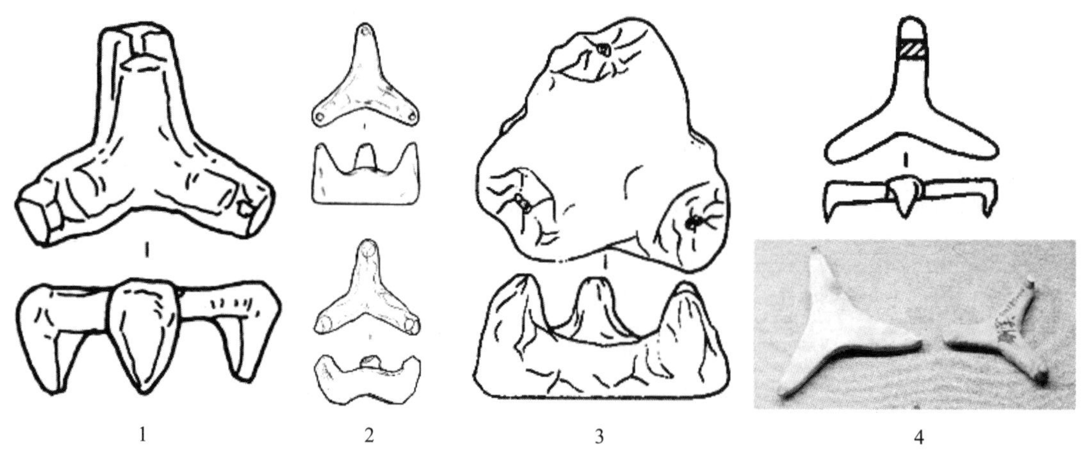

图13　Aa型窑具
1. 隋代邢窑Aa-I式支钉间隔具　2. 邺南城东北窑区出土Aa-I式支钉间隔具　3. 唐代黄堡窑Aa-I式支钉间隔具
4. 辽宁博物馆展出的内蒙古赤峰缸瓦窑Aa-II式支钉及线图

者方形，见于唐代巩县黄冶窑[53]和辽地诸窑如阿鲁科尔沁[54]和赤峰缸瓦窑[55]（图13-4[56]），罕见于吕梁山中南段，本文不做过多论述。

Aa-III式：制作更为精细，即前文所述吕梁山二类间隔具。在捏制出三叉后，将末端向上、向内折起，并从两侧或者四周捏制修整支点，较为美观。支点较小，呈圆形或者向心的芝麻点状。此类在邢窑[57]、介休洪山[58]、霍州陈村[59]、清凉寺[60]等窑皆有发现，河津固镇的该式间隔具极少但不可忽视，而介休亦有发现胎质相对粗松的此类窑具[61]。

（2）Ab型

窑具为扁平状，分叉呈叶型，两侧弧线较为明显，称三叶型支钉间隔具。根据其支点的捏制方式可分为三式。

Ab-I式：支点两侧修饰不明显，三叶的末端处直接向上折弯，易形成切向的支痕。此类主要分布于黄堡窑[62]（图14-1）和邢、定等黄河以北地区窑场[63]（图14-2），在邢窑其比例相较于其他类型支钉较少。由于制作时以折弯为主，缺少捏制工序，Ab-I式间隔具承重能力有限，易变形，多用于低温陶瓷的烧造，如晋城三彩[64]（图14-3）和定窑灰胎粗白瓷碗。其中，黄堡窑III c垫具黄河北地区的此类垫具在制作时，在三叶末端的处理上存在着细微差别，可以作为一个技术识别的特征（图14-1，箭头标注处）。山西地区发现于浑源、平定、泽州等窑址，在北午芹[65]、霍州[66]仅发现有极少量而在泽州窑中占有较高的比例[67]。

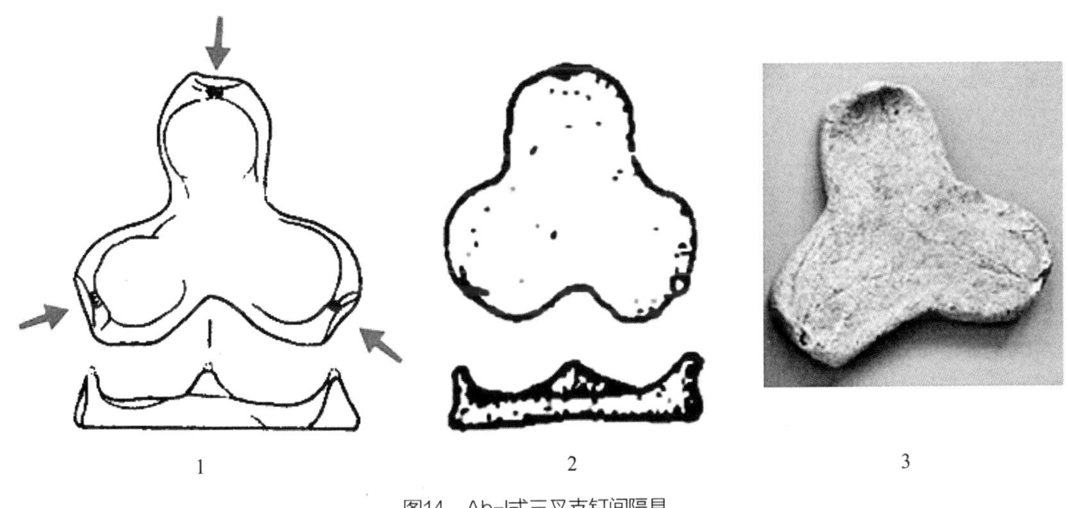

图14　Ab-I式三叉支钉间隔具
1. 唐代黄堡窑　2. 定窑　3. 晋城泽州窑

Ab-II式：支点两侧略有捏痕，即前文所述的吕梁山一类A型支钉间隔具，为Ab-I式的改进模式。在折弯的基础上，从两侧捏制修饰支点（图15-1，箭头所示），使得支点呈向心的芝麻点状，重压下成为切向。此类广泛分布于河北山西陕西等地，河北地区中，邢窑的比例明显高于定窑，而常见于黄堡。在山西地区已发现唐宋的窑址中，Ab-II式见于浑源，交城（图15-3下[68]），榆次，兴县，北午芹（图15-3上）[69]等地，在唐-五代窑址中常与Ab-I式共存，而五代北宋早-中期窑址中常与下文中的Ab-III式共存，不同窑场遗存中的比例或存在一定区别，唐代泽州窑的大型三叶间隔具采用的也是这种模式[70]。

Ab-III式：支点两侧压痕明显，即吕梁山一类B型。在Ab-II式制作模式的基础上，于靠

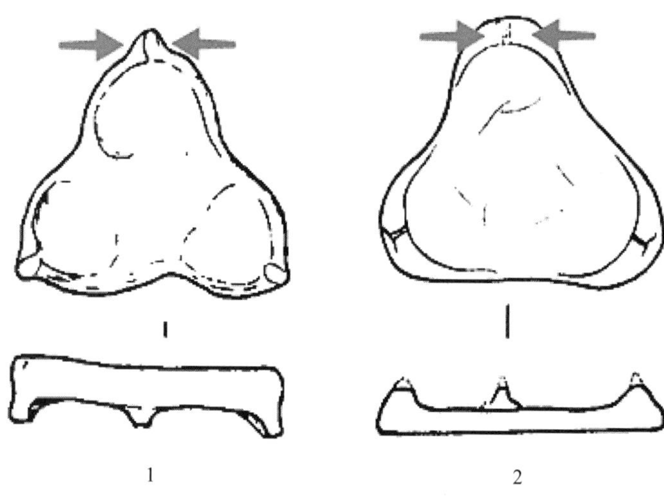
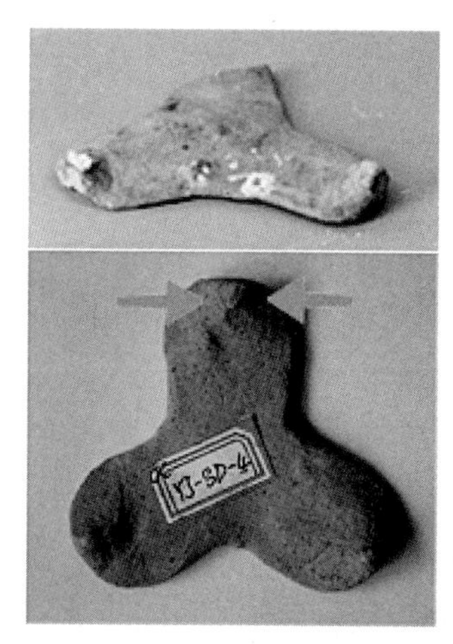

1　2　3

图15　Ab-Ⅱ型支钉间隔具示意图
1. 邢窑　2. 黄堡窑　3. 上：北午芹窑；下：交城窑

近末端处捏取近末端和两侧处的泥料，压制形成支点（如图16箭头所示）。介休、河津、吕梁[71]等地均发现了这一制作模式下的产物，只是制作时精粗有别。粗者为前文所述吕梁山一类Ba型，为该地区最常用的支钉间隔具之一。支痕多呈向心芝麻点状，个别在重压下呈近方形（图16-2[72]），棱角较明显，偶见切向的方形压痕。此类分布范围相对有限，主要见于陕西和吕梁山中南段。本式有一精细类型，即为吕梁山一类Bb型（图20-10），精细瓷土制成，见于固镇、介休、霍州[73]、黄堡[74]、清凉寺[75]等地。

2. B型

承托面呈圆形，根据圆面的做法可以分为两个亚型。

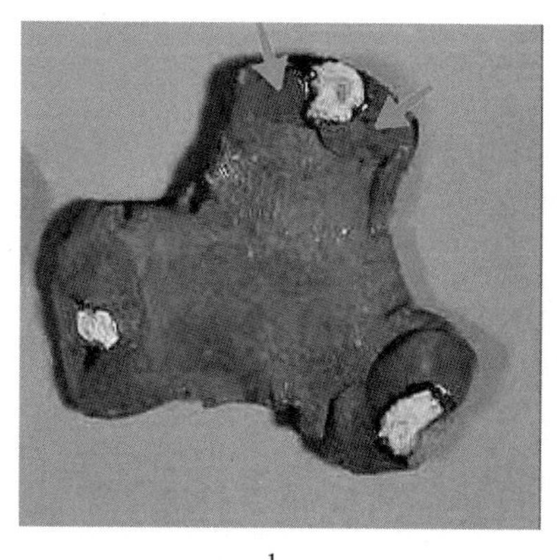

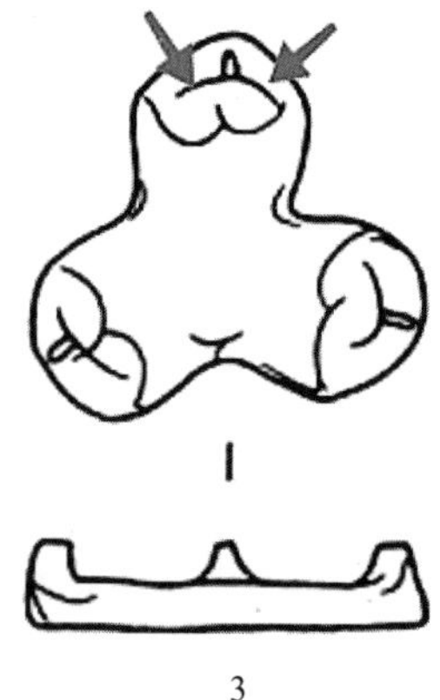

1　2　3

图16　Ab-Ⅲ式三叶支钉间隔具
1. 介休洪山　2. 吕梁兴县　3. 五代黄堡窑

（1）Ba型

承托面呈实心圆饼状。根据支点的制作方法可分为两式。

Ba-Ⅰ式：支点为捏制。在制作出圆饼后，在饼缘近三等分处堆泥捏制三个支点[76]，吕梁山中南段仅见于介休洪山窑，用较细的瓷土制成（图17-1）。多见于黄河南部窑场，如清凉寺窑（图17-2）等。定窑亦有发现此类做法的支钉，粘连低温釉彩，质地较粗，为烧制三彩所用，与洪山窑址所见的年代和用法差异较大。

Ba-II式：支点为削制。在制作出中心凹陷的圆饼后，在饼缘处刮削形成三支点。出土于五代黄堡窑（图17-3）[77]，此类除黄堡外仅见于巩县黄冶窑（图17-4）[78]。

图17　Ba型圆饼状支钉间隔具
1. 介休洪山窑Ba-I　2. 清凉寺窑Ba-I　3. 黄堡窑Ba-II　4. 黄冶窑Ba-II

（2）Bb型

承托面为空心圆环状。根据支点的制作方法可分为两式。

Bb-I式：支点为捏制，唐、五代黄堡窑出土。此类间隔在Ba型饼状间隔具的基础上将垫饼部分挖除圆心制成[79]（图18-1）有三支钉和五支钉两种，与湖南衡阳地区（图18-2）的做法高度相似。最初用于烧造黑瓷，沿用至引入青瓷后的五代-北宋早期，用于烧造大件满釉支烧器物[80]。圆心挖空的现象较为特殊，可能是由唐代湖南铜官地区使用的泥条制作的环状支钉间隔具演变而来。

Bb-II式：支点为削制。唐代黄堡窑出土，支点为环沿处的窄墙顶端削制而成（图18-3），此类做法在巩县黄冶窑[81]有较为深厚的传统（图18-4），在山西交城磁窑村窑亦有发现。

在前文所述的A型支钉间隔具中，存在着较为复杂的演化关系。Ab-I式与Aa-I式制作思路相同，应为其简化形式。Aa-I常见于隋唐时期的黄河北地区窑场，而早期Ab-I就出现在邢、定等窑，其中，邢窑出现的比例较低，而定窑相对较大。因此笔者认为，该简化过程发生时

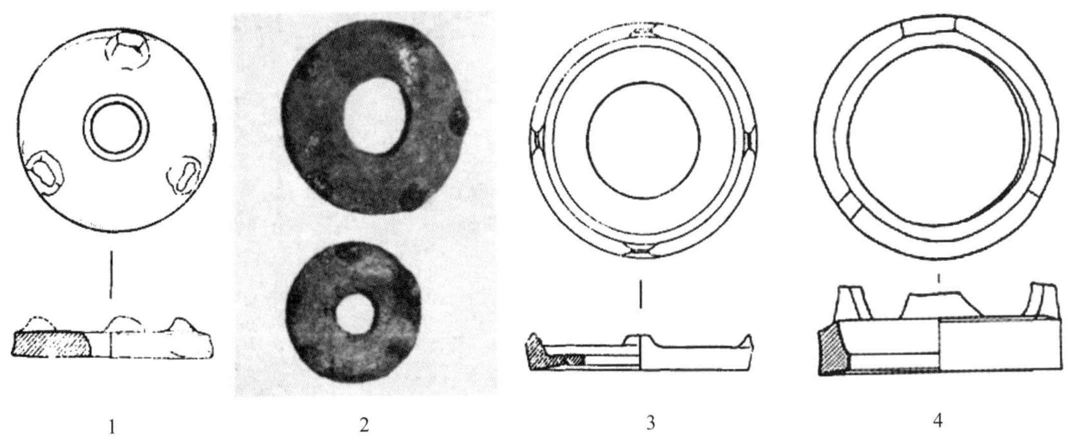

图18　圆环状支钉间隔具
1. 唐五代黄堡窑　2. 湖南衡阳窑　3. 唐代黄堡窑　4. 唐代巩县黄冶窑

间可能较早，且很可能发生在邢窑，比例不高的原因可能在于邢窑具有较强的发展动力，更成熟的支钉类型覆盖了Ab-I型间隔具的使用，所以Ab-I较多的定窑可能为邢窑的衍生窑场。值得注意的是，图14-1所示的黄堡窑Ab-I式三叶支钉的支点折起处有较为明显的凹痕，支点末端较圆。而泽州窑所发现的支点末端较方者居多而折弯处大多未出现明显凹痕，其形制与黄河北地区窑场类似而非黄堡。故笔者推测，泽州窑可能为黄河北地区的衍生窑场。

从Ab-I式到Ab-III式，是一个窑具性能不断发展、改进的过程。Ab-I式的支点两侧缺乏修整，支点朝向不定，承重力有限。由于其在高温环境下具有易变形、易粘连等特性，多用于烧制三彩（泽州窑，图14-3）和温度相对较低的粗瓷，而此类产品的年代恰也通常整体偏早。而Ab-II式增加了支点两侧的修整，其承重能力略强于Ab-I，故以Ab-I为主的窑场（如浑源、泽州等）烧制大件器物时常用Ab-II。Ab-III式相较于I、II式而言是一个极大的改进。其在制作时捏取较多两侧及后方的泥料向内叠压，一方面稳定了支点的根基部位，加强其物理性能，另一方面使得支点离开分叉末端，略微向内移动，减小了支点受力的力臂，增加了整个间隔具可承托的重量（该演化过程如图19所示）。

而图20所示的精细类三叶支钉间隔具，常见于固镇Y1，亦见于介休、霍州、黄堡、清凉寺窑但比例较小。该类型常为白胎或者灰白胎，或用精细瓷土制成，承托面修饰较精，但其从制作模式上看，仍属于Ab-III式三叶间隔具，而叉臂的处理上明显受到Aa-III式精细三叉间隔具的影响，可能为二者的结合类型。与Aa-III相同，Ab-III式在吕梁山中南段窑场多用于烧制精细白瓷，并且延续时间较长，早期如黄堡、介休、霍州比例较低，而在北宋晚期固镇Y1出土的Ab-III式比例极高，也表明了此类工具的成熟性。

从A型支钉间隔具的分布情况和演化关系中，我们可以看出，黄河以北地区，以邢窑为

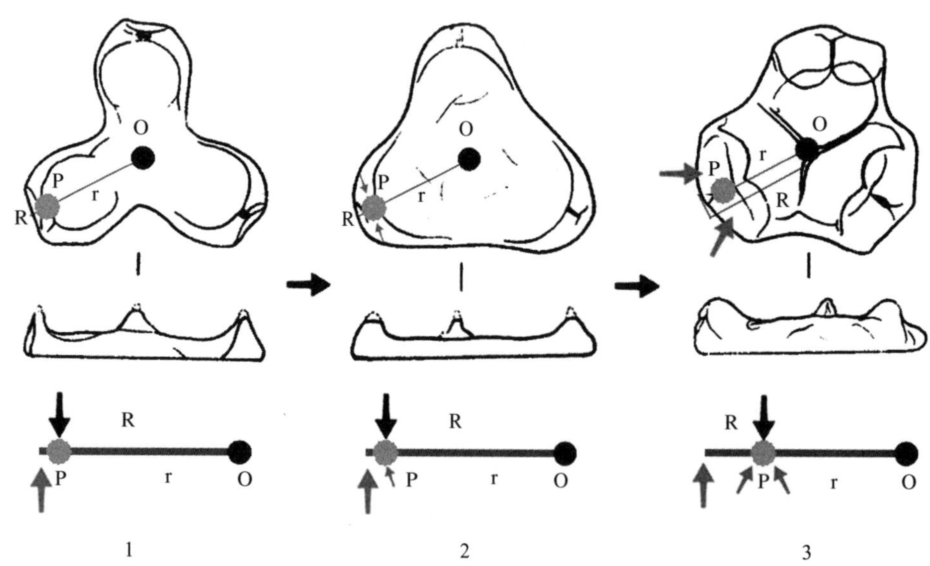

图19　Ab-I至Ab-III式支钉间隔具的演变过程及受力分析

线图均取自于《唐代黄堡窑》一书，但三者时空分布在宏观上应存在差异，

Ab-I的起始时间较早，而Ab-III的持续时间较长，下文将进一步说明。

O点为分叉中心，P为支点，R为承托面半径，r为支点半径。当支钉朝上使用时，承托面受力向上，如橙色大箭头所示，支点处受到的压力向下。Ab-I两侧修整不明显，支点处缺乏两侧的支持力量，Ab-II两侧简单修整，两侧存在一定的支持力量，Ab-III两侧压痕明显，支点获得的支持力较多；Ab-I，Ab-II中压力力臂r较大，能承受的力有限，而Ab-III压力力臂r较小，承重能力较强。

代表的黄河北窑场支钉间隔具面貌整体跨度较大，涵盖了从原始到成熟的各种不同窑具，且演化过程较为清晰，囊括了不同时期的各种基本类型，应当为技术迁移过程中较早期的一环。同样间隔具面貌非常丰富的黄堡窑，其基本类型均包含于邢窑之中，并对个别模式进行了改进和推广，发展出了较为发达的Ab-III式三叶支钉间隔具一族。但在五代时期引入青瓷后，支钉间隔具的使用迅速减少，仅见于部分满釉支烧产品，此后黄堡窑便不再使用支钉间隔具。而吕梁山中南段窑场五代至北宋早期的生产面貌则较为单一，整体包含于晚唐五代黄

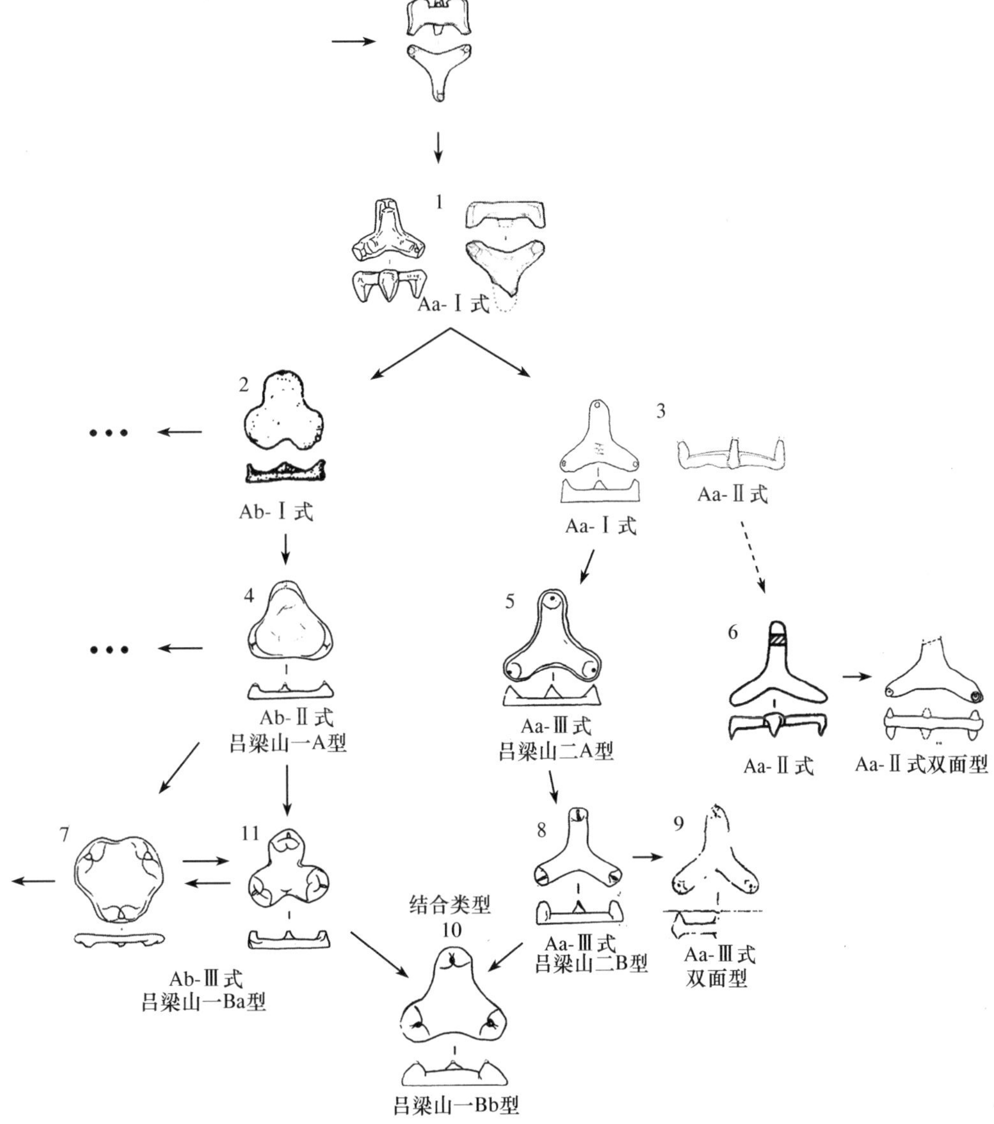

图20　山-陕及相关地区部分A型支钉间隔具演化关系示意图

1. 邢窑、邺城周边　2. 定窑　3. 巩县窑　4、5、7、8、10. 唐代黄堡窑　6. 缸瓦窑　9. 介休窑　11. 五代黄堡窑。各类支钉间隔具的分布情况如下，1. 黄河北-邺城周边地区，包括巩、定、邢窑；2. 黄河以北地区窑场，如定、邢、井陉窑，定窑中比例较高，山西见于浑源、泽州；3. 巩县窑；4. 黄河北及山西广大地区；5. 黄堡窑、介休窑、霍州窑及个别辽窑；6. 常见于河南三彩窑和辽窑如赤峰缸瓦窑；7. 主要分布于黄堡窑及吕梁山中南段大部，亦见于井陉平定窑及河南部分与山陕地区交流密切的窑址；8. 仅见于黄堡窑、介休洪山窑、霍州陈村窑、清凉寺窑、河津固镇和个别辽窑；9. 仅见于介休洪山窑和赤峰缸瓦窑；10. 常见于河津固镇窑，霍州、洪山次之，亦见于黄堡窑和清凉寺窑；11. 仅见于黄堡窑和吕梁山中-南段窑场，井陉窑亦有类似。

堡窑且年代恰与其衔接。由于黄堡窑深厚的生产基础和“黄堡窑剧变”所产生的强传播动机，向邻近地区的直接技术辐射几乎是必然的。作为汾渭平原中紧邻关中平原的吕梁山中南段地区，由于其丰富的矿物资源，自然成为了绝佳的陶瓷生产地、黄堡窑工的落脚之处。因此，吕梁山中南段窑场的技术来源极有可能为黄堡窑。而河津地区位于吕梁山南端，是汾河、黄河的交汇之处，也是从关中平原进入汾河平原的第一站，目前发现的北午芹、古垛五代窑址也恰好与此对接。由于特殊的地理位置，河津地区极有可能成为黄堡窑工到达吕梁山后较早的落脚点，这也与河津乡宁地区较为密集的窑业分布情况相符。

有趣的是，Ba-II式饼形间隔具目前仅见于黄堡窑和巩县黄冶窑，二者在形态、制作方法、技术细节等方面如出一辙。该式为巩县窑的典型样式，制作量较大，而黄堡窑仅出土一件，甚至不足以说明其为黄堡本地制作。不过，不论黄堡窑出土的这件是否为本地所产，我们都不难推测——唐五代的黄堡窑与巩县窑存在着较为密切且直接的技术人员联系。

值得注意的是，Bb-II式环状支钉至迟在五代出现于湖南湘江流域并流传至广西，而黄堡窑所发现的环状支钉可能是与湘江流域窑场技术交流的直接物证。这一技术交流事件不排除与“黄堡剧变”存在联系，但由于考古资料的缺乏，这种联系的性质还有待考证。

五、结　语

黄堡窑到吕梁山中南段的技术迁移关系在窑址考古的过程中得到了非常好的印证。虽说该地考古发掘的窑址非常有限，仅固镇窑炉一座（Y1），但足以说明问题——二者均为马蹄形馒头窑，烟囱为方形，窑室呈进梯形，靠近火膛一侧略窄，火膛顶端近弧形（图21）。而河津Y1拥有极其特殊的下沉式落灰坑和炉栅结构，与陕西黄堡窑如出一辙（图21红框部分），而与同样存在炉栅的观台磁州窑存在明显的不同。正如熊海棠先生所指出的，在窑炉上某些特殊细节的相似性，通常是人员直接或者间接迁移的结果[82]。这一结构的出现足以证明固镇Y1的烧造技术与黄堡存在极强的相关性。由于固镇Y1的年代为北宋晚期，与前文所述“黄堡窑剧变”的时间存在一定的距离，二者之间的关系更可能是间接的传承。从支钉面貌看，固镇窑址发现了大量的吕梁山二类B型支钉间隔具，并且伴随极少量介休窑常见的二类A型支钉间隔具，加之其年代靠后，故可能为介休部分窑工直接或间接迁移形成的衍生窑场。

与A型支钉间隔具不同，介休洪山窑所发现的Ba-I型圆饼状三支钉间隔具，与黄堡窑、定窑同类窑具差异较大而邢窑暂未发现类似窑具。从目前的资料来看，此类窑具的制作方法（即在圆饼状垫饼上直接捏制支钉）在河南地区有着较长的使用历史，如鲁山段店窑[83]、辉县沿街村窑址[84]、宝丰清凉寺窑址[85]等等，从唐跨越至宋，针对的产品较为多样，也包括类似吕梁山的精细白瓷，而吕梁山南段在北宋早期未见有细白瓷生产。加之在河南地区，如清凉寺窑，同样存在着形制与介休、霍州、固镇和黄堡所出二类A，B型间隔具几乎一样窑具，二者之间极有可能存在一定的技术交流。笔者推测，介休窑精细白瓷的生产技术可能引自河南窑场，但这一技术的引入并未改变本地区原有的生产面貌和技术根基。

上述的技术传承关系在各窑的产品面貌中亦有所体现，如前文所述，吕梁山中南段地区五代北宋早期窑址的产品多为粗黄胎化妆土白瓷，或点绿彩，亦有黑瓷及少量的花瓷、素胎

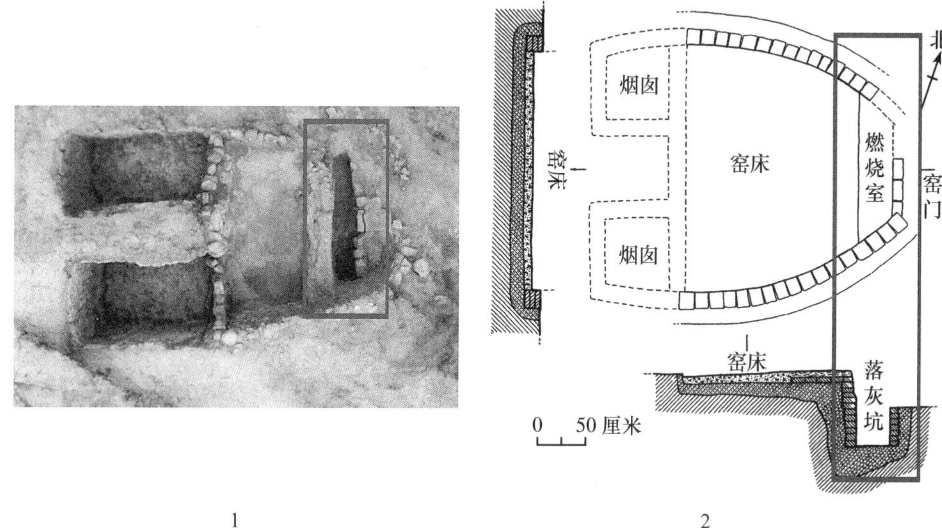

1　　2

图21　河津固镇窑Y1与宋代耀州窑的窑炉形制比较

黑花产品，特色类型为白地赭彩器物，亦有柿红地绘化妆土等装饰，但缺乏唐-五代至北宋早期在北方窑口常出现的黄釉产品。而陕西黄堡窑除粗黄胎化妆土白瓷一类外，还有三彩、黄釉、青釉、青釉白彩、黑瓷、黑釉刻花填白彩、素胎黑花等等[86]，品种较为丰富。可以看出，吕梁山中南段五代北宋时期的产品面貌较为单调且基本包含于黄堡窑。值得一提的是，山西赭彩产品（图22-3[87]）的彩料状态极似黄堡窑的一种褐彩产品（图22-1），笔者猜测为同一类配方制成。吕梁山中南段窑场的赭彩产品中，纹饰简单者类似黄堡窑的点斑或者大斑块，偶有几笔草叶纹，与黄堡窑的绘黑花产品相类（图22-2）；而复杂者除了各类动物纹饰外，花卉草叶纹饰的画法亦与黄堡窑黑花或者黑釉刻花填白彩类品类似，并且在原有绘制模式的基础上得到了较大的发展，产生了自己的特色，也开始与线刻结合。民间亦有报告称晋南地区发现有纹饰与黄堡窑素胎黑花产品几乎一样的白地褐彩盘口瓶，而兴县和河曲等地还发现有与黄堡窑别无二致的素胎黑花产品，可能为本地生产，加之前文提及的交城窑所发现的釉面和斑块状态都极似黄堡的花瓷，无不指向了二者在五代北宋早期可能存在的直接联系。

这种相似性中所蕴含的传播方向是显而易见的，黄堡地区自唐代以来的大规模生产形成了深厚的技术基础，使得其在技术传播的过程中获得了极大的优势，这是山西地区所有唐代窑场所不能比拟的。与越窑到朝鲜半岛的技术传播同理，在“技术高地”向“技术荒漠”输出的技术落地后，便会在短时间内迅速发展起来，形成自己的风格[88]。但对于黄堡窑这样的

1　　2　　3

图22　黄堡窑址出土的褐彩、黑花及山西馆藏赭彩器物纹饰比较

1. 黄堡窑褐彩炉　2. 黄堡窑绘黑花炉　3. 山西馆藏赭彩器

综合性窑场来说，不同产品的生产技术通常由不同的窑工分散掌握，极其少见一户或者少数几个个体掌握着一个大型综合性窑场全部生产技术的情况，而在迁移的过程中，一个可供生产的地方通常只有极小一部分窑工在此落脚。因此这种新窑场的产品风格和装烧面貌不会完全与原窑场相同，通常表现为其中的一部分。这便是产品面貌包含关系的成因，也是吕梁山中南段各早期各窑场的产品品种或者装烧工艺存在细微差异的原因（如赭彩、点绿斑、素胎黑彩、花瓷等产品的出现窑口和比例不同，以及三叉/三叶支钉间隔具的比例及用量差别等）。

综上所述，笔者认为在“黄堡窑剧变”发生后，由于某些原因，生产青瓷的窑工挤占了黄堡地区原有窑工的生存空间，迫使他们出于生计问题向外地迁移。吕梁山中-南段，地处汾渭平原中部，西接陕西关中平原，有着较丰富的矿产资源，可用于陶瓷生产。从黄堡窑迁出的窑工往东到达黄河后，较早进入的就是吕梁山南端的河津地区。又由于此地并没有很好的窑业基础，他们得以在此处落脚并很快地发展壮大，并且向吕梁山中段进一步发展。因此吕梁山中南段在五代北宋时期突然产生了一系列面貌相近，且不同于山西唐代诸窑的窑场。即吕梁山中南段地区五代北宋时期窑业面貌的产生，是“黄堡窑剧变”的作用下，原陕西黄堡窑工直接迁移的结果。

注释

[1] 孟耀虎、任志录：《山西浑源县界庄唐代瓷窑》，《考古》2002年第4期。

[2] 山西省考古研究所：《山西孟县古瓷窑（磁窑坡窑）遗址调查简报》，《文物季刊》1999年第2期。

[3] 赵恒富：《交城窑制瓷工艺及衰落原因考》，《山西省考古学会论文集》，山西古籍出版社，2000年。

[4] 杨芝荣：《孟家井瓷窑遗址》，《文物》1964年第9期。

[5] 吴连城：《山西介休洪山镇宋代瓷窑址介绍》，《文物》1958年第10期。

[6] 陶富海：《山西霍州市陈村瓷窑址的调查》，《考古》1992年第6期。

[7] 孟耀虎：《山西平阳古瓷窑调查》，《考古与文物》2005年第3期。

[8] 高振华、贾尧、王晓毅：《改写山西制瓷史　河津固镇宋金瓷窑址》，《大众考古》2017年第5期。

[9] 水既生：《就山西古窑址遗物略谈唐代北方的制瓷工艺》，《陶瓷研究与职业教育》1981年第4期。

[10] 孟耀虎：《山西晋城唐代低温釉陶窑址的调查》，《华夏考古》2017年第1期。

[11] 曾昭冬、刘翠：《山西河津、乡宁瓷窑遗存调查简况》，《文物世界》2017年第3期。

[12] 冯小琦主编：《故宫博物院藏中国古代窑址标本》（河南卷，河北卷，北京、山东、陕西、宁夏、辽宁卷），故宫出版社，2013年。

[13] 李德保：《河南辉县古窑址调查简报》，《文物》1965年第11期。

[14] 赵恒富：《交城窑制瓷工艺及衰落原因考》，《山西省考古学会论文集》，山西古籍出版社，2000年。

[15] 陕西省考古研究所：《唐代黄堡窑址》，文物出版社，1992年，图版八五。

[16] 陕西省考古研究所：《唐代黄堡窑址》，文物出版社，1992年，第272～275页。

[17] 陕西省考古研究所：《唐代黄堡窑址》，文物出版社，1992年，图版三九、四二、彩版三七。

[18] 解希恭：《太原小井峪宋、明墓第一次发掘记》，《考古》1963年第5期。

[19] 曾昭冬，刘翠：《山西河津、乡宁瓷窑遗存调查简况》，《文物世界》2017年第3期。

[20] 山西省考古研究所：《晋阳古城一号建筑基址》，科学出版社，2016年，图版四六。

[21] 熊海堂：《文化、技术交流史研究的理论与实践兼论东亚窑业技术史比较研究的问题点》，《东南文化》1991年第Z1期。

[22] 熊海堂：《东亚窑业技术发展与交流史研究》，南京大学出版社，1995年，第13、17页。

[23] 笔者注：中间产物，是指制作产品的过程中，出现的一系列必要但不属于最终产品的产物，生物学中称为中间产物。通常用于辅助最终产品的完成，或作为某道工序的前体，如模具、匣钵、间隔具等窑具或素烧器等。

[24] 曾昭冬、刘翠：《山西河津、乡宁瓷窑遗存调查简况》，《文物世界》2017年第3期。

[25] 冯宵慧：《山西地区宋元时期白地黑花瓷器初步研究》，山西大学硕士学位论文，2017年。

[26] 笔者注：河津固镇北涧疙瘩窑址的年代较为靠后，约北宋晚期，下文中将进一步说明。

[27] 孟耀虎：《介休窑白瓷品质》，《中国古代白瓷国际学术研讨会论文集》，上海书画出版社，2005年。

[28] 曾昭冬、刘翠：《山西河津、乡宁瓷窑遗存调查简况》，《文物世界》2017年第3期。

[29] 笔者注：由于介休、河津的支钉间隔具未见线图和正面照面世，本人选取山西省考古研究院曹俊采集并提供的北午芹窑三叶支钉和《唐代黄堡窑址》中的同类窑具线图用于展示。

[30] 笔者注：三叉/三叶型支钉间隔具的三个分叉，可以视作圆的三条半径，支撑处为一个圆上近似的三等分点。由于制作方法的原因，其中一类支痕常垂直于分叉所在半径的轴。在圆弧上且垂直于半径的方向，数学上称为切向。

[31] 曾昭冬、刘翠：《山西河津、乡宁瓷窑遗存调查简况》，《文物世界》2017年第3期。

[32] 太原詹坚提供，图6-1本人采集于介休洪山窑址，图6-2本人采集于霍州陈村窑址，图6-3左本人摄于山西省博物院。

[33] 水既生：《山西古代窑具及装烧方法》，《陶瓷研究与职业教育》1984年第4期。

[34] 孟耀虎：《介休窑白瓷品质》，《中国古代白瓷国际学术研讨会论文集》，上海书画出版社，2005年。

[35] 太原詹坚提供，本人采集于介休洪山窑址。

[36] 高振华、贾尧、王晓毅：《改写山西制瓷史　河津固镇宋金瓷窑址》，《大众考古》2017年第5期。

[37] 崔建：《唐至五代时期黄堡窑青瓷烧造及装饰工艺研究》，西北大学硕士学位论文，2014年。

[38] 陕西省考古研究所：《五代黄堡窑址》，文物出版社，1997年，第113～120、303～306页。

[39] 陕西省考古研究所：《唐代黄堡窑址》，文物出版社，1992年，第496～499页。

[40] 太原詹坚提供，本人采集于介休洪山窑、霍州陈村窑。

[41] 陕西省考古研究所：《唐代黄堡窑址》，文物出版社，1992年，第20～24、34～43页。

[42] 陕西省考古研究所、耀州窑博物馆编：《宋代耀州窑址》，文物出版社，1998年，第60～88页。

[43] 秦大树、马忠理：《河北省磁县观台磁州窑遗址发掘简报》，《文物》1990年第4期。

[44] 山东淄博陶瓷史编写组：《山东淄博市淄川区磁村古窑址试掘简报》，《文物》1978年第6期。

[45] 秦大树、马忠理：《河北省磁县观台磁州窑遗址发掘简报》，《文物》1990年第4期。

[46] 秦彧：《山东古代烧瓷窑炉结构分析》，《考古》2002年第7期。

[47] 秦大树：《磁州窑窑炉研究及北方地区瓷窑发展的相关问题》，《考古学研究》2000年第00期。

[48] 林洪：《河北曲阳县涧磁村定窑遗址调查与试掘》，《考古》1965年第8期。

[49] 杨宁波：《论东亚伞状支烧具的技术体系及始源地问题——兼谈岳州窑和桂林窑的关系》，《湖南考古辑刊》（第11集），科学出版社，2015年。

[50] 郑嘉励、张盈：《三国西晋时期越窑青瓷的生产工艺及相关问题——以上虞尼姑婆山窑址为例》，《东方博物》2010年第2期。

[51] 石从枝：《邢台隋代邢窑》，科学出版社，2006年，第149～152页。

[52] 黄信：《河北邺城地区陶瓷窑址调查报告》，《文物世界》2018年第1期。

[53] 孙新民、刘兰华、赵志文，等：《河南巩义市黄冶窑址发掘简报》，《华夏考古》2007年第4期。

[54] 彭善国、周兴启：《内蒙古阿鲁科尔沁旗辽代窑址的调查》，《边疆考古研究》2009年第1期。

[55] 彭善国、郭治中：《赤峰缸瓦窑的制瓷工具、窑具及相关问题》，《北方文物》2000年第4期。

[56] 太原詹坚提供，本人摄于辽宁博物院。

[57] 毕南海、张志忠：《邢窑装烧方法的研究》，《工业技术与职业教育》1989年第2期。

[58] 曾昭冬、刘翠：《山西河津、乡宁瓷窑遗存调查简况》，《文物世界》2017年第3期。

[59] 太原詹坚报告，本人于霍州陈村窑址有所采集。

[60] 河南省文物研究所：《宝丰清凉寺汝窑址第二、三次发掘简报》，《华夏考古》1992年第3期。

[61] 太原詹坚报告，本人于介休洪山窑址有所采集。

[62] 陕西省考古研究所：《唐代黄堡窑址》，文物出版社，1992年，第498页。

[63] 林洪：《河北曲阳县涧磁村定窑遗址调查与试掘》，《考古》1965年第8期。

[64] 孟耀虎：《山西晋城唐代低温釉陶窑址的调查》，《华夏考古》2017年第1期。

[65] 曾昭冬、刘翠：《山西河津、乡宁瓷窑遗存调查简况》，《文物世界》2017年第3期。

[66] 太原詹坚报告，本人于霍州陈村窑址有所采集。

[67] 孟耀虎：《山西晋城唐代低温釉陶窑址的调查》，《华夏考古》2017年第1期。

[68] 山西省考古研究所曹俊提供，本人采集于交城窑址。

[69] 曾昭冬、刘翠：《山西河津、乡宁瓷窑遗存调查简况》，《文物世界》2017年第3期。

[70] 孟耀虎：《山西晋城唐代低温釉陶窑址的调查》，《华夏考古》2017年第1期。

[71] 水既生：《山西古代窑具及装烧方法》，《陶瓷研究与职业教育》1984年第4期。

[72] 太原詹坚提供，本人采集于吕梁兴县窑址。

[73] 太原詹坚报告，本人于霍州陈村窑址有所采集。

[74] 陕西省考古研究所：《唐代黄堡窑址》，文物出版社，1992年，第496～498页。

[75] 河南省文物研究所：《宝丰清凉寺汝窑址第二、三次发掘简报》，《华夏考古》1992年第3期。

[76] 孟耀虎：《介休窑白瓷品质》，《中国古代白瓷国际学术研讨会论文集》，上海书画出版社，2005年。

[77] 陕西省考古研究所：《五代黄堡窑址》，文物出版社，1997年，第225～226页。

[78] 孙新民、刘兰华、赵志文，等：《河南巩义市黄冶窑址发掘简报》，《华夏考古》2007年第4期。

[79] 陕西省考古研究所：《唐代黄堡窑址》，文物出版社，1992年，第499～500页。

[80] 陕西省考古研究所：《五代黄堡窑址》，文物出版社，1997年，第225～226页。

[81] 孙新民、刘兰华、赵志文，等：《河南巩义市黄冶窑址发掘简报》，《华夏考古》2007年第4期。

[82] 熊海堂：《东亚窑业技术发展与交流史研究》，南京大学出版社，1995年，第17页。

[83] 梅国建：《段店窑·鲁山花瓷》，四川美术出版社，2014年，第126、127页。

[84] 李德保：《河南辉县古窑址调查简报》，《文物》1965年第11期。

[85] 郭木森、赵文军、郁红亮，等：《宝丰清凉寺汝窑址2000年发掘简报》，《文物》2001年第11期。

[86] 陕西省考古研究所：《唐代黄堡窑址》，文物出版社，1992年，第71～445页。

[87] 冯宵慧：《山西地区宋元时期白地黑花瓷器初步研究》，山西大学硕士学位论文，2017年。

[88] 熊海堂：《东亚窑业技术发展与交流史研究》，南京大学出版社，1995年，第13页。

烈山窑遗址中所见磁州窑系文化因素分析

陈　超
（安徽省文物考古研究所）

摘要：烈山窑址是2018年安徽省瓷窑址考古项目中一处重要的遗址点，位于淮北市烈山区烈山镇烈山村，发掘区域分为两个区域，共发现5座窑炉和大量的灰坑等遗存，出土许多窑具和瓷器。烈山窑遗址出土的窑具和产品里包含有磁州窑系的文化因素，诸如窑具中的钵状支具、工字型支具，产品中施化妆土的白釉瓷器、白釉黑褐彩瓷器和划花瓷器。烈山窑址是北瓷南传过程中一处重要的瓷窑址，也是大运河沿岸贸易瓷窑址。

关键词：烈山窑遗址　白釉黑褐彩　窑具　磁州窑系

一、烈山窑遗址简介

烈山窑遗址位于淮北市烈山区烈山镇烈山村，主要分布于烈山西部山脚下，窑址以西大约1千米处是濉河的支流龙岱河。2018年进行考古发掘，发掘区域分为两个区域。Ⅰ区为金元窑址区域，发现两座窑炉，出土窑具有钵状支具、盏状支具、喇叭口支具、匣钵、窑棒、工字状支具等。产品种类较丰富，包括白釉、白釉黑褐花、酱釉、黄釉、绿釉、青釉、黑釉等。除了碗、盘、盏等生活用瓷器，还发现了人物俑、动物俑、围棋子等。有的瓷器上有墨书、刻划或彩绘文字等。可辨识的文字有“祐德观”“华严寺”“公用”“宿…”“黄一郎宅”“比范五公”等。Ⅱ区为唐代晚期至宋代晚期窑址区域，发现三座窑炉。出土产品主要是白瓷、绿釉瓷、黄釉瓷、琉璃器、三彩瓷、素烧瓷等。产品主要有碗、盘、盏、罐、枕、俑、建筑构件等，比较重要的黄褐釉印花大砖、琉璃建筑构件和三彩瓷器。窑具有窑棒、垫板、垫饼、三叉支托、垫圈等。

下面主要从支烧技术、烧造工艺、装饰技法及产品特点等几方面论述烈山窑址中所见磁州窑系文化因素。

二、支烧技术

烈山窑发现的窑具有钵状支具、盏状支具、工字型支具、三叉形支托、托珠、垫饼、匣钵、垫砖、窑柱等。能够反映磁州窑系特点的是钵状支具、盏状支具、工字型支具、匣钵、垫饼等。

1. 钵状支具

烈山窑的钵状支具是口朝上和口朝下两种使用方法，与磁州窑的口朝下略有不同，但形制相似。

A型：平沿、深腹。根据口沿外敞程度和底足变化分为三式。

Ⅰ式口沿外侈、平底。标本ⅡH4：1。

Ⅱ式口沿外敞、平底。标本ⅡH1①：30。

Ⅲ式口沿微敞、平底内凹或隐圈足。标本H5：52。

B型：卷沿、深腹、隐圈足或平底内凹。

标本H21：69。

2. 盏状支具

口朝上使用的，而磁州窑的是口朝下。

根据腹的深浅和足底变化分为三型。

A型，深腹，平底内凹。数量适中。标本H21：121。

B型，浅腹，平底内凹。数量最多。标本H5：59。

C型，浅腹，平底内凹，底足中空。数量最少。标本H21：11。

3. 工字型支具

出土数量不多，与磁州窑的基本相同。

根据工字型体型及平台的大小分为两型。

A型，体型大、平台直径较大。标本T0204⑥：10。

B型，体型小、平台直径较小。标本H18：24。

4. 圆形垫饼

A型，周边有两个缺口，较厚，周边带釉。标本ⅡH2：38。

B型，周边有一个缺口，较薄，无釉。标本ⅡTG4⑤：44。

C型，圆形无缺口，较薄。标本T0204④：22。

5. 匣钵

出土较少，主要在Ⅰ区是漏斗状匣钵，Ⅱ区是直筒形匣钵。

A型，直口，深腹，平底，器底有孔。标本ⅡTG1①：2。

B型，直口，卷沿，腹相对较浅，平底内凹。标本H21：151。

C型，漏斗形匣钵。标本H23：1。

6. 试火器

又称火照、试火棒等。出在Ⅰ区。圆锥状，一端带圆圈便于钩挂，一端尖。与磁州窑的一样。标本T0104④：92、H20③：20。

7. 制瓷工具

仅发现擂钵。

多出土于Ⅰ区，根据大小不同分为两型。

A型，体型较大。敞口、圆唇、弧腹、隐圈足。标本H4：1。

B型，体型较小。敞口、圆唇、弧腹、隐圈足。标本H17：90。

三、烧 造 技 术

1. 匣钵装烧

在Ⅱ区中发现的筒状匣钵主要为装烧罐、瓶、碗、盘之类的器物，没有发现匣钵盖。从匣钵的口沿黏接物可以看出匣钵盖是存在的。并且在匣钵的底部黏有托珠或是垫饼的痕迹，可以看出匣钵在垒烧的过程中并不是直接叠压在匣钵盖或是垫饼之上的，而是采用托珠间隔。并在元代地层中发现的一个匣钵是在口沿处黏有几个托珠。在匣钵底部都有一个手指大小的孔，烧造的时候便于空气流通，减少窑内垂直温差，器物充分与热流接触，提高窑炉内热效率。如ⅡH1⑩：5、H21：151（图1、图2）。漏斗形匣钵发现仅几件，说明使用量不大，且都在Ⅰ区发现，多是一钵一器（图3）。磁州窑的匣钵较多，类型丰富，烈山窑的匣钵与之相似较多。

2. 支具支烧

主要是钵状支具、盏状支具、工字型支具等。

钵状支具发现较多，多数发现于Ⅰ区，Ⅱ区仅几件，且形制不同。在Ⅱ区发现的钵状支具主要是口朝下使用，与磁州窑的支顶钵Ⅵ型2式相似，也是顶部有托珠间隔，如ⅡH1①：30（图4）；且有的钵中腹部有小孔，如ⅡH4：1（图5）；Ⅰ区发现的钵状支具多是口朝上支烧，支具与碗或盘直接接触支烧，如H3：7（图6）；有的钵上还盖有小垫饼，如H33：10（图7），说明逐层叠烧的。有的钵底还残留有釉质，如H5：14（图8）；还有一种是白釉钵

图1　ⅡH1⑩：5

图2　H21：151

图3　匣钵

当做支具来使用的，如H21：153（图9），且口沿处有叠烧的黏接物。

盏状支具发现最多，集中分布于Ⅰ区。器型上也是略有变化，与磁州窑的盏状支圈比较相似。使用时也是口朝上，直接与产品接触支烧。有的是支烧碗或盏，如H33：40（图10），有的是支烧大型器物，像罐、瓶之类的产品，如H21：32（图11）。

工字型支具，Ⅰ和Ⅱ区均有发现，且存在大小之别，这与支烧器物大小不同有关系。与磁州窑的较多类似，T0204⑥：10、H18：24（图12、图13）。

3. 支钉叠烧

烈山窑址中发现一些支钉叠烧的现象，主要是用托珠、三叉形支托等窑具。

这些托珠在磁州窑址中也出现较多，磁州窑中分了四种型式，主要是三角形、圆锥形、乳形钉、圆台形。而烈山窑发现的也有三角形、四角形、圆锥形及泥点形。主要集中在Ⅱ区，Ⅰ区发现极少。说明Ⅱ区主要的支烧方式之一也是采用托珠，而Ⅰ区金元时期基本不用托珠支烧。泥点形托珠有圆形和长条形两种，主要用于碗的支烧，一般是四到六个托珠，如TG4⑤：33、TG4H3：15（图14、图15）。三角形、四角形及圆锥形的托珠是低温素胎料，

图4 ⅡH1①:30

图5 ⅡH4:1

图6 H3:7

图7 H33:10

图8 H5:14

图9 H21:153

图10 H33:40

图11 H21:32

图12 T0204⑥:10

图13　H18：24

图14　TG4⑤：33

图15　TG4H3：15

主要是用于支烧低温彩釉陶，与磁州窑的低温彩釉器略相似。

三叉形支托也主要集中在Ⅱ区分布，且都是低温黄釉或三彩胎料。主要是支烧低温三彩器和彩釉器。与磁州窑的关系不大，多数是受到河南巩县窑的影响。

4. 支圈覆烧

仅在Ⅰ区内发现，出土数量仅几件，说明使用量比较少。也说明在金元时期采用支圈覆烧的技术，虽然比磁州窑的时代略晚，但也采用了这一技术，随着涩圈叠烧的普及和装烧量的提高，这一技术逐渐不被采用了，才导致数量变少。如H21：126（图16）。

5. 涩圈叠烧

涩圈叠烧技术是金元时期最流行的支烧工艺，它是将器物底心釉刮掉一圈来放置上面一件器物的圈足，器底内心有釉，相叠处无釉，成为涩圈。定窑在唐代晚期或五代开始出现涩圈叠烧技术，在金元时期开始流行，而磁州窑也是深受影响，开始流行涩圈叠烧，并且迅速在全国得到普及。烈山窑的涩圈叠烧技术主要是在Ⅰ区发现，主要是白釉盏、碗和青釉碗、盏等。属于裸烧，有的盏外还有火石红的烤痕。涩圈盏的数量比较多，说明这种技术占主流。如H17：20、H17：170（图17、图18）。

四、装 饰 技 法

烈山窑址发现的装饰技法比较丰富，三彩、绞胎、琉璃、绿彩、剔花、模印、白釉黑褐彩、划花、施化妆土、堆塑等。其中体现磁州窑技术的有施化妆土、划花、白釉黑褐彩、模印、堆塑等。

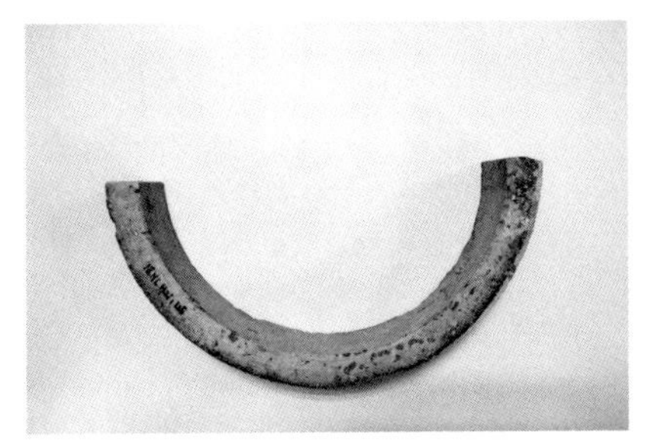

图16　H21：126

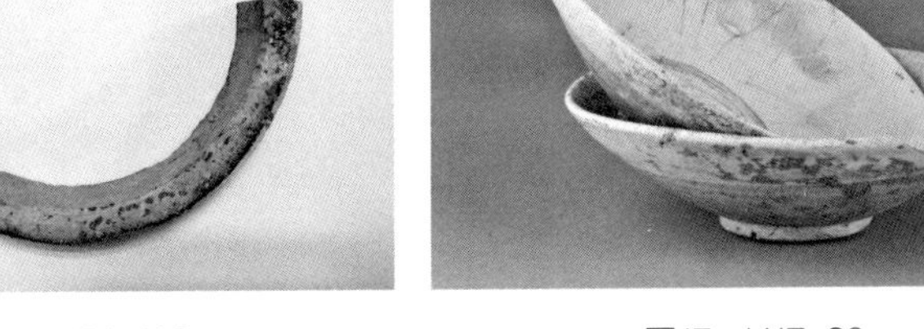

图17　H17：20

图18　H17：170

1. 施化妆土

烈山窑址的白瓷胎土是采用本地的矿料，靠近的烈山本身就是瓷土矿，并且在20世纪七、八十年代仍然生产日用瓷器。烈山窑产品胎比较粗，多为黄褐色胎和青灰胎。烧造出来的瓷器不是很美观，为了盖住本身太色的不足，窑工们采用了磁州窑比较流行的施白色化妆土的技法，然后再施透明釉。化妆土施法分两种，一种是满施化妆土，仅存于Ⅱ区，如ⅡTG4H3：1（图19）。一种是施到器物下腹部，Ⅰ和Ⅱ区均有，如ⅡTG4H7：1、H17：16（图20、图21）。施化妆土的技法在Ⅱ区就开始出现了，一直到Ⅰ区的元代一直使用。说明了烈山窑在胎土精选上一直没有进步，都是靠化妆土来维持瓷器的胎色。

2. 划花

在Ⅰ区和Ⅱ区均有发现，但发现数量较少。Ⅱ区在碗内或是素胎器物上存有划花纹饰，有螺旋纹、卷草纹、花鸟纹等。Ⅰ区这是简单的篦划纹，数量更少。说明烈山窑生产的划花瓷器不是主流产品，但也是受到磁州窑划花技术的影响。标本如TG4⑤：35、ⅡH1①：1（图22、图23）。篦划花纹标本H22：89（图24），网格纹标本ⅡH1⑥：3（图25）。

3. 白釉黑、褐彩

白釉黑、褐彩器物均在Ⅰ区发现，Ⅱ区这时候还没有出现黑、褐彩瓷器。白釉黑、褐彩装饰技术是磁州窑系一大特色，同时也是影响全国的一种技术，北到辽宁地区，南到福建等地。烈山窑作为中间地带自然也逃不脱影响范围。白釉黑花器物较少，多数是白釉褐彩器物，以碗、盏和罐为主，纹饰主要有花卉纹和文字纹两种形式。花卉纹有萱草纹、花草纹和不知名草

图19 ⅡTG4H3:1

图20 ⅡTG4H7:1

图21 H17:16

图22 TG4⑤:35

图23 ⅡH1①:1

图24 H22:89

纹，以萱草纹和变体萱草纹为主。文字就更加丰富，可辨识的有“祐德观”（图26）、“僧净会”（图27）、“邵会首施”（图28）、“比范五公”（图29）、“黄一郎宅”（图30）、“公用”（图31）等，反映的内容比较丰富。大致可以分为供奉寺院用器、官府定制用器、私人家宅定烧用器及反映私人姓名用器。有的是小动物身上的褐彩斑，起到画龙点睛的作用，形象生动。褐彩瓷器标本如T0104④：109、T0104④：3、H23：14、H21：253（图32～图35）。

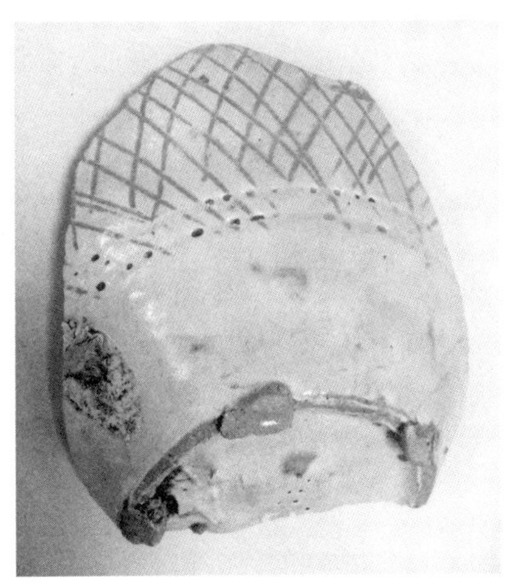

图25　ⅡH1⑥:3

4．模印

模印工艺在Ⅰ区和Ⅱ区均有发现，Ⅱ区主要是在瓷

图26　T0203②:211

图27　H21:164

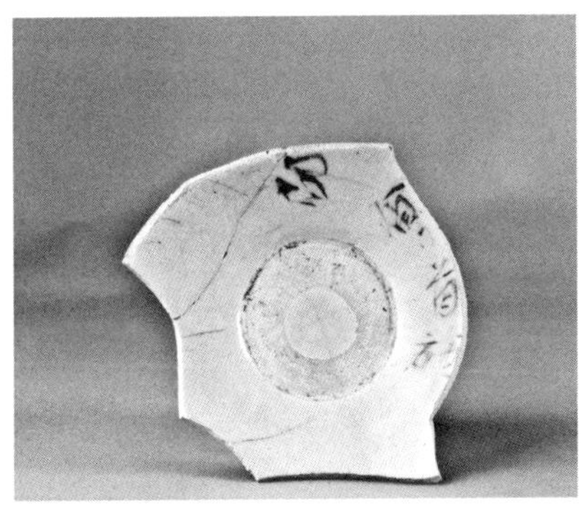

图28　H3:52

图29　18HLY2⑤:1

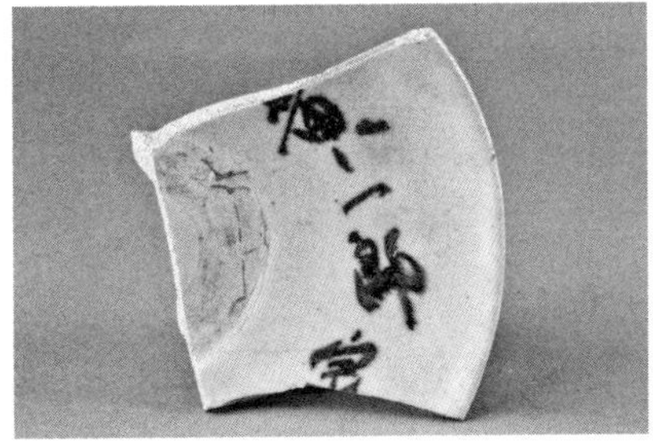

图30　H20③:19

图31　T0204②:19

图32　T0104④:109

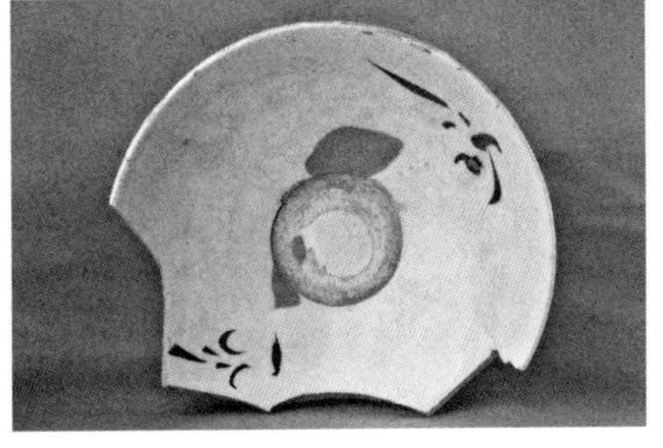

图33　T0104④:3

图34　H23:14

图35 H21:253

图36 Y1④:1、Y1④:2

图37 H33:27

枕上模印花纹，以方格纹、菊花纹、龙纹为主，如Y1④：1、Y1④：2（图36）。多数是素胎，胎体较疏松，应该是烧制彩釉器。在磁州窑遗址中发现一些类似方格纹、菊花纹等瓷枕片，说明烈山窑址的模印技术受其影响。Ⅰ区模印器物主要是花盆，模印花卉，如H33：27（图37）。

五、结　语

烈山窑址是安徽省瓷窑址考古中一次重要的考古新发现，尤其在北方白瓷向南方传播的过程起到了重要作用，是北方白瓷向南传播路线的中转站。在唐代晚期发生了北方白瓷制瓷技术向南方的传播。烈山窑址生产大量白瓷、白釉黑褐彩瓷为我们提供了一条明晰的白瓷自北向南传播的瓷业技术线路。烈山窑址生产的北宋白釉瓷器采用了覆烧技术，覆烧技术是定窑创烧的，说明烈山窑受到了北方窑系的影响。金元时期的涩圈支烧技术同样是来自定窑的支烧方法。尤其是白釉黑褐彩瓷器的发现，白釉黑褐彩是磁州窑创烧的装饰技术[1]，且覆盖范围尤其广泛，北到内蒙古地区、南到广东地区均有发现，烈山窑址同样也受到了磁州窑系窑业技术的影响。并且在北瓷南传的过程中，北方白瓷对安徽境内窑业有着重要的影响，推动了安徽地区白瓷的发展[2]。同时也为我们重新审视安徽在瓷业技术传播过程中的历史地位提供了充分的证据。

南宋周辉的《清波杂志·定器》中记载金代以仿定瓷为主要特色的宿州窑和泗州窑在萧县窑的南面与东南面，与萧县窑接壤并存。其文载“辉出疆时见虏中所用定器，色莹净可爱，近年所用乃宿、泗近处所出，非真也”，书中注定器为宋时定州所处瓷器，质脉细、色白而滋润者贵，质粗而色黄者价低。宋政和、宣和间窑最好，称为“北定”，其出南渡后者为“南定”，北贵于南[3]。且出土遗物中发现有“宿”字碗瓷片。宋金时期烈山窑址所在地归宿州管辖。

并且发现的几座窑炉属于北方典型的马蹄形馒头窑。窑炉建造技术较高，窑炉形体及装烧量较大。其中Y4窑室面积近24平方米，火膛又大又深，也有10平方米左右，窑炉总长度达12米。这在北宋北方瓷窑系统中应是最大体量的窑炉。依山坡而建，有的窑炉具有一定坡度，便于提高燃烧的抽力。Y2、Y3在位置上部分重合，狭长的操作间也是全国少有。烈山窑址并没有发现炉渣，且在金元窑炉的火门内发现多层木灰烬，说明烈山窑是采用柴烧。根据故宫博物院文保科技部的检查结果得知烈山窑烧造技术比较高超，在北宋初期可以烧高温钙釉印花大砖。烧造采用的窑具丰富多样，装烧技术多样，且很成熟。

烈山窑址也是通济渠沿岸的瓷窑址，是顺大运河流通的淮北贸易瓷。烈山窑址位于龙岱河东岸，龙岱河通过濉河与大运河相连。安徽大运河遗址考古发掘过程中发现了大量的贸易瓷器。其中就有烈山窑的产品，烈山窑生产的瓷器通过大运河行销国内。那么烈山窑遗址的发现为大运河瓷器贸易产品来源找到一个重要的坐标点。也为今天构建安徽大运河文化带找到了一处重要的支撑点，为安徽大运河文化带向安徽淮北烈山区辐射提供了重要桥梁纽带。

注释

[1] 北京大学考古系、河北省文物研究所、邯郸地区文物保管所：《观台磁州窑址》，文物出版社，1997年，第3页。

[2] 周高亮：《“南青北白”制瓷格局对安徽境内古陶瓷的影响》，《中原文物》2017年第3期。

[3] （宋）周辉撰、刘永翔校注：《清波杂志校注》，中华书局，1994年，第213、214页。

安徽繁昌三山出土宋代绿釉五足炉
——兼谈宋元低温釉陶器的产地及其对安徽的传播

徐　繁　黄柏挺　强娟莉
（繁昌县文物管理局）

摘要：2004年，繁昌县三山镇红星村宋代砖室墓出土绿釉五足炉（残破）。该炉应属于河南密县西关窑、禹县扒村窑产品，在安徽皖南地区宋代墓葬中尚属首次发现。关于宋元低温釉陶器对安徽的传播，根据目前的考古资料，应该是从河南等地沿大运河逐步向安徽北方传播。三山出土绿釉五足炉的发现，说明最早在唐代晚期，河南等地低温釉陶器生产技术就开始向安徽北部地区传播。宋金时期，为满足市场的需求，不仅输出产品，而且还输出人员和技术，推动了古代陶瓷文化的交流和发展，为研究低温釉陶器文化传播提供了珍贵的实物资料。

关键词：繁昌三山　绿釉五足炉　低温釉陶器　文化传播

2004年，繁昌县三山镇红星村一农户扩建厨房挖地基时，发现宋代砖室墓，由于砖石墓大部位于房屋下面，无法清理发掘，仅对砖室墓露出部分进行清理，共出土绿釉五足炉1件（残破），青白釉高足碗1件，青白釉折唇盏1件，青白釉葵口碗1件，共计4件文物，现将有关情况介绍如下。

一、出土文物情况

墓葬位于繁昌县县城东北12千米处，红星村铜山南麓。

绿釉五足炉：残破，缺一炉足，口沿大部缺失，可以复原。直口内收，平沿，薄圆唇，腹部下斜收内折成小平底，腹部有五朵堆塑的团花图案。腹下近底部有五条兽足外撇，相接部位有堆塑狮形兽首，足中间膝盖处刻画褶皱状，五足形似狮足，足趾张开，粗壮有力。五足炉用高岭土作胎，胎质白色微泛黄，器表施绿釉，腹部团花图案、堆塑狮形兽首施酱黄釉，内壁不施釉（图1、图2）。通高15.6厘米，口径9.6厘米，沿4.5厘米，小平底径7.8厘米，胎厚0.7厘米。

青白釉平口碗：敞口，尖唇，弧腹，高圈足微外侈，通体施青白釉，腹下和圈足处一侧无釉，釉面有冰裂纹（图1-2，图3）。高7.3厘米，口径15厘米，足径5.8厘米，足高1.8厘米。

青白釉侈口碗：侈口，尖唇，斜弧腹，圈足。内寰底，内底施釉，外腹施半釉，胎质粗糙，釉色青灰，圈足中心有一点状凸起（图1-3，图4）。高4.5厘米，口径14.6厘米，足外径

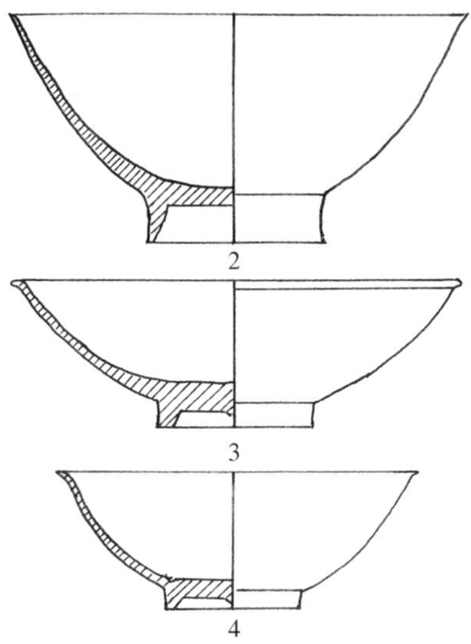

图1 王山出土器物线图
1. 绿釉五足炉 2. 青白釉平口碗 3. 青白釉侈口碗 4. 青白釉盏

图2 绿釉五足炉

图3 青白釉平口碗

图4 青白釉侈口碗

5厘米，足内径4.1厘米，足高0.8厘米。

青白釉侈口平底盏：敞口，尖唇，斜弧腹，浅圈足。内底微小平底，外腹近圈足处刮釉一圈，胎质粗糙，圈足中心有点状凸起，施青白釉微黄，内底釉面有冰裂纹（图1-4，图5）。高4.3厘米，口径12厘米，足外径4.3厘米，足内径3.8厘米，足高0.5厘米。

图5 青白釉平底盏

二、有关墓葬器物产地及年代

墓葬由于未进行全面清理发掘，没有确切纪年符号，故只能从器物形状及其组合来进行断定。

绿釉五足炉为低温釉陶器，与河南密县五虎庙北宋冯京夫妇合葬墓出土的器形极为相似[1]，但在施釉方面也有一些不同，冯京墓出土五足炉施绿釉，三山出土五足炉除器身施绿釉外，在腹部堆塑团花及足部兽头部位施酱黄釉进行点缀；冯京墓出土五足炉底部露胎，足部未满釉，有露胎现象，繁昌三山出土绿釉五足炉底部和足部均满釉。究其产地，冯京墓报告认为河南密县西关窑、禹县扒村窑都有生产此类产品。三山出土的五足炉因施釉工艺有些不同，是因年代关系出现工艺上的变化，还是另有其他窑口，诸如鲁山段店窑、巩县窑、宝丰清凉寺汝窑生产的产品，有待进一步比对和研究。其用途，因形制与少林寺初祖庵面壁塔下所处石函上的线刻画像中的香炉也极为相似，故认为用途与佛教有关，是散佛用具[2]。该产品在安徽皖南地区宋代墓葬中尚属首次发现，应该具有同样的含义。

冯京夫妇合葬墓建于北宋仁宗嘉佑八年十二月之前，属于北宋中期，说明绿釉五足炉至少在北宋早中期还在烧造。与绿釉五足炉同时出土的三件青白瓷中，高足青白瓷平口碗属于江西南丰白舍窑第一期产品[3]，属于北宋中晚期。青白釉侈口碗和青白釉平底盏产品粗放，釉色偏青，属于繁昌窑第三期产品[4]，为北宋中晚期。因此，三山红星宋代砖石墓最晚时代应为北宋中晚期。墓葬器物为三个窑口的产品组合，一是反映了河南诸窑口产品其传播路径应该是通过淮河或者运河进入长江流域的。二是繁昌窑北宋中期以后，产品质量严重下降，进入衰落期，而景德镇窑、南丰窑产品进入长江流域，并逐渐成为主流产品。

三、有关宋元低温釉陶器的产地及其对安徽的传播

铅釉陶是汉代陶瓷工艺的杰出成就之一，首先在陕西关中地区首先出现，自汉宣帝以后，铅釉技术开始获得较快发展。从隋唐低温釉陶器的考古发现来看，其产地发源地应该是在中原地区的河南、陕西和山西地区。

安徽在古代亦为陶瓷生产大省，古代瓷窑主要有南北朝晚期至隋代的淮南窑[5]、宿县曹村窑[6]，唐代的寿州窑[7]、肖窑及欧盘窑[8]、岩前窑[9]、竦口窑[10]、窑嘴窑[11]，晚唐至五代宣州窑[12]、烈山窑[13]、琴溪窑[14]，其中肖窑到金代，竦口窑、琴溪窑、烈山窑Ⅱ区到北宋仍继续生产；五代到北宋的有繁昌窑[15]、霞涧窑[16]，北宋的摇头岭窑[17]、窑峰窑[18]、刘羊窑[19]、下符桥窑[20]、庐江窑[21]等，其地理分布基本上位于安徽北部和安徽南部。北部地区窑址与河南、山东、河北地区邻近，窑业及生产技术深受北方窑系影响，如早期淮南窑产品釉色大多为青色，隋代为青色或青绿色釉；唐五代时期，寿州窑继承了淮南窑的生产技术，生产黄釉和黑釉瓷器；肖窑瓷器釉色有青、黄、白、黑等釉色，以白色为主。南部皖南地区，除位于长江南岸的繁昌窑遗址、摇头岭窑址受北方定窑影响之外，其他青瓷窑口均受浙江越窑影响。在众多窑址群中，低温釉陶器窑口有明代当涂、凤阳的琉璃窑遗址和界首彩釉陶遗址。当涂、凤阳琉璃窑专为明代初期南京宫殿和凤阳明中都皇陵烧制琉璃器具，时代明确。界首彩陶主要为民间烧制低温铅釉陶，其始烧时代，有隋唐说，有宋元说，有明代说，1999年被评为十大考古发现的淮北柳孜古运河考古发掘中，出土很多界首彩釉陶片，尤其是在一宋代水井中发现一片刻划界首三彩陶片，年代是否到宋代有待进一步研究[22]。

关于宋元低温釉陶器对安徽的传播，根据目前的考古资料，应该是从河南等地沿大运河逐步向安徽北方传播。2018年3月，安徽省文物考古研究所在对淮北市烈山区烈山村东侧进行抢救性考古发掘，获得了重大的考古发现，共发现六处窑炉本体，出土各类瓷器数千件，瓷片数吨。发掘三个区域，分别是Ⅰ区的金元窑址区、Ⅱ区的北宋窑址区和Ⅲ区的汉代窑址区。Ⅱ区出土产品主要是白瓷、绿釉瓷、黄釉瓷、琉璃器、三彩瓷等。产品主要有碗、盘、盏、罐、建

筑构件、枕、俑等。窑具有窑棒、垫板、垫饼、三叉支托、垫圈等。时代为唐代晚期至北宋晚期。此外，Ⅱ区还出土了一定数量的宋三彩瓷器标本，主要是碗、盏、罐等，还有三彩窑具。并且在瓷枕片上刻划“鞏縣朱”或“鞏縣”字样。这是安徽省首次通过科学考古发掘证实烈山窑烧制宋三彩的地点，也是在安徽最北部地区发现的烧制宋三彩的地点。刻划“鞏縣”字样的器物应该是来自巩县的技术工人为表明身份特意制作烧制的。烈山位于雷河东岸，雷河通过濉河与大运河相连，安徽大运河遗址考古发掘过程中发现了大量的贸易瓷器[23]，烈山窑产品也在其中，一段时期烈山窑产品通过大运河贸易行销到中国东、南部地区。

结合三山出土绿釉五足炉和烈山唐末五代及宋代三彩瓷窑址的发现，说明最早在唐代晚期，河南等地低温釉陶器生产技术就开始向安徽北部地区传播。宋金时期，为满足市场的需求，不仅输出产品，而且还输出人员和技术，推动了古代陶瓷文化的交流和发展，为研究低温釉陶器文化传播提供了珍贵的实物资料。

注释

[1] 河南省文物研究所、密县文物保管所：《密县五虎庙北宋冯京夫妇合葬墓》，《中原文物》1987年第4期。

[2] 蔡全法：《少林寺北宋舍利石函艺术赏析》，《中原文物》1985年第2期。

[3] 江西省文物考古研究所、南丰县博物馆：《江西南丰白舍窑》，文物出版社，2008年。

[4] 安徽繁昌窑遗址考古队杨玉璋、张居中、李广宁、徐繁：《安徽繁昌窑遗址发掘与研究》，中国社会科学出版社，2010年。

[5] 胡悦谦：《寿州窑调查记略》，《文物》1961年第12期；胡悦谦：《谈寿州瓷窑》，《考古》1988年第8期。

[6] 李光宁：《试谈安徽古代瓷器生产与外销》，《文物研究》1988年第4期。

[7] 胡悦谦：《寿州窑调查记略》，《文物》1961年第12期；胡悦谦：《谈寿州瓷窑》，《考古》1988年第8期。

[8] 宋伯胤：《肖窑调查记略》，《考古》1962年第3期；胡悦谦：《安徽肖县白土窑》，《考古》1963年第12期；蔡波涛、张钟云：《萧窑研究又添新资料—安徽萧县发掘欧盘窑址》，《中国文物报》2016年7月29日第8版。

[9] 李光宁：《试谈安徽古代瓷器生产与外销》，《文物研究》1988年第4期。

[10] 李光宁：《试谈安徽古代瓷器生产与外销》，《文物研究》1988年第4期；纪炜：《安徽歙县青瓷窑址调查小纪》，《故宫博物院院刊》1988年第3期；安徽省文物考古研究所：《安徽歙县竦口窑调查》，《考古》1988年第12期。

[11] 安徽省文物考古研究所、青阳县文物管理所：《安徽青阳县窑嘴唐代窑址发掘简报》，《文物研究》第21辑，科学出版社，2016年。

[12] 朱锐、宋藜藜：《安徽宣州古窑址群调查报告》，《文物研究》第21辑，科学出版社，2016年。

[13] 安徽省文物考古研究所、淮北市博物馆：《淮北烈山窑址考古发现暨北瓷南传线路学术研讨会—烈山窑址考古发现》，2018年11月23～25日。

[14] 李光宁：《试谈安徽古代瓷器生产与外销》，《文物研究》1988年第4期。

[15] 同④；黄义军：《宋代青白瓷的历史地理研究》，文物出版社，2010年。

[16] 李光宁：《试谈安徽古代瓷器生产与外销》，《文物研究》1988年第4期。

[17] 李光宁：《试谈安徽古代瓷器生产与外销》，《文物研究》1988年第4期。

[18] 李光宁：《试谈安徽古代瓷器生产与外销》，《文物研究》1988年第4期。

[19] 李光宁：《试谈安徽古代瓷器生产与外销》，《文物研究》1988年第4期。

[20] 李光宁：《试谈安徽古代瓷器生产与外销》，《文物研究》1988年第4期。

[21] 李光宁：《试谈安徽古代瓷器生产与外销》，《文物研究》1988年第4期。

[22] 周京京、马文娟、王丹丹：《界首彩釉陶器》，《文物研究》第13辑，黄山书社，2001年。

[23] 宫希成：《柳孜运河遗址第二次考古发掘报告》，科学出版社，2017年。

从传播的越窑制瓷技术时代特征论述早期高丽青瓷起源的年代问题
——以上林湖越窑窑址与道通里早期高丽青瓷窑址遗存为例

李　军
（宁波博物馆）

摘要：本文以中国浙江省慈溪上林湖越窑窑址与韩国全罗北道镇安郡道通里早期高丽青瓷窑址遗存为例，从窑炉结构、规模与技术参数，装烧技术与工艺，器物形制与风格三方面，通过对道通里窑址遗存所呈现的制瓷技术时代特征的分析，并与越窑同时期作综合的对比研究后认为：韩国镇安郡通里窑址早期高丽青瓷的始烧年代应在五代初期，即10世纪前期。

关键词：早期高丽青瓷始烧年代　五代初期　道通里2号窑址　上林湖越窑窑址

一、引　言

瓷器是人类的伟大发明与创造，朝鲜半岛是继中国之后世界上第二个烧制出成熟瓷器的国家和地区，所产青瓷因“翡色”“高丽秘色”而得“天下第一”之美誉。后人因普遍认为其产生与兴盛于高丽时期，故名“高丽青瓷”。有关高丽青瓷的起源，中、日、韩三国学术界普遍认为其烧制技术是受到了中国越窑的深刻影响，但是对于它的起源年代，即越窑制瓷技术具体是何时传入朝鲜半岛的，则存在着很大的争议。梳理中、日、韩三国学界的研究成果，具体有9世纪前期说、9世纪后期说、9世纪末期说、10世纪前期说、10世纪中期说、10世纪后期说、11世纪说等诸多观点，且这些观点大多是通过文献，抑或是有限的纪年实物资料，或考古类型学比较研究，或窑址考古堆积层叠压关系分析，或具体器物如将唐晚期越窑玉璧底碗与高丽青瓷日晕底碗的反复对比研究，乃至对日晕底碗内底有无圆刻特征的具体分类等研究得出。总而言之，这些研究大多是聚焦于具体实物，特别是对玉璧底碗、玉环底碗与日晕底碗等反复的对比分析为基础，而鲜少有学者是从烧制技术的时代特征这一角度来剖析与深入。众所周知，在历史的长河中，朝鲜半岛瓷器的创烧，可谓是“一夜春风”，它是在极短的时间内便在其中西部与西南海岸，全盘“移植”了与以往传统地穴式或半地穴式等窑穴窑截然不同的来自中国东南海岸的越窑制瓷技术——砖筑龙窑，创烧出了早期高丽青瓷，从而完成了从陶到瓷的飞跃。学术界认为的高丽青瓷大致创烧于9～11世纪的这一时段，正值中国的晚唐、五代至北宋时期，也是越窑面对上贡、内外销等质量需求与市场竞争，在烧制技术与制瓷工艺等方面进行诸多变革的重要时期，因此有着鲜明的时代特征。本文拟以慈溪上林湖越窑遗址与镇安郡道通里窑址遗存为例，同时，结合中国相关纪年墓出土的越窑青瓷资料，通过对当时传入朝鲜半岛的越窑制瓷技术所呈现的时代特征的分析，论述早期高丽青瓷创烧的具体年代问题。

自20世纪60年代以来，在朝鲜半岛的中西部与西南海岸，陆续发现了约13处与以往地穴式或半地穴式等窖穴窑不同的砖筑龙窑遗址，分别是黄海南道平川郡凤岩里青瓷窑、黄海南道峰泉（白川）郡圆山里窑、京畿道高阳市元堂面元兴里青瓷窑、京畿道阳州郡长兴面釜谷里青瓷窑、京畿道始兴市芳山洞窑、京畿道丽州郡北内面中岩里白瓷窑、京畿道龙仁市二东面西里窑、忠清南道瑞山郡圣渊里梧沙里青瓷窑、忠清南道公州市维鸠邑文锦里窑、全罗北道镇安郡圣寿面道通里青瓷窑、全罗北道高敞郡雅山面龙溪里青瓷窑、全罗北道高敞郡雅山面半岩里窑、庆尚北道漆谷郡枝川面昌坪里窑等。通过对比研究，目前，韩国学者大多认为其中的圆山里2号窑、芳山洞窑和道通里2号窑是相对年代比较早的砖筑龙窑。因此，遴选道通里砖筑龙窑（2号窑）与上林湖越窑进行窑炉结构、规模与技术参数，装烧技术与工艺特征，以及器物形制与装饰风格特征等方面时代特征的对比，对于探索早期高丽青瓷创烧的具体年代，将具有重要意义。

二、从窑炉结构、规模与技术参数特征来看

道通里砖筑窑（2号窑）（图1）

窑炉位于韩国全罗北道镇安郡道通里内东山山脚位置，正南北向，依山势而建。斜长43米，宽度1.8～2米，坡度12°。由火膛（燃烧室）、窑室（窑床）、排烟室（烟道）、生火地、侧面出入口（窑门）等构成。

火膛 平面呈椭圆形，长2.3米，内壁宽0.8～1米，残高0.4～0.6米。壁用长0.3米左右的河床石和小型块石横向叠放，石缝隙涂上黏土筑造而成。

窑室 长37.7米，宽1.8～2米，残高0.3～1.2米。窑壁由块砖垒砌，排列不甚规整，窑床左侧前部与右侧中部有小段由粘土作窑壁。窑门设窑炉左侧，保留有6个窑门，各窑门间距3～4米，窑门平面呈U字形。有些窑门系在岩石层挖以约0.6米深的U字形坑后，在内部用砖块横向叠放5层以上，呈半地下结构。靠近烟道的窑室上部叠放长40厘米左右的不规则石材，石材间涂上黏土。离烟道越近，内壁宽度明显变窄。窑室最尾端地面有20厘米左右的沙土堆积。

排烟室 有烟道及灰烬层。烟道长约3米，宽1.5米左右[1]。

上林湖越窑：

地处中国浙江省慈溪桥头镇拷佬山麓的上林湖畔，由上林湖及周围环布的白洋湖、杜湖、古银锭湖等自然湖泊组成，是唐、五代至北宋时期越窑的制瓷中心。目前经考古调查已发现唐宋时期越窑龙窑遗迹53处[2]，其中经考古发掘的窑址有6处，它们是荷花芯唐代窑址、后司岙晚唐至北宋早期窑址、马溪滩唐宋窑址、白洋湖石马弄唐宋窑址、寺龙口唐宋窑址、

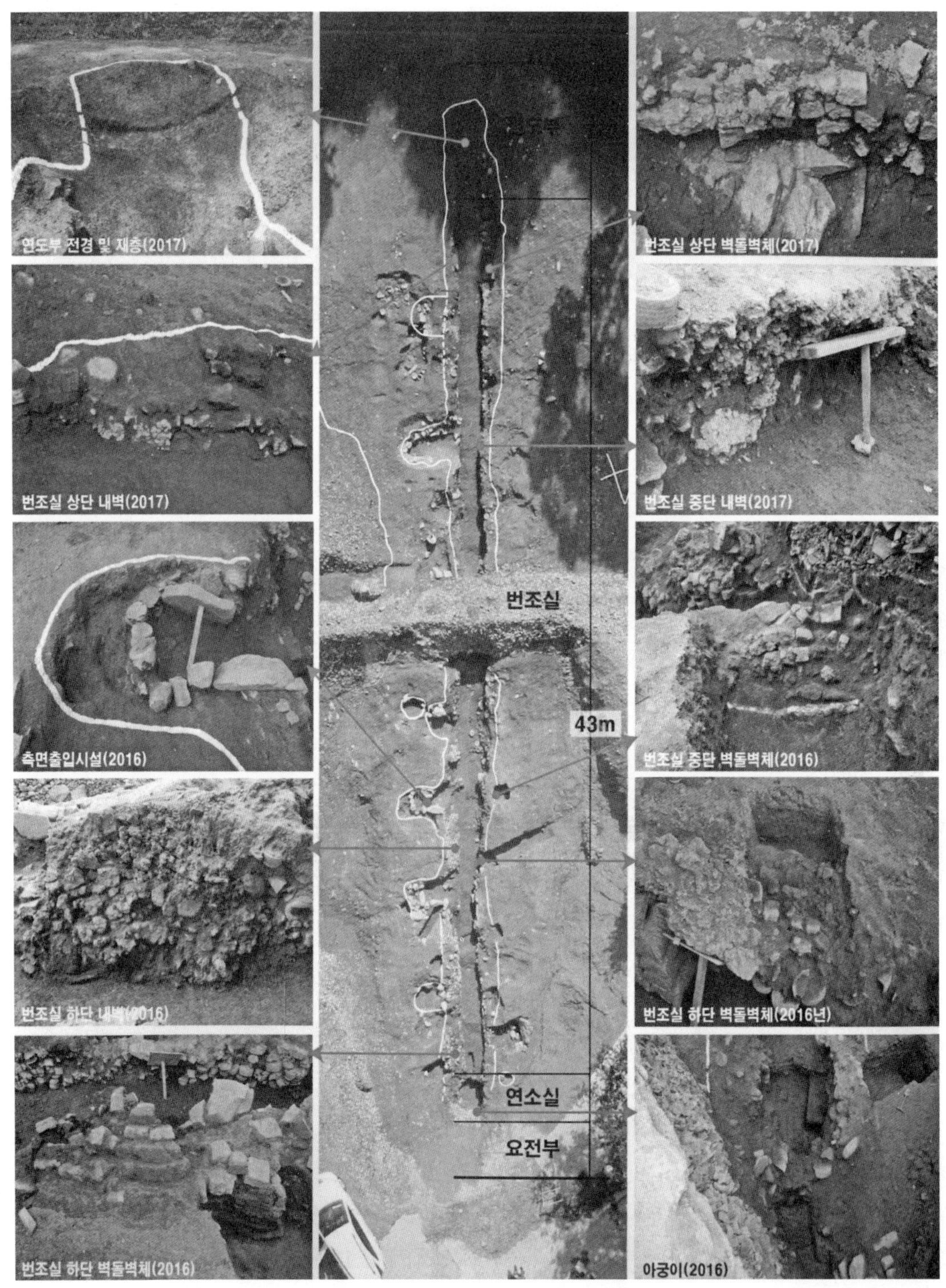

图1 道通里砖筑窑炉(2号窑)考古发掘揭示图
(采自《道通里中坪青瓷窑址第4次发掘调查》, 韩国, 2017年)

古银锭湖低岭头南宋窑址等，共揭示唐宋时期窑炉9座。现择其中保存较完好、年代自中晚唐至南宋早期具代表性的荷花芯Y37唐代窑炉、后司岙Y66北宋早期（晚唐至五代中期鼎盛）窑炉、上林湖荷花芯Y36北宋晚期窑炉、白洋湖石马弄Y1北宋晚期窑炉、古银锭湖寺龙口Y1南宋早期窑炉等5处介绍如下。

1. 上林湖荷花芯Y37唐代窑炉——中晚唐时期窑址

窑炉近东西向。斜长41.83米（不完整），坡度13°。由火膛、窑床、窑尾三部分组成。

窑前工作面 由火门向前呈喇叭状，后呈袋形。从最前端至火门外侧水平距离2.2米、最大横径2.16米、深约0.36米。

火膛 呈半圆形，用长方形土坯砖错缝平砌，前端正中为火门，底铺M型匣钵，呈斜平面。宽1.86米，火门至后壁深1.5米，后壁高0.34米。

窑床 由前向后渐宽，前段宽约1.95米，中段约2.6米，最宽处为2.8米。倾斜度前段较大，后段较小。壁残高0.5米，用长方形土坯砖错缝平砌，内侧满紫色窑汗，壁砖基本为20厘米×17厘米×5厘米，砖缝多不明显。北壁残存窑门7个，间距3.75～2.5米，门宽0.4～0.6米，门外侧有垫柱、匣钵等叠成八字形门道。南壁无窑门。底铺沙层，呈较硬的烧结面。

窑尾 破坏无存[3]。

2. 上林湖后司岙Y66北宋早期窑炉（图2）——晚唐至北宋早期窑址（晚唐至五代中期鼎盛）

窑炉依山而建，正南北向。斜长42.4米，宽1.85～2.55米，坡度14°（上、中、下三段坡度差不多）。由火膛、窑床、多（残存4）个窑门、窑尾排烟室等组成。窑壁砖坯砌筑，窑门

图2 上林湖后司岙Y66唐至宋窑炉窑址分布图

分布右侧。窑炉有多个窑底以及明显的修筑痕迹。

后司岙窑场是唐宋时期烧制秘色瓷的最主要窑场，秘色瓷生产大约始于唐大中年间（846～859年）前后，唐中和年间（881～884年）达到鼎盛，一直持续到五代中期左右，代表了当时中国制瓷技术的最高水平[4]。

3. 上林湖荷花芯Y36北宋晚期窑炉——唐晚期至北宋晚期窑址

窑炉斜长45.90米，坡度12°，方向296°，系利用唐晚期窑床改建而成。

火膛 为半圆形土坑，底斜平，周壁和底有一层较硬的烧结面。火膛后壁宽1.70米。

窑床 中部略宽于头、尾部，最大宽度为2.70米，尾端宽2.10米；壁残高0.05～0.20米，厚0.15米，为错缝平砖叠砌。南壁残存5个窑门，门两侧有十分规则的块石做础石。窑门宽为0.35～0.50米，门与门间隔约4米，推测整条窑有9～10个窑门。

窑尾 坡度变缓，后壁留有两层叠砌平砖，略外弧，上置9个垫柱，间隔为0.07～0.1米，应为烟道[5]。

4. 白洋湖石马弄Y1北宋晚期窑炉——中唐至北宋晚期窑址

窑炉近东西向。斜长49.5米，坡度10°。分为火膛、窑床、窑尾三部分。

火膛 呈半圆形，底为一烧结的斜平面，壁用砖、石、匣钵混砌而成，后壁宽0.65米，高0.6米，火门至后壁深1.25米。

窑床 宽1.9～2.4米，近火膛处较窄，往后渐宽，窑壁残高0.35米，厚约0.15米，为土坯砖错缝平砌而成。窑门开在南侧，尚存5个，各窑门间距1.75～4米，门宽0.5～0.55米，平面呈八字形。在保存较好的三号、四号窑门之间，有砖石护墙相连形成半圆形台面，半径约1.8米。窑底铺沙层，已烧结。

窑尾 坡度变缓，近尾部坡度仅5°。包括挡火墙、排烟坑等。排烟坑宽约0.5米，深0.37米。

窑炉至少经过四次维修，建窑烧瓷时间从中唐至北宋晚期[6]。

5. 古银锭湖寺龙口Y1南宋早期窑炉——晚唐至南宋早期窑址

窑炉依山而建，近正东西向，头西尾东。现存窑前工作面、火膛、窑室、窑门等，保存较好。炉体斜长49.5米，水平长约48.6米，坡度大小前后段不等，前中段9°～12°，近尾部稍缓，为4°～6°。炉体近火膛处宽1.64米，往后逐渐加宽，中段宽约2米，此后又略渐窄，至后壁变成1.8米。残高0.5米。

火膛　平面呈半圆形，底部平整，由前向后依山坡倾斜。火膛宽1.64米，火门至火膛后壁1.1米，后壁高0.21米。

窑床　窑壁由土坯砖错缝平砌，残高0.5米，壁内侧有坚硬的烧结面。北壁有11个窑门，宽0.39～0.55米，窑门平面呈喇叭状，各窑门间距2.5～3.75米，相邻两窑门的门道墙连成一个近半圆形的台面。窑床铺沙，烧结面不甚明显。

后壁用砖平砌而成，排烟室不存[7]。

综上可见，唐宋时期越窑龙窑窑炉结构已基本稳定，共同特征是：①由火膛、窑床（窑室）、窑尾（排烟室）三部分组成，窑门、投柴孔、窑前工作面等齐全，窑床长度在40～50米，宽1.6～2.8米，坡度10°～14°之间；②窑壁采用土坯砖错缝平砌，砖的尺寸大小相近；③窑门均开在一侧，门宽度0.35～0.6米，间距1.75～4米，门道平面呈八字形；④窑底经过平整加工，铺沙，厚度在0.1～0.2米间。差异是：各时期窑炉在斜长度、宽度、斜坡度及火膛尺寸上稍有不同，总体中晚唐（荷花芯Y37）——晚唐至北宋早期（后司岙Y66）——唐晚期至北宋晚期（荷花芯Y36）——北宋晚期（石马弄Y1）——南宋早期（寺龙口Y1）窑炉的变化趋势是：①斜长度不断加长，从41.83（不完整）（荷花芯Y37）—42.4（后司岙Y66）—45.9（荷花芯Y36）—49.5（石马弄Y1）—49.5米（寺龙口Y1）；②宽度各段逐渐变窄，前段从1.95（荷花芯Y37）—1.85（后司岙Y66）—？（荷花芯Y36）—1.9（石马弄Y1）—1.64（寺龙口Y1）米；中段（最宽处）从2.6/2.8（荷花芯Y37）—2.55（后司岙Y66）—2.7（荷花芯Y36）—2.4（石马弄Y1）—2米（寺龙口Y1）；后段从？（荷花芯Y37）—？（后司岙Y66）—2.1（荷花芯Y36）—？（石马弄Y1）—1.8米（寺龙口Y1）；③斜坡度从前中后各段基本一致的13°（荷花芯：倾斜度前段较大，后段较小），14°（后司岙：前、中、后段坡度较一致），12°（荷花芯Y36），10°（石马弄Y1），到分段坡度9°—12°—4°—6°（寺龙口Y1）；④火膛的宽度与深度逐渐缩小。总之，唐宋时期越窑龙窑在结构基本定型的前提下，仍存在着越到后期火膛渐短，窑炉渐长，宽度相对变窄，坡度也出现前段与后段逐步调整变缓的趋势。

将道通里2号窑炉考古发掘的相关资料与数据，与以上唐宋时期越窑诸窑炉的相关资料进行比较（表1）分析，可发现道通里2号窑炉在结构、规模与技术参数等方面都更接近于越窑上林湖区域晚唐五代至北宋早期的窑炉。

表1　道通里砖筑龙窑（2号窑）与唐宋时期上林湖越窑窑炉结构与技术参数对比表

（单位：米）

时期	遗址	朝向	总长	宽 前—中—后	火膛 深/宽	斜度（度） 前—中—后	窑门（尺寸）/间距	备注
	道通里砖筑窑（2号窑）	正南北向	43	1.8—2	2.3/0.8-1	12	6个/3—4	
中晚唐	荷花芯Y37	近东西向	41.83（不完整）	1.95—2.6—2.8	1.5/1.86	13（前段较大，后段小）	7个（0.4—0.6）/3.75—2.5	
北宋早期（晚唐—五代中期鼎盛）	后司岙Y36	南北向	42.4	1.85—2.55		14（三段坡度差不多）	右侧4个（残存）	晚唐——北宋早期
北宋晚期	荷花芯Y36	近东西向	45.9	？—2.7—2.1	？/1.7	12	应9—10个，残存5个（0.35—0.5）/4	利用唐晚期窑床改建
北宋晚期	石马弄Y1	近东西向	49.5	1.9—2.4	1.25/0.65	？—10—5（尾部）	残存5个（0.5—0.55）/1.75—4	中唐——北宋晚期，四次维修
南宋早期	寺龙口Y1	东西向	49.5	1.64—2—1.8	1.1/1.64	9—12—4—6	11个（0.39—0.55）/2.50—3.75	晚唐——北宋早期

三、从装烧技术与工艺特征来看

装烧技术与工艺作为瓷器制作的重要技术环节，是判断瓷器烧制年代的重要依据。下面从窑具种类、形制与装烧方法，将道通里窑与越窑作相应的对比分析。

（一）窑具种类与形制

通常，窑具可按其功能用途分为间隔具、支垫具、匣钵具和测试具等四类。从道通里窑址发掘情况看，主要有间隔具、支烧具和匣钵具，未见火照。其中，间隔具普遍以托珠为主；支烧具仅见T字形垫具；匣钵具最多，且形制丰富。现将它们与越窑中同类的窑具作相应的年代比较：

1．间隔具

道通里窑间隔具以托珠为主。

托珠，或称泥点，最早见于浙江火烧山窑址第三期春秋早期中段至第七期春秋中期后段，此后一度中断。至东晋、南朝时期早期越窑开始恢复使用，但体积变小且往往为四个以上一起使用。唐、五代时，为了多点间隔以分散压力，降低间隔具高度以增加摞叠量，通常情况下泥点体量变得更小，形似松子，且常常十个以上，也就是考古中常称的“松子点”，但玉璧底碗等通常还是六至七个、个别五个泥点，体量也显得稍大些。值得注意的是，唯独在晚唐至五代初期这一段时期，越窑一度较普遍出现泥点较粗，数量在四至五个泥点的支烧现象（图3），尤以后司岙窑址为多见并流行。此后五代中期至后期，越窑仍又恢复以松子泥点支烧，这种现象直至北宋初期才被长泥条所替代。

从道通里窑出土的窑具匣钵盖、各式匣钵，器物碗、盘、盏托等内外底部所留的支烧痕迹（图4）来看，泥点普遍较粗，仅个别呈松子状，且数量4至6个不等，这些都与越窑晚唐至五代初期，特别是后司岙窑址出土的器物的支烧泥点形状颇为相似，数量也较为一致。

图3-1　越窑青瓷粉盒（大泥点支烧）唐天复元年（901年）临安锦城街道西墅村唐天复元年水丘氏墓出土

图3-2　越窑青瓷粉盒（大泥点支烧）　五代同光四年（926年）
临安锦城街道青柯村五代同光四年（926年）墓M2纪年墓出土
（采自《晚唐钱宽夫妇墓》，文物出版社，2012年）

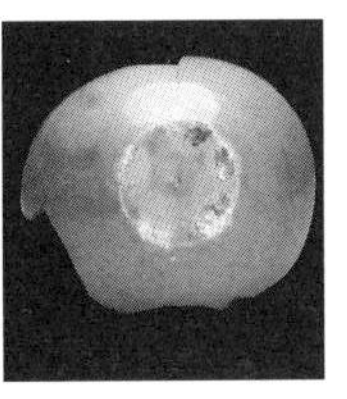

图3-3　晚唐五代初期越窑青瓷器（底部5—6个大泥点支烧）　后司岙窑址出土
（采自浙江省文物考古研究所、慈溪市文物管理委员会办公室：《秘色越器——上林湖后司岙窑址出土唐五代秘色瓷器》，文物出版社，2017年）

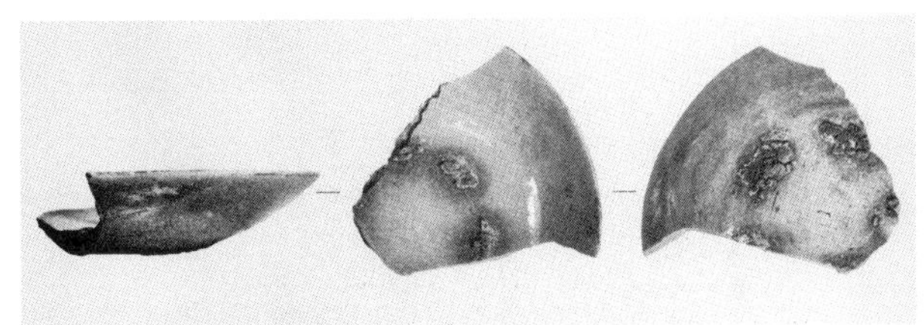

图4　盘（内外底部泥点支烧痕）
（采自《镇安道通里初期青瓷窑址Ⅰ》，韩国，2016年）

2. 支烧具

道通里早期青瓷窑址A出土支烧具，仅见T字形垫具（图5）。

类似的器型在寺龙口等窑址均有发现，主要流行于越窑唐末至五代初期。如寺龙口窑址第二组第二期（五代时期）T字形垫具T85a：17，顶面有泥痕，腹壁有三个圆形气孔[8]。

3. 匣钵具

匣钵具在道通里早期青瓷窑址A出土的窑具中占绝大多数。根据形状可分为六类：碗形匣钵（图6）、浅腹形匣钵（图7）、筒形匣钵（图8）、钵形匣钵（图9）、匣钵盖（图10）和M形匣钵（图11）。其中M型匣钵数量最多。这些匣钵具虽都由夹砂耐火黏土制成，但在质地上却有夹粗砂与细砂之分，并在器形风格与胎骨厚薄上存在着胎骨厚、器形笨重和胎骨薄、器形轻巧两种精粗风格。

（1）碗形匣钵

方唇，敛口，微鼓腹下收，平底。夹粗砂耐火黏土。胎骨厚，器形笨重（图6）。

这种形制的匣钵，见于越窑上林湖石马弄窑址T3第4层（属第一期唐代中、晚期之交），

图5　T字形垫具
（采自《镇安道通里初期青瓷窑址Ⅰ》，韩国，2016年）

图6　碗形匣钵
（采自《镇安道通里初期青瓷窑址Ⅰ》，韩国，2016年）

图7　浅腹形匣钵
（采自《镇安道通里初期青瓷窑址Ⅰ》，韩国，2016年）

图8　筒形匣钵
（采自《镇安道通里初期青瓷窑址Ⅰ》，韩国，2016年）

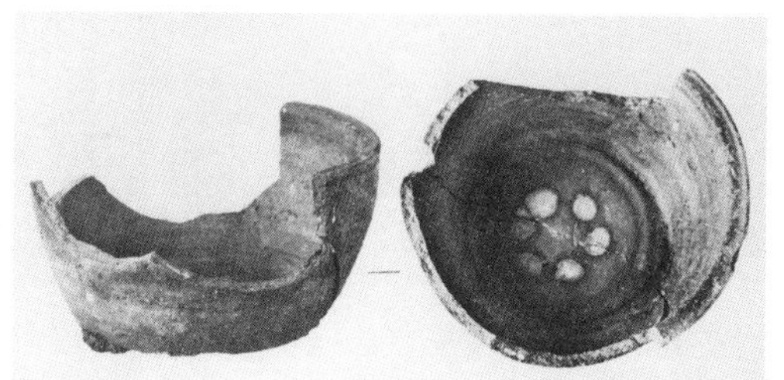

图9　钵形匣钵
（采自《镇安道通里初期青瓷窑址Ⅰ》，韩国，2016年）

图10　匣钵盖
（采自《镇安道通里初期青瓷窑址Ⅰ》，韩国，2016年）

图11　M形匣钵
（采自《镇安道通里初期青瓷窑址Ⅰ》，韩国，2016年）

如T3④：39钵形匣钵和寺龙口窑址T4第7层（属第一期约9世纪中叶至907年晚唐时期），如T4⑦：38钵形匣钵[9]。主要出现于越窑唐中期至晚期。

（2）匣钵盖（图10）

道通里早期青瓷窑址A出土的匣钵盖，盖面均呈圆形，中心微凹，侧面近M形，壁极浅，外壁直或中间内凹一周。面上或留有5至6个泥点痕迹。

匣钵盖是唐晚期越窑新出现的匣钵具，仅流行于唐晚期至五代初期这一段时期。在上林湖后司岙窑址中，匣钵盖最早出现于唐大中年间（847~859年）地层，开始时数量较少，至中和年间（881~884年）地层中才有相当数量。后司岙窑址匣钵盖极浅，近M形，盖中心均呈圆形，浅下凹，以放置器物，并有多个泥点，在叠烧方式上与钵形匣钵叠烧组合（图12）[10]。石马弄窑址中，匣钵盖（T3③：26）发现于T3第三层第二期唐末五代初地层，为瓷质，制作精

图12　匣钵盖、匣钵盖与钵型匣钵叠烧组合（小钵的装烧方式）
（上林湖后司岙唐五代秘色瓷窑址出土）

细，用釉封口[11]。

道通里窑址出土的匣钵盖与石马弄窑址出土的T3③：26匣钵盖形制基本一致，应为同一时期的器形，年代可定为唐末至五代初期。

（3）筒形匣钵

直口，深腹，下腹内收，平底内凹。造型似长筒形。为夹砂耐火土。道通里早期青瓷窑址A筒形匣钵（图8）发现不多，这与它烧制的产品类型偏重于碗、盘等低矮小件器物有关。

筒形匣钵在越窑出现于唐中期，一直延续到南宋。在上林湖荷花芯窑址T4第2层，属第三段9世纪晚期到10世纪初，如T4②：46[12]；寺龙口第三期，属北宋早期（960～1022年），即吴越晚期至北宋真宗时期，如T84d：15等均有出土。此外，寺龙口第二期（五代时期（907～960年）发现有大量刻字的粗胎钵形和筒形匣钵[13]。刻字匣钵在道通里早期青瓷窑址A中也有发现。

（4）浅腹形匣钵（图7）

厚唇，浅斜直腹，平底。内底有四五个大小、形状不等的泥点支烧痕，有些泥点呈松子状。系夹粗砂，整体较粗厚笨拙。

越窑中暂未发现此类浅腹形匣钵，一般腹部还要深些。

（5）钵形匣钵（图9）

直口，弧腹，平底内凹。为夹砂耐火，口部有泥点间隔痕，有的近底处戳四个小圆孔。

钵形匣钵是越窑匣钵具中出现最早的匣钵类窑具之一，唐早期已开始使用，一直沿用到南宋初期。上林湖荷花芯窑址T4第6层唐元和年间（806～820年）地层出土有钵形匣钵，如T4⑥：49，方唇，直口，斜腹，平底，细砂质[14]。从越窑各时期钵形匣钵器的演变规律来看，基本上是唐至五代初期钵形匣钵器壁较厚，胎质较粗，器形笨重；五代中期后器壁变薄，胎质也较前期细腻些，器形显得轻巧。

（6）M型匣钵

道通里早期青瓷窑址A出土的M形匣钵（图11），凹面，周壁直长，造型似M形。面缘和壁端有泥点痕，为夹砂耐火土。M形匣钵在道通里窑址中有较多的发现，是最主要的窑具之一，总体因胎骨厚与薄，凹面浅与深，胎质夹粗砂与细砂而存在两种形制，有着精粗之分。

M形匣钵是越窑颇具地方特色的装烧窑具，大致始于唐中期，一直沿用到北宋。唐中晚期至五代初期夹粗砂，胎骨较厚，凹面较浅，面上滞留泥点为松子点，如后司岙窑址发现的匣钵就是以M形为主，且部分M形匣钵下凹较浅，匣钵与器物之间、叠烧的器物与器物之间主要使用泥点间隔，泥点小而密集，形状一般呈松子形[15]。五代中期后至北宋夹细砂，胎骨渐薄，凹面渐深。至北宋早期时，M形匣钵的凹面比前期更凹，泥点由原松子点状变成细长的泥条。实物例证中如寺龙口窑址出土的M形匣钵，从第一期（晚唐时期，即约9世纪中叶至907年）到第六期（南宋早期，即1127年至12世纪中叶）就表现出形制变化存在着胎体从粗笨到轻薄、顶面弧凹面由浅逐渐变深的趋势（图13）[16]。

将道通里窑址M形匣钵与寺龙口窑址M形匣钵相比对：道通里窑址M形匣钵与寺龙口第一期（晚唐时期，即约9世纪中叶至907年）较为接近；道通里窑址M形匣钵则与寺龙口第二期（五代时期）较为接近。

第一期	第二期	第三期	第四期	第五期	第六期
			无样品		

图13　寺龙口窑址出土M形匣钵（第一期至第六期[17]）
（采自崔倩：《越窑窑具研究——以寺龙口窑址为例》，复旦大学硕士学位论文，2013年）

越窑流行M形匣钵的唐中晚期至北宋早期，是其烧造青瓷产量最大、海内外市场最旺盛的时期。使用M形匣钵，最大优点是可叠摞扣合坯件，减少窑内占用空间，增大装烧量。而当时朝鲜半岛青瓷的需求量并非很大，因此，道通里窑址大量使用M形匣钵，不应该是为增加装烧产量之目的，更多的是一种对外来制瓷技术的直接引进与模仿。从这一角度上理解，道通里窑大量使用相当于越窑晚唐至五代时期的M形匣钵，应该是对同一时期越窑制瓷技术的直接移植。

（二）装烧方法

道通里早期青瓷窑址A出土的窑具以匣钵类占绝大多数，这一现象说明该窑炉主要以匣钵装烧为主。从出土遗物看，该窑炉的装烧方法与特点有：

（1）按一个单位装烧系统内所装坯件数来分，主要有匣钵内单件泥点间隔装烧法和匣钵内多件泥点间隔叠烧法。从大量的出土器物内底无支烧痕迹来看，该窑炉以匣钵内单件泥点支烧为主，仅部分为一匣钵内多件泥点间隔支烧，如碗等。

（2）按坯件装烧时的综合工艺来分，则有M形匣钵叠烧法（图14）、钵形匣钵与M形匣钵叠烧法（图8）、钵形匣钵与匣钵盖配套叠烧法（图15）、碗形匣钵对口相扣叠烧法（图16）等。

图14　M形匣钵叠烧法
（采自《镇安道通里初期青瓷窑址Ⅰ》，韩国，2016年）

（3）间隔具与间隔方法：坯件与匣钵、坯件与坯件之间均以泥点（耐火粒）作间隔支烧，泥点基本为4至6个，以4个为多，分布于器物圈足面或内底。

将上述道通里早期青瓷窑炉的装烧方法，与上林湖越窑晚唐五代初期的装烧方法相比较，发现两者有着惊人的相似与统一。以上林湖荷花芯窑址和后司岙窑址的考古发掘资料为例：

图15　钵形匣钵与匣钵盖配套叠烧法
（采自《镇安道通里初期青瓷窑址Ⅰ》，韩国，2016年）

图16　碗形匣钵对口相扣叠烧法
（采自《镇安道通里初期青瓷窑址Ⅰ》，韩国，2016年）

图17　钵型与钵型对扣后再多组叠烧　后司岙窑址出土
（采自郑建明、沈岳明、谢纯龙：《夺得千峰翠色来——上林湖后司岙窑址出土的秘色瓷器》，《紫禁城》2017年第5期）

越窑大约于9世纪初的中唐才开始使用匣钵（荷花芯窑址第六层），初期形制还较为单一，仅见筒形。发展至唐大中年（847～859年）前后匣钵形制才逐渐增多，除筒形、碗形、钵形等外，新出现M形匣钵，但数量不多。直至唐中和年间（881～884年）越窑才普遍使用匣钵，且形制迅速增多，不仅以直筒形、钵形为主，而且匣钵盖与M形匣钵数量都大幅增长，叠烧方式也更为多样，表现为以直筒形直接叠烧和钵形与钵形对扣后再多组叠烧（图17）为主，亦有钵形与匣钵盖叠烧、M形与钵形叠烧、M形与M形直接叠烧、钵形与直筒形叠烧、钵形与喇叭形叠烧、M形匣钵与直筒形叠烧等多种方式，并一直盛行至五代中期[18]。值得重视的是，其中的钵形与钵形对扣后再多组叠烧、钵形与匣钵盖叠烧、M形与钵形叠烧、M形与M形直接叠烧等四种装烧方式，在道通里早期青瓷窑址A中都能找到实例。并且，唯越窑晚唐至五代初期普遍盛行的以一器一匣单件装烧为主，且器物与匣钵之间以较大泥点间隔，有些泥点数量仅四五个的支烧方法，以及晚唐至五代初中期盛行的宽矮圈足斜腹壁碗（即玉环底碗）器形，和其支烧点分布在外底宽圈足面的支烧工艺等，在道通里窑址中都有普遍的发现，这些都充分说明了道通里窑与晚唐五代初期越窑，特别是后司岙窑在烧制时间上的同一性和它在装烧技术上对同期越窑的直接传承。

（4）满釉泥点支烧法

道通里早期青瓷窑址A发现的碗、盘等器物，大多是满釉足面支烧，即器物满釉，只在器底端足面留下泥点支烧的痕迹（图18）。器物满釉的支烧工艺虽说早在南朝时期越窑已普遍采用，但是，足面满釉支烧工艺于越窑也仅流行于晚唐至五代时期，其中唐末至五代初、中期比较普遍，五代后期基本以裹足釉外底面泥点支烧为主。有关满釉足面泥点支烧的时间下限，纪年墓出土资料显示，在内蒙古自治区赤峰市辽会同四年（941年）耶律羽之墓出土有一件越窑青瓷玉环底碗为足面支烧点；另在早其两年的五代天福四年（939年）康陵墓出土的一批越窑青瓷中，除一件敞口斜腹壁宽矮圈足（玉环底）碗为足面支烧点以外，其余器物均已将支烧点从足面移到了外底面，这也是越窑将支烧点从足面移到外底面的最早一批纪年青瓷。可见，越窑将支烧点放在足面满釉支烧的方法，至迟到941年以后已不再流行。

值得注意的是，道通里早期青瓷窑址A出土的碗、盘类器物，无论是宽矮圈足（玉环底）、还是窄圈足、玉璧底，支烧泥点的部位均是在圈足的足面，这种支烧方法与越窑唐末至五代初中期的较为一致。

图18　道通里早期青瓷窑址旧址出土的碗（满釉泥点支烧法）
（采自《镇安道通里初期青瓷窑址Ⅰ》，韩国，2016年）

（三）装饰风格

道通里早期青瓷窑址A出土的青瓷整体装饰以素面为主。

越窑在唐代，除中晚唐流行划花，晚唐出现印花、刻花、褐彩等工艺外，基本上都是以素面为主，尤其是晚唐秘色瓷的烧制，将越窑釉色追求“如冰似玉”“千峰翠色”发挥到极致。五代初期，越窑青瓷延续晚唐秘色瓷的制瓷理念，素面装饰成为一大特色。正如“后司岙窑址出土的瓷器中无论是秘色瓷器还是普通青釉器物，均以造型与釉色取胜，而绝少装饰，绝大多数器物均以素面示人。少量的纹样装饰主要集中在唐代晚期的器物上，五代装饰上基本不见纹饰装饰。且多见于普通的青釉器物之上，秘色瓷上装饰更为少见。”[19]可见，道通里窑青瓷的装饰风格尤其与越窑五代初期秘色瓷的装饰理念相一致。

（四）胎釉特点

因缺乏道通里窑址出土青瓷标本如瓷土原料的矿物结构、胎与釉的化学成分等方面的科学分析资料，故无法以科学的数据将它与越窑青瓷标本作相对应的比对，但从视觉上直观判断，道通里窑址出土的青瓷，胎土有粗有细，以灰白色为主，也有少数胎色较白的，但总体的较越窑青瓷的浅白；同样，釉色也是总体较越窑青瓷的浅白，少数也有较深些的。在越窑中，只有后司岙窑址出土的秘色瓷，其胎质较普通越窑青瓷显得更细腻纯净更显白些，致密度也很高，釉色十分莹润肥厚，釉面更加均匀些，达到了如冰似玉的效果。

四、从器物形制与风格特征来看

道通里早期青瓷窑址A出土的器物形制，主要有碗、盏托、执壶（水注）、小盘口瓶、花口盘、水盂、罐、盖钮、器盖等。其中以碗为大宗，占绝大多数。现择典型多见的与越窑同类的青瓷器型加以对比：

图19　翻沿弧腹矮圈足碗
（采自《镇安道通里初期青瓷窑址Ⅰ》，韩国，2016年）

1. 碗

形制最为丰富，主要有翻沿弧腹矮圈足碗（图19）、斜直腹宽矮圈足（玉环底）碗（图20）、宽玉环底（介于玉环底与玉璧底之间）碗（图21）、玉璧底碗（图22）、高圈足碗（图23）、窄圈足碗等。

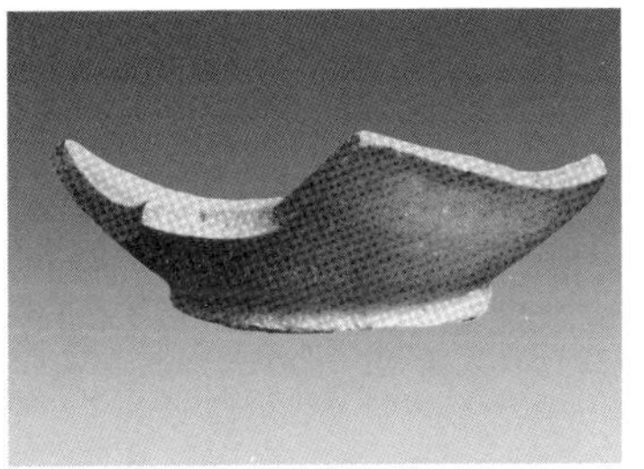

图20　斜直腹宽矮圈足（玉环底）碗
（采自《镇安道通里初期青瓷窑址Ⅰ》，韩国，2016年）

图21　宽玉环底碗
（采自《镇安道通里初期青瓷窑址Ⅰ》，韩国，2016年）

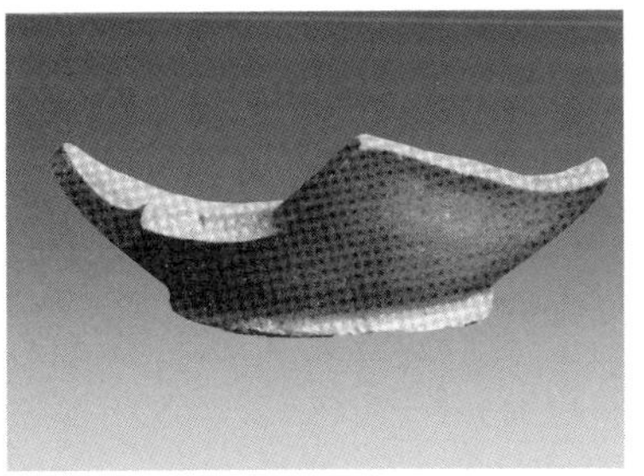

图22　玉璧底碗
（采自《镇安道通里初期青瓷窑址Ⅰ》，韩国，2016年）

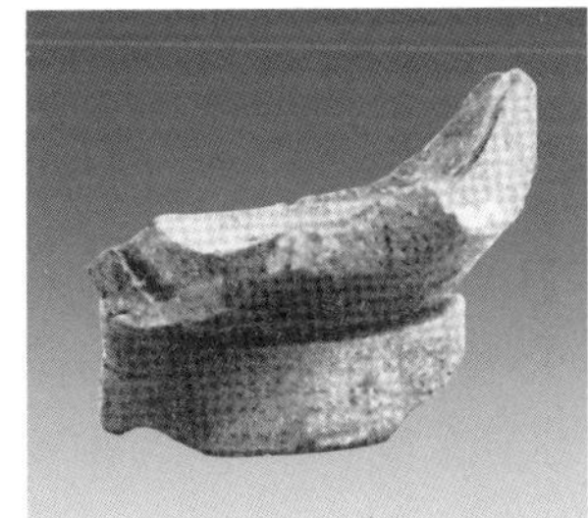

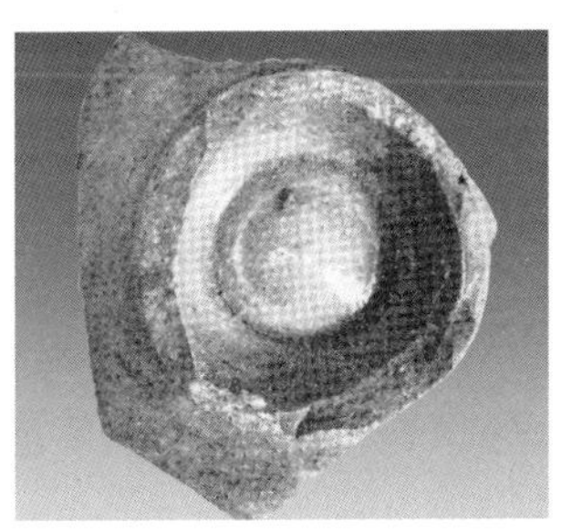

图23　高圈足碗
（采自《镇安道通里初期青瓷窑址Ⅰ》，韩国，2016年）

（1）翻沿弧腹矮圈足碗

道通里早期青瓷窑址A出土的翻沿弧腹矮圈足碗，数量不多，圈足有窄有宽，足径基本比越窑的要小。其中图224、225两件与M形匣钵黏连，匣钵较粗，结合器型与匣钵形制风格，似乎更接近于越窑晚唐时期的风格与神韵，可对应于越窑的翻沿坦腹浅宽足碗。窑址考古中，翻沿坦腹浅宽足碗在上林湖荷花芯窑址Y36T2第5层（9世纪初）、Y37T4第5、6、7层（9世纪初）均有出土，其中在Y37T4第6层有大量的出现[20]。此外，宁波和义路明州港唐码头遗址唐代第三文化层（唐大中前后）中也有大量的发现。2008年临安锦城街道青柯村五代同光四年（926年）墓M2纪年墓出土的M2：6青瓷碗（图24）则显示了这式碗流行的时间下限。可见，这式碗主要流行于越窑中晚唐并一直延续至五代初期。

（2）斜直腹宽矮圈足（玉环底）碗、宽玉环底（介于玉环底与玉璧底之间）碗

敞口，斜直腹壁，宽矮圈足（玉环底、宽玉环底）。外底足面有4至5个大泥点支烧痕迹。这种式样的碗在道通里早期青瓷窑址A有大量的发现，是最为大宗的碗（图20）。

这种敞口斜直腹玉环底碗，主要流行于越窑晚唐至五代初中期，由中晚唐时期的玉璧底碗演变而来，其演变过程是：①外底：玉璧底（唐代）——玉环底（晚唐至五代前期）——小圈足（五代后期）；②器高：由浅到深；③腹壁：倾斜度由向两侧较平坦，到逐渐向碗中心内收。④修足工艺：由腹壁与足直接相连（基本无足墙），只在外底心挖足（中晚唐）——在底部外缘斜向修削一周或显稍圆润的足墙，外底心较大挖圈，仍为玉璧底（晚唐）——底足外缘垂直规整修足（外观上有较明显的垂直低矮足墙），外底心进一步加大，形成宽直矮规整的玉环底（晚唐至五代初中期）——圈足增高变窄（五代中晚期）。窑址考古中，在上林湖后司岙窑址晚唐至五代初期地层中，玉环底碗有大量的发现，其中许多属秘色瓷器（图25）[21]；越窑石马弄窑址属第二期（唐末五代初）的T4第2层也有大量的发现[22]。

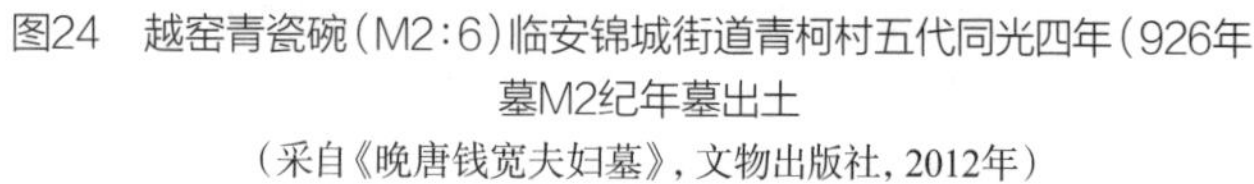

图24 越窑青瓷碗（M2：6）临安锦城街道青柯村五代同光四年（926年）墓M2纪年墓出土

（采自《晚唐钱宽夫妇墓》，文物出版社，2012年）

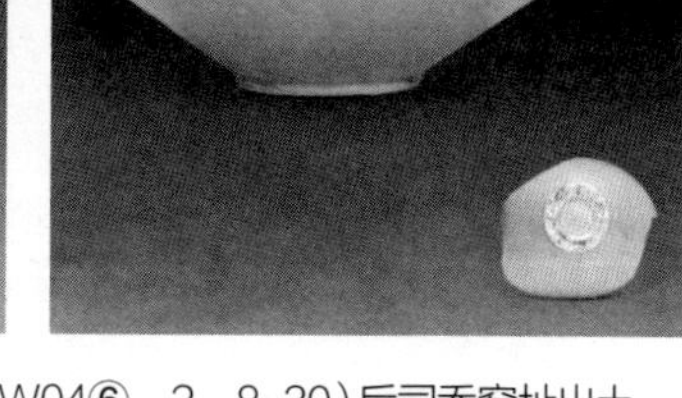

图25 越窑青瓷玉环底碗（TN02W04⑥—2—8：30）后司岙窑址出土

（采自浙江省文物考古研究所、慈溪市文物管理委员会办公室：《秘色越器——上林湖后司岙窑址出土唐五代秘色瓷器》，文物出版社，2017年）

这种玉环底碗，式样多种，纪年墓中主要也是集中出现在唐末至五代前期，即10世纪上半叶。如临安板桥钱宽墓（葬于唐光化三年（900年）十月）出土的1件青瓷碗，“器身深，壁斜直，阔边浅圈足，釉色青灰略泛黄色”[23]。此外，2008年临安锦城街道青柯村五代同光四年（926年）墓出土有玉环底花口碗；1996年临安玲珑街道祥里村五代天福四年（939年）康陵墓出土有青瓷玉环底碗和1992年内蒙古自治区赤峰市阿鲁科尔沁旗辽会同四年（941年）耶律羽之墓出土有青瓷玉环底碗等。可见，这种玉环底碗是越窑10世纪上半叶较为典型的碗式。

（3）玉璧底碗

道通里早期青瓷窑址A出土的玉璧底碗，与越窑相比较明显的区别是碗的内底有一圈晕痕（图22）。

越窑玉璧底碗始于唐早期，流行于唐中晚期，五代以后不见。据考古资料显示，目前最早出现的纪年时间是778年（河南省偃师杏园唐墓M5036出土），最晚纪年时间是851年（浙江省绍兴市唐墓）。玉璧底碗式多样，有敛口弧腹碗、翻沿弧腹碗、斜直腹碗等。窑址考古中，在上林湖荷花芯窑址Y36T2第3、4层（9世纪初）均有发现，其中第4层较少些。荷花芯窑址Y37 T4第6层（9世纪初）出土器型以玉璧底碗和翻沿坦腹碗为主；第2层（9世纪晚期到10世纪初）

出土有玉璧底碗，同时还有圈足碗[24]，可见，玉璧底碗有与翻沿坦腹碗和圈足碗共存的关系。此外，在上林湖后司岙窑址晚唐地层中，也发现有敞口斜直腹玉璧底碗[25]。另石马弄窑址第一期T4第3、4层（唐代中、晚期之交）也盛行玉璧底碗[26]。

（4）高圈足碗

道通里早期青瓷窑址A出土的高圈足碗数量较少，报告中仅见图23。类似器型的碗在越窑主要流行于晚唐五代时期，考古中在宁波和义路明州港唐码头遗址与上林湖荷花芯、后司岙窑址中均有发现。其高圈足系分段拉坯粘接而成。

2. 盏托

有二式。

1式：宽沿，中部下凹成浅平底，外带圈足（图26）。

2式：敞口，宽折沿，极浅斜弧腹，中部下凹成浅平底，矮托座，外圈足（图27）。

两件盏托的特点是内底托座均是下陷形成，而非高起。从器形上观察，应该更接近于越窑五代初期的器型。

图26　盏托
（采自《镇安道通里初期青瓷窑址Ⅰ》，韩国，2016年）

图27　盏托
（采自《镇安道通里初期青瓷窑址Ⅰ》，韩国，2016年）

图28　越窑青瓷盏托　五代初至中期　后司岙窑址出土
（采自浙江省文物考古研究所、慈溪市文物管理委员会办公室：《秘色越器——上林湖后司岙窑址出土唐五代秘色瓷器》，文物出版社，2017年）

类似器型在越窑见于寺龙口窑址T85a地层中，如T85a：1盏托，该地层被认为属第二组第二期，年代为五代时期（907～960年）。上林湖后司岙窑址五代初至中期地层中也有较多的发现（图28）。墓葬中主要见于1970年浙江省杭州市临安区板桥乡如龙村五代吴随墓出土的越窑青瓷茶托，该墓年代被研究者认为是五代钱镠朝（893～932年）时期[27]。这种内底中部无托座式样的盏托，在纪年墓中最迟见于1996年临安玲珑街道祥里村五代天福四年（939年）康陵墓出土的越窑青瓷盏托，同墓出土有另一式托座高起呈敞口杯形、高圈足外撇的盏托。此后，越窑青瓷中托座下陷的盏托便几乎不见。可见，这类盏托在越窑主要流行于五代前期，即10世纪上半叶。

3. 小盘口瓶

道通里早期青瓷窑址A出土的小盘口瓶（图29），盘口小，细颈、溜肩、鼓腹下垂，矮圈足。类似的器型，在上林湖越窑荷花芯、石马弄窑址和宁波市和义路明州港唐码头遗址等晚唐地层均有发现。其中有：上林湖荷花芯窑址Y36 T2第3层（9世纪初）出土的“盘口细颈平底小罐”，Y37T4第6层（9世纪初）出土的“盘口瓶”（T4⑥：15），Y37T4第4层（唐会昌、大中前后）出土的“盘口瓶”（T4④：93）等[28]；石马弄窑址第4、3层［唐代元和年间（公元806～820年）］出土的“小盘口壶”T4④：63和T4③：56[29]；以及宁波和义路唐码头遗址唐第三文化层［晚唐大中（847～859年）前后］地层中出土的“水盂”（报告中称之）[30]等。此外，在上林湖马溪滩窑址也采集到晚唐的小盘口瓶标本（编号上y30，上林湖博物馆藏）（图30）。

图29　小盘口瓶
（采自《镇安道通里初期青瓷窑址Ⅰ》，韩国，2016年）

图30　小盘口瓶标本
（编号上y30）晚唐　上林湖马溪滩窑址采集　上林湖博物馆藏

可见，这种平底的小盘口瓶在越窑流行的时间是9世纪初至晚唐。

道通里窑址出土的小盘口瓶，较之越窑最明显的区别是有一矮圈足。按照越窑器型演变的规律，有可能属于唐末至五代时期的器型。

4．盘

有三式。

1式：敞口，浅弧腹，卧足底。内底有5个呈大松子状支烧泥点，外底卧足边缘有5个较大泥点支烧痕。卧足盘是五代时期越窑新出现的器型，主要流行于五代时期。5个支烧泥点以及支烧泥点位于卧足边缘等均是越窑五代前期器物的烧制工艺特征（图31）。

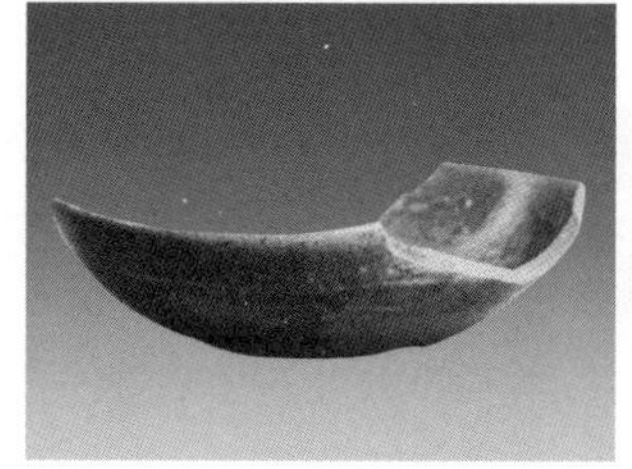

图31　盘
（采自《镇安道通里初期青瓷窑址Ⅰ》，韩国，2016年）

2式：花口，多曲，折腹，矮圈足。支烧泥点位于足面。器作花口在越窑始于晚唐，多作4瓣、5瓣曲口；五代时期基本以5瓣曲口为主。器腹壁从外向内压出5道外凹内凸的印痕，是五代时期越窑流行的装饰技法（图32）。

图32　盘
（采自《镇安道通里初期青瓷窑址Ⅰ》，韩国，2016年）

3式：敞口，浅弧腹，平底。外底缘大泥点支烧痕（图33）。

图33　盘
（采自《镇安道通里初期青瓷窑址Ⅰ》，韩国，2016年）

5．水盂

有三式。

1式：小喇叭口，细颈，广肩，鼓腹，矮圈足。从器形特征与圈足修削情况看，应该接近于越窑晚唐时期的器型（图34）。

图34 水盂
（采自《镇安道通里初期青瓷窑址Ⅰ》，韩国，2016年）

图35 水盂
（采自《镇安道通里初期青瓷窑址Ⅰ》，韩国，2016年）

图36 水盂
（采自《镇安道通里初期青瓷窑址Ⅰ》，韩国，2016年）

2式：广肩，扁鼓腹，假圈足底微内凹。假圈足底微内凹器型在越窑主要流行于中唐之前，晚唐时也有出现（图35）。

3式：直口，广肩、鼓腹。类似器型在寺龙口窑址T84a、T6扩⑧地层中有发现，被认为属第三组第三期北宋早期（960～1022年），即吴越国晚期至北宋真宗时期（图36）。

五、结　　语

（1）道通里砖筑龙窑2号窑炉，除窑壁构筑因地制宜，与越窑稍有差异以外，在基本结构、构筑技术、规模与技术参数等方面，都与上林湖荷花芯、后司岙等晚唐五代至北宋早期越窑的窑炉基本一致，说明了道通里砖筑龙窑是直接承袭了中国这一时期最新的越窑龙窑窑炉筑造的核心技术。因此，它的筑造与使用年代应该是在中国晚唐五代至北宋早期这一时间段内，即10世纪内。

（2）道通里早期青瓷窑址A中出土的匣钵种类及所呈现的装烧工艺，普遍与上林湖唐末至五代初期（10世纪前期）越窑，特别是后司岙窑的匣钵与装烧工艺相一致，体现出它们在装烧工艺技术上的一脉相承和时代上的一致性。因此，从制瓷技术与装烧工艺看，道通里窑址烧制的早期青瓷年代应该是在五代初期，即10世纪前期。

（3）道通里早期青瓷窑址A出土的器物，在造型上虽与越窑稍有差异，但在形制上绝大多数是中国越窑五代初中期所流行的器型。遗址中发现最多的玉环底碗，在越窑仅限流行于晚唐至五代初中期，即9世纪末至10世纪前期这一段时期。从玉环底碗的挖足制作工艺看，在越窑也是仅限在晚唐至五代初中期出现的技术特征。此外，装饰风格上，五代初中期是越窑最追求釉色素面青绿的时期，道通里早期青瓷窑址A出土的青瓷全为素面，与这一时期的越窑装饰风格也较相一致。因此，从道通里窑址出土的器物造型与装饰风格来看，其年代应该集中在五代初中期，即10世纪的前40年内。

综合以上道通里窑址在窑炉结构与技术参数、窑具与装烧工艺，以及器形和装饰风格等方面与越窑同时期时代特征的对比，再将这三方面在横向时间上相吻合的进行梳理，便可发现它们彼此共同的时间段是在五代初期。因此，可以推断，韩国全罗北道镇安郡道通里砖筑龙窑的始烧年代应该相当于中国五代初期，即10世纪前期。由此亦可见，朝鲜半岛早期高丽青瓷的始烧年代，至少可以推断到五代初期，即10世纪前期。并且，它极有可能是受到当时烧制秘色瓷最主要的窑场后司岙窑的影响。

注释

[1] 韩国国立群山大学博物馆、韩国国立金州博物馆《道通里中坪青瓷窑址第4次发掘调查》，韩国，2017年。

[2] 慈溪市博物馆编：《上林湖越窑》，科学出版社，2002年。

[3] 浙江省文物考古研究所、慈溪市文物管理委员会：《慈溪上林湖荷花芯窑址发掘简报》，《文

物》，2003年第11期。

[4] 郑建明、沈岳明、谢纯龙：《夺得千峰翠色来——上林湖后司岙窑址出土的秘色瓷器》，《紫禁城》，2017年第5期。

[5] 浙江省文物考古研究所、慈溪市文物管理委员会：《慈溪上林湖荷花芯窑址发掘简报》，《文物》，2003年11月。

[6] 浙江省文物考古研究所、慈溪市文物管理委员会：《浙江慈溪市越窑石马弄窑址的发掘》，《考古》，2001年10月。

[7] 浙江省文物考古研究所、北京大学考古文博学院、慈溪市文物管理委员会：《寺龙口越窑址》，文物出版社，2002年。

[8] 浙江省文物考古研究所、北京大学考古文博学院、慈溪市文物管理委员会：《寺龙口越窑址》，文物出版社，2002年。

[9] 浙江省文物考古研究所、慈溪市文物管理委员会：《浙江慈溪市越窑石马弄窑址的发掘》，《考古》2001年第10期。

[10] 郑建明、沈岳明、谢纯龙：《夺得千峰翠色来——上林湖后司岙窑址出土的秘色瓷器》，《紫禁城》2017年第5期。

[11] 浙江省文物考古研究所、慈溪市文物管理委员会：《浙江慈溪市越窑石马弄窑址的发掘》，《考古》2001年第10期。

[12] 浙江省文物考古研究所、慈溪市文物管理委员会：《慈溪上林湖荷花芯窑址发掘简报》，《文物》2003年第11期。

[13] 崔倩：《越窑窑具研究——以寺龙口窑址为例》，复旦大学硕士学位论文，2013年。

[14] 浙江省文物考古研究所、慈溪市文物管理委员会：《慈溪上林湖荷花芯窑址发掘简报》，《文物》2003年第11期。

[15] 郑建明：《上林湖后司岙秘色瓷窑址考古发掘顺利完成》，中国考古网，2016年12月20日。

[16] 崔倩：《越窑窑具研究——以寺龙口窑址为例》，复旦大学硕士学位论文，2013年。

[17] 备注：

第一期：唐代晚期，约唐宣宗至唐末（847～907年）

第二期：五代吴越早中期（约907～960年）

第三期：五代吴越末至北宋真宗时期（960～1022年）

第四期：北宋中期，约北宋仁宗至神宗熙宁年间（1023～1077年）

第五期：北宋晚期，约北宋神宗元丰年间至钦宗（1078～1127年）

第六期：南宋早期（1127年～12世纪中叶）

[18] 郑建明、沈岳明、谢纯龙：《夺得千峰翠色来——上林湖后司岙窑址出土的秘色瓷器》，《紫禁城》2017年第5期。

[19] 郑建明、沈岳明等：《浙江上林湖后司岙窑址唐五代青瓷装饰》，中国考古网，2017年1月6日。

[20] 浙江省文物考古研究所、慈溪市文物管理委员会：《慈溪上林湖荷花芯窑址发掘简报》，《文物》2003年第11期。

[21] 浙江省文物考古研究所、慈溪市文物管理委员会办公室：《秘色越器——上林湖后司岙窑址出土唐五代秘色瓷器》，文物出版社，2017年。

[22] 浙江省文物考古研究所、慈溪市文物管理委员会：《浙江慈溪市越窑石马弄窑址的发掘》，《考古》2001年第10期。

[23] 浙江省文物管理委员会：《浙江临安板桥的五代墓》，《文物》1975年第8期。

[24] 浙江省文物考古研究所、慈溪市文物管理委员会：《慈溪上林湖荷花芯窑址发掘简报》，《文物》2003年第11期。

[25] 郑建明、沈岳明、谢纯龙：《夺得千峰翠色来——上林湖后司岙窑址出土的秘色瓷器》，《紫禁城》2017年

第5期。

[26] 浙江省文物考古研究所、慈溪市文物管理委员会：《浙江慈溪市越窑石马弄窑址的发掘》，《考古》2001年第10期。

[27] 李军：《五代吴越钱氏越窑秘色瓷分期研究》，《中国古陶瓷研究》第十二辑，紫禁城出版社，2006年。

[28] 浙江省文物考古研究所、慈溪市文物管理委员会：《慈溪上林湖荷花芯窑址发掘简报》，《文物》2003年第11期。

[29] 浙江省文物考古研究所、慈溪市文物管理委员会：《浙江慈溪市越窑石马弄窑址的发掘》，《考古》2001年第10期。

[30] 宁波市文物考古研究所：《浙江宁波和义路遗址发掘报告》，《东方博物》1997年第1期。

扬州出土宋金元磁州窑系白地黑花器研究

徐仁雨　周学山
（扬州博物馆）

摘要：磁州窑系是宋金元时期，北方兴起的重要陶瓷生产体系，其产品影响力广泛。扬州地处江淮东部是南北政权交锋、南北经济文化互融的前沿，也是磁州窑系产品南下的重要隘口。对扬州出土磁州窑系产品的整理，是宋元时期陶瓷贸易研究的重要部分，对我国古陶瓷贸易历史的研究有着不可替代的作用。鉴于磁州窑系产品种类庞杂，与同时期其他窑口有诸多交集，本文先以最常见的白地黑花器为突破口，以求管中窥豹。

关键词：宋元时期　扬州城遗址　磁州窑系　白地黑花器

磁州窑是宋元时期北方瓷业的重要组成部分，以其为代表的河南、河北、山西、山东等地窑场，烧造了大量的白地黑花、剔划花、红绿彩、黑釉天目等彩瓷，形成了一个巨大的产业集群，即磁州窑系。它们所生产的瓷器，造型粗犷，色彩绚丽，纹饰突出，装饰感强，带有浓郁的民俗风味，深受北方游牧民族的喜爱。扬州是南北运河上的重要枢纽，水运交通发达，历史文化遗存丰富。特别是古代大宗陶瓷贸易，十分依赖水运，扬州古城遗址范围内，留存的古陶瓷标本可谓俯首皆是，磁州窑系产品的影响力广泛，在扬州城遗址内自然是不可或缺的。

一、扬州出土宋金元时期磁州窑系产品概况

磁州窑系烧造的品种非常丰富，在扬州出土的宋元时期磁州窑系产品中，白地黑花器最为常见，有碗、盘、盆、钵、罐、瓶、扁壶、器盖、埙、小动物瓷塑等。“白地”的釉色有乳白、乳黄、乳灰色等，时有开片；“黑花”的彩色有黑色、褐色、淡褐色。常见纹饰有花草纹、云气纹、动物纹、人物纹、各种文字及抽象的点条纹；胎体一般较为厚重，有粗细之分，胎色有米黄色、米红色、砖红色、青灰色、紫褐色等。其中碗、盘、罐类器物在扬州城内各遗址最为常见，以元代遗存出土为主。碗、盘内绘花草纹，云气纹，“王”“礼”“酒”等文字或者一些潦草的图案，有的外饰双圈或三圈纹，且外壁施釉较浅，有较大支钉痕，以下为部分典型器物（图1～图3）。

图1　扬州出土白地黑花典型器

图2　扬州出土白地黑花典型器

图3 扬州出土白地黑花典型器

1. 白釉褐彩牡丹纹碗

元代，邗江西湖砖瓦厂出土。高5.1厘米，口径13.4厘米，底径6厘米。撇口，斜弧腹，圈足外撇。碗内绘褐彩牡丹纹，外饰双圈。乳黄釉，外施半釉，露化妆土，米黄色胎。

2. 白釉黑彩云气纹碗

元代，扬州老城区采集。高5.5厘米，口径13厘米，底径5.5厘米。撇口，斜弧腹，圈足外撇。碗内绘黑彩两层云气纹，外饰双圈。乳白釉，开片，外施半釉，露化妆土，米黄色胎。

3. 白釉褐彩“王”字碗

元代，扬州农校采集。高5.3厘米，口径13.6厘米，底径5.6厘米。撇口，斜弧腹，圈足外撇。碗内绘褐彩“王”字，外饰双圈。乳白釉，开片，外施半釉，露化妆土，米黄色胎。

4. 白釉褐彩草叶纹碗

元代，扬州农校采集。高4.4厘米，口径10.7厘米，底径5.6厘米。撇口，斜弧腹，圈足外撇。碗内绘褐彩草叶纹，外饰双圈。乳白釉，米黄胎。

5. 白釉褐彩点纹碗

元代，瘦西湖杨庄木偶剧团工地出土。高8.4厘米，口径18.8厘米，底径7.9厘米。撇口，深弧腹，圈足外撇。碗内点三个褐斑，外饰双圈。乳白釉，开片，米黄胎。

6. 白釉褐彩“礼”字碗

金代，扬州保障河采集。高9厘米，口径21.5厘米，底径7.4厘米。敞口，深弧腹，圈足。碗内绘褐彩“礼”字，外饰双圈。乳白釉，外釉不及底，露化妆土，米黄色胎。

7. 白釉黑彩“酒”字碗

金代，扬州保障河采集。高8厘米，口径17.5厘米，底径6.4厘米。敞口，深弧腹，圈足。碗内绘黑彩“酒”字。乳黄釉、开片，外釉不及底，露化妆土，米黄色胎。

8. 白釉褐彩“王”字碗

元代，扬州保障河采集。高8.6厘米，口径18.7厘米，底径6.5厘米。撇口，深弧腹，圈足外撇。碗内绘褐彩“王”字，外饰双圈。乳白釉，外施半釉，露化妆土，米红色胎。

9. 白釉褐彩“气”字碗

元代，扬州保障河采集。高7.4厘米，口径19.8厘米，底径7.3厘米。撇口，斜弧腹，圈足外撇。碗内绘褐彩“气”字，外饰双圈。乳黄釉，开片，米黄胎。

10. 白釉褐彩双圈纹碗

元代，扬州保障河采集。高7.2厘米，口径20厘米，底径7.7厘米。撇口，深弧腹，圈足外撇。碗内仅绘褐彩双圈。乳黄釉，开片，青灰色胎。

11. 白釉褐彩“明”字盘

元代，扬州市工艺大楼采集。高3.1厘米，口径12.7厘米，底径6.7厘米。敞口，浅腹，圈足。碗内绘褐彩“明”字，外饰双圈。乳白釉，米黄胎。

12. 白釉褐彩“甲”字盘

元代，扬州市工艺大楼采集。高3.3厘米，口径14.6厘米，底径6.4厘米。敞口，浅腹，圈足。碗内绘褐彩“甲”字，外饰双圈。乳白釉，米黄胎。

13. 白釉褐彩“花”字盘

元代，扬州市文化宫采集。高3.1厘米，口径13厘米，底径6.5厘米。敞口，浅腹，圈足。碗内绘褐彩“花”字，外饰双圈。乳白釉，米黄胎。

14. 白釉褐彩鱼草纹盆

元代，城北公社卜扬大队马庄生产队漕河北岸采集。高8.8厘米，口径35.3厘米，底径17.7厘米。侈口，折沿，浅弧腹，玉璧底。盆内施乳黄色釉，盆壁绘褐彩开光水草纹四组，盆心绘一条草鱼，上下各衬一丛水草。外壁施黑釉，釉不及底，露米红色胎。

15. 白釉黑彩兰草纹钵

金代，漕河水道出土。高15.3厘米，口径18.5厘米，底径10.2厘米。直口微敛，深腹微鼓，高圈足。通体内外施乳灰色釉，外壁横向绘兰草纹三组，口部及下腹部各饰一圈弦纹。釉面开片，外釉不及底，露化妆土，青灰色胎。

16. 白釉褐彩团菊纹罐

元代，淮河入江水道工程江都凤凰桥段出土。高14.5厘米，口径15.5厘米，底径17.6厘米。直口，高领，溜肩，弧腹微收，假圈足。通体施乳白釉，腹部绘两组相对的团菊纹，肩部饰轨道纹一圈，弦纹两圈。底部露米黄色胎。

17. 白釉褐彩牡丹纹罐

元代，人民公园动物园出土。高22.3厘米，口径16.5厘米，底径10.7厘米。直口，溜肩，弧腹内收，玉环底。通体施乳白釉，罐内施黑釉，腹部褐彩绘相对的两组开光牡丹纹，肩部绘以四组对称的牡丹纹，肩腹部纹饰上下以数道弦纹相衬。底部露米黄色胎。

18. 白釉黑彩兰草纹罐

元代，皮坊街纺织品公司出土。高24厘米，口径21厘米，底径16厘米。直口，短颈，溜肩，鼓腹内收，玉环底。通体施乳白色釉，罐内施黑釉，腹部黑彩绘相对的两组开光兰草纹，肩部绘以兰草纹一圈，肩腹部纹饰均以粗细不等的弦纹相隔。底部露灰紫色胎。

19. 白釉黑彩天鹅纹罐

元代，扬州市印刷厂工地出土。高31.1厘米，口径21.1厘米，底径17.6厘米。直口，短颈，溜肩，鼓腹斜收，玉环底。通体施乳白色釉，罐内施黑釉，腹部黑彩绘相对的两组开光天鹅纹，天鹅身满饰云气纹，胫部黑点纹一圈，腹部与胫部纹饰均以数道弦纹相隔。釉面开片，底部露米黄色胎。

20. 白釉褐彩龙凤纹罐

元代，江都张纲公社和平大队四湾生产队采集。高14.3厘米，口径16厘米，底径13.6厘米。直口，短颈，溜肩，鼓腹斜收，玉环底。通体施乳黄釉，腹部褐彩绘两组相对的开光纹饰，一组为云龙纹，一组为云凤纹，龙纹与凤纹身上以淡褐彩渲染，肩部绘四组对称的团菊纹，菊纹下衬以斜方格纹。釉面开片，底露米黄色胎。

21. 白釉褐彩云凤纹罐

元代，城北公社卜扬大队马庄生产队漕河墓葬出土。高40.3厘米，口径25厘米，底径26.8厘米。直口，短颈，溜肩，鼓腹斜收，玉璧底。通体施乳白色釉，腹部褐彩绘两组相对的开光云凤纹，近口处饰篱笆纹一圈，肩部饰团花纹一圈，凤纹、云气纹和肩部底纹均以淡褐彩渲染。罐内施黑釉，底部粗黄胎泛紫。

22. 白釉褐彩胡人埙

元代，扬州老城区采集。高6厘米。椭圆形中空球，顶端有一小圆孔，面部眼睛有两个小圆孔。面部施乳白釉，以褐彩绘画胡人眉毛、胡须、耳朵及头部装饰。背面无釉，露深褐色胎。

23. 白釉褐彩鹦鹉

元代，扬州老城区采集。高7.5厘米。鹦鹉高额，长嘴下钩，长尾下垂，身下承高圆座。身上及头部以褐彩绘画额头、眼、最、羽毛、翅膀等，并以淡褐彩点染。身下无釉，露灰褐色胎。

24. 白釉褐彩兰草纹器盖

元代，东风砖瓦厂出土。高4.4厘米，直径17.3厘米。圆饼钮，钮面内凹，宽沿，子口，圆弧顶，顶内较深。盖面施乳灰色釉，褐彩绘三簇兰草纹，外饰弦纹一圈。顶内施化妆土，口沿处露紫褐色胎。

25. 白釉黑彩鹤纹扁壶

元代，扬州市友谊服装厂工地出土。残高10.2厘米。长方形扁壶，外施乳黄色釉，两面均以黑彩绘飞鹤一只，外饰一圈方框。壶内壁施黑釉，残破处露砖红色胎。

26. 白釉黑彩扁壶

元代，扬州市五一糖果厂采集。残高9.5厘米。长方形扁壶，肩部残有一系，外施乳白色釉，两面以黑彩绘极为潦草的图案，外饰方框一圈。壶内施黑釉，残破处露米红色胎。

27. 白釉褐彩云鹤纹碗

元代，扬州市文化宫出土。高11.2厘米，口径20厘米，底径7.9厘米。敞口，深弧腹，圈足。外壁黑彩绘对称云鹤纹，以淡褐彩渲染鹤身。乳白色釉，有开片，米黄胎（图4）。

28. 白釉褐彩花草纹碗

元代，宋宝祐城东墙坍塌堆积土内。高4.5厘米，口径12.3厘米，底径5.2厘米。撇口，斜弧腹，圈足外撇。碗内绘褐彩花草纹，外饰双圈。乳白釉，米黄胎（图5）。

图4 扬州出土元白釉褐彩云鹤纹碗

图5 扬州出土元白釉褐彩花草纹碗

二、扬州出土宋金元时期磁州窑系产品的讨论

1. 器物用途和生产窑场

以上介绍的扬州出土磁州窑系白地黑花器，造型壮硕浑圆，线条饱满流畅，釉彩色泽鲜艳，对比强烈，纹饰线条粗犷奔放，具有明显的北方磁州窑系产品特征。如元代白地褐彩大罐，目前在河南、河北、山东等地的博物馆十分多见。1982年，在扬州城北公社综合大队鱼塘（原宋代宝祐城东瓮城护城河）工程中，出土了一件磁州窑龙凤纹罐，内有火化的人骨，所以可以推断与上述白釉褐彩云凤大罐相似的龙凤纹大罐的用途之一为盛放骨灰[1]。金代白釉褐彩“礼”字碗、白釉黑彩“酒”字碗，与河南焦作市牛庄瓷窑遗址二号灰坑的Ⅲ式曲腹碗造型较为相近[2]。元代白釉褐彩“王”字碗、“气”字碗、“花”字盘、“甲”字盘、“明”字盘，则在河北磁县观台磁州窑遗址出土物中较为多见[3]。不过，具体每件器物究其产地，可能是来自同时期磁州不同的窑场，或者是河南、山西、山东等地的窑场。

2. 装饰风格南北有别

扬州出土宋金元时期磁州窑系白底黑花器的装饰风格都十分相似，但各自的材料、工艺上还是存在着一些差别，比如釉面的滋润度、通透感，胎质的烧结度、颗粒感，绘画的技法和题材等等（图6）。而它们的共同点就是胎体上有一层化妆土，白釉产生了乳浊感，与黑彩之间产生了强烈的对比，使得纹饰更突出，富于立体感，绘画上纵逸豪迈，整体上粗犷奔放，与南方吉州窑在胎釉、质地、绘画风格及整体气息上都有一定的差别。同样以彩绘闻名的吉州窑，其产品一般器型较小，以瓶、罐、炉等器物较为常见，纹饰多见花草纹、禽鸟纹、海水纹、菱锦纹、龟背锦、锁子锦等，笔法纤细，绘制精巧。如扬州博物馆征集的一件南宋白釉褐彩折枝花卉纹长颈瓶（图7），高23.8厘米，腹径14.21厘米，口径6.6厘米。瓶圆唇，直颈，溜肩，圆球腹，圈足微撇。瓶身通体以黑彩绘图案，颈部绘折枝桃花纹一周，上

图6 扬州出土白地黑花标本

图7 南宋吉州窑白釉褐彩折枝花卉纹长颈瓶（扬州博物馆藏）

下以粗细不等的弦纹带装饰；腹部满绘海水纹，开光绘折枝牡丹纹，上下以弦纹间隔装饰。瓶体胎质轻盈，白地泛黄，黑彩如漆，绘画精细，整体端庄清秀。

3. 扬州出土宋金元磁州窑系瓷器的历史原因探讨

宋金对峙时期，扬州地处南宋北境，是宋金两国战争的拉锯地区，此前连接中原，漕运繁忙的汴河交通一落千丈。1128年，宋军为阻止金兵南下，于李固渡决黄河堤坝，黄淮平原泛滥成灾，运河水道淤塞，汴河基本上失去运力。战争缓和时期，宋金双方对边贸的控制都很严格，而且南方以景德镇、龙泉、吉州为代表的浙江、安徽、江西、湖南、四川等地的瓷业又十分发达，磁州窑系兴盛于金国，又如何能进入扬州呢？当时扬州地处两国交战前沿，金国长期处于强势地位，建炎三年（1129年），金兵轻骑奔袭扬州，绍兴三十一年（1161年），金海陵王完颜亮亲率大军渡淮侵宋，也曾占领扬州，很大可能，金代磁州窑系产品在第二次占领时进入扬州。“礼”字碗、“酒”字碗的出土地点是扬州城北保障河，即为原宋夹城北门的护城河，其水路与运河相通，是军队调度、物资运输、战场争夺的交通要道（图8）。此外，在宋大城遗址内，文化宫遗址也发现了一些其他品种的磁州窑系标本，如剔花印花枕，绞胎瓷、红绿彩瓷器等（图9、图10）。

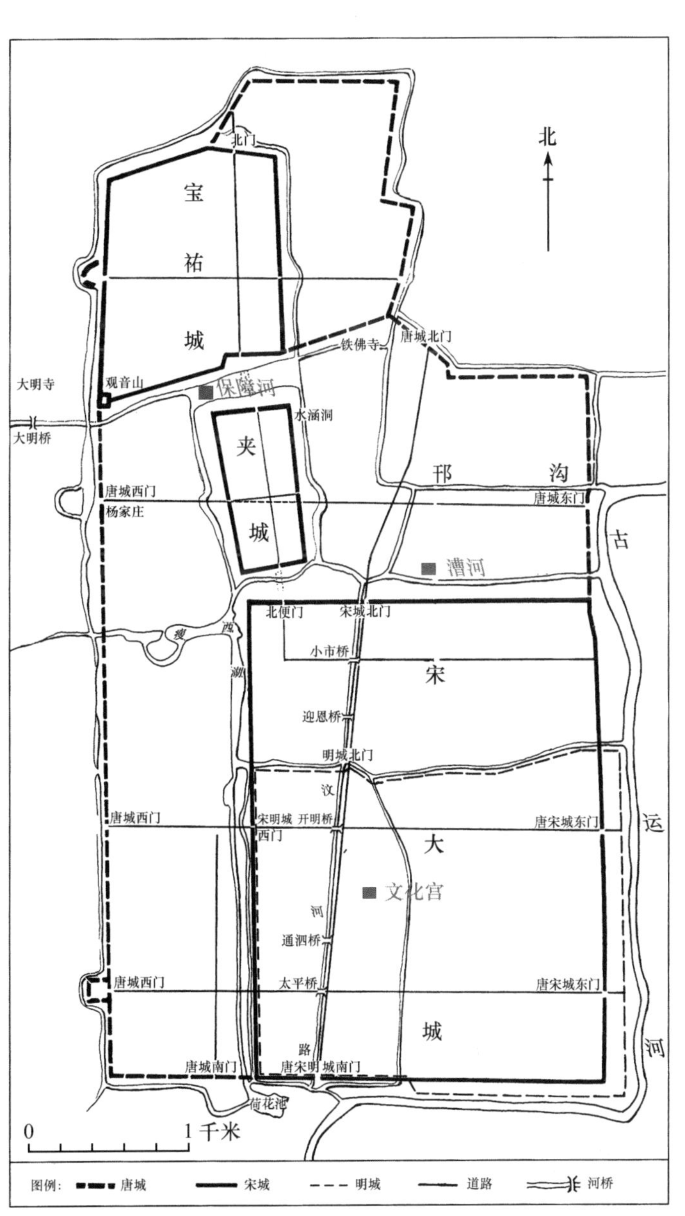

图8　扬州宋城磁州窑系白地黑花器主要出土地点图

但是，扬州出土的金代磁州窑系产品还是较少的，比如北方常见的枕、瓶类大件典型器物尚未有发现，在数量和种类上与元代产品相比都有不及。据宋大城西门遗址出土的陶瓷标本统计（表1～表3）[4]，磁州窑系产品在扬州出现于南宋时期，在元代大量涌入，并超过吉州窑，跃居第三，仅次于景德镇窑、龙泉窑。这样的变化应该是得益于元朝的统一，重新贯通了南北运河的枢纽。1281年至1293年之间，元朝统治者“弃弓走弦”，开通了临清至淮安的运河，放弃了隋唐大运河以洛阳为中心的大部分河道。特别是汴河的荒废，对河南豫西一带窑场的打击可能是致命的，而磁州一带窑场因为靠近临清，反而愈发地兴盛起来，且一直持续到明清时期。磁州窑产品的南下，对吉州窑产品的销售构成了威胁。吉州窑产品的装饰手法与磁州窑非常相近，所以我们也会将之纳入磁州窑系的范畴，当然，也正是因为产品风格相近，在市场上就会形成竞争，从统计数据来看，元代吉州窑在扬州市场逐渐落入了下风，到明代，白地黑花以及白釉褐彩这一类品种瓷器的市场基本被磁州窑占领。

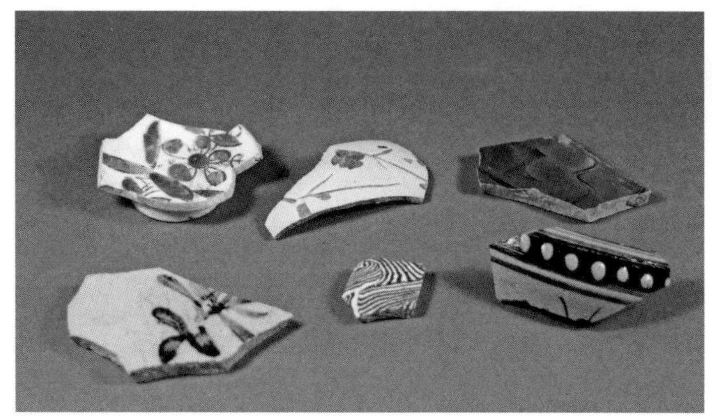

图9　扬州文化宫出土宋金元标本

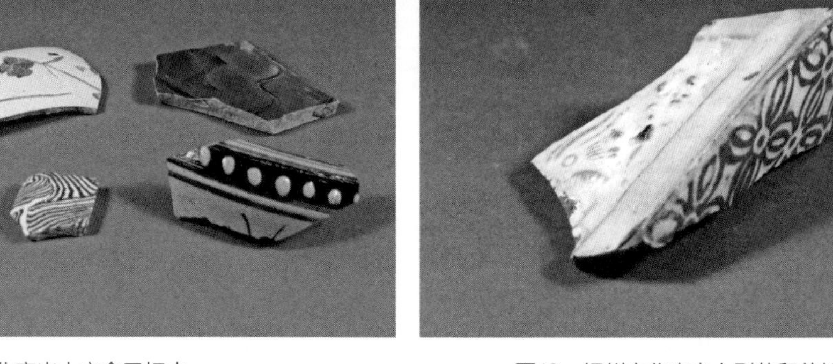

图10　扬州文化宫出土剔花印花枕残片

表1　宋大城西门遗址北宋地层（5A、5B、5C）出土瓷片统计表

窑系	器型											合计	釉色						胎色			花纹技法		
	碗	钵	罐	壶	盘	盏	盒	盖	杯	枕	腹片		青白	青	青黄	白	灰白	黑	白	灰白	灰	刻划	划	模印
景德镇窑	1096		6	5	2	4	2	2	2	1	320	1440	685		755				1440			6	2	
越窑	38			2		2	5				10	57		57							57			
吉州窑	46			4		2					18	70					70			70				
临汝窑	6					2					3	11		11						11				
耀州窑	1										1	2		2						2				1
定窑	14										2	16				16			16				2	3
其他窑口	33	1	1				1				366	402			402					402				
合计	1234	1	7	11	2	10	8	2	2	1	720	1998	685	70	1157	16	70		1456	485	57	6	4	4

表2　宋大城西门遗址南宋地层（4A、4B、4C）出土瓷片统计表

窑系	器型												合计	釉色					胎色			花纹技法		
	碗	钵	罐	壶	盘	盂	盒	盏	盆	枕	腹片	其他		青白	青	白	黑	酱	白	灰白	黄白	刻划	模印	绘画
景德镇窑	1017		6	2	7	1	7		1		204	1245	1245						1245			11		
吉州窑		1	7	1		1		105		5	18		138			6	105	9		138				6
龙泉窑	18										4		22	22					22					
临汝窑	10										1		11	11					11			2		
磁州窑					1								1			1					1			
其他窑口												139	139	17	43	41	19	19	48	43	48	21		6
合计	1045	1	13	3	8	2	7	105	1	5	227	139	1556	1252	76	48	124	28	1293	214	49	37	2	12

表3　宋大城西门遗址元代地层（3层）出土瓷片统计表

窑系	器型															合计
	碗	钵	盘	盆	罐	壶	瓶	碟	洗	盂	盒	盏	炉	杯	腹片	
景德镇窑	3230		17		22	8				2	4	3	7	2	163	3458
龙泉窑	801		14	2			1	5	15	3		1	6		51	899
磁州窑	622	19	11	22											29	703
吉州窑	78				4	1						2			5	90
钧窑	27														41	68
临汝窑	6														1	7
合计	4764	19	42	24	26	9	1	5	15	5	4	6	13	2	290	5225

窑系	釉色						胎色				花纹技法						
	青白	枢府釉	米黄	青灰	白	青	青黄	天青	黑	白	黄白	灰白	灰	刻划	划	印	彩绘
景德镇窑	1059	1014	132	253						3458				104	35	69	
龙泉窑						616	183					899		113	89	18	
磁州窑					659				44		703						154
吉州窑			36						54			90					
钧窑								68					27				
临汝窑						7						7				4	
合计	1059	1014	168	253	659	623	183	68	98	3458	703	996	27	217	124	91	154

扬州之地，乱则为战场，治则为市场。我们透过古陶瓷贸易的兴衰更迭，从一个没有硝烟的市场窥见一个硝烟弥漫的时代，是一种客观的探究过去，了解历史的途径。扬州出土宋元时期磁州窑系白地黑花器，所折射出的不仅是磁州窑系产品的影响力，还有当时陶瓷生产贸易格局的变化，以及整个时代政治、经济、文化的转变。

注：本文得到了霍华老师的指导，在此表示衷心的感谢！

注释

[1]　李文明、钱锋：《扬州出土的磁州窑龙凤纹瓷罐》，《文物》1984年第6期。

[2]　焦作市文物工作队：《河南省焦作市牛庄瓷窑遗址二号灰坑》，《北方文物》1995年第2期。

[3]　北京大学考古学系、河北省文物研究所、邯郸地区文物保管：《观台磁州窑遗址》，文物出版社，1997年。

[4]　中国社科院考古所等编著：《扬州城：1987～1998年考古发掘报告》，文物出版社，2010年。

古瓷研究中的维度问题刍论
——以宋元瓷器为例

霍　华　胡颖芳
（南京博物院）

摘要：维度指数学中独立参数的数目。古瓷研究中，可以把古瓷看作由各种参数组成的一个多维体系，由此笔者将维度概念引入古瓷研究。在古瓷研究中，从彩釉的颜色出发，笔者把古瓷分成16个维度，它们分别是生产时代、窑、品种、装饰手法、纹饰、铭款、器类、样式、制坯工艺、烧制工艺、胎、釉、彩、色彩、用途和窑系。它们的特点是，它们不在一个平面上，即层次面不统一，相互之间有联系和交叉，又都有各自的范畴。

关键词：古陶瓷研究　维度　宋元瓷器

在笔者30余年的古瓷学习过程中，经常被各种概念所困扰。近二十年来，在不断地思索中渐渐感悟到古瓷是一个完整的立体体系，在研究它时，从不同的角度出发，有不同的看法，从彩釉的颜色出发观察古陶瓷，可以将它分为若干个层次，每个层次都有自己的范畴。在这同时，由于受到多维度概念的影响，于是有了“古瓷维度”的想法，认识到古瓷研究中，可以把古瓷看作由各种参数组成的一个多维体系，由此笔者将维度概念引入古瓷研究。古瓷的维度研究是古瓷研究中的基本问题，厘清古瓷的维度对更深入地研究古瓷有重要的理论意义。当今的电子时代，为我们从个各方面研究古瓷提供了研究手段，把维度概念引进古瓷研究，以期能对我们认清古瓷体系有所帮助。本文将笔者在此方面的思考成文，就教于诸位方家，请斧正。

一、古瓷的16维度

按照360百科的解释：“维度又称维数，是数学中独立参数的数目”，又可以解释为“在一定前提下描述一个数学对象所需的参数个数，完整表述应为‘对象X基于前提A是n维’”。我们可以把古瓷体系看作一个数学对象，将它的诸方面看作独立的参数，那么可以这样解释古瓷的维度：古瓷（对象X）基于古瓷的概念（前提A）至少是16（n）维（图1）。也就是说，古瓷可以至少从图1所示的16个维度或16个方面作分别研究。它们分别是生产时代、窑、品种、装饰手法、纹饰、铭款、造型、样式、制坯工艺、烧制工艺、胎、釉、彩、色彩、用途

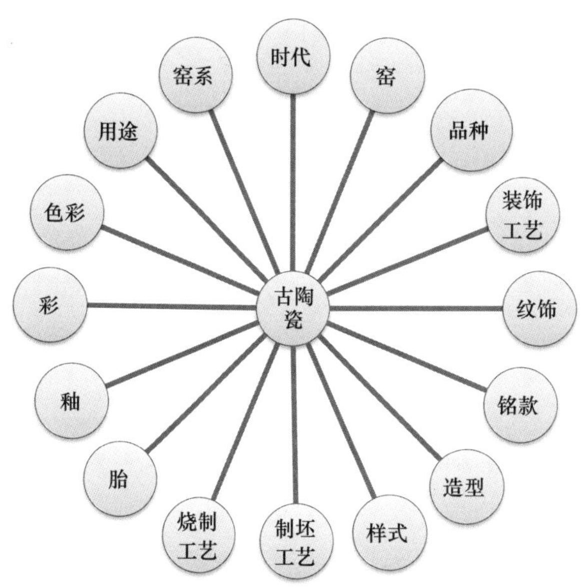

图1　古瓷体系16维度示意图

和窑系。对每个维度的解释如下：

1．生产时代

《周礼·考工记》是我国最早的一部官方工艺著作，一般认为其成书于春秋时期，其中有“旊人做簋、豆”等原始瓷礼器的记载[1]，它们是最早的瓷器[2]。根据考古资料，夏代晚期的二里头遗址宫殿区贵族墓藏中出土了青瓷残片[3]，据此，瓷器的生产时代始于夏代的二里头文化晚期，结束时代与中国古代社会一致，为清代宣统朝。

2．窑

窑有4意：①生产陶瓷之场所，如河津市的北午芹窑、古垛窑、固镇窑和老窑头窑；②某一地域内烧瓷工厂的统称，如河津地区窑场可以统称为河津窑；③烧瓷之设备，如从燃料分有柴窑、煤窑等，从形式分有馒头窑、龙窑等；④陶瓷业中的概念，如陶窑、瓷窑。在①②点中，窑与窑口一词同义，但是一般不说“窑口”而说“窑”，这样顺口。

3．品种

笔者暂未查到古瓷品种概念的定义。品种是学习古陶瓷的关键，弄清了品种，就提纲挈领地弄清了古陶瓷的其他15个维度。从古瓷的彩釉装饰出发，笔者将古陶瓷发展史总结为26个字：东汉成熟，唐代发展，宋代繁荣，元代转折，明瓷本位，清康雍乾巅峰。此26个字围绕着对品种的观察而成，也就是说，从某方面看，一部古瓷史实际上就是瓷器品种发展史，古瓷的制作、装饰、烧成、销售和使用都以此为核心。下面具体阐述26字古瓷发展史。

东汉成熟。以石灰釉的普遍使用为标志，此期的釉质相对匀净，呈现出跟秦以前之瓷器完全不同的面貌。就品种的数量而言，此期之前仅有青釉、黑釉两个品种。

图2　唐代寿州窑黑釉漏花双蝶纹枕两侧纹样特写
（熊振东先生提供图片，枕参见《中国陶瓷全集·5》第182号）

隋唐发展。此期白釉出现完整器，标志着白釉瓷的烧制技术成熟。此期其他品种的增加标志着瓷业的发展，如黄釉、青花、青釉褐（绿）彩、珍珠地划花、花釉、绞胎、漏花等。漏花纹样见藏于江西省高安市博物馆的唐黑釉漏花剪纸双蝶纹枕两侧纹样特写（图2）。它的装饰制作过程是把纹样贴在胎上，然后罩黑釉，再把纹样揭去，入窑一次性烧成[4]。据近十余年的考古资料，宋八大窑系中的许多中心窑场都始于晚唐、五代，唐代瓷业的发展，为宋代瓷业铺垫了通向繁荣的康庄大道。

宋代繁荣。虽然在有宋一代，青花和青釉褐（绿）彩等品种由于市场的原因消失，但更多地装饰手法被普遍运用，因而出现了更多的瓷器新品种，如绿釉、青白釉、龙泉青釉、兔毫釉和油滴釉，白釉、酱釉的刻花、印花、剔花，跳刀，黄棕、黑黄棕等色的绞化妆土装饰，白地、剔地露胎黑花等。重要的是不少始于唐代五代的品种，如定州白釉、龙泉青釉、耀州青釉、汝州青釉、南宋官窑青釉、景德镇青白釉、建窑黑釉、白地黑花，在此期发扬光大，形成以特色品种为中心的所谓八个窑系和五大名窑[5]。

元代转折。元代，以崇尚青瓷向彩瓷繁荣转变，出现了更多在当时看来色彩新颖的新品种，例如，元青花的发扬光大，釉里红的烧成，红釉、蓝釉的出现等等，恕不赘述。

明瓷本位。明早期在景德镇建立了御窑厂，从此在中央集权的体制下瓷器步入瓷本位。瓷器从先秦模仿青铜器、两汉模仿漆器、唐宋元模仿金银器到自创以瓷器彩釉为中心的瓷器品种，新品种层出不穷，烧制出青、红、黄、绿、蓝、紫、白、青白、黑等色彩的单色釉和单色彩瓷，还有各色相参的彩瓷，例如，青花五彩、斗彩、素三彩等。明代开始，瓷器在上至宫廷祭祀、赏赐、外交和日用，下及百姓人家生活殡葬，外涉异域远邦贸易等方面皆为大宗用品。

清康雍乾鼎盛。清康雍乾时期以官窑瓷为代表的中国瓷业是康雍乾盛世的载体，最为代表的是转旋器和特种工艺瓷。转旋器是古代工艺品中“奇技淫巧”制作之高峰，特种工艺瓷则“戗金、镂银、琢石、髹漆、螺钿、竹木、匏蠡诸作，无不以陶为之，仿效而肖……今皆聚于陶之一工”[6]。例如，藏于北京故宫博物院的瓷海螺的形象直逼真海螺（图3）。烧成这些新品种的技术背景是窑工们对陶瓷材料得心应手地掌握。

笔者从装饰色彩方面观察、区分古瓷的品种，因为这样可以使品种分类的标准具有唯一性，且对所有想利用古瓷作为研究材料的研究者和古瓷爱好者来说，这样比较简单。故在此将古瓷品种的定义暂且描述为：古瓷的品种指以彩釉颜色为标志的最小单位的装饰手法集合，它必须曾经被完整地装饰在一件瓷器上。

这里把品种定义分为“以彩釉颜色为标志”、“最小单位”、“装饰手法集合”和“必须曾经被完整地装饰在一件瓷器上”四部分分别解释如下。

（1）以彩釉颜色为标志

“以彩釉的颜色和质感的统一性为标志”，也就是说，将彩或釉的颜色和质感的统一性作为确定品种的标准。

首先谈彩瓷，以素三彩为例。素三彩一般指“以黄、绿、紫三色釉为主的瓷器品种”[7]。此处的“三”并不一定指三种色彩，而是泛指，从彩的颜色出发，我们可以这样认为，彩瓷中没有红彩的品种是素三彩。

其次说单色釉瓷。先以白釉为例。河津窑的精品白瓷罩透明釉，透出细白胎体而为白瓷。再看青瓷。总观元以前的青釉瓷，可以由四个大品类而统之，这四种品类分别是越州青瓷、龙泉青瓷、耀州青瓷和汝州青瓷。这里有四个问题必须弄清楚。第一，此处的越州、龙泉州、耀州和汝州不是仅仅指古代“州”的地域，而是分别为4种青釉瓷的统称，如北宋龙泉窑青釉的釉色应归类于越州青瓷的釉色，参见龙泉市博物馆的北宋晚期龙泉窑青釉刻花花卉纹五管瓶（图4）。第二，可以将元代以前的所有青釉瓷都归入越州青瓷、龙泉青瓷、耀州青

图3 清乾隆官窑瓷海螺
（采自《故宫珍藏康雍乾瓷器图录》第86号）

图4　北宋晚期龙泉窑青釉刻花花卉纹五管瓶
（采自《中国陶瓷全集·7》第84号）

瓷和汝州青瓷这四大类青釉中。例如，瓯窑、婺州窑、湘阴窑、洪州窑、淄博窑的青釉瓷，从釉色上看都可以笼统地归在越州青瓷的范畴内。第三，钧窑的青釉瓷按照釉色属于汝州青瓷。我们可以这样理解，如果不看钧窑的窑变釉，仅仅观察它青瓷的釉色，与汝窑是很难区分的，真所谓“钧汝不分”。第四，釉色是宽泛的范畴，宜于宽泛的理解。诚然，确实可以将元以前青釉瓷的釉色再分得细一些，将瓯窑、湘阴窑和长沙窑等窑口的青釉的釉色分出来另立一类，婺州窑、洪州窑的也可以另立，但如此会越分越细，陷入烦琐哲学之中，不利于研究。故而，将元以前的青瓷笼统地归纳到越州青瓷、龙泉青瓷、耀州青瓷和汝州青瓷这四类青釉中，便于我们在大的范畴内更清楚地认识和讨论古瓷。这里的青瓷，特别是越州青瓷和龙泉青瓷还可以细分为青釉、青褐釉、青黄釉、青翠釉等，但总体上分别归在越州青瓷和龙泉青瓷的范畴内。

三看工艺瓷。工艺瓷分一般工艺瓷和特种工艺瓷。一般工艺瓷指借鉴别的工艺品的装饰工艺，在瓷胎上施艺而制造的瓷器品种。例如，现藏于北京故宫博物院的金珍珠地划花花卉纹枕[8]，其上的珍珠地划花即借鉴金器的錾花工艺而成（图5）。特种工艺瓷是模仿自然或人工自然物的瓷器品种[9]，它们的品种是以被模仿物的色泽和形态来区分的，例如，仿木釉和仿雕漆釉则分别模仿木头和雕漆的色泽效果。

总之，这里是以色彩和质感的统一性区分品种。然而品种好分，窑口难辨。近二十余年来，随着全国大规模基本建设的展开，有越来越多的遗址和窑址被发现，出现许多我们以前不曾认识的窑口。对于遗址发掘者来说，认清品种，提供资料，让窑址发掘专家们来归纳辨认哪些瓷器是本地窑口生产的，这就是遗址发掘对古陶瓷研究的贡献。古窑址发掘是古陶瓷考古中的重要组成部分，是一个很专业的分支。我们大家一起来建立品种和窑址的微量元素大数据库，此大数据库基本建立之日就是古陶瓷自立于科学之林之时。

（2）最小单位

大多数古瓷是一件一个品种，但也有的是两个或多个品种共处于一器。例如，现藏于陕西省考古研究所侯马工作站的金河津窑三彩童子戏莲纹枕（图6），枕面是三彩（品种），侧面是绿釉印花（品种），它们都是不能再拆分的两个品种，所以是最小单位。

图5　金珍珠地划花花卉纹枕
（采自《故宫博物院藏文物珍品大系·两宋瓷器》第182号）

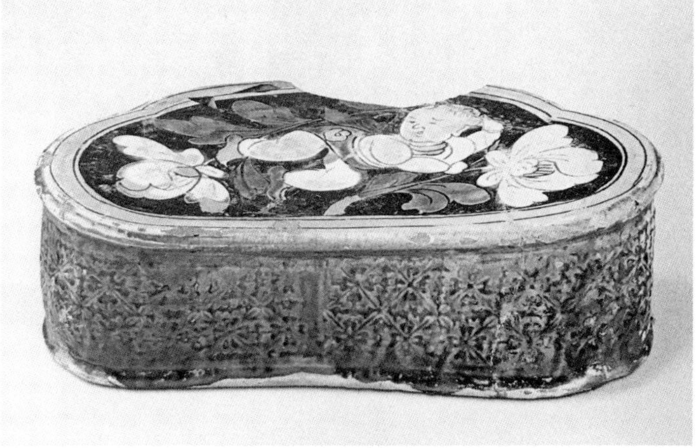
图6　河津窑素三彩童子戏莲纹枕
（采自《中国出土陶瓷全集·山西卷》第88号）

（3）装饰手法集合

装饰手法有胎装饰、釉装饰、彩装饰和化妆土装饰四种，它们被综合运用在古瓷装饰中。胎装饰中又分为刻花、划花、堆花等，釉装饰有青釉、红釉、蓝釉等，彩装饰有青花和釉里红（釉下彩）、粉彩和五彩（釉上彩）、青花矾红金彩（釉下釉上结合彩）等，化妆土装饰有白地（绘）黑花、白地（剔）黑花等。古瓷中仅用一种装饰手法的品种很少，大多数情况是二种装饰手法共用于一个品种，如金河津窑三彩童子戏莲纹枕的枕面素三彩品种，它集胎装饰、釉装饰和彩装饰于一体，也就是说它是胎装饰、釉装饰和彩装饰手法的集合。

（4）必须曾经被完整地装饰在一件瓷器上

我们先来看南京博物院收藏的清嘉庆景德镇官窑金釉法轮[10]，其上有四种釉：金釉、仿绿松石釉、仿蓝宝石釉和仿红宝石釉（图7）。其中，金釉和仿绿松石釉是釉的2个品种，仿蓝宝石釉和仿红宝石釉不是釉的品种，因为后二者从来都没有被完整地装饰在一件瓷器上，也就是说没有一件仿蓝宝石釉或者仿红宝石釉的完整器物，而金釉和仿绿松石釉都曾经被完整地装饰在一件瓷器上，仿绿松石釉器见南京博物院收藏的清乾隆景德镇官窑仿绿松石釉翎管（图8）。

笔者研究了古瓷中的600余个品种，都可以用“以彩釉的颜色和质感的统一性为标志”、“最小单位”、“装饰手法集合”和“必须曾经被完整地装饰在一件瓷器上”这四方面的综合标准来确定，具体将另有专文阐述。

4. 装饰工艺

装饰工艺有胎装饰、釉装饰、彩装饰和化妆土装饰四种工艺。胎装饰工艺一般简称胎装饰，指直接在胎上施技的装饰手法，如印花、刻花、贴花、堆塑和镂空等；釉装饰工艺一般简称釉装

图7 清嘉庆景德镇官窑金釉法轮
（采自《清代官窑瓷器》第379页）

图8 清乾隆景德镇官窑仿绿松石釉翎管
（采自《中国清代官窑瓷器》第267页）

饰，指釉的烧制温度（高温釉、中温釉、低温釉）和施釉方法，如吹釉、浇釉、蘸釉等；彩装饰工艺一般简称彩装饰，指彩的制作方法，如釉上彩、釉下彩和釉上釉下结合彩；化妆土装饰工艺一般简称化妆土装饰，指用化妆土作装饰的方法，如磁州窑系的白釉瓷在上透明釉之前要在胎上施一层化妆土，藏于日本白鹤美术馆的北宋白地黑花剔花花卉纹梅瓶（图9）和藏于长治市博物馆的金元绞化妆土玉壶春瓶（图10）即是此类。

5. 纹饰

中国工艺品上的纹饰都可以具体分为颜料（用什么彩料画）、题材（画什么）、构图（怎样安排画面）、形象（画出什么样的形象）、笔法（怎样用笔）和寓意（纹样的意思）六个方面，纹饰风格是它们的总和。前五个方面是纹样的自然元素，寓意是纹样的人文元素。颜料指用什么彩料画瓷，如用钴料绘青花，用铜红料绘釉里红；构图指怎样安排所画的内容，如多层次构图和适合纹样；题材指画什么，可以笼统地分为植物、动物、人物、景物、静物和文字六大类。“画必有意、意必吉祥，寓意、谐音”12字诀是理解古瓷纹饰题材的关键；形象，指画出的样子，如明嘉靖的孩子穿长袍大褂，晚明婴戏纹中的孩童后脑勺大，手舞足蹈等；笔法，即用笔方法，如一笔点画，双钩线渲染等。

6. 造型

造型指器物的形状，考古中多称其为器类。唐宋时期和清雍正乾隆唐英督陶时期是中国古瓷造型发展的两个高潮期。

7. 样式

古瓷的样式指品种、纹饰和造型相结合的个体。例如，金河津窑三彩童子戏莲纹枕和藏于西汉南越王墓博物馆的金河津窑三彩莲纹枕（图11）是一个品种，两种样式。

图9 北宋磁州窑白地黑花剔花龙纹瓶
（采自日本朝日新闻社、东武美术馆、大阪市立东洋陶瓷美术馆等主办《宋瓷》展览图录90号）

图10 金元绞化妆土玉壶春瓶
（采自《中国出土陶瓷全集·山西卷》第153号）

图11 金河津窑三彩釉剔地刻婴孩纹三瓣花形枕
（采自《中国陶瓷全集·9》第224号）

8．款识

从内容和位置上看，款识包括款和铭文，故又有铭款一词。一般在器物表面出现的文字为铭，出现在器物底部的文字和花押为款。款识由五方面综合而成：写的方法，分为绘或者刻；所用颜料，如青花、红彩等；所用书体，如楷书、隶书等；表现形式，如印章式、六字一行、六字二行、双圈和方框等；书写内容，如帝王年号款、干支年号款、堂名款、人名款、用途款、吉语款、赞颂款和委托款等。

9．制坯工艺

制坯工艺包括瓷器从采石到入窑前的一系列工具和工序的研究。

10．烧制工艺

烧制工艺指瓷器从入窑到烧成的有关环节的研究，包括有关工具，工序和温度的研究，例如，大到窑和炉，小到匣钵，窑炉中的还原气氛、氧化气氛等方面。

11．胎

胎指构成瓷器器类的骨架。

12．釉

釉指施于陶瓷表面的一层极薄的经一定温度烧成的富有光泽的玻璃质层。

13．彩

彩指在瓷坯上或釉上描绘的经一定温度烧成的纹样。

14．色彩

色彩按照青、红、赭、黄、绿、蓝、紫、酱、白、青白、黑色11大类分别排列。这种排列的顺序综合参考牛顿色谱研究[11]和中国色彩惯例[12]而成。

15．用途

用途即瓷器的使用途径。

16．窑系

（1）窑系的概念

窑系是古瓷史中的一个概念，就像一个钻石，从不同的角度可以看到不同的光芒一样，从不同的角度观察窑系，对窑系则有不同的理解。笔者从古瓷品种出发，从两个方面说明笔者对窑系概念的理解。

1）窑系是一个空间和时间的概念。

2）同一窑系的窑口有两个必备要素：原料相同，特色品种相同。当前古陶瓷界有观点认为，中国古代有八大窑系，顺此思路，笔者认为（排序青釉优先，先釉后彩，先纯后杂，先早后晚，先南后北，先深后淡）：越窑系的特色品种为越州青（釉）瓷；龙泉窑系的特色品种为龙泉青（釉）瓷；耀州窑系的特色品种为耀州青（釉）瓷；定窑系的特色品种为白（釉）瓷；景德镇窑系的特色品种为青白（釉）瓷；建窑系的特色品种为黑（釉）瓷；钧窑系的特色品种为窑变釉瓷，磁州窑系的特色品种为白地黑花瓷。这八大窑系的原料都是瓷器，各窑口中生产的陶器不属于其中，例如黑釉陶不属于建窑系范畴。

3）每个窑系都有始烧时间、高潮期、断烧时间、中心窑场、特色品种和名品六个要素。以越窑系为例说明，越窑系青釉瓷始烧于夏代晚期[13]，有六朝和唐两个高潮期，亦有两个中心窑场，六朝时期在浙江上虞，唐在浙江慈溪上林湖，断烧于南宋中期[14]，特色品种是越州青（釉）瓷，名品是秘色瓷。根据近年的考古资料，生产越州青瓷的窑址遍布于浙江、江苏、安徽、江西、湖南和福建等省。

（2）讨论

1）窑口和窑系概念产生历程的回顾

窑（口）概念最早由唐人陆羽在《茶经》[15]中为了说明茶具而提出，后来又有五大名窑一说[16]。从某一方面可以这样认为：从《茶经》到20世纪50年代以前的一千多年中的陶瓷文献中仅提到窑口，没有窑系一说。冯先铭先生经过大量的窑址调查后，于20世纪60年代提出了窑系的概念，先是提出越窑系、定窑系、耀州窑系、钧窑系和磁州窑系五大窑系[17]，在1980年又明确提出“宋代瓷窑形成了八个体系”，这里增加了景德镇窑系、龙泉窑系和建窑系[18]。冯先生还明确指出，窑系是由于“著名瓷窑成功品种被广泛的仿制”而形成的，笔者以为，此处的“成功品种”即形成窑系的特色品种。以特色品种为核心的窑系概念的提出是对古陶瓷研究的重大贡献，是科学方法论在古瓷研究中的成功实践，它使古陶瓷研究步入有序的轨道。八大窑系的提出，从（成功）品种方面准确地将中国古瓷有序化，是古瓷研究方法论，当今的古瓷研究，特别是元代以前的古瓷研究必提窑（口）或窑系。但是，随着出土窑址资料的增多，近十余年来笔者感觉到，窑口的辨别工作十分专业，因此也越来越难，除了做此窑口的专门研究人员，其他人有时很难正确辨别，而以特色品种维系的窑系概念由于特色品种的易辨认性，在研究中使用起来非常方便，这就是为何尽管对“窑系”这一提法在陶瓷考古界有不同的观点，而其仍然为广大研究者所津津乐道的原因之所在。

图12　唐宣州窑青釉褐彩斑纹水盂
（李广宁先生提供）

2）特色品种既没有地域概念又有地域概念

从特色品种角度出发的窑系概念中既没有地域概念又有地域概念。说它没有地域概念，意思是越州青瓷、龙泉青瓷、耀州青瓷、白釉瓷、青白釉瓷、黑釉瓷、窑变釉瓷和白地黑花瓷都是一大类品种的名称，没有地域概念，只要有这个特色品种，就可以说此窑口生产某窑系的这一特色品种；说它有地域概念，是说一个品种只要有二个不同的省有生产，就可以成为特殊品种，围绕此特殊品种就可以组成窑系。例如，青釉褐彩是长沙窑的特色品种，随着新资料的发现，了解到四川邛崃窑和安徽宣州窑都生产此品种，例如，图12宣州窑青釉褐彩斑纹水盂[19]，那么可否以青釉褐（绿）彩为特色品种而有一个长沙窑系呢？同理，是否可以以珍珠地划花为特色品种而有某某窑系呢？当然，新窑系的提出是个严肃的问题，笔者以为要经过讨论，不可轻易而为之。

3）窑系概念既实又虚

此处的窑系是一个既实又虚的概念，例如，“实”是指越州青瓷等特色品种是实际存在的，“虚”是指此窑系不是指具体的某个生产地点，即某个窑场，而仅仅指某窑场生产的某个品种。

4）窑和窑系的关系

窑和窑系的关系是，某窑生产的品种可以是某窑系的特色品种，但是不能说某窑属于某窑系。也就是说，景德镇窑唐代晚期生产的青釉瓷是越州青瓷，但是，景德镇窑不属于越窑系。再以吉州窑为例，它生产的黑釉瓷属于以黑釉瓷为特色品种的建窑系，它生产的米黄地褐花瓷属于以白地黑花为特色品种的磁州窑系，而吉州窑不属于任何窑系。所以，窑和窑系的主要和重要的区别是，（瓷）窑可以生产许多不同的品种，而形成窑系的标志之一是比窑系是否有唯一的特色品种。

二、古瓷16维度之间的关系

古瓷的16维度都是古瓷研究中的独立参数，从此方面说它们处于同一层次；维度之间有包容、交叉的关系，从这个角度说它们又不处于同一层次。

1. 16维度之间相互关联、相互包容

16维度中，有的因素之间相互关联，相互包容。例如，从某一方面说，釉下彩在16维度中属于装饰工艺，高温在16维度中属于烧制工艺，窑在16维度中属于上文中提到的烧制设备，这3个元素属于同一范畴，即釉下彩瓷是一次烧成的高温瓷，用窑烧制；同理，釉下彩、低温和炉这3个因素是一个范畴，即釉上彩瓷是二次烧成的低温瓷，纹样用烤花炉烘烤而成。

2. 16维度分别属于不同的瓷器概念，相对独立

16维度又分别属于不同的瓷器概念，如上述釉下彩、高温、窑和釉上彩、低温、炉是6个不同的概念。

3. 16维度所对应的古瓷16面

16维度中，生产时代、窑、品种、装饰手法、纹饰、铭款和造型这7个维度是器物命名公式中的7个方面，样式是单独的层次，制坯工艺和烧制工艺的研究对象是从原料到成品的技术过程，胎、釉、彩和色彩阐述古瓷成品本身的特点，用途着眼于其社会价值，窑系帮助研究者相对有序地概括地认识古瓷体系。

三、小　　结

综上所述有如下小结。

第一，古瓷是一个16维度的多维体系，这16维度是生产时代、窑、品种、装饰手法、纹饰、铭款、造型、样式、制坯工艺、烧制工艺、胎、釉、彩、色彩、用途和窑系。

第二，16维度反映了古瓷研究的16个方面，品种是古瓷研究的核心，16维度之间既相互独立，又相互关联、相互包容。

在本文的最后，对所有曾经在此研究方面帮助过笔者的老师和同仁致以谢忱！

注释

[1] 闻人军注释：《考工记注释》，上海古籍出版社，1993年，第73页。

[2] 目前古陶瓷学术界对瓷器起源的看法有青瓷和原始青瓷二说，笔者赞同瓷器说，认为应该将青瓷的起源定于二里头文化晚期，即夏代。

[3] 张柏主编：《中国出土瓷器全集·12河南卷》，科学出版社，2008年，第1页。

[4] 漏花纹样的形式多为剪纸贴花，题材有鹿、双蝶和草叶等。此唐代剪纸贴花与宋吉州窑剪纸贴花有如下不同点：其一，窑口和时代不同。唐剪纸贴花瓷是唐寿州窑的特色品种，宋剪纸贴花瓷是宋吉州窑的特色品种。其二，制作工艺不同。唐寿州窑剪纸贴花是将纹样贴在胎上，上釉后将纹样揭去，在纹样处露出胎入窑烧制。宋吉州窑的工艺是将剪纸贴花贴在黑釉或者兔毫釉上，再上面釉，然后揭去剪纸贴花上的面釉，露出纹样入窑烧制。故而，两者因工艺不同而分别为不同的品种。唐寿州窑剪纸贴花品种的名称因露出胎而称漏花，宋吉州窑剪纸贴花因纹样的形式是剪纸贴花，而直接将其品种的名称定为剪纸贴花。

[5] 虽然有学者认为五大名窑的提出在晚明时期，但此处权且借用此名词表述宋代瓷业的繁荣景象。

[6] （清）朱琰：《陶说》卷一，《中国古陶瓷文献校注·上卷》，岳麓书社，2015年，第220页。

[7] 汪庆正主编：《简明陶瓷词典》，上海辞书出版社，1989年，第161页。

[8] 有意思的是，宋人冥冥中留了“一块地”给清乾隆帝唱和。北京故宫博物院藏的图5金珍珠地划花花卉纹枕的下部分原来是纯白釉，清乾隆帝令人在其上刻了一首本人的御题七言诗。

[9] 《中国古代特种工艺瓷谱系刍论》，《南京博物院集刊》第十三集，文物出版社，2012年，第172～179页。

[10] 笔者在河津窑中没有找到合适的品种，故以清官窑器为例论之。

[11] 〔日〕城一夫著，亚健、徐漠译：《色彩史话》，浙江人民美术出版社，1990年，第118～121页。

[12] 笔者原来完全按照牛顿发现的色谱来排列彩釉的颜色，但禚振西先生给笔者指点道：这是中国古陶瓷，必须要考虑中国古陶瓷的历史和中国色彩的审美习惯，应该把青瓷列为第一。根据禚先生的指点，笔者在彩釉中将青瓷列为第一位的釉色，并将赭、酱色等中国古瓷中习称的彩釉颜色加入彩釉色彩中。

[13] 目前古陶瓷学术界对瓷器起源的看法有青瓷和原始青瓷二说，笔者赞同瓷器说，认为应该将青瓷的起源定于二里头文化晚期，即夏代。

[14] 沈岳明先生赐教。

[15] （唐）陆羽：《茶经》，《中国古代茶叶全书·卷中·四之器》，浙江摄影出版社，2001年，第6页。

[16] 五大名窑的提法出自《宣德鼎彝谱》卷一，《宣德鼎彝谱》，中国书店，2006年，第296页。此书现被定为明万历之作。

[17] 冯先铭：《中国古陶瓷论文集》，紫禁城出版社、两木出版社，1987年，第80、81页。

[18] 冯先铭：《中国古陶瓷论文集》，紫禁城出版社、两木出版社，1987年，第28页。

[19] 李广宁先生提供并赐教。

论衡州窑青瓷制瓷技术及其在湘江流域的传播

陈 锐

（湖南省博物馆）

摘要：衡州窑是分布在衡阳市及其南北郊县湘江两岸的众多青瓷窑口。衡州窑始烧于唐代晚期，盛烧于五代至北宋中期，终烧于北宋后期。本文通过研究湖南宋元窑址的发掘报告、简报和通讯，并结合窑址实地考察以及衡阳、长沙出土的衡州窑青瓷实物，对衡州窑口进行了系统的梳理和辨识，并归纳出衡州窑青瓷的胎釉特征、装饰技法、制作和装烧工艺特征。依据这些特征，分辨出湘南地区属于衡州窑类型的青瓷窑口以及衡州窑制瓷技术在湘江流域的两条传播路线。

关键词：衡州窑　青瓷　衡州窑类型　制瓷工艺　传播

20世纪70年代初以来，在湖南衡阳南北市郊、衡阳市北面的衡山县和衡阳市南边的衡南县境内的湘江两岸，先后发现了大量晚唐五代至北宋时期的青瓷窑业堆积。这些窑址出土的青瓷与长沙、衡阳等湖南传统重要城市同时期墓葬出土的青瓷器面貌相同，并与湖南制瓷名窑岳州窑和长沙窑在胎釉上存在明显区别和差异。笔者认为这些具有相同或相似特征的窑业堆积，虽不在一个集中区域，且各有名称，仍可统称为衡州窑。这一命名的主要依据是采用衡阳市南郊蒋家祠一带出土的青釉褐彩“衡州白竹窑中坊”题记莲纹钵（图1）上的名称。衡州，隋开皇中置，治所在衡阳。窑址有以古代烧窑时地望所在的州命名的传统。目前湖南陶瓷学界基本认可和普遍使用了衡州窑称谓。故用衡州窑命名衡阳境内湘江两岸星罗棋布的青瓷窑场。本文将归纳衡州窑青瓷特征和制瓷技术，从而探寻其窑业技术的传播路径。

图1　五代衡州窑青釉褐彩“衡州白竹窑中坊”莲纹钵

（衡阳博物馆藏）

一、衡州窑的分布和年代

衡州窑窑场的分布有个显著特征：沿着湘江分布，往往在湘江蜿蜒拐弯处建窑烧瓷，有的于江边，有的在江畔山丘间。这些散布在江两岸的青瓷窑场具有相同的制瓷技术和一致的产品风格。每一窑包又有着一定的自身特色和主烧产品，有的以生产碗碟为主，有的则主烧壶瓶类器物。下面梳理衡州窑的各个窑口及其考古发掘调查情况。在衡阳市北边的衡山县，窑址分布在贺家乡湘江村的瓦子堆、枫树河，永和村成家滩一带的湘江北岸，东起成家滩，西至枫树河，断断续续长约4千米，宽约0.5千米左右。因主产区在湘江村，故称湘江窑[1]。在衡阳市北郊，衡州窑口主要分布在新安乡泥基台、瓦子堆、窑堆，和茶山坳镇金甲岭的梁家河、浏阳河到罗汉寺一带沿江5千米的两岸，该窑区称为衡阳窑[2]。在衡阳市南郊，衡州窑口分布在衡阳市东阳渡镇高山村蒋家祠堂一带，故称蒋家窑[3]。1981年文物普查时发现在这一区域有龙窑20余座，窑业堆积最为丰富。在衡阳市南面的衡南县，衡州窑址位于车江公社，故称车江窑[4]。窑区主要分布在杨托大队的雷公州、横江大队的瓦钵蔸，新塘大队的埠窑口等处，范围约2000平方米。此地与衡阳南郊的蒋家祠堂相距仅8千米。故有学者将“蒋家窑”和“车江窑”统称为“东阳窑”[5]。2012年在衡南县向阳镇彭祠村彭家大屋发掘了两处窑业堆积，发掘面积约一千平方米，发现了龙窑，出土了衡州窑青瓷器[6]。该窑可称为彭家窑。衡南县云集镇窑址有衡州窑青瓷遗存。2012年湖南省文物考古研究所等单位经试掘发现云集窑有两类窑址遗存，第二类遗存叠压在第一类遗存之上[7]。第一类窑址遗存是衡州窑业堆积遗存，时代从五代到北宋中期。第二类窑址遗存是衡山窑业堆积遗存，时代从北宋中晚期到宋元之际。2015年笔者与故宫博物院陶瓷专家考察云集窑时亦发现两种截然不同的窑业堆积，采集了一些衡州窑标本（图2）。

图2　衡州窑青瓷器 云集窑址采集
（故宫博物院藏）

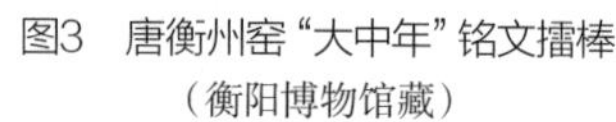

图3 唐衡州窑“大中年”铭文擂棒
（衡阳博物馆藏）

图4 唐衡州窑青釉十瓣花口碟
（湖南省博物馆藏）

根据窑址出土的纪年窑具以及长沙墓葬出土的衡州窑青瓷，可推断衡州窑青瓷始烧年代不晚于唐代晚期。衡州窑址出土了一件素面无釉擂棒（图3），实心圆柱状，擂面呈圆弧形，侧面刻有文字，为“大中年□六月初九日蒋子记者不得有人持去”。大中是唐宣宗李忱的年号，公元847—860年，共计14年。衡州窑址出土了不少擂棒，文字通常刻在侧面，内容一般为年月及所有者的姓。长沙地区出土了一些唐代衡州窑青瓷器，与窑址的年代相对应。1955年长沙丝茅冲M010出土的青釉花口碟（图4），十瓣花口，弧腹，饼足，釉色青黄，施釉不到底，为唐衡州窑青瓷。

从衡州窑青瓷的出土情况看，其烧瓷的鼎盛时期在五代。此时正是楚王马殷及其家族割据湖南的时期，衡州窑青瓷在这一时期得到长足发展[8]。衡州窑生产了大量青瓷精品，质量上乘，碗盘碟杯盏仿造金银器造型，器形优美。1958年长沙牛角塘M019出土的花口碟（图5），五莲瓣口，弧腹，圈足，釉色青黄，满釉。1958年长沙工兵学校M012出土的花口碟（图6），八瓣花口，弧腹，圈足，釉色青，底足无釉，碟内5个支钉痕。1953年长沙容园M028出土的衡州窑青釉花形盏（图7），十瓣花口，花瓣形弧腹，矮圈足，釉色黄，施釉不及底，盏内5个支烧痕。1964年长沙气象台M2出土的衡州窑青釉莲瓣纹盘口瓶（图8），盘口，细颈，丰肩，长筒腹，矮圈足，足墙外撇，通体满釉，仅足跟无釉，釉色黄。此外，笔者在拙文《湖南省博物馆藏衡州窑青瓷初探》一文中重点介绍了湖南省博物馆藏的八件长沙墓葬和衡州窑址出土的五代衡州窑青瓷精品，有壶、瓶、碗、碟、洗、盏托、高足杯和唾盂。五代是衡州窑烧造青瓷的黄金时期。

从衡州窑业堆积物和各地出土的衡州窑青瓷器来看，北宋早中期是衡州窑生产的繁荣期。在衡州窑青瓷考古发掘品中基本找不到南宋时期的器物，推测停烧在北宋晚期或两宋之际。衡州窑址出土了一些宋代纪年制瓷工具，有“至和贰年号记埦徐蒋大歌”擂棒、“乙酉岁叁月一日”擂棒、“太平三年”擂棒。至和为北宋仁宗赵祯的年号，至和二年即公元1055年。“乙酉岁”与“至和二年”出自同一层位，故“乙酉岁”当指仁宗庆历五年，即公元1045年。“太平三年”可能是天平兴国三年，为宋太宗赵光义的年号，太平兴国三年即公元978年。有些宋代衡州窑青瓷器上带有纪年铭文，可知其烧造的绝对年代，是断代的典型标准器。如湖南省博

图5 五代衡州窑青釉五瓣莲花口碟
（湖南省博物馆藏）

图6 五代衡州窑青釉八瓣花口碟
（湖南省博物馆藏）

图7 五代衡州窑青釉花形盏
（湖南省博物馆藏）

图8 五代衡州窑青釉莲瓣纹盘口瓶
（湖南省博物馆藏）

物馆藏有一件衡州窑“元丰六年”青瓷瓶（图9）。此瓶口颈部残，溜肩，深腹，圈足，釉色黄，足无釉，胎色深褐。元丰是宋神宗赵顼的一个年号，元丰六年即公元1083年。北宋衡州窑烧造了大量的执壶（图10）、碗（图11）、盏、杯（图12）、碾具（图13）、瓶（图14）、坛（图15）、罐（图16）等生活用瓷，以茶酒具最为突出。衡州窑青瓷的深入分期研究有待于窑址考古发掘、更多材料的出土及全面深入的研究。

图9　北宋元丰六年衡州窑青釉瓶
（湖南省博物馆藏）

图10　北宋衡州窑青瓷执壶
（湖南省博物馆藏）

图11　北宋衡州窑青瓷碗
（衡阳博物馆藏）

图12　北宋衡州窑青瓷杯
（衡阳博物馆藏）

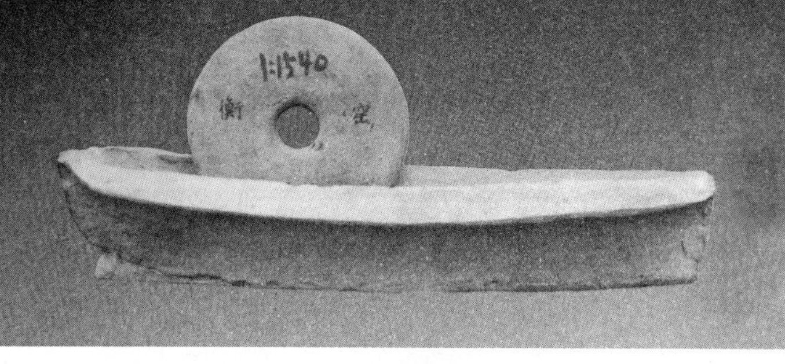

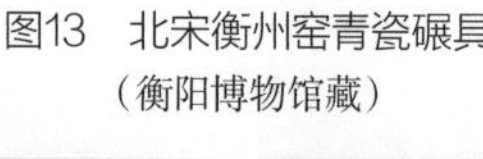

图13　北宋衡州窑青瓷碾具
（衡阳博物馆藏）

图14　北宋衡州窑青瓷瓶
（湖南省博物馆藏）

图15　北宋衡州窑青瓷坛
（衡阳博物馆藏）

图16　北宋衡州窑青瓷罐
（湖南省博物馆藏）

二、衡州窑青瓷的工艺特征

衡州窑主要器形有壶、瓶、罐、坛、钵、碗、盘、碟、盏、盏托、杯、唾盂、盒、碾具、灯具、行炉、砚台、水盂等。其中，每种器形又有多式，如：壶有短流壶、单流执壶、双流执壶、双鱼鋬矮腹壶、温壶、双系盘口壶等；坛罐有双沿坛、圆口罐、夹耳盖罐、穿带盖罐等；碟有圆口碟、葵口碟、花口碟；碗有圆口碗、葵口碗、花口碗。衡州窑青瓷均为日用瓷器，多饮食茶酒具，少花器和香器。下面探讨衡州窑青瓷的工艺特征。

1. 胎釉特征

衡州窑制瓷原料就地取材。其胎色深，胎质较粗，胎体坚质。釉色青黄者最多，釉层薄，釉面亮，有玻璃质感，开细小片。衡州窑瓷器可分为精细青瓷和普通青瓷两种。精细青瓷和普通青瓷的胎釉因品质的高低而存在明显差异。下面分述之。

精细青瓷胎色灰白或灰，胎质细腻，胎体较薄。通体满釉，釉层薄，胎釉结合好。釉色有黄，青黄和青绿，青绿者少。有的胎上施加化妆土，有的胎色灰白不上化妆土。化妆土颜色不甚白，多为白里泛黄，但很细腻，施土很薄。釉在化妆土上呈色黄或青黄。瓶罐类器物通体满釉，仅足跟露胎，足墙外撇，修足痕迹明显，有粘砂。碗碟类器物满釉裹足支烧，外底留有4个或5个支钉痕，圈足外撇，修足工整。釉面布满细密开片。有的釉面有泪痕。

普通青瓷胎色丰富，有浅灰、紫灰、黑灰、铁褐、褐红、砖红等。胎质较粗糙，通常上一层薄化妆土，也有不上化妆土的。釉层较薄，釉色有黄、青黄、青灰、青色等。有流釉现象。往往施釉不到底，修足随意。晚唐五代时期，胎釉结合不甚好，有剥釉现象，釉面布满开片。到了北宋，胎釉结合较好，剥釉少，釉面开片减少。

2. 装饰技法

衡州窑青瓷光素无纹者最多。有少量刻花、划花、浅雕、印花、褐彩装饰。刻花和浅雕的纹饰通常为莲瓣，多见于瓶、壶、钵、盂的外腹。刻文字常在盏、碗的内心，有“供养”“本”等文字。划花纹样主要是莲瓣纹，见于壶（图17）、瓶、坛、罐外壁；以及荷叶莲纹（图18），见于盏托内心。印花纹样主要有花、蝶、文字、几何纹、联珠纹等。团菊（图19）、团花（图20）、蝶纹（图21）多印于碗、盘、碟、盏托的底心或盒盖。印花文字常见的是“高足盤”（图22）、“高足楪”，印于盘碟内底。联珠纹（图23）及菱形方格纹等几何纹多印于壶鋬。褐彩装饰极少，有花卉纹，绘于温壶肩部；有褐斑，见于坛外腹。

3. 制作工艺

衡州窑青瓷绝大部分为圆器，器身皆拉坯成形，鋬通常模制成形。精细青瓷和普通青瓷在制作工艺上有所不同。精细青瓷器形规整，精工修胎，底足处理较为细致，足墙外撇。

图17 北宋衡州窑划花莲瓣纹执壶
（衡阳博物馆藏）

图18 五代衡州窑划花荷叶莲纹盏托
（衡阳博物馆藏）

图19 北宋衡州窑印花团菊纹碗
（衡阳博物馆藏）

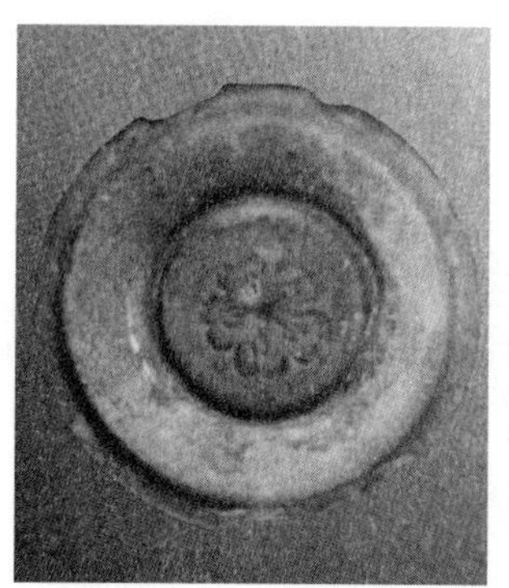

图20 五代衡州窑印花团花纹盏托
（衡阳博物馆藏）

图21 北宋衡州窑印花蝶纹碗
（湖南省博物馆藏）

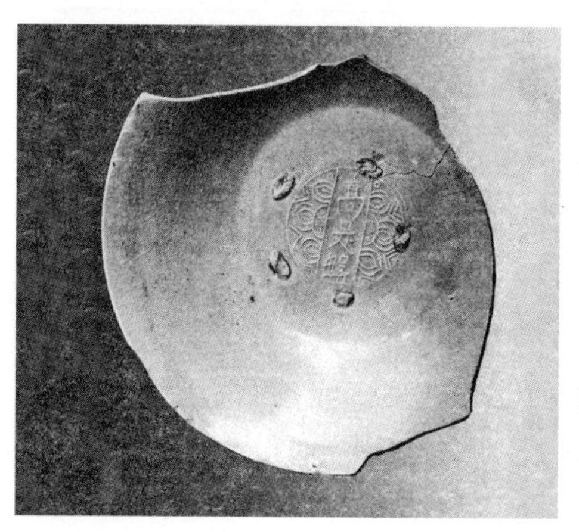
图22 五代衡州窑印花“高足盤”盘
（衡阳博物馆藏）

图23 五代衡州窑印花联珠纹壶
（衡阳博物馆藏）

碗、盘、洗、唾盂等器物通体施釉，裹足支烧；瓶、壶器物仅足跟露胎。普通青瓷制作较为粗糙，修足随意、轮制痕迹清晰，圈足不圆或稍变形，底足一般无釉。

大部分衡州窑胎体颜色深且胎质不细腻，故上化妆土。通过对大量衡州窑器物的观察和思考，认为其上化妆土的方式有两种：刷浆法和浸浆法。精细青瓷和普通青瓷上化妆土的方式略不同。精细青瓷两种方法都用。刷浆法，用类似毛笔一样的工具，蘸取化妆浆水，刷于胎体。普通青瓷施化妆土，采用浸浆法，即浸在化妆浆里，施化妆土不及底。衡州窑青瓷施釉的方法有两种：浸釉法和涂釉法。精细青瓷两种方法并用，普通青瓷用浸釉法上釉。

4. 装烧工艺

衡州窑青瓷使用南方传统的龙窑烧造，也有馒头窑。馒头窑少，挖土穴为室，平面呈椭圆形，由火膛、窑床、火道组成[9]。窑具有匣钵、匣钵盖、垫圈等。最常见的匣钵是平底圆筒形的，厚重，高矮不一。这种匣钵是湖南窑口自有匣钵以来最普遍使用的，从岳州窑（湘阴窑）到长沙窑再到衡州窑皆用。也有盆形匣钵。匣钵壁上或穿有气孔。匣钵盖，圆饼形，盖面微隆。垫圈有乳钉垫圈、环形垫圈、筒形垫圈等。乳钉垫圈（图24）最多，五个乳钉垫圈和四个乳钉垫圈最为常见。环形垫圈上没有支钉。筒形垫圈一端作连弧形，状如拱桥。

图24 衡州窑乳钉垫圈
（故宫博物院藏）

衡州窑精细青瓷和普通青瓷装烧工艺不尽相同。精细青瓷一器一匣钵。壶、瓶等精细青瓷装烧时为了防止器物底部与匣钵粘连，在匣钵底撒有细砂，故器物根部有粘砂。碗、盘、洗、唾盂等器物采用乳钉垫圈，裹足支烧。乳钉垫圈上的泥钉尖圆，留在器物上的痕迹为小圆点形。普通青瓷也装在匣钵内烧造。大件器物单件装入匣钵，如壶、瓶、罐、坛等。碗碟等小件器物则采用套叠装烧，一般一个匣钵内装数件，器物之间用垫圈支烧。

三、衡州窑制瓷技术在湘江流域的传播

湘江是湖南的母亲河，从南往北润泽湖南省9万平方千米的土地，给这片区域带来生机、活力、沟通与交流。衡州窑制瓷技术主要来源于唐代的两大窑口，一个是湘江下游的长沙窑，另一个是长江下游的越窑。笔者在拙文《湖南省博物馆藏衡州窑青瓷初探》一文中有较为详细的论述[10]。衡州窑制瓷技术成熟后，在五代北宋时期分两条线路向湘江上流地区传播。一条线路为沿湘江干流传播至祁东再到永州，另一条线路是沿衡阳境内汇入湘江的支流耒水传至郴州。

1. 祁东县归阳镇唐家窑

笔者参加故宫博物院对湖南窑址考察时，在当地文物部门同志的陪同下，调查了衡阳祁东县归阳镇唐家窑的三处窑业堆积。唐家窑，窑业堆积丰富，有衡州窑类型，也有衡山窑类

型。该窑烧造衡州窑类型青瓷年代为五代北宋时期。衡山窑类型瓷业堆积分布更广更丰富，烧瓷延续到元代。在湘江边的一个滑坡处，水流冲出许多衡州窑类型青瓷窑业堆积（图25）。故宫博物院采集了一些裸露在地表的瓷片标本，有壶、罐、碗、盘、碟（图26）、盏、盏托（图27）、高足杯、碾槽、器盖，以及一些支烧具，主要是乳钉垫圈，有四个乳钉的，也有五个乳钉的。祁东县文化文物局采集了不少唐家窑青瓷器，其中北宋执壶（图28）数量最多，执壶的器形也最为丰富。

图25　唐家窑烧造衡州窑类型青瓷堆积

图26　五代唐家窑青瓷碟
（窑址采集 故宫博物院藏）

图27　五代唐家窑青瓷盏托
（窑址采集 故宫博物院藏）

图28　北宋唐家窑青瓷执壶
（祁东县文化文物局藏）

2. 零陵黄阳司窑

零陵黄阳司窑烧造衡州窑类型青瓷器，窑址位于永州市冷水滩区（零陵）黄阳司村湘江三角洲一带，烧窑时间为五代到北宋时期。周世荣先生于1979年调查发现并试掘了该窑，主窑区范围约三百平方米，呈长条形斜坡式延伸的窑堆，似龙窑，使用匣钵装烧，大部分青瓷的胎呈砖红，上化妆土，釉色青黄或浅黄。器形以碗碟为主，杯、瓶、坛、罐等少见。碗碟内往往印团花与文字。印花纹样有莲花、菊花、蝴蝶和几何图形等[11]。其印花的部位和纹样与衡州窑青瓷印花碗盘碟相同。黄阳司窑所印的文字有其自身特色，有姓氏，如“唐”“何”；有题记和钱文，如“开元通宝”“宋元通宝”等。这对湘南地区窑口，如郴州暖水窑，常在碗盏心印姓氏、钱文和吉语文字有一定的影响。黄阳司窑出土一件刻有纪年的碾轮，已残，青釉，上刻“庆历五□……七作其年乙酉岁”等文字，与衡州窑址出土的“乙酉岁叁月一日”擂棒的纪年一样，两窑有渊源关系。

3. 永州三多亭窑

永州三多亭窑是烧造衡州窑类型的青瓷窑口，窑址位于永州市冷水滩区湘江边的三多亭社区，烧瓷年代为北宋时期。该窑以烧青瓷为主，器形主要是碗、盘、碟、杯、盏、盏托、执壶、坛罐等日用瓷，其中碗、盘为主要产品。烧成温度较高，产品质量较高，胎釉结合好。胎体致密，胎多为砖红，亦有灰褐和灰色。绝大部分是青釉瓷，釉色有黄、青黄、青灰，青灰者最多，釉面有开片。在制瓷上，三多亭窑青瓷有的上化妆土，有的不上化妆土，普通青瓷施釉不及底，与衡州窑青瓷同。在装饰上，三多亭窑青瓷光素无纹为主，亦有少量装饰，印花、刻花和彩绘，与衡州窑同。印花多印在碗、盘、杯的内底，以团菊（图29）、团花（图30）最为多见，亦有对蝶、莲花等。印花也见于壶錾，如联珠纹（图31）。与衡州窑印花位置和纹样一致。该窑印有一种衡州窑青瓷印花中不见的纹样——鲶鱼纹（图32），是其特色。这种鲶鱼纹印花在广西全州蕉江乡万板桥窑亦有[12]，可见其与三多亭窑的渊源。在窑炉形态上，三多亭窑有龙窑和馒头窑，与衡州窑同。在装烧工艺上，三多亭窑与衡州窑青瓷一脉相承。窑具以匣钵、垫圈为主。匣钵为平底圆筒形，大量使用乳钉垫圈，最常见的是四个乳钉和五个乳钉的垫圈。壶瓶类单件烧，碗盘类叠烧。在窑具上留有刻写的铭文，与衡州窑同。铭文涉及的内容有纪年、地名、姓和吉语。三多亭窑窑具上刻的纪年有“大中祥□四年”“康定二年五月作七八□□庄八皿”“□宁六年□十一日陶□”。大中祥符四年即公元1011年，康定二年即公元1041年。“□宁六年”中“宁”前一字下部有“四点水”，应是熙宁六年，即公元1073年。这些纪年窑具确切地表明了三多亭窑的烧瓷年代。通过以上分析，可知三多亭窑不是受耀州窑的影响[13]，而是深受衡州窑影响，是衡州窑类型的窑口。

4. 郴州瓦窑坪窑

郴州瓦窑坪窑是一处烧造衡州窑青瓷类型的窑址，该窑位于郴县（今郴州市苏仙区）耒

图29　北宋三多亭窑印花团菊纹盘
（永州博物馆藏）

图30　北宋三多亭窑印花团花纹杯
（永州博物馆藏）

图31 北宋三多亭窑印花联珠纹执壶
（永州博物馆藏）

图32 北宋三多亭窑印花鲶鱼纹盏托
（永州博物馆藏）

水河畔的瓦窑坪，因基建而遭破坏。1986年周世荣先生同郴州博物馆同志对所剩窑业堆积进行全面清理。出土大量匣钵、垫圈等窑具和碗、碟、杯、盏、双沿坛、擂钵、盂等青瓷器。发现龙窑一处，首尾已残[14]。出土的青瓷器胎色灰，釉面开片，玻璃质感强，时代为五代北宋时期。以青瓷碗数量最多，有圆口碗和葵口碗，碗内4个或5个支钉痕。龙窑建造方式及所使用材料与衡州窑同。绝大部分青瓷器无纹饰，极少有印花装饰，常见印花是团菊。

综上，为了更清楚地表述衡州窑青瓷是沿着湘江水系传播制瓷技术的观点，笔者绘制了衡州窑及衡州窑类型窑口在湘江流域的分布图（图33）。衡阳地区沿湘江的青瓷窑口称为衡州窑，受其影响的湘江流域上游的青瓷窑口可视为衡州窑类型窑口。生产衡州窑青瓷的窑口有湘江窑、衡阳窑、蒋家窑、车江窑、云集窑、彭家窑。其青瓷技术沿着湘江干流传播到祁东的唐家窑，永州的黄阳司窑和三多亭窑。再往西南，传播到湘江发源地广西全州、桂林地区，在广西的传播可参考周华《湖南青瓷窑对广西宋代青瓷的影响》[15]一文。另一条路径是沿着湘江支流耒水传播到郴州的瓦窑坪窑，进而对湘南制瓷业产生影响。

此外，衡州窑青瓷技术也传到了资水上游。邵伯窑是资水上游流域的一处大规模窑场。调查发现邵伯窑绝大部分窑业遗物与湘江流域衡州窑青瓷特征相近。[16]邵伯窑有两种窑炉形态，以龙窑为主，也有馒头窑，衡州窑亦如此。值得一提的是在考察衡州窑时，一定要兼顾考察衡山窑和衡山窑类型窑口。因为有些烧造衡州窑青瓷的窑口，到了北宋中后期和南宋时期大规模烧造衡山窑瓷。云集窑和唐家窑就是典型的例子。此二窑在五代北宋中期烧造衡州窑瓷，北宋中后期到宋元之际大量烧造衡山窑瓷，其窑业堆积的数量和范围大大超过衡州窑窑业堆积，故需甄别出衡州窑瓷。

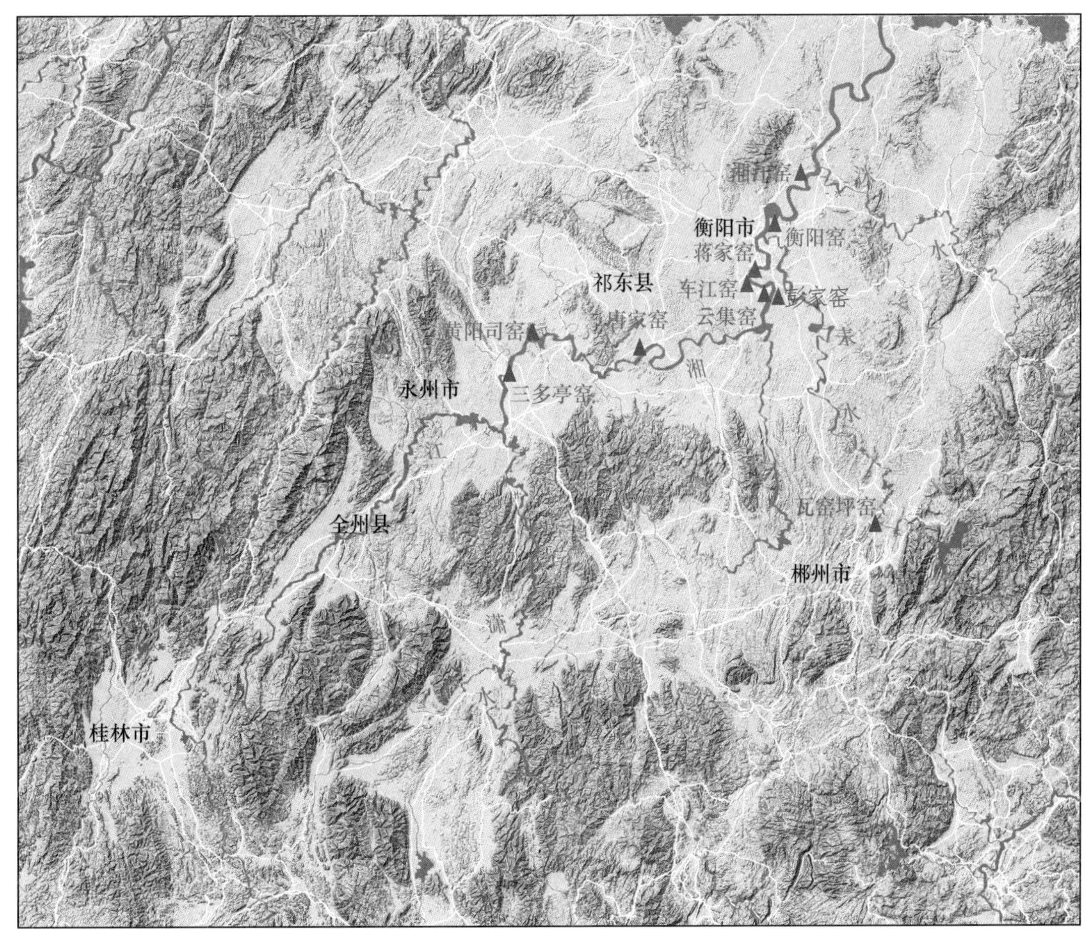

图33　湘江流域衡州窑及衡州窑类型窑口分布图

四、结　　语

衡州窑在继承和吸收长沙窑和越窑制瓷技术的基础上，就地取材，因地制宜，烧出具有自我风格的青瓷产品。并将其制瓷技术沿湘江溯流而上传播到湘南广大地区，推动了湘南制瓷技术的发展和提高。本课题获湖南省博物馆学术研究项目资助，谨致谢忱。

注释

[1] 周世荣、冯玉辉、向开旺，等：《湖南青瓷与青花古窑址调查报告》，《湖南考古辑刊》，岳麓书社，1984年，第91页。

[2] 周世荣编著，湖南省考古研究所编：《湖南古墓与古窑址》，岳麓书社，2004年，第420、421页。

[3] 周世荣编著，湖南省考古研究所编：《湖南古墓与古窑址》，岳麓书社，2004年，第417页。

[4] 周世荣、冯玉辉、向开旺，等：《湖南青瓷与青花古窑址调查报告》，《湖南考古辑刊》，岳麓书社，1984年，第90、91页。

[5] 蒋星星：《论衡阳古代青瓷窑场的形成》，《衡阳师专学报》（社会科学版）1997年第5期。

[6] 张兴国：《衡南县彭祠村宋代瓷窑遗址》，《中国考古学年鉴》，文物出版社，2013年，第347页。

[7] 张兴国：《衡南县云集宋代窑址群》，《中国考古学年鉴》，文物出版社，2013年，第346、347页。

[8] 蒋星星：《论衡阳古代青瓷窑场的形成》，《衡阳师专学报》（社会科学版）1997年第5期。

[9] 周世荣、冯玉辉、向开旺，等：《湖南青瓷与青花古窑址调查报告》，《湖南考古辑刊》，岳麓书社，1984年，第91页。

[10] 陈锐：《湖南省博物馆藏衡州窑青瓷初探》，《越窑青瓷与邢窑白瓷研究》，故宫出版社，2013年，第435~446页。

[11] 周世荣、郑均生主编：《衡州窑与衡山窑》，湖南美术出版社，2012年，第43~46页。

[12] 周华：《湖南青瓷窑对广西宋代青瓷的影响》，《中国古陶瓷研究》第九辑，紫禁城出版社，2003年，第204页。

[13] 钟洪香、赵荣学：《永州三多亭窑的初步研究》，《广西博物馆文集》第九辑，广西人民出版社，2012年，第195、196页。

[14] 周世荣、郑均生主编：《衡州窑与衡山窑》，湖南美术出版社，2012年，第46~48页。

[15] 周华：《湖南青瓷窑对广西宋代青瓷的影响》，《中国古陶瓷研究》第九辑，紫禁城出版社，2003年，第203~208页。

[16] 张兴国：《邵阳市邵伯窑址考古调查勘探》，《湖南省博物馆馆刊》第十四辑，岳麓书社，2018年，第224~231页。

湖南益阳羊舞岭窑制瓷原料及产品的科学分析

邱　玥　肖　亚　杨宁波
（湖南省文物考古研究所）

摘要：本项研究采用能量色散型X射线荧光仪（EDXRF）、X射线衍射仪（XRD）及超景深显微镜对羊舞岭窑发掘出土的24份土样、制瓷原料样品以及43件宋元时期瓷片进行科学分析后得知：宋元时期羊舞岭窑的瓷泥取自当地；羊舞岭窑制瓷时把草木灰与石灰石一起烧炼成釉灰，制釉时将瓷石和釉灰按照一定比例配合，其釉料制作工艺与景德镇窑极其相似，进一步印证了羊舞岭窑青白瓷技术源于景德镇窑；元代中晚期羊舞岭窑青白瓷数量锐减，青瓷、酱釉和黑釉瓷数量明显增加，此时瓷釉配方已发生改变，窑工有意识的选择铁含量较高的原料来烧制仿龙泉窑青瓷。

关键词：羊舞岭窑　制瓷原料　成分分析　矿物组成　胎釉结构

一、引　　言

羊舞岭窑位于湖南省益阳市赫山区龙光桥镇和沧水铺镇，是湖南宋元时期规模较大的一处青白窑址。1979年文物普查时发现，2008年至2012年经过数次系统调查[1]。2013年至2014年，湖南省文物考古研究所和益阳市文物管理处联合对羊舞岭窑瓦渣仑窑址进行了抢救性考古发掘，揭露出南宋晚期、元代早期、元代中晚期的龙窑和作坊遗迹（图1），较为全面地展现了羊舞岭窑宋元时期的制瓷工艺流程和产品变化，出土大量各个时期的瓷器标本及窑具，揭示出羊舞岭窑的始烧年代、窑业技术来源[2]。

本项研究采用能量色散型X射线荧光仪（EDXRF）对发掘区采集的土样、制瓷原料及瓷器样品的胎釉基本化学成分进行分析。采用X射线衍射仪（XRD）对土样及制瓷原料进行物相分析，了解其矿物组成。对于瓷器样品，则选取无损分析仪器X射线荧光仪（XRF），来进行瓷器胎釉的元素组成分析，结合超景深显微镜来对样品的胎、釉以及剖面结构进行分析。本项研究的主要目的有两个：一是通过对遗迹区采集土样及制瓷原料的成分分析，验证发掘区的功能分区与遗迹性质，并了解羊舞岭窑的制瓷原料特征及其来源；二是通过对瓷片胎釉的科学检测，了解羊舞岭窑瓷器的烧制工艺、胎釉特征以及不同时期烧制瓷器的差异性。

图1 羊舞岭瓦渣仑窑址南宋晚期作坊遗迹

二、样品采集及实验方法

（一）样品采集

本项研究选取羊舞岭窑土样及制瓷原料样品24份，瓷器样品43份进行科学检测。瓷器样品时代上分为南宋晚期、元代早期以及元代中晚期。南宋晚期羊舞岭窑的产品以青白瓷为主，芒口器占主导地位，涩圈器很少。青白瓷胎色多青白色，胎体薄，修胎规整，青白釉，内外壁满釉，裹足刮釉。典型器物有芒口深腹碗、印花盘、斗笠碗等。有一定数量的印花器，常见有月影梅花、莲瓣纹、回纹、束莲纹等纹样。元代早期羊舞岭窑的产品仍以青白瓷为主，典型器物有圈足碟、饼足盏、芒口碗等，少数器形模仿龙泉窑，新出现仿龙泉窑青白釉双系罐、高足杯等，器形仍延续南宋晚期小型化的风格，也有少量印花大盘。装饰纹样已不多见，有莲瓣纹和梅花点纹等。元代中晚期羊舞岭窑产品以仿龙泉窑青瓷为主，青瓷产品多灰褐色胎，胎体厚重，修胎规整，内壁施釉，内底涩圈，外壁施釉不及底。此期典型器有侈口深腹碗、高足杯、折沿盘、折沿碟等，与前期相比，器形大而厚重[3]。制瓷原料及典型瓷器样品的详细情况如表1、表2所示。

表1 土样及制瓷原料样品基本信息

实验室编号	出土单位	样品类型	时代
TY 01	2013YWLC16	土样	元代中晚期
TY 02	2013YWLTN7E12⑥	釉土样	元代早期
TY 03	2013 YWLC1	瓷泥	元代早期
TY 04	2013YWLH20	土样	南宋晚期

续表

实验室编号	出土单位	样品类型	时代
TY 05	2013YWLH20底部	黑色土样	南宋晚期
TY 06	2013YWLH22	白色土样	南宋晚期
TY 07	2013YWLH22	土样	南宋晚期
TY 08	2013YWLC10①	土样	元代早期
TY 09	2013YWLC13	瓷泥标本	元代早期
TY 10	2013YWLC5	土样	元代早期
TY 11	2013YWL C33	土样	南宋晚期
TY 12	2013YWL C27	釉料标本	南宋晚期
TY 13	2013YWL C21	泥标本	元代早期
TY 14	2013YWL C4①	土样	元代早期
TY 15	2013YWL C24	土样	元代早期
TY 16	2013YWL C10②层	土样	元代早期
TY 17	2013YWL G12	土样	元代中晚期
TY 18	2013YWL C17	土样	元代中晚期
TY 19	2013YWLH23	瓷泥	南宋晚期
TY 20	2013YWLTN7E9④b	土样	元代中晚期
TY 21	2013YWLC25	土样	元代早期
TY 22	2013YWLH22底部	土样	南宋晚期
TY 23-1	2013YWLH20	黑色土样	南宋晚期
TY 23-2	2013YWLH20	灰色土样	南宋晚期

表2　典型瓷器样品基本信息

实验室编号	出土编号	年代	器型	类型	胎	釉	纹饰	样品照片
5	TN6W20⑤：11	南宋晚期	芒口碗	青白瓷	浅灰色，致密细硬	青灰色	印花	
11	TN7W21⑤：2	南宋晚期	涩圈碗	青白瓷	浅灰色，致密细硬	青灰色	无	
16	TN7W19⑤：27	南宋晚期	印花盘	青白瓷	浅灰色，致密细硬	青灰色	印花	
18	TN7W20北隔梁①：8	元代早期	芒口盏	青白瓷	黄灰色	青灰色	无	
25	Y29③：12	元代早期	芒口盏	生烧	红棕色	无	无	
28	TN7W19③：8	元代早期	芒口盏	青白瓷	浅灰色	黄灰色	无	
31	TN7W21①：11	元代早期	芒口碟	青白瓷	黄棕色	浅蓝色	无	
34	TN7W20③：2	元代中晚期	敞口碗	青瓷	灰褐色	黄棕色	莲瓣纹	
37	TN5E11④	元代中晚期	折沿盘	青瓷	灰褐色	灰绿色	莲瓣纹	
42	TN5E12④	元代中晚期	折沿盘	青瓷	灰褐色	灰绿色	莲瓣纹	

（二）实验方法

在古代陶瓷制作过程中，瓷胎原料通常取自窑口周围瓷土，瓷釉原料则由一定配比的各种材料混合而成。通过测定瓷器、瓷泥、土壤中各种元素的含量，可获得制瓷原料、瓷釉原料配比、工艺特点等信息[4]。本项研究采用X射线荧光光谱仪（XRF）测定了样品的化学元素组成，X射线衍射仪（XRD）分析了样品的物相组成，同时使用超景深显微镜对瓷片的胎釉显微结构进行观察。

XRF制样时选择较为平整的瓷片，将瓷片置于去离子水中用超声波清洗仪中清洗两到三次，清洗干净后把样品放入烘箱中烘干。采用牛津X-MET 7500手持式X射线荧光光谱仪进行化学成分的半定量分析，测试模式Mining_LE_FP，测试时间60S。XRD制样时将瓷泥和制瓷原料样品置于烘干箱中充分干燥，用玛瑙研钵将干燥好的样品充分研磨至300目以下。物相分析使用仪器为日本理学Rigaku Ultima-IV X射线多晶粉末衍射仪，测试电压为40kv，电流40 mA，步长0.02，狭缝10 mm，测试速度为8°/s。

（三）结果与讨论

1. 制瓷原料结果分析

通过对遗迹区采集制瓷原料的成分分析，可验证各个遗迹的性质，并了解羊舞岭窑的制瓷原料特征及其来源。所取24份土样及制瓷原料样品的XRF测试结果如表3所示。

表3　土样及制瓷原料样品的化学成分

（单位：质量百分数wt%）

实验室编号	Al	Si	P	K	Ca	Ti	Mn	Fe
TY01	10.29	29.91	0.16	3.52	0.13	0.16	0.09	5.04
TY02	8.62	30.43	0.28	2.72	0.51	0.38	0.12	6.80
TY03	9.92	31.91	0.18	4.39	0.14	0.12	0.04	2.04
TY04	10.54	32.27	0.18	3.43	0.09	0.06	0.01	1.42
TY05	4.19	15.75	0.63	0.63	1.69	0.15	1.48	36.60
TY06	11.78	31.40	0.10	3.57	0.10	0.11	0.01	0.95
TY07	11.69	31.08	0.13	3.42	0.10	0.08	0.00	1.89
TY08	10.10	29.58	0.26	2.98	0.24	0.59	0.51	5.44
TY09	9.98	31.66	0.10	3.13	0.11	0.09	0.01	3.60
TY10	10.78	30.46	0.13	3.44	0.14	0.21	0.11	3.72
TY11	10.80	30.33	0.12	3.80	0.19	0.13	0.12	3.67
TY12	10.55	28.56	1.28	3.26	1.61	0.57	0.08	4.05
TY13	11.26	28.67	0.17	3.37	0.17	0.27	0.59	5.33
TY14	10.40	29.07	0.19	3.36	0.17	0.33	0.39	6.03
TY15	9.83	31.38	0.15	3.33	0.15	0.28	0.05	3.60
TY16	10.91	27.46	0.21	3.29	0.23	0.58	0.44	7.62

续表

实验室编号	Al	Si	P	K	Ca	Ti	Mn	Fe
TY17	8.96	29.59	0.18	4.72	0.21	0.23	0.10	6.42
TY18	9.03	31.60	0.14	5.36	0.23	0.09	0.35	2.58
TY19	8.44	32.52	0.17	6.16	0.43	0.09	0.05	1.31
TY20	11.10	26.98	0.08	3.54	0.16	0.19	0.12	9.11
TY21	9.79	32.19	0.16	4.29	0.16	0.13	0.04	1.83
TY22	10.66	30.17	0.00	3.71	0.40	0.39	0.02	3.23
TY23	3.54	13.49	0.56	0.72	2.26	0.13	1.41	40.84
TY23-2	2.23	4.04	0.39	0.00	50.06	0.06	0.73	3.65

上述结果中除TY05、TY23以及TY23-2号样品外，其余样品的主要成分均为SiO_2及Al_2O_3，同时还含有少量的P、K、Ti、Mn、Fe等其他元素。从元素组成来看，符合我国南方瓷石高Si低Al的特征。TY23-2样品中Ca元素高达50.06%，为进一步研究制瓷原料样品的组成，利用XRD对样品进行物相分析，图2至图7列出了较有代表性样品的衍射谱图。

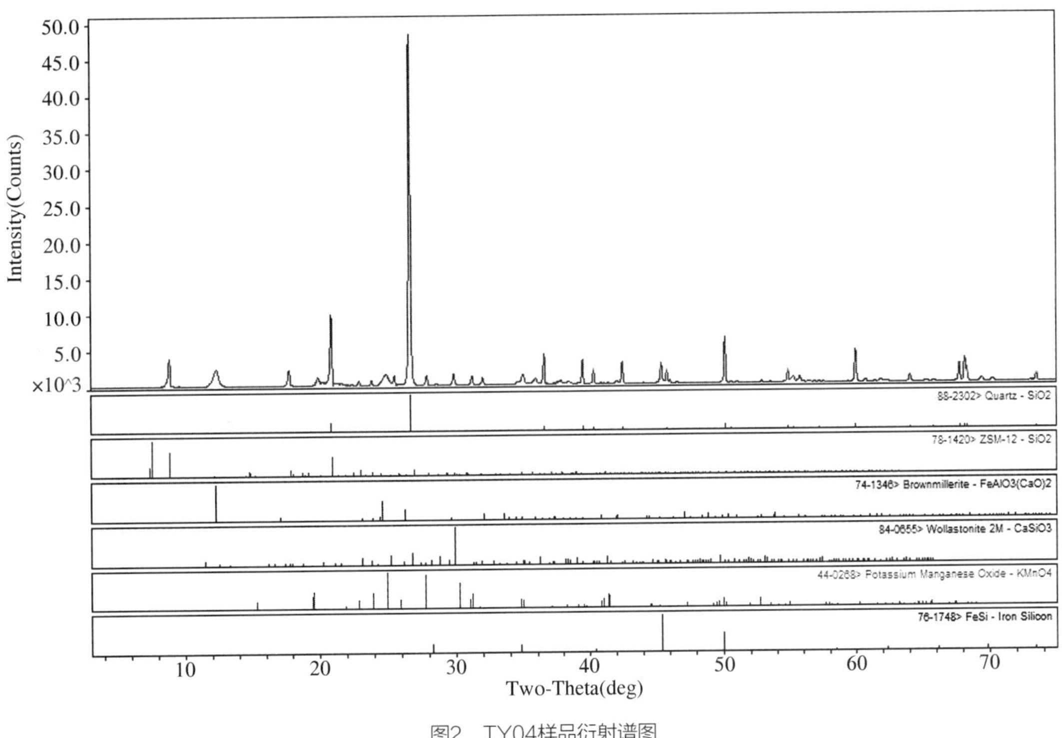

图2　TY04样品衍射谱图

由图2、图4、图5可知，Al、Si元素含量较高样品的主要物相组成为石英、钙铁石、绢云母等，且各样品物相组成相差不大。我国南方的瓷石中含有大量石英和绢云母成分，其中绢云母在瓷器烧制过程中起到高温助熔的作用[5]。由以上结果可推知TY05、TY12、TY23、TY23-2号样品为釉灰，其余样品的化学元素组成及物相组成符合南方瓷石的特征，因此羊舞岭窑烧制的原材料主要是就地取材。TY23样品的主要物相组成为硅酸钙以及少量石英，故TY23样品为含钙量较高的釉灰。

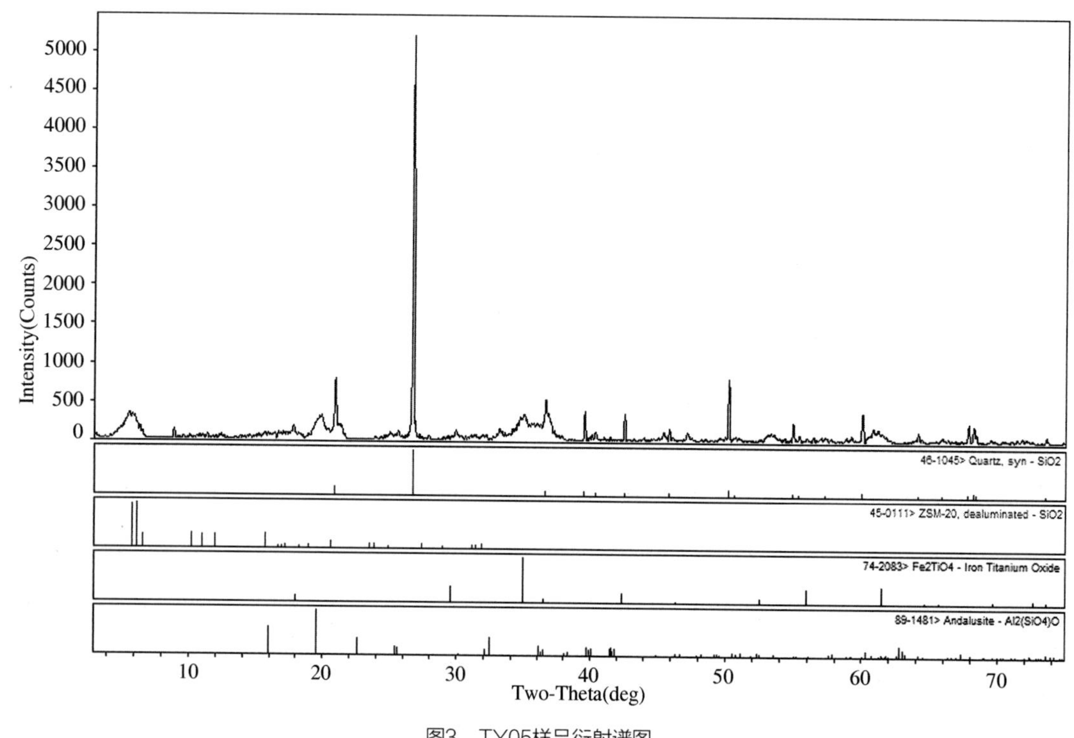

图3 TY05样品衍射谱图

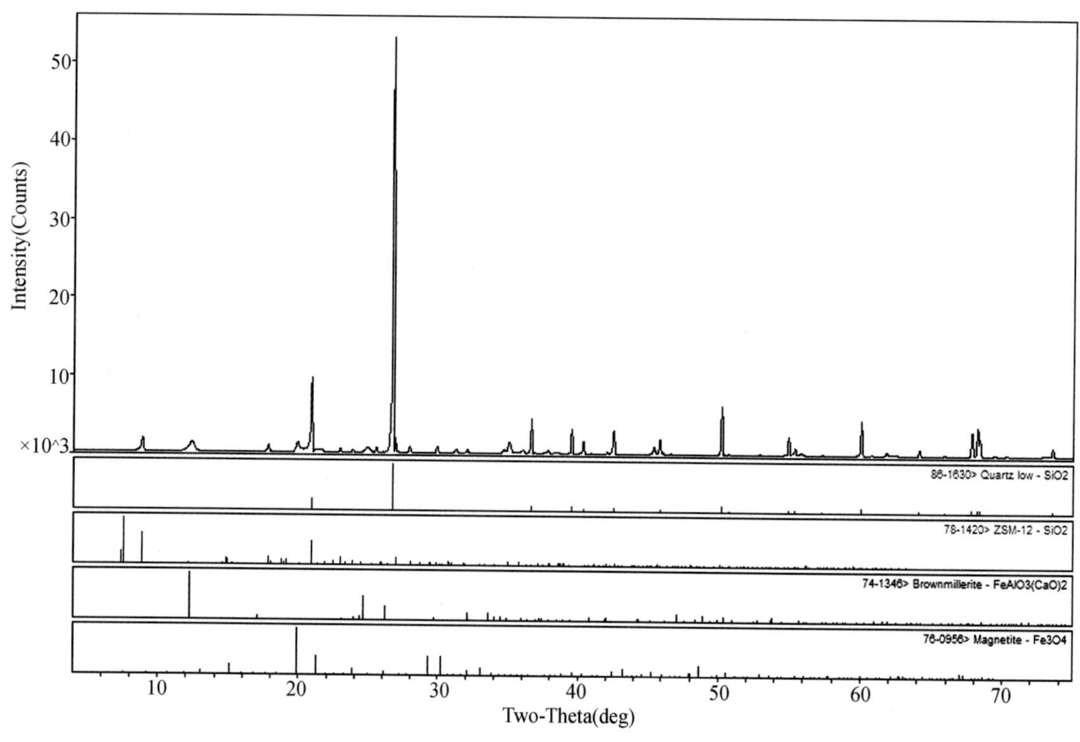

图4 TY09样品衍射谱图

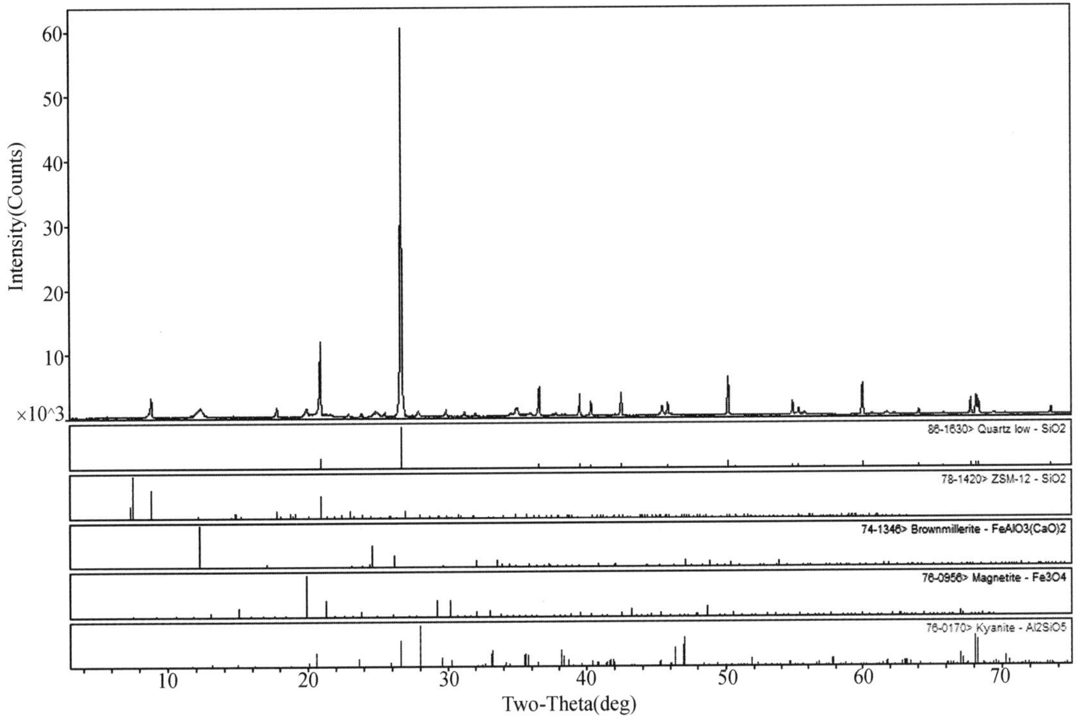

图5　TY13样品衍射谱图

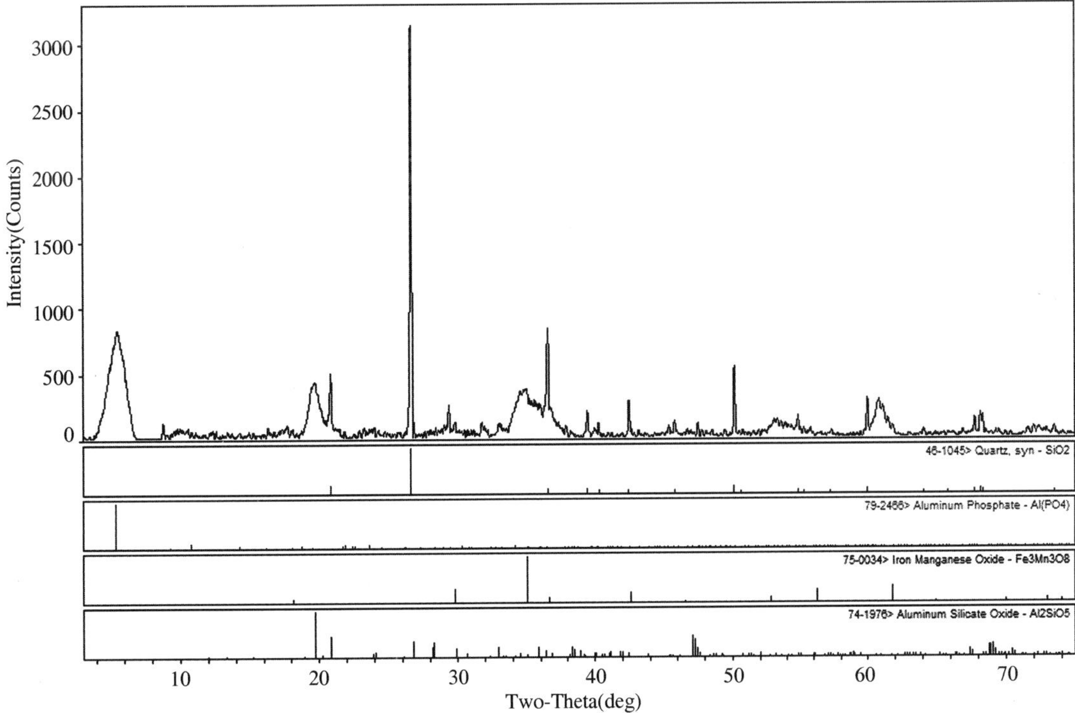

图6　TY23样品衍射谱图

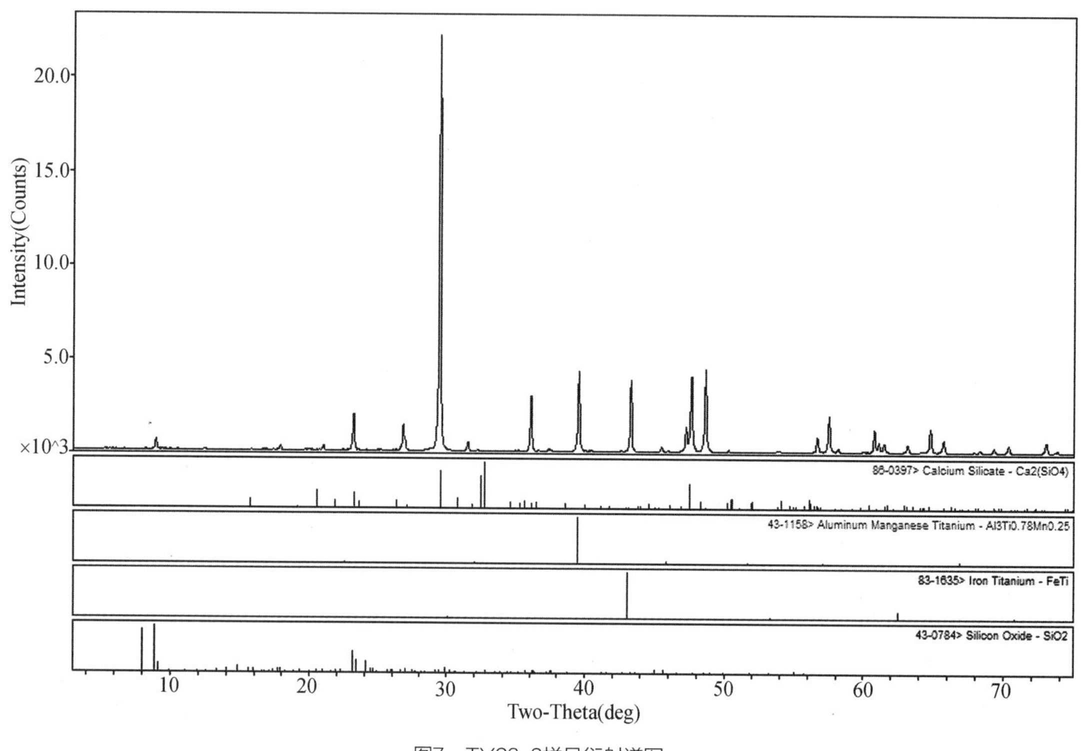

图7 TY23-2样品衍射谱图

2. 瓷器样品超景深显微分析

选取南宋晚期、元代早期、元代中晚期有代表性的瓷片各两片利用基恩士超景深显微镜对瓷片的胎、釉显微结构进行观察，所得结果如图8至图19所示。

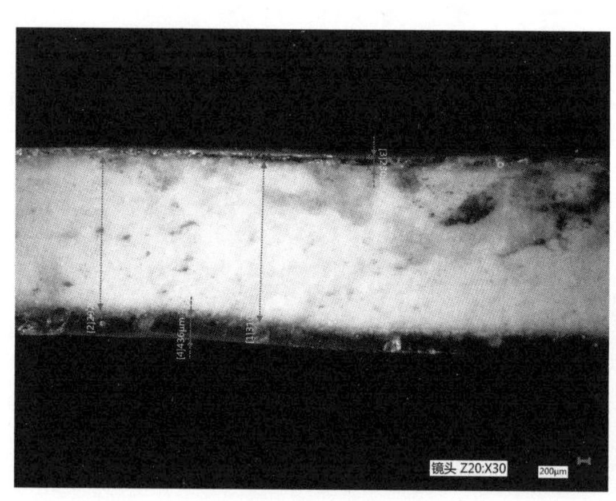

图8 南宋晚期5号瓷片断面

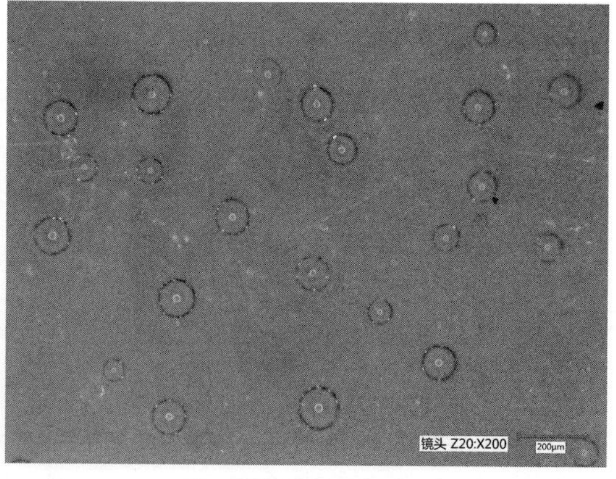

图9 南宋晚期5号瓷片釉面

由超景深显微镜测量各时期样品的胎釉厚度结合釉面的显微观察可知，羊舞岭窑南宋晚期至元代早期出土器物多为青白瓷。青白瓷是我国宋元时期的主要瓷器种类，其釉色介于青色和白色之间，具有胎质洁白细腻、釉面莹润等特征。羊舞岭窑元代中晚期产品以青瓷产品为主，此时胎质变粗，胎体颜色加深，釉面多为黄褐色。其中，南宋晚期至元代早期的产品胎体较薄（平均约2700 um），胎体颜色浅灰，釉面颜色浅青，烧制均匀，可见少量气泡；至

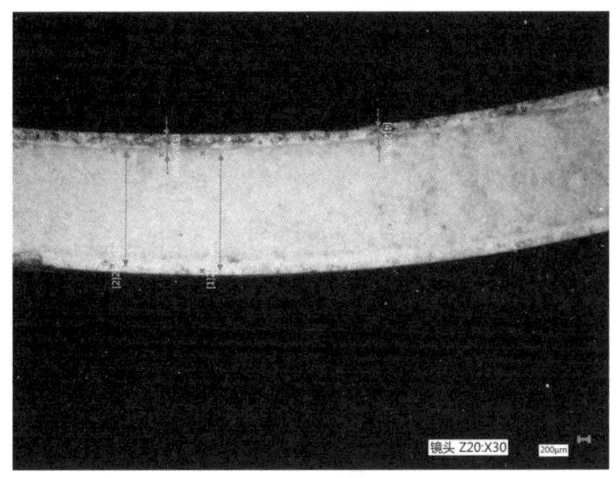

图10 南宋晚期16号瓷片断面

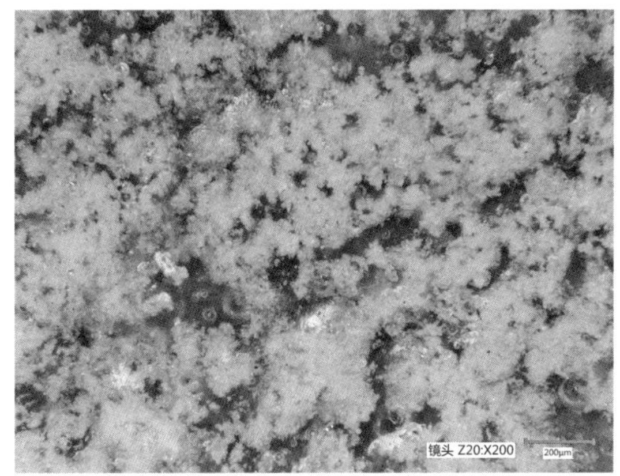

图11 南宋晚期16号瓷片釉面

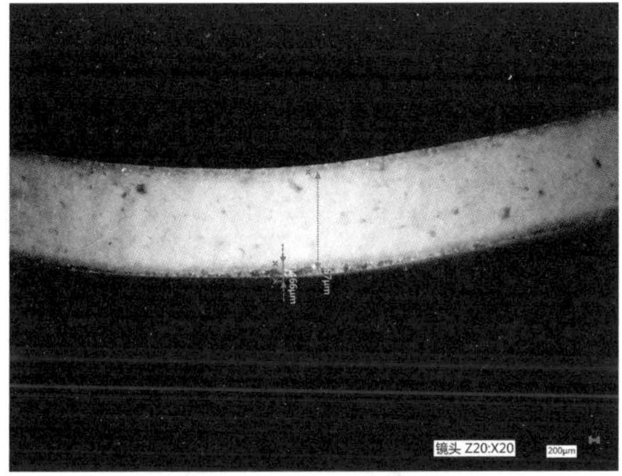

图12 元代早期18号瓷片断面

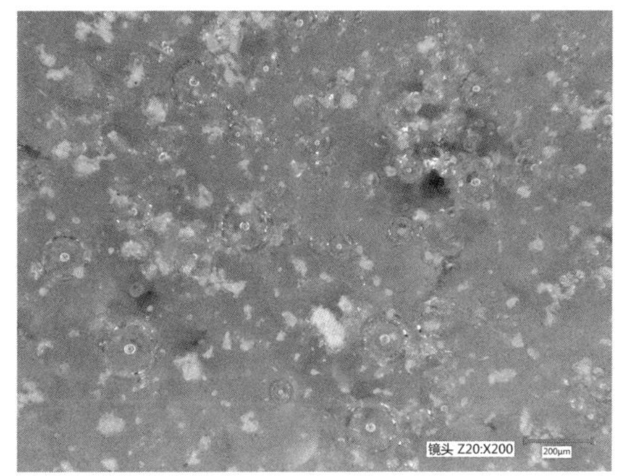

图13 元代早期18号瓷片釉面

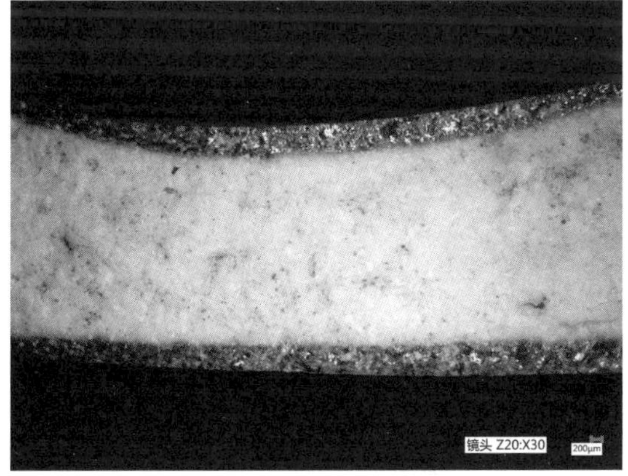

图14 元代早期28号瓷片断面

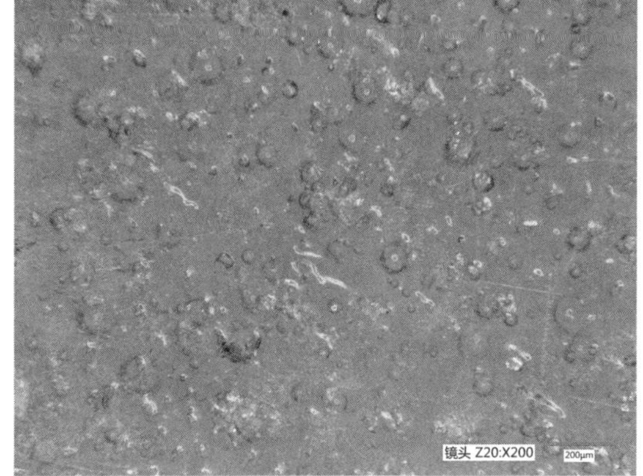

图15 元代早期28号瓷片釉面

元代中晚期时，青瓷产品胎体呈灰黄色，胎体厚重（平均约3600 um），胎质变粗，淘洗不精。釉面积釉，玻璃质感强，有较多的杂质颗粒和大量气泡。

3. 瓷胎结果分析

古陶瓷制作过程中，原材料的选择往往就地取材，因此不同地区的瓷胎成分会有所不

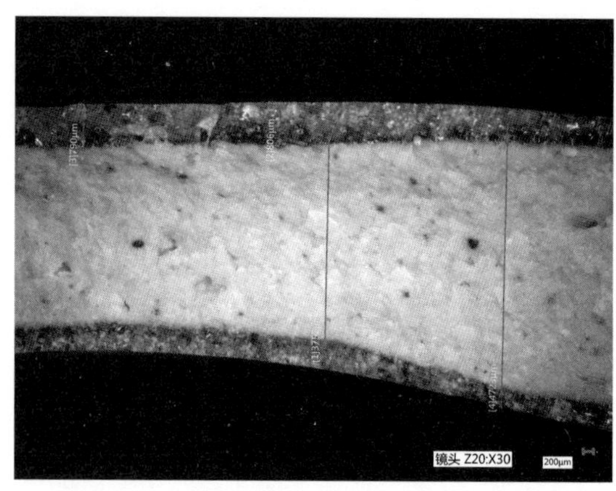

图16　元代中晚期37号瓷片断面

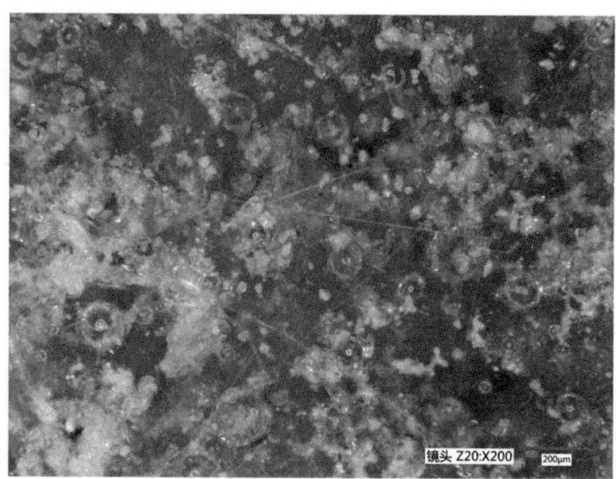

图17　元代中晚期37号瓷片釉面

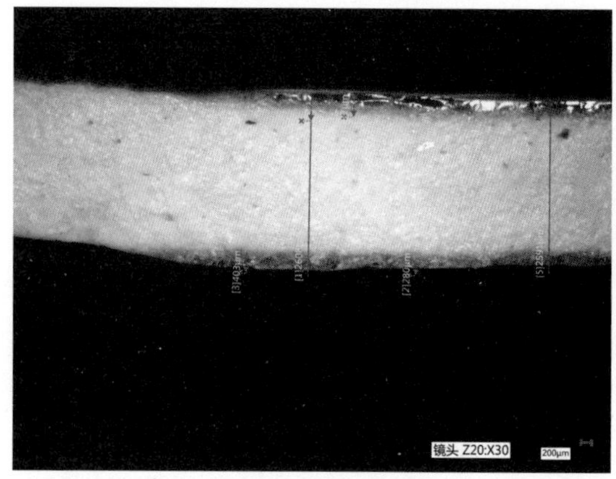

图18　元代中晚期42号瓷片断面

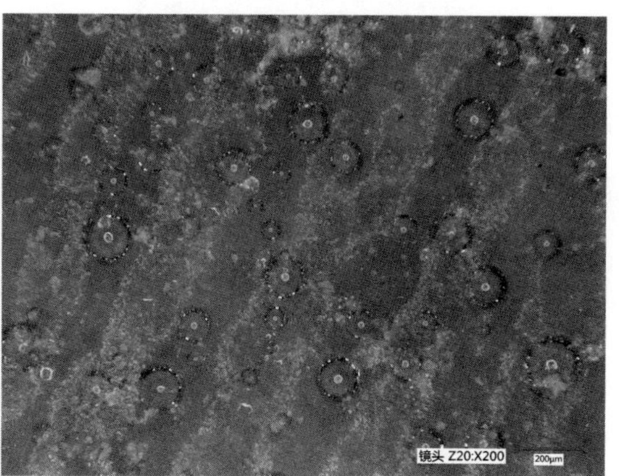

图19　元代中晚期42号瓷片釉面

同，这些差异性往往是判别陶瓷工艺特征和产地的重要佐证。本部分选取南宋晚期到元代中晚期的羊舞岭窑瓷胎样品17个，其中南宋晚期样品8个，元代早期样品5个，元代中晚期样品4个。采用便携式X射线荧光光谱分析仪对上述样品进行成分分析，检测出的元素有Al、Si、P、Ca、K、Ti、Mn、Fe等，对于元素含量较低的元素在此未列出。所选样品瓷胎中主量化学组成的含量如表4所示。

表4　瓷器样品瓷胎的化学成分　　（单位：质量百分数wt%）

实验室编号	年代	Al	Si	P	K	Ca	Ti	Mn	Fe
4	南宋晚期	13.84	28.23	0.16	4.46	0.63	0.10	0.03	1.84
6	南宋晚期	12.59	28.88	0.22	4.49	0.63	0.31	0.04	2.21
8	南宋晚期	9.67	32.00	0.13	4.12	1.14	0.04	0.03	1.57
9	南宋晚期	11.14	30.46	0.09	4.23	0.75	0.11	0.04	2.23
11	南宋晚期	11.07	31.03	0.12	4.19	0.48	0.11	0.02	1.76
12	南宋晚期	12.34	29.22	0.14	4.26	0.64	0.18	0.03	2.62
13	南宋晚期	12.25	28.31	0.15	5.10	1.15	0.16	0.05	3.22
17	南宋晚期	9.34	29.06	0.11	8.14	0.40	0.35	0.19	3.33

续表

实验室编号	年代	Al	Si	P	K	Ca	Ti	Mn	Fe
20	元代早期	11.10	29.42	0.22	4.82	0.52	0.20	0.16	3.23
23	元代早期	13.46	28.38	0.15	2.39	0.14	0.34	0.11	4.19
26	元代早期	12.05	28.89	0.24	4.64	0.64	0.22	0.07	3.09
29	元代早期	10.11	28.78	0.13	7.96	0.67	0.18	0.08	2.94
31	元代早期	10.21	28.61	0.25	6.12	1.08	0.13	0.00	2.45
34	元代中晚期	7.18	26.41	0.39	6.61	0.71	0.48	0.15	9.21
35	元代中晚期	12.63	29.77	0.12	2.56	0.24	0.20	0.07	3.05
36	元代中晚期	12.60	28.72	0.22	4.40	0.37	0.17	0.08	3.06
43	元代中晚期	12.11	29.74	0.18	3.45	0.64	0.15	0.07	2.62

由表4可知，XRF测试结果显示样品中Si元素的含量变化为26.41%～32.00%，Al元素的含量为7.18%～12.63%，故羊舞岭窑的瓷胎是高硅（～28%）低铝（～8%）的瓷泥。瓷胎的成分测试结果与上述表3中制瓷原料样品的测试结果基本一致，因此制瓷原料应来源于本地瓷泥。由于瓷胎中较高含量的Fe_2O_3和TiO_2使得多数瓷器的胎体呈浅灰色，从元素组成上来看三个历史时期的瓷胎化学组成并未发生显著改变。

为进一步了解羊舞岭窑出土瓷器胎体的成分特征，利用SPSS软件对表4南宋晚期到元代中晚期的瓷胎样品进行统计分析，由计算结果绘制出的因子载荷图如图20所示。

由图20可知，三个时期瓷胎元素的因子载荷图分布离散，南宋晚期、元代早期以及元代中晚期的实验点在图上不可分，说明三个时期的瓷胎化学组成变化不大。由此可推测在百余年的时间跨度内羊舞岭窑工们没有改变瓷胎原料的来源。

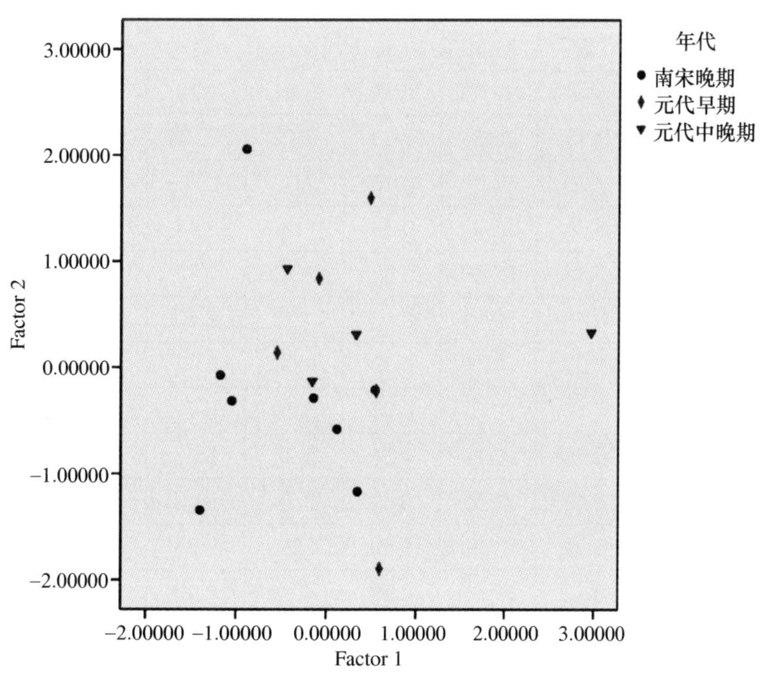

图20 南宋晚期至元代中晚期瓷片胎元素组成因子载荷图

4. 瓷釉结果分析

瓷泥的主要成分为SiO_2及Al_2O_3，纯石英的熔点高达1710℃，高岭土和瓷石的熔融温度也高达1500℃以上。因此釉料的配方中除了石英、瓷石或高岭土外，还必须加入大量的助熔剂才能使它们在较低温度下熔融成釉。

本部分选取羊舞岭窑瓷釉样品29个，用便携式X射线荧光光谱分析仪检测出的元素有Al、Si、Ca、K、Ti、Mn、Fe等，对于元素含量较低的元素在此未列出。所选样品瓷釉中主量化学组成的含量如表5所示。

表5 瓷器样品瓷釉的化学成分 （单位：质量百分数wt%）

实验室编号	年代	Al	Si	P	K	Ca	Ti	Mn	Fe
1	南宋晚期	5.91	30.71	0.18	3.40	9.26	0.02	0.04	1.05
2	南宋晚期	6.73	30.83	0.17	4.20	5.76	0.07	0.05	2.61
3	南宋晚期	6.66	27.93	0.27	2.84	11.74	0.06	0.09	2.09
4	南宋晚期	6.70	27.44	0.37	3.84	11.29	0.04	0.04	2.47
6	南宋晚期	5.57	27.88	0.32	3.83	12.74	0.06	0.07	1.83
7	南宋晚期	6.86	29.81	0.17	3.02	9.46	0.04	0.06	1.23
8	南宋晚期	6.83	32.36	0.11	3.43	5.41	0.02	0.03	1.05
9	南宋晚期	6.96	29.79	0.15	3.02	9.32	0.02	0.05	1.20
12	南宋晚期	6.57	31.60	0.16	3.81	6.25	0.05	0.04	1.33
13	南宋晚期	6.36	30.91	0.27	3.30	8.47	0.06	0.00	1.06
16	南宋晚期	7.47	29.78	0.15	3.93	7.69	0.05	0.08	1.32
18	元代早期	5.82	28.59	0.51	4.32	11.09	0.09	0.06	1.59
21	元代早期	6.18	29.67	0.35	3.97	8.86	0.09	0.04	2.18
22	元代早期	7.35	31.39	0.16	3.26	5.94	0.06	0.08	1.34
26	元代早期	6.44	29.69	0.32	3.91	9.29	0.07	0.06	1.27
29	元代早期	7.15	29.56	0.13	2.79	9.77	0.04	0.03	1.03
30	元代早期	7.30	27.02	0.18	2.09	13.71	0.05	0.04	1.30
32	元代早期	6.66	26.92	0.33	7.09	8.44	0.18	0.37	2.18
34	元代中晚期	7.31	27.69	0.67	2.78	9.72	0.11	0.78	2.49
35	元代中晚期	6.93	29.91	0.43	4.53	6.80	0.13	0.61	1.55
36	元代中晚期	7.02	30.19	0.32	4.04	6.17	0.11	0.62	1.96
37	元代中晚期	7.19	30.57	0.35	3.73	5.71	0.07	0.60	1.92
38	元代中晚期	6.58	29.74	0.54	2.94	6.65	0.11	0.78	3.69
39	元代中晚期	6.48	29.09	0.59	3.74	8.13	0.17	0.69	2.44
40	元代中晚期	6.92	31.28	0.29	3.22	6.08	0.12	0.53	1.33
41	元代中晚期	8.18	27.65	0.50	4.22	8.19	0.20	0.73	1.70
42	元代中晚期	6.73	32.16	0.32	2.95	5.60	0.11	0.46	1.00
43	元代中晚期	6.93	31.80	0.31	3.07	5.59	0.12	0.52	1.17

瓷釉是覆盖在瓷胎上的玻璃态薄层，我国古代陶瓷釉料中主要的助熔剂有CaO、MgO、K_2O、Na_2O、PbO、B_2O_3六种氧化物。助熔剂的含量和种类对釉的熔融温度、物理性质以及外观特征有着决定性的影响。同时瓷胎中也含有少量助溶剂氧化物，在陶瓷烧制过程中，助熔剂与SiO_2、Al_2O_3在高温下发生一系列的物理化学反应，生成少量玻璃相，填充于骨架之间，起到结合、强化骨架的作用。

根据表5的数据可知，相较于瓷器胎体，瓷釉中Si、Al元素的含量都有所降低。同时瓷釉中Ca元素含量显著增加，瓷胎样品中Ca元素含量0.14%～1.15%，而瓷釉中Ca元素含量高达5.41%～12.74%，同时P元素的含量也有所提高。

由南宋晚期TY23-2样品的衍射结果可知其主要成分为硅酸钙（$Ca_2(SiO_4)$），硅酸钙由氧化钙和二氧化硅在高温下煅烧熔融而成。而草木灰是高温釉中不可缺少的原料，草木灰中包含有助熔剂氧化物、着色剂Fe_2O_3及少量的P_2O_5。

根据上述结果可推测羊舞岭窑制瓷时把草木灰与石灰石一起烧炼成釉灰，制釉时将瓷石和釉灰按照一定比例配合。同一时期景德镇釉灰的传统制作工艺为，将石灰石块置于石灰窑中烧成石灰，用适量的水使其水解为氢氧化钙，然后和凤尾草或者狼鸡草相间迭叠并反复几次煅烧制成釉灰[6]。南宋晚期羊舞岭窑的釉料制作工艺与景德镇窑的釉料制作工艺极其相似，结合考古发现可推知羊舞岭窑的青白瓷窑业技术直接来源于景德镇窑，确切地说是从景德镇迁移过来的窑业工匠直接参与并指导了羊舞岭窑产品的制作[7]。

瓷胎的化学组成一般反映烧瓷原料的产地，而瓷釉的化学组成更多的反映其配方与工艺。为了解羊舞岭窑烧制过程中瓷釉配方的发展变化，利用SPSS软件对表5南宋晚期到元代中晚期的瓷釉样品进行统计分析，由计算结果绘制出的因子载荷图如图21所示。

由图21可知，羊舞岭窑的瓷釉明显分成两组，南宋晚期至元代早期为一组，元代中晚期

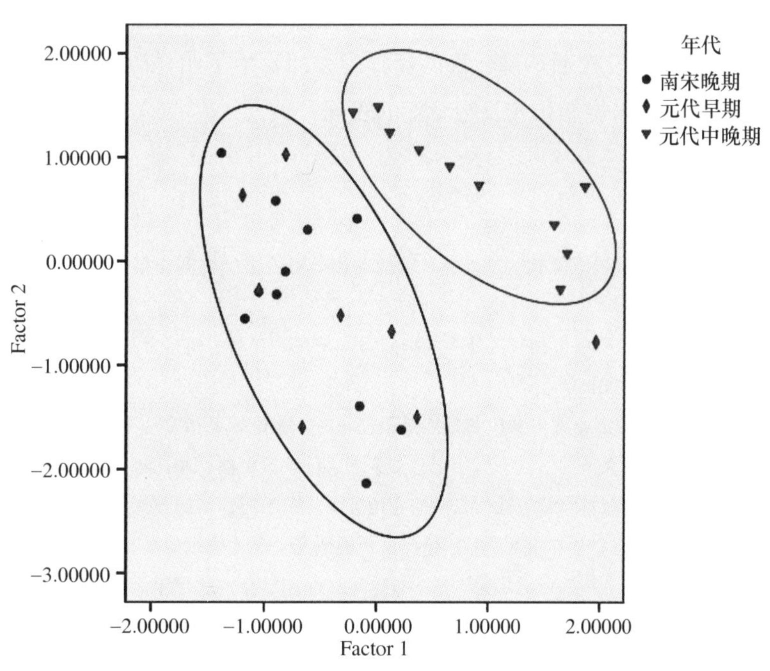

图21　南宋晚期至元代中晚期瓷釉元素组成因子载荷图

为另一组。由此说明南宋晚期至元代早期的瓷釉配方没有明显变更，但元代中晚期的瓷釉配方却发生了明显改变，这种变化主要反映在Fe、P、Ca元素的变化上。

考古发掘表明，羊舞岭窑在南宋晚期主要受景德镇窑的影响生产青白瓷。入元以后，随着景德镇窑青白瓷的整体衰退，龙泉窑抢占了景德镇窑的部分市场。羊舞岭窑在元代早期仍然延续景德镇窑的影响，到元代中期以后大量仿烧龙泉青瓷。南宋晚期羊舞岭窑釉料的制作方法与景德镇窑基本一致，发展到元代中晚期时瓷釉中P、Fe元素含量相对增加，Ca元素含量相对减少。P、Ca元素含量的相对变化可能是由于元代中晚期的釉料配方中加入更多的草木灰导致的。Fe元素为着色元素，它使胎色深而黑，使釉色黄且褐。元代中晚期羊舞岭窑烧制的青白瓷数量锐减，青瓷、酱釉和黑釉瓷的数量明显增加，说明此时瓷釉配方已发生改变，窑工有意识的选择Fe含量较高的原料来烧制仿龙泉窑的产品。

三、结　　论

羊舞岭窑从南宋晚期始烧青白瓷到元代转而仿烧龙泉窑青瓷的阶段性变化，对认识宋元时期羊舞岭窑的制瓷工艺流程等有着重要意义。本项研究对羊舞岭窑发掘采集的24份土样、制瓷原料样品及43件瓷片进行科学分析后初步得出以下几个结论。

（1）瓷器样品瓷胎元素的因子载荷图显示宋元时期羊舞岭窑的瓷胎化学组成变化不大，由此可推测在百余年的时间跨度内羊舞岭窑工们没有改变瓷胎原料的来源，羊舞岭窑的瓷泥主要取自当地。

（2）由瓷器样品及土样的化学组成分析结果，可以推测羊舞岭窑制瓷时把草木灰与石灰石一起烧炼成釉灰，制釉时将瓷石和釉灰按照一定比例配合，其制作工艺与同一时期景德镇窑的釉料制作工艺极其相似，进一步印证了羊舞岭窑的青白瓷窑业技术直接来源于景德镇窑。

（3）由瓷器样品瓷釉元素的因子载荷图可以推测南宋晚期至元代早期羊舞岭窑的瓷釉配方没有明显变更，但元代中晚期羊舞岭窑的瓷釉配方却发生了明显改变，应当是窑工有意识的选择铁含量较高的原料来烧制仿龙泉窑青瓷的表现。

注释

[1] 湖南省文物考古研究所、益阳市文物管理处：《湖南益阳羊舞岭窑址群调查报告》，《湖南考古辑刊》第8集，岳麓书社，2009年。

[2] 湖南省文物考古研究所、益阳市文物管理处：《湖南益阳羊舞岭瓦渣仑窑址Ⅱ区发掘简报》，《湖南考古辑刊》第11集，科学出版社，2015年。

[3] 杨宁波：《益阳羊舞岭窑的窑业技术来源和发展阶段初探——兼论景德镇窑、龙泉窑的兴衰对羊舞岭窑的影响》，《湖南省文物考古研究所建所三十周年纪念文集》，科学出版社，2016年。

[4] 张欢：《化学元素分析技术在古陶瓷产地研究中的应用》，《中国陶瓷》2013年第4期。

[5] 叶国珍、叶宏明、叶佳星：《中国古陶瓷工艺与技术科学研究》，《中国硅酸盐学会陶瓷分会2014学术年会暨全国陶瓷新技术、新材料、新装备论坛论文集》，中国硅酸盐学会，2015年。

[6] 张福康：《中国古陶瓷的科学》，上海人民美术出版社，2000年。

[7] 杨宁波：《从羊舞岭窑的发掘看景德镇窑业工匠入湘及其影响》，《景德镇南窑考古发掘与研究——2014年南窑学术研讨会论文集》，科学出版社，2015年。

宋元时期吉州窑瓷器装饰工艺概述
——以茅庵岭窑址出土瓷器为例

李兆云　张文江
（江西省文物考古研究院）

摘要：瓷器既是生活品，也是艺术品，其装饰工艺是文化内涵和美感艺术的具象化体现。笔者通过归纳2014～2018年度吉州窑茅庵岭窑址发掘出土的瓷器标本，梳理了宋元时期吉州窑瓷器的装饰工艺，对吉州窑瓷器的装饰艺术进行概述和总结，进而凸显出吉州窑窑业技术的不拘一格。多样的瓷器装饰工艺，充分体现了宋元时期的吉州窑窑工，在根植于本土文化因素的基础上，吸纳、模仿全国各地窑口的装饰技巧，兼容并蓄，自成一家，成功地将瓷器的实用性与艺术性有机地结合起来，创造出丰富多彩的瓷器艺术，使吉州窑得以在宋元众多窑址中脱颖而出。

关键词：吉州窑　瓷器装饰　多样性　创造性

吉州窑窑址是宋元时期南方地区一座著名的民间窑场，始于晚唐五代，快速发展于北宋，盛于南宋，终烧于元，生产瓷器长达五百余年。其产品以丰富的釉色、多样的装饰、兼容并蓄的风格闻名于世。《景德镇陶录》有载：“江西窑器，唐在洪州，宋出吉州。”[1]因此，吉州窑的地域影响力不容忽视，其在中国陶瓷发展史上扮演着较为重要的角色。

吉州窑，因属古吉州治下而得名。现位于江西省吉安市吉安县永和镇，与吉安市、吉安县呈三角形分布（图1）。永和镇地处吉泰盆地，农业发展水平较高，为吉州窑窑业发展奠定了良好的经济基础。赣江从镇东穿过，江阔水平，为吉州窑窑业的发展和瓷器的运输提供了丰富的水源资源。其对岸为青原山，山上莽莽密林，绿波翻涌，是吉州窑烧造瓷器薪柴的主要产地。同时，青原山鸡冈岭是著名的瓷土产地，据宋周必大《文忠集》载：“（隆兴二年七月）遂上鸡冈，永和之朝山也。窑泥皆仰给于此，遇地脉可凿，蹑阶以入，深至数十丈。初取皆细泥，见风乃凝如白石。一穴尽，即他之山为之，盖不知几百年。或云随取随生，恐是理。”[2]可见鸡冈岭瓷土之盛，这也是吉州窑瓷业兴盛的主要原因。

据历年考古调查资料显示，吉州窑窑址范围较广，南北长约2千米、东西宽约1.5千米，总面积可达80525平方米。遗址范围内窑包林立，共有24处，大小不一，附近窑业垃圾随处可见，是吉州窑曾经辉煌的真实写照。

本文所述茅庵岭为吉州窑24窑包之一，位于永和镇北侧，东昌路以南（图2）。2006

图1 永和镇位置图

年，为深入了解吉州窑的窑业面貌，江西省文物考古研究所（现为江西省文物考古研究院）和吉安县博物馆联合对吉州窑遗址进行遥感勘探。在此基础上，吉州窑考古队在茅庵岭南面山坡上布两个10米×10米的探方进行试掘，发现了丰富窑业堆积和一处窑炉遗迹。为了明确茅庵岭窑址的窑业面貌，丰富吉州窑瓷业的文化内涵，吉州窑考古队自2014年至今，对茅庵岭窑址进行了全面发掘，发掘面积近三千平方米，遗迹现象丰富，遗物种类多样。

在陶瓷发展历程中，窑工“为了迎合时尚，往往在考量成本和消费层的同时，选择自身熟悉且擅长的手法来表现陶瓷的流行趣味。展现时髦陶瓷的方式可有多样，而以器形和装饰最为直接。……陶瓷史上许多看似变幻万千、令人眼花缭乱的装饰效果，其实只是不同瓷窑陶工针对时尚趣味的一个素朴的回应方式罢了”[3]。吉州窑就是这样一个通过多样的装饰工艺来回应时尚趣味、赢得消费者的窑场。笔者在整理吉州窑茅庵岭窑址出土瓷器时，被吉州窑瓷器装饰风格的多样化所惊艳，其丰富的主题，娴熟的工艺，流畅的运笔，多变的风格，活泼的形象，无不体现着宋元时期吉州窑装饰工艺的博采众长和独树一帜。在此，笔者通过吉州窑茅庵岭窑址出土的瓷器，简要概述吉州窑宋元时期的装饰工艺。

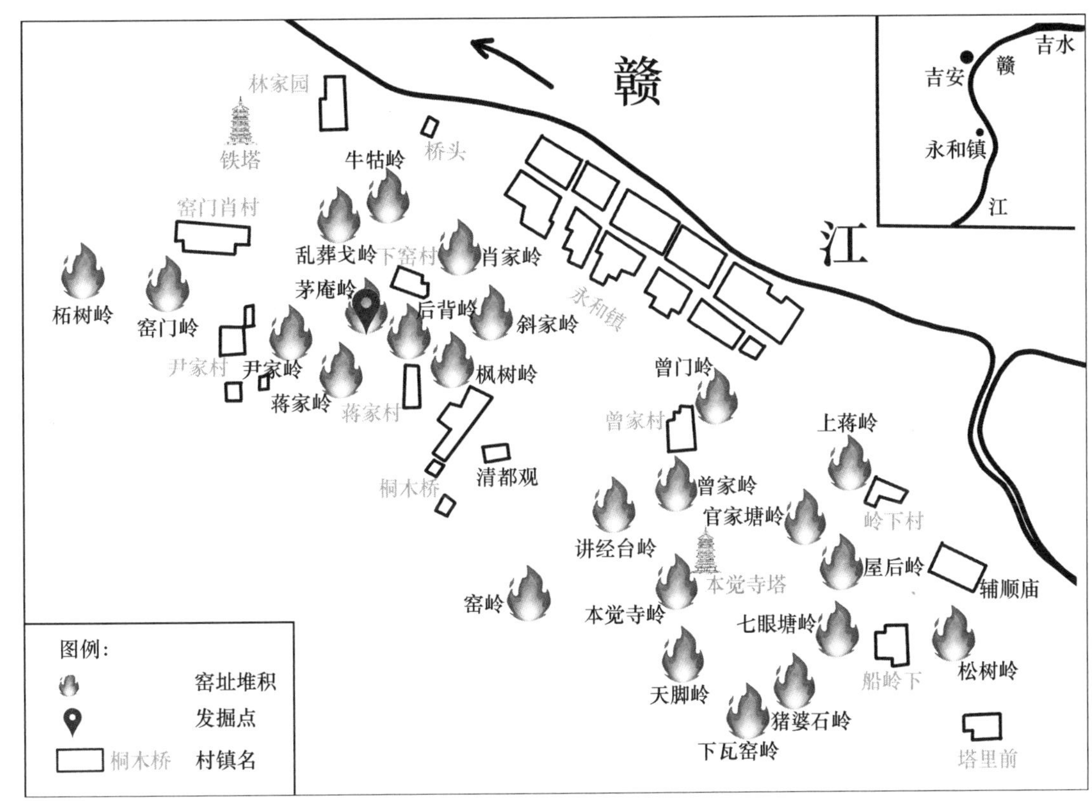

图2　吉州窑茅庵岭窑址发掘点示意图

一、瓷器装饰工艺

（一）木叶纹装饰工艺

木叶装饰又称“木叶纹”“木叶贴花”，是吉州窑黑釉瓷器装饰技法的巅峰之作，属吉州窑独创技艺。根据木叶盏的出土情况，木叶装饰多为一器一叶，一器多叶的装饰工艺虽有发现，但数量极少。吉州窑的工匠，将一片木叶加工处理后，置于碗盏底部，经过高温烧造。烧成后木叶或舒展，或卷曲，木叶的淡黄色与器物的黑釉底色对比鲜明，极具禅韵。

2014年茅庵岭发掘出土的木叶盏14MT5413①a：27为黑釉盏残底，釉面莹润，玻璃感较强。胎呈青灰色，胎体致密，胎质略细腻。盏内底装饰木叶，木叶基本完整且舒展，轮廓清晰，叶脉略显模糊。整体装饰具有“一叶一菩提”的禅意（图3）。

图3　木叶盏（14MT5413①a：27）

值得一提的是，木叶盏在茅庵岭出土的瓷器中所占比例较小，可见当时木叶装饰的产品所占比重不大，应与其烧制难度大有关。

（二）剪纸贴花装饰工艺

剪纸是一门历史久远的传统艺术，是在鲜艳的纸上进行镂空剪刻，让其呈现出丰富多彩的具体形象，或动物，或植物，或人，或神，或粗犷厚重，或简洁明快，自身独具艺术魅力。

剪纸工艺萌芽于西周的剪桐，积淀于汉代的“剪彩”。承袭汉代遗风的魏晋，在汉代剪彩为幡的基础上，开创了将剪纸运用于装饰房屋的先河。南北朝时期，受佛教影响，形成了“功德花纸”的剪纸艺术。隋唐时期的剪纸艺术已有相当成熟的艺术水平，不仅剪纸题材种类增加，而且人胜剪纸流传国外，文化影响力逐渐扩大。宋元时期，剪纸艺术已是成就卓越，“一是延续汉唐遗风，于立春剪春幡，并发展到元旦，出现了‘年幡’；二是出现了专业性强的剪纸手工艺者；三是产生了审美价值突出的观赏性剪纸”[4]。至此，剪纸艺术将世俗世界和精神世界完美地结合起来。

吉州窑的剪纸贴花装饰，是工匠通过自己娴熟的制瓷技艺，将陶瓷这门火的艺术和剪纸这项纸的技艺，完美结合起来，“流露出浓郁的民俗气息，成为艺术来源于生活的极好注脚”[5]。

此次茅庵岭窑址的发掘对剪纸贴花装饰工艺的研究有了新的认知，根据工艺的不同分为胎上贴花和釉上贴花两种，而传统研究中的剪纸贴花工艺仅指釉上剪纸贴花工艺。釉上贴花的工艺“这是在施好黑釉的碗中，把剪纸花安置在适当部位，再用玳皮釉的方法，弹施上另一层黄白釉水在上面，这时拿去纸形，就有白地黑花的效果，再入窑烧制而成”[6]。因此，此类装饰工艺又被称为“窑变黑釉的剪纸贴花”[7]。这种装饰方式的纹样图案为黑色，较黑釉颜色略深，二者浑然一体，相得益彰。釉上贴花的装饰工艺应用较胎上贴花广泛，在圆器和琢器上均有发现，纹样图案也更为丰富，常见纹饰有飞凤纹、龙纹、蝴蝶纹、鹿纹、鸳鸯戏水纹、冰梅纹、折枝花纹和吉祥语等喜庆题材。例如黑釉剪纸贴花吉语纹盏（14MF39③：5），该器施酱黄色窑变釉，内腹壁对称三组菱花形剪纸贴花纹样，菱花内各有“长命富贵”“金玉满堂”“福寿康宁”三组吉语，寄托着人们对美好生活的期许，富有生活气息（图4）。

胎上贴花又被称为“单色黑釉的剪纸贴花”[8]，它的工艺与釉上贴花略有不同，它的工艺流程是，先将剪好的纹样贴于器物胎体上，施黑釉，再将剪纸揭掉，入窑烧制。这种工艺使得剪纸揭掉的部位露出白胎或灰白胎，与黑釉产生强烈的对比美感，极具层次性。这类剪纸贴花工艺多应用于瓶、罐类琢器上，以梅花、杜鹃花等装饰纹样为主。例如16MF39④：37这件黑釉剪纸贴花长颈瓶，虽然腹部以下残缺，但残余部分仍可见折枝杜鹃花的花朵和部分枝叶装饰，纹样主体露出白色胎色，花蕊留黑釉，纹样生动，朴素大方（图5）。

图4 黑釉剪纸贴花盏（14MF39③：5）

图5 黑釉剪纸贴花长颈瓶残口（16MF39④：37）

（三）窑变装饰工艺

如果说吉州窑其他的装饰工艺是工匠有意的艺术创作，那么，窑变装饰工艺则是人类艺术和窑火艺术的完美融合。窑变装饰主要见于黑釉瓷器，它是一种重复施釉的工艺技法，它通过洒釉甚至描绘的方式，或滴，或喷，或涂，用不同于表面黑釉的釉料随意或有意地绘制纹样，最后在窑火中形成色彩斑斓结晶斑纹，“釉面与釉斑交相辉映，别具风韵。各种窑变色斑犹如云雾、细雨、芦花、玳瑁的甲壳、虎皮的纹斑或青、蓝、绿、紫的火焰”[9]。

窑变装饰的纹样很多，具体可细分为：兔毫纹（采用洒釉甚至毛笔描绘白釉的方式，经窑火析出如兔毛斑的褐色纹样而得名）、玳瑁斑（在黑色的釉面上，以另一种釉料滴上并涂抹成不规则的黄褐色几何形斑点，似海龟的颜色呈玳瑁斑状，故名）、鹧鸪斑（以乳浊白釉滴于黑釉之上，形成直径5～10毫米的白色斑点，其边缘毛糙，似鹧鸪鸟胸前的斑纹）、虎皮斑（因其像虎皮的斑点而得名）等[10]。

在吉州窑茅庵岭窑址的发掘过程中，装饰有窑变工艺的黑釉瓷器出土量是最多的，该装饰纹样应为吉州窑瓷器的主要装饰工艺技法。2014年茅庵岭发掘中出土一件黑釉兔毫撇口杯（14MF74：84），撇口，深弧腹，圈足，内底模印“寿”字。灰白胎，胎体致密。黑釉，釉色略带酱色。内腹壁饰有淡紫色和土黄色的兔毫纹装饰（图6）。2016年发掘出土的黑釉鹧鸪斑侈口盏（16MF39④：71），釉色为黑酱色，内腹壁满饰灰白色鹧鸪斑点，每个斑点带有蝌蚪状的小尾巴，分别从周边向内聚集，系由外向内喷釉时所致（图7）；黑釉玳瑁束口盏（16MF39③：79）在器物内壁饰满黄褐色玳瑁斑，纹样随意，或条状，或斑点状，无固定样式（图8）。

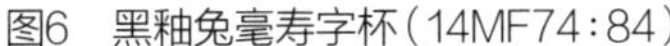
图6　黑釉兔毫寿字杯（14MF74：84）

图7　黑釉鹧鸪斑侈口盏（16MF39④：71）

（四）彩绘装饰工艺

在陶瓷装饰中，彩绘装饰工艺是应用较为广泛的一种装饰技法，它是工匠在对矿物颜料有充分认知和美感意识萌芽的基础上产生的美学工艺，肇始于新石器时代陶器的彩饰技艺。新石器时代中晚期，分布于不同地区的不同文化类型均出现了彩陶艺术，以仰韶文化、马家窑文化、大汶口文化等文化类型最为典型。

在瓷器出现后，彩绘装饰也多有应用。随着彩绘工艺的不断发展，彩绘装饰逐渐分为釉

图8 黑釉玳瑁束口盏（16MF39③：79）

上彩绘和釉下彩绘两种。在吉州窑彩绘装饰中，二者并存，但以釉下彩绘为多，也最具地方特色。

吉州窑瓷器的釉下彩绘又称“白地褐彩”“白地黑花”，它是在白色的化妆土上，绘制水墨画风格的彩绘纹样，后再施一层透明釉，入窑烧制而成。白地褐彩器形制种类多样，以琢器为主，有直颈罐、束颈罐、四系罐鼓钉罐、小罐、罐盖、执壶、小壶、长颈瓶、梅瓶、净瓶、盘口瓶、壶瓶盖、三足炉、圈足炉、枕、花盆、瓷塑等；圆器较少，仅有盆、钵、碗、盘、盒几类。

纹样题材丰富多样，运笔变幻多端、妙笔生花，颜色黑白对比强烈。白地褐彩器的纹样题材主要可分为四类：几何纹、植物纹、动物纹和文字类。几何纹主要有弦纹、回纹、水波纹、云气纹、螺旋纹、龟背锦地纹、钱纹、银锭纹等；植物纹种类最为丰富，包括水草纹、芦苇纹、卷草纹、荷叶纹、莲瓣纹、折枝莲荷纹、折枝花纹、缠枝荷花纹、折枝梅花纹、折枝兰花纹、折枝牡丹纹、缠枝菊花纹等；动物纹有鱼纹、鸳鸯纹、奔鹿纹、蝴蝶纹等；文字类可分为两种，一种是褐彩诗文，以瓷为纸，以彩为墨，在器体上书写长篇诗文；另一种是单体文字或词语，如“大”“中”“记”“吉”“大吉”“太平”等。整体而言，釉下彩绘的装饰具有浓厚的乡土气息和美好愿望，映衬出庐陵文化的优美典雅。

2016年茅庵岭窑址发掘出土一件白地褐彩玉壶春瓶（16MF39④：69），口部缺失，腹部斜直微弧，最大腹径位于近底部，圈足。灰白胎，胎体略致密。通体施透明釉，釉面较粗糙。该器颈部饰多道褐彩弦纹，腹部饰覆莲二开光，内绘兰草纹，底部绘褐彩宽弦纹（图9）。装饰纹样生动形象，极具情趣、意境，韵味独特。

图9 白地褐彩玉壶春瓶（16MF39④：69）

除大量的釉下彩绘装饰外，吉州窑瓷器上还有部分釉上彩装饰工艺，主要饰于黑釉、酱釉、白釉、青白釉等釉器。它是在已施釉的器物上，“用毛笔蘸含铁量较少的草木灰釉彩料，直接描绘图样，烧成后器物上的纹样与底釉相溶而看不到笔触，在深沉的底色配以浅淡的纹饰，简洁明快”[11]。

和釉下彩绘相同，釉上彩绘的题材也可分为几何、植物、动物和文字四类。几何形纹样有点状、斑状、线状、如意云纹等。如黑釉彩绘碗底（16MF89②：20），该器仅存残底部分，在其内底随意挥洒黄褐色的釉料，形成网状交织的样式，具有飘逸之感（图10）。植物纹和动物纹是釉上彩绘的主流图案，前者有花卉纹、折枝梅纹、月梅纹、葵花纹、团花纹等，后者主要以游鱼、龙凤为大宗。如酱釉彩绘圆形枕（16MF82①：1），仅存枕面，呈椭圆形，灰白胎，胎体略细密。外侧施酱釉，釉面无玻璃光泽。枕面外缘绘一圈黑彩，内绘写意折枝牡丹纹（图11）。纹饰风格笔势灵活生动，具有写意、朦胧的美感，颇有生机盎然之韵。釉下彩绘的文字装饰均为单个的字或词组，分布在黑釉和白釉碗盏类器底，有“吉”“记”“大”“中”“荣”“孟”“院”“寿”“斗会”“太平”“大吉”等。文字虽然简单，但其包含的信息耐人寻味。

图10　黑釉彩绘碗底（16MF89②：20）

图11　酱釉彩绘圆形枕（16MF82①：1）

（五）刻划、印花装饰工艺

与彩绘装饰工艺一样，刻划、模印装饰也是一项历史极为久远的工艺手法，早在新石器时代早期，这种简单、原始、直接的装饰手法就被应用于陶器的美化上，是一种以刀为笔的工艺技巧。

刻划花装饰技法“是在尚未干透的器物坯体表面以铁刀等工具刻制出花纹，然后施釉或者直接入窑焙烧。……它的线条有宽、窄、深、浅的不同。配合深浅不同釉色的变化，纹样在釉下颜色变幻有很强的立体感”。而印花则是“用已有花纹的实物作为工具在陶坯上压印处排列规整的条纹图案，……印花纹饰构图严谨，层次分明，密而不乱，题材丰富”[12]。

吉州陶瓷中，刻划花装饰工艺主要用于青白釉器和绿釉器，兼有部分黑釉器、酱釉器、黄釉器和素胎器等各类，装饰器型以罐、瓶、钵、枕、炉等器型为多。纹样图案有弦纹、网格纹、八卦纹、水波纹、卷草纹、蕉叶纹、莲瓣纹、菊花纹、兰花纹、花卉纹、花草纹、牡丹纹、竹叶纹、叶脉纹、鱼纹、飞凤纹和“大”“吉”“记”等文字。

图12为2016年茅庵岭窑址发掘出土的青白釉刻划花高足杯（16MF39①：5），器口外撇，上腹较直，下渐弧收，喇叭状足中空，足沿外撇。青白釉，釉面玻璃质感强烈。灰白胎，胎体细腻、致密（图12）。高足杯内腹壁刻划折枝花草纹，刻划手法如景德镇青白瓷中的“半刀泥”，线条有宽有窄，有深有浅，刀锋犀利洒脱，线条流畅，花草纹整体具有强烈

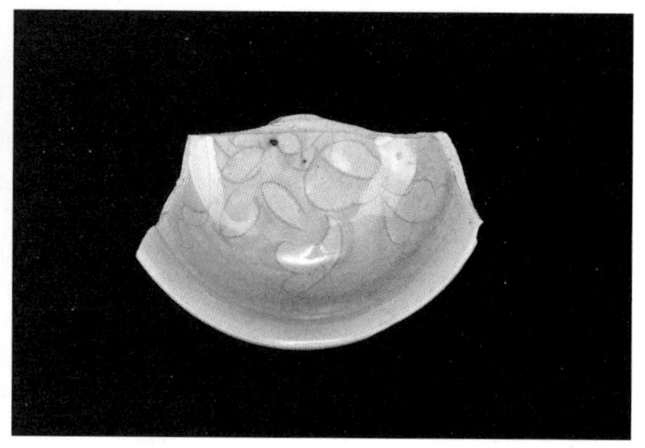

图12 青白釉刻划花高足杯（16MF39①:5）

图13 青白釉印花撇口盏（14MF72:57）

的浮雕效果。

图13则为2014年发掘出土的青白釉印花撇口盏（14MF72：57），该器撇口、方唇、斜弧腹，内底压印为小平底，矮圈足。青白釉泛灰，内外均施满釉，仅口部刮釉成芒口。灰白胎，胎体致密（图13）。盏内腹壁模印缠枝牡丹纹样，线条粗细有别，灵动地表现出花蕊和叶脉的纤细，纹样结构严谨。

（六）双色釉装饰工艺

双色釉装饰工艺是吉州窑茅庵岭窑址出土的又一陶瓷装饰工艺，该项装饰手法在河北、河南、山西等地窑址出土瓷器标本上均有发现。如果前面所述装饰手法是形象艺术的话，那双色釉装饰工艺就是一种单纯的颜色艺术。双色釉装饰工艺是通过对器物内外施不同颜色的釉料，经窑火烧制后，器物内外呈现不同的颜色，形成颜色对比，从而达到美学装饰的目的。

茅庵岭发现的具有双色釉装饰工艺的器物极少，目前仅发现七类双色釉器：①白覆轮器，该类器物内外皆施黑釉，在器口处刮釉一圈，后施白釉，“或许是由于宋代陶瓷装饰金属边扣已蔚然成风，致使不少宋代瓷窑采取更为廉价、简便的装饰技法意图模仿金属扣的视觉效果”[13]，出土的器型主要有碗、盏类；②外腹壁施青釉、内腹壁施黑釉，该类器物仅有梅瓶；③外腹壁施黑釉、内腹壁施青釉，仅罐一类；④外侧施黑釉、内侧施白釉，发现器物有碗、盘两类；⑤外腹壁施白釉、内腹壁施黑釉，仅罐一类；⑥外腹壁施酱釉、内腹壁施青白釉，仅存盏类；如2014年茅庵岭窑址出土的外酱内青白束口盏（14MF76：10），束口，斜直腹，内底压印为小平底，饼足。灰白胎，胎体略粗糙。内侧施青白釉，釉色泛灰，外腹部施黑釉至下腹部，釉色发酱，釉面莹润（图14）；⑦外腹壁施酱釉、内腹壁施白釉，仅存碗类。

由此可见，虽然具有双色釉装饰工艺瓷器的出土量较少，但是其釉色组合的空间相当丰富，颇具特色，应是受到北方窑业装饰技法的影响和启发，体现了北方窑业技术在吉州窑的融合。

图14 外酱内青白束口盏（14MF76：10）

（七）贴塑装饰工艺

贴塑装饰即贴花工艺，又称为“模印贴花”，是将模印或捏塑的各种人物、动物、花卉、铺首等纹样的泥片用泥浆粘贴在已成型的器物坯体表面，然后施釉，入窑焙烧[14]。这种装饰工艺下的纹饰凸起，极具浮雕感和立体感，使得纹样更为生动、逼真。早在先秦时期，陶器的装饰上已用此种装饰技巧。贴塑装饰工艺发展至宋元时期，更为完善成熟，纹饰更加精美、新颖，有很多陶瓷精品。

2014年出土的青白釉莲花枕（14MF14：60）是茅庵岭窑址中出土贴塑装饰技法为数不多的精品之一，虽然该器残缺严重，但其堆塑的荷花装饰活灵活现，犹如立于荷塘之中。该器青白釉，枕面满釉，枕座部分施釉，釉面有玻璃光泽。白胎，胎体致密、细腻。枕面刻划荷叶纹样，残缺严重，底座壁贴塑荷叶和莲花（图15）。整体造型活灵活现，犹如器物诞生于莲荷之中。

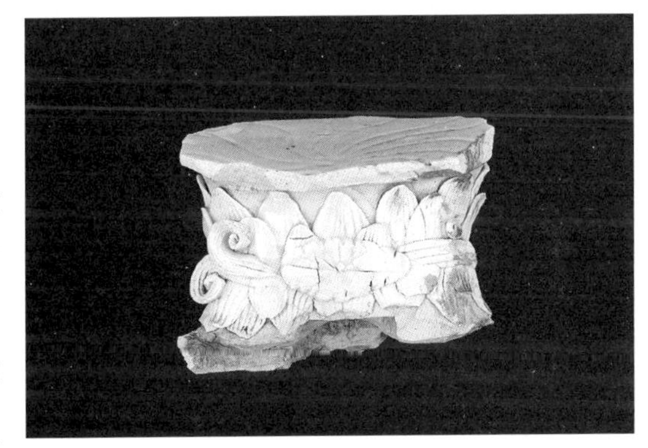

图15 青白釉莲花枕（14MF14：60）

（八）化妆土工艺

化妆土又名“陶衣”“护胎釉”，是在质地粗糙或颜色较深的瓷坯表面所施的一层白色瓷土。因这层介于胎、釉之间的瓷土具有美化瓷器的作用，故名化妆土[15]。器表施用一层化妆土后，遮盖了粗糙的坯体表面和较深的胎体颜色，使得釉面光泽更为美观、透亮，达到美化器体的目的。

吉州窑黑釉器上也有此类装饰工艺的痕迹，但又与传统意义上化妆土的作用略有不同。在茅庵岭窑址出土的黑釉盏外腹壁下侧，部分可见一层红色颜料涂抹器胎，近似一层陶衣，对灰暗的坯体颜色进行美化。之所以说，吉州窑的这种化妆土装饰工艺与传统意义上的略有不同，是因为传统意义上化妆土的使用是在器物坯体上施陶衣，后在化妆土上施釉。同时期的磁州窑就采用了此种化妆土工艺。但从茅庵岭窑址出土遗物来看，其装饰工艺应是施釉和施化妆土不在器坯的同一处，化妆土一般仅施于外腹壁下部、釉水未覆盖的地方，有些器物上甚至因陶工在施化妆土时较为随意，还在釉线和陶衣之间留有明显间隙。如黑釉玳瑁束口盏（16MF95：1）（图16），外腹壁下部露出红色化妆土，陶工施化妆土时较为细致，使得釉线和化妆衣之间紧密贴合，部分区域釉水在向下流动时略微盖过化妆土。但黑釉剪纸贴花弇口盏（16MF39③：39）（图17），外腹壁未施釉部分施红色覆胎浆，但由于陶工施化妆土时的随意性，致使化妆土与釉线之间可见较大间隙。

图16 黑釉玳瑁束口盏（16MF95:1）

图17 黑釉剪纸贴花弇口盏（16MF39③:39）

两相对比而言，吉州窑瓷器上的化妆土工艺不存在凸显釉色光泽的作用，它的主要作用应该只是达到用红色覆胎浆遮盖灰色胎体的目的。

二、结　语

综上所述，装饰工艺是提高陶瓷质量、提高艺术价值、增加消费吸引力的重要手段，宋元时期的吉州窑在这一点上达到了极致，这是吉州窑陶工智慧的结晶，也是吉州窑窑业兼容并蓄的产物。在上述八种装饰工艺中，不仅有木叶纹、剪纸贴花和彩绘装饰工艺这种根植于吉州窑本土庐陵文化、禅宗文化和仕人文化而萌发的美学工艺，而且还吸收了不少其他窑口的装饰工艺，如来源于建窑的窑变艺术、定窑的模印装饰工艺、洪州窑的化妆土工艺、北方窑口的双色釉工艺等，使得产品形成变幻无穷、丰富多彩的装饰效果，生动反映了当时人们对艺术美学的感悟和记忆，充分体现了吉州窑窑业文化的包容性和模仿性。

因此，可以说吉州窑作为江南地区一座著名的综合性民窑窑场，不仅具有浓厚的地方风格、文化特色，而且吸收了不少其他窑场的技术因素，正是在内外因共同作用的前提下，才有了宋元时期吉州窑的辉煌成就，成为一朵“开放异彩的山花”。

注释

[1] （清）蓝浦著，傅振伦、孙彦整理：《〈景德镇陶录〉详注》，书目文献出版社，1993年，第154页。

[2] （宋）周必大：《文忠集》，《景印文渊阁四库全书》，台湾商务印书馆，2008年影印本，第1148～1189页。

[3] 谢明良：《中国陶瓷剔划花装饰及相关问题》，《陶瓷手记3——陶瓷史的地平与想象》，石头出版股份有限公司，2015年，第51页。

[4] 王烨：《中国古代剪纸》，中国商业出版社，2014年，第58～78页。

[5] 北京艺术博物馆编：《中国吉州窑》，中国华侨出版社，2013年，第71页。

[6] 刘良佑：《陶瓷——宋、元、明、清》，幼狮文化事业公司，1992年，第68、69页。

[7] 余家栋、刘杨：《中国古代名窑 吉州窑》，江西美术出版社，2016年，第59、60页。

[8] 刘良佑：《陶瓷——宋、元、明、清》，幼狮文化事业公司，1992年，第68、69页。

[9] 张文江、赖金明：《吉州窑陶瓷文化探析》，《陈昌蔚纪年论文集》（第七辑），财团法人陈昌蔚文教基金会，2015年，第73页。

[10] 李家治：《中国科学技术史 陶瓷卷》，科学出版社，1998年，第236页；张翊华、李萍、李科友：《中国古陶瓷鉴定》，香港天马图书有限公司，2001年，第196页。

[11] 张文江、赖金明：《吉州窑陶瓷文化探析》，《陈昌蔚纪年论文集》（第七辑），财团法人陈昌蔚文教基金会，2015年，第66页。

[12] 吴隽主编：《陶瓷科技考古》，高等教育出版社，2012年，第155页。

[13] 谢明良：《金银扣陶瓷及其有关问题》，《陶瓷手记——陶瓷史思索和操作的轨迹》，石头出版股份有限公司，2008年，第172页。

[14] 吴隽主编：《陶瓷科技考古》，高等教育出版社，2012年，第166页。

[15] 李刚：《古瓷谈萃》，浙江人民美术出版社，2008年，第287页。

赣州七里镇窑址发掘出土唐宋龙窑研究

肖发标　陈镇江

（江西省文物考古研究院　兴国县博物馆）

摘要：1986～2016年，江西省文物考古研究所与赣州市博物馆联合组成的七里镇窑址考古队在赣州七里镇窑址先后调查发现了五代至元代时期的龙窑12座，并发掘了其中的6座。在发掘出来的6座龙窑中，按时代来分，2座属于五代，2座属于南宋，2座属于元代。这6座龙窑都用砖砌，坐北朝南，北高南低。但由于分属不同时代，大小、长短不一。南宋时期的龙窑特别高大，窑床宽度全在4米以上，是之前五代与之后元代龙窑窑床宽度的两倍。最为难得的是，在赖屋岭窑包山上发掘的一座南宋龙窑保存了非常完整的窑头，从窑前工作面到窑门、火膛都完整呈现；赖屋岭发掘的另一座五代时期的龙窑，除了保存完整的窑头，还保存了一段长达2米多的砖砌窑顶，使我们可以清晰地知道唐宋龙窑的高度；周屋岭窑包山上发掘的一座南宋龙窑则保存了多达7次改扩建痕迹的完整龙窑窑尾，烟道、烟室、出火孔都很清楚。再加上1986年在张屋岭发掘的两座平行的元代龙窑和在砂子岭发掘的一座五代龙窑，可以让我们清楚地了解到从五代到南宋，再到元代，龙窑的发展变化过程；从保存较好的窑头、窑尾与窑顶，则可以探究宋元龙窑的建筑技术。

关键词：七里镇　龙窑　研究　陶瓷考古

七里镇窑遗址位于江西省赣州市章贡区水东镇七里村和沿埘村（图1），始烧于唐末、五代，盛烧于两宋，终烧于元末明初，前后延续烧造500余年，是宋元时期江西省四大名窑（其他三座是景德镇窑、吉州窑、白舍窑）之一。1959年列为省级重点文物保护单位，2013年3月又被国务院公布为第七批全国重点文物保护单位。

七里镇窑址遗址东至七里村砂子岭、南至贡江北岸、西至沿埘村杨家岭、北至虔东大道，分布面积约为1平方公里，包括现存的杨家岭、梧桐栋、木梓岭、鲤鱼形、高岭、殷屋对门、张家岭、郭屋岭、周屋岭、周屋坞、殷屋岽、袁屋岭、殷屋背、刘屋岭、湖头塘、赖屋岭、罗屋岭、砂子岭等18座烧窑留下的窑业堆积（现为瓦鉢岭），30多口掘取瓷土后留下的瓷土坑遗迹（现为水塘），窑工居住与制瓷作坊区遗迹（现为居住区或菜地）以及销售运输瓷器留下的古道与古码头遗迹（图2）。

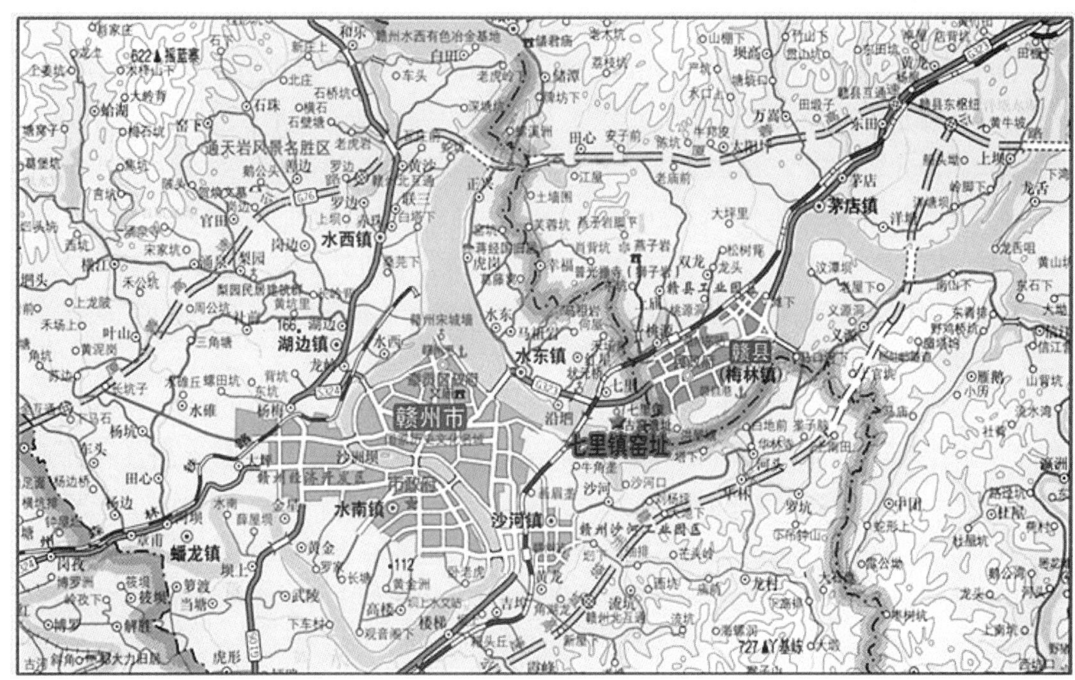

图1　七里镇窑遗址位置图

图2　七里镇窑址保护范围与建控地带图

一、考 古 发 现

1956年4月14日，江西省文物局赣南文物普查工作组王咨臣先生等根据赣州市社会人士座谈会提供的线索发现了七里镇古瓷窑。以后，江西省博物馆和赣州市博物馆又对窑址进行了多次调查。

1985年11月至1986年1月、1986年10月至1987年1月，江西省文物考古研究所联合赣州市博物馆，先后对七里镇窑遗址的砂子岭、周屋岭、张家岭三处窑业堆积进行了两次抢救性发掘，发掘总面积1961.8平方米，出土遗物4940件。在砂子岭窑业堆积的底部揭示晚唐或五代龙窑一座，在张家岭南坡发掘出南北平行的元代龙窑两座，对七里镇窑遗址的窑床结构、烧造工艺及历史、产品特点等有了重要认识，并在1990年《江西文物》第四期发表了正式发掘简报。

1991年9月，江西省文物考古研究所联合赣州市博物馆对木梓岭堆积进行了第三次抢救性发掘，发掘面积675平方米，未发现窑床及作坊遗迹，出土众多遗物。

2014年7月至2016年12月，为编制全国重点文物保护单位七里镇窑遗址的保护规划，找到七里镇窑的代表性产品，弄清七里镇窑的制瓷年代与各时代产品风格，并对其遗产价值进行科学评估，江西省文物考古研究所联合赣州市博物馆，对七里镇窑遗址进行了全面调查与第四次考古发掘。

截至2016年底，江西省文物考古研究所与赣州市博物馆联合组成的第四次七里镇窑址考古队，在七里镇窑址的周屋坞、赖屋岭、袁屋岭、殷屋岽等四座窑业堆积的断面上新调查发现了6座龙窑，其中4座属于南宋时期的龙窑都是特大型龙窑，窑室宽度超过4米，尤以袁屋岭龙窑最宽，达到了罕见的4.9米。这样，再加上第一、二次考古发掘期间，在砂子岭与张屋坞窑业堆积上发现的3座龙窑，在七里镇窑址共发现了9座龙窑遗迹。考古队对其中的6座龙窑进行了考古发掘，对其中的3座只进行了考古勘探（图3）。

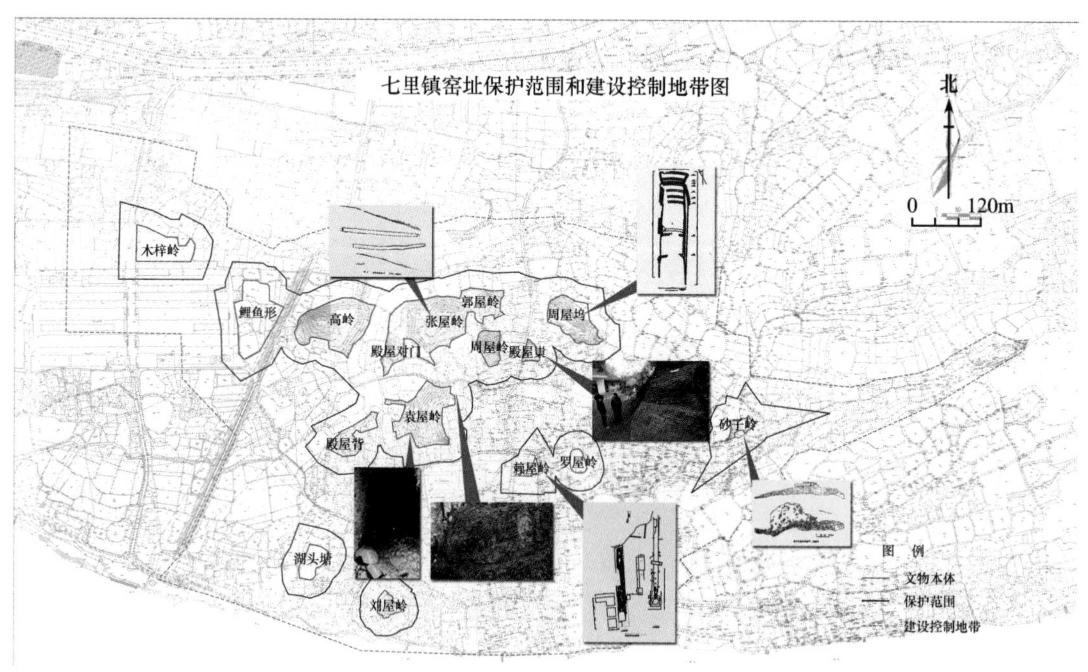

图3　七里镇窑址龙窑遗迹分布图

二、龙 窑 遗 迹

从1985年到2016年，江西省文物考古研究所等单位，在七里镇窑址共发掘出了6座龙窑。

下面，我们就来分别介绍这6座龙窑遗迹。

1. 砂子岭龙窑（Y1）

在距地表4.2米深处的生土层之上，残长5.7米，宽1.5米，残高0.63米。用红砖迭砌，顶呈券拱形（图4）。从龙窑窑床上残留的垫柱等窑工具判断，此龙窑年代属于晚唐、五代时期，以烧青瓷为主。

图4　砂子岭龙窑平、剖面图

2. 张屋岭龙窑（Y2、Y3）

在地表至3.8米深处，揭示两座平行的龙窑。两窑相距3.9米，东侧窑床比西侧窑床低1.2米。均用青灰砖垒砌。东侧龙窑（Y2）平面呈船形，窑长37.9米，斜长40米，宽1.87～2.17米，窑头宽0.2米。窑向南偏东13°。倾斜度13°～27°。窑头和窑床保存较为完好，窑头部位券拱尚清晰可见。窑壁用青灰砖纵向错缝铺砌。砖长10～17厘米，宽11～13厘米，厚3.5～5厘米。东西两壁残留1～21块砖高。火膛部位采用厚青灰砖横竖铺砌，砌迭不甚规则。窑两壁有三道边棱，显系经过三次改建。砖长22～23厘米，宽12厘米，厚6.5～8厘米。火膛至窑头西侧残留有券拱遗迹。窑床中段西壁残留一窑门砖框遗迹。窑尾部分砌有匣钵两行，是覆盖状，形似烟道铺底层，窑头与火膛之间，砌有一道纵向平铺青灰砖。窑床建在破碎匣钵与瓷片之上。窑底用细砂垫底，其上再加黄泥夯筑，经高温与釉汁掺贴，形成多层坚硬的烧结面。

西侧龙窑与Y2平行，间距3.9～5.1米，较Y2高出地表1.2米。窑床结构与Y2基本相同。平面呈半月形。用青灰砖砌迭，窑壁有两道边棱，显系经过改建。窑膛两壁残留1～15层砖，残高0.26～0.75米。窑头早年被挖毁，窑膛内宽1.15～1.8米，残长34.4米。窑砖长10～20厘米，宽13～14厘米，厚3.6～5厘米（图5）。

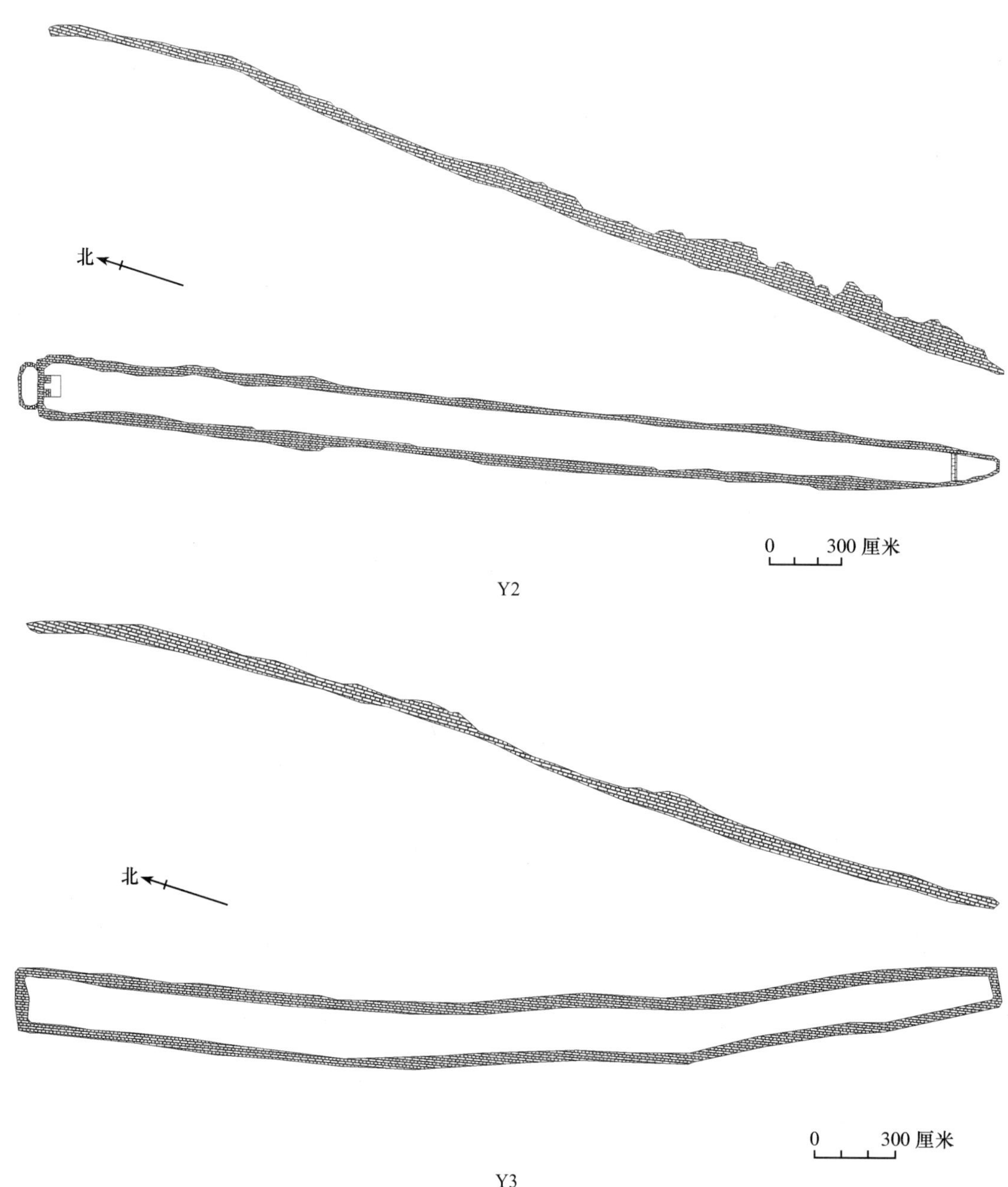

图5 张屋岭龙窑Y2、Y3平、侧剖面图

这两座龙窑窑床上残留较多的粗劣黑釉瓷，再加上在其中一座龙窑窑壁的窑砖上发现有两块属于明代洪武时期带铭文的城墙砖，因此，推断其烧造年代为元末明初。

3. 周屋坞龙窑（编号为14GQZY1）

位于周屋坞窑包山的西部，坐北朝南。这条龙窑开口于②层下，但这里的②层堆积属于南宋时期的堆积，主要包含物为青白瓷与酱釉瓷及破碎的匣钵等窑业垃圾。最下面一层窑床是建在主要包含物为唇口、大圈足青白瓷碗为主的北宋晚期窑业堆积层之上，因此，这条龙窑的时代上限为北宋晚期，下限为南宋中期。

周屋坞龙窑只保存了龙窑的后半段，但难得的是保存了多达8层烟室的窑尾（图6）。龙窑

图6 周屋坞龙窑全景照

的左壁残长19.56米，右壁残长20.85米。斜坡坡度为11度，比较平缓。需要特别说明的是，这是一条特大型龙窑，虽然发掘部分属于窑尾，但最宽处仍然达到了4.27米。更为特别的是，这条龙窑保存的窑壁最高处达到了3.60米，并从高到低依次保存有a、b、c、d、e、f、g、h共8个层次的窑壁和挡火墙及烟室（图7），可以清晰地看到其不断加高、加长、加大的改造痕迹。

从窑床内堆积有多达10层的垫土（图8），以及左侧窑壁残留的10多层铺垫窑床的烧结土层（图9），可以看出，这座龙窑至少烧造了十次以上，而且每烧造两次，就要改、扩建一次。按照景德镇制瓷习俗，窑家一年通常只烧一次来计算，这座窑至少延续烧造了16年以上。

周屋坞龙窑后部保存有6层密集的窑尾烟室（图10），说明唐宋龙窑存在烟囱的设计。以前由于资料有限，很多专家以为斜坡形龙窑就像一根卧倒的烟囱，其坡度本身就具有烟囱抽

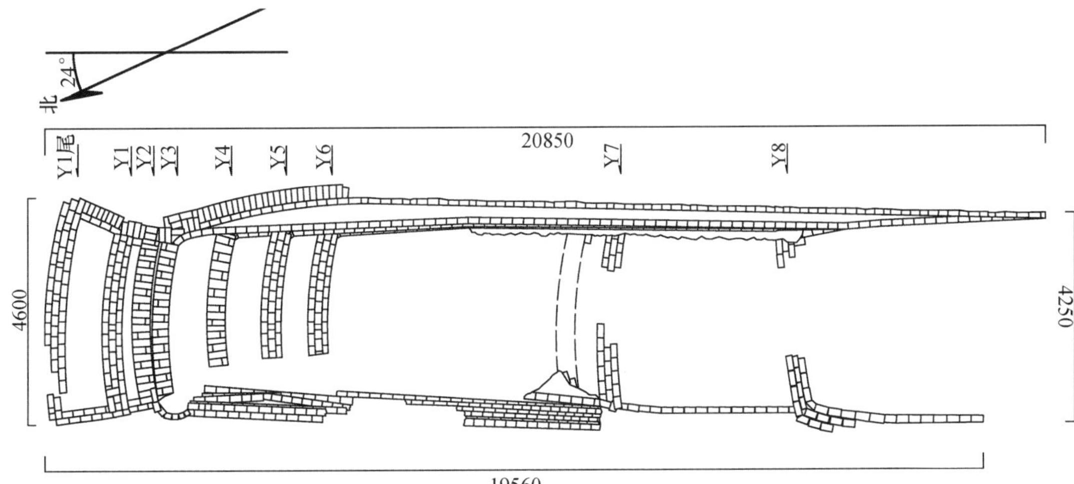

图7 周屋坞龙窑平面图

图8 周屋坞龙窑窑内堆积土层

图9 周屋坞龙窑东壁残存的烧结块

力的作用，所以在窑尾不用再设烟囱，只需留排烟孔就行了。

窑尾烟室的挡土墙在右侧留下过火通道和右侧窑壁不见左侧窑壁上大量残存的窑床混凝土块，揭示出这种龙窑有在左侧留下过火通道的设计。另外 我们从通道上留有灰烬痕迹分析，在其窑顶上可能设置了投柴孔（图11）。

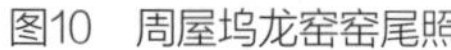

图10 周屋坞龙窑窑尾照

图11 窑室西侧留下的过火道

而顺着这个过火通道，可以从窑尾直通窑外，则揭示这座龙窑在窑尾不但设有烟囱，而且还开有后门（图12），这是以前窑址考古从未有过的新发现。

4. 赖屋岭龙窑

赖屋岭窑包山上发掘出2座龙窑，都是坐北朝南，几乎平行，中间相隔12米。其中14GQLY1位

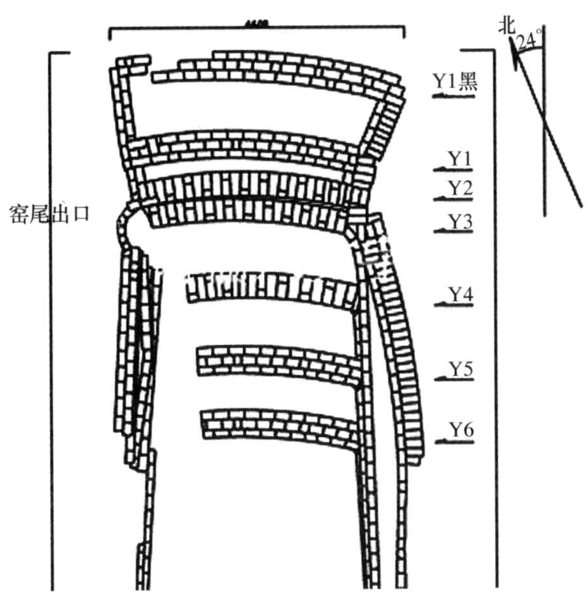

图12　周屋坞龙窑窑尾窑门

于窑包山的西侧，开口于③层下，为斜坡长条形砖室龙窑，坡度20°。窑尾在早年村民建房时遭到破坏，只保存了龙窑的前半段。窑床残存长度为28米，再加上火膛（0.60米）、窑门（0.45米）和窑前投柴室（3.15米）的长度，全长达到34.20米。龙窑尾部窑床断面宽3.25米，窑床中部最宽处达3.95米。窑头部分保存较好，极为难得地保存了壁高2.5米的窑门，窑门前工作室、窑门、火膛都清晰可见。窑尾窑壁高0.70米，窑床中部窑壁最高有1.05米（图13）。

这座龙窑保存了相当完整的窑头，火膛、窑门以及窑前投柴室都保存了较为完整的建筑结构。如火膛特别的深，从窑底到窑床高1.00米，从窑底到窑顶最高达到2.68米，火门最高处也有2.05米。窑前投柴室左壁最高处有2.53米（图14）。如此高的砖砌窑头，第一次让我们领略到了宋代龙窑窑头可以达到的高度。而且从上层清晰的楔形砖可以知道窑壁到什么高度开始券顶，从而能推断出窑头的高度。从龙窑后部窑床上存留有窑顶塌下来的砖块和窑壁上残留券顶的楔形砖，可知此龙窑是用砖券顶。从窑尾断面还可以清楚地看见窑宽3.25米，两侧

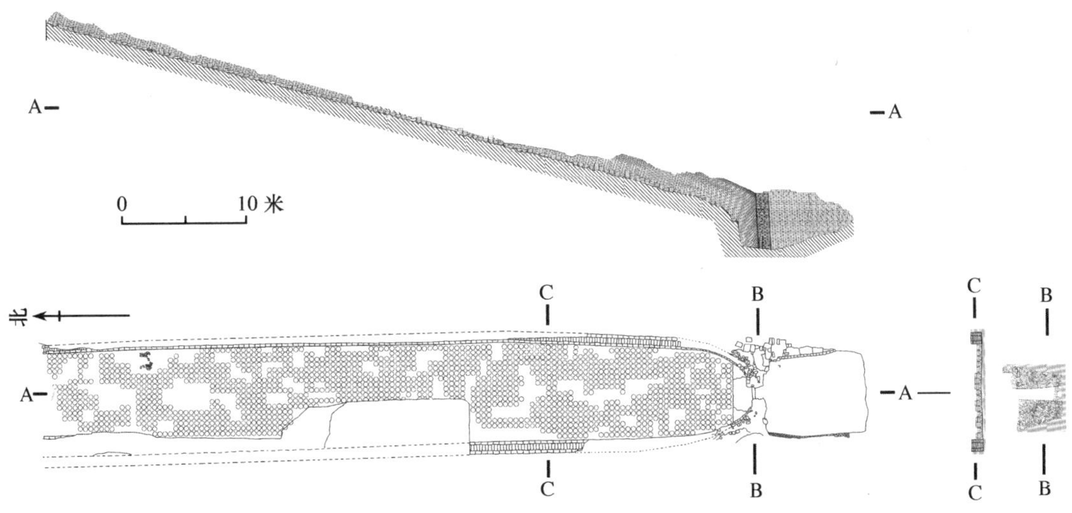

图13　赖屋岭Y1三视图

窑墙从第6层窑砖开始券顶，按照其弧度测算出窑床高度为1.31米（图15）。

这座龙窑窑床保存较好，窑床上留有摆放漏斗形匣钵柱的蜂窝状沙窝，甚至还有出窑后回放在窑床中摞叠整齐的匣钵柱（图16），这些匣钵都是空的，在等待下一次烧窑时再装烧瓷碗。每行摆放约16桩匣钵柱，每桩匣钵柱垒高约25个匣钵，这样，每行大约能烧造400个瓷碗；每米龙窑窑床能摆放4行匣钵，这样，窑床长1米，可装烧1600个碗，10米就可装烧16000个，据此根据龙窑窑床长度就可以测算出一座龙窑的瓷碗装烧量。

在这座龙窑的东壁外1.5米处发现砌有护窑墙，再加上在窑尾东侧发掘出一座房基，房门前的空地上存有大量的单纯垫饼，推测这座龙窑装窑、出窑都是从东侧出入。但因为在窑壁

图14 赖屋岭龙窑Y1窑头照

图15 赖屋岭龙窑Y1窑尾断面

图16 赖屋岭Y1尾部的匣钵柱

上看不出有窑门的痕迹，推测这种龙窑不需窑门，每次烧造时封顶，出窑时揭顶。

这从窑壁砖大多残缺不全，使用了很多顶上塌下来的楔形砖用来加高窑壁，也可看出。大多数窑砖长23～25厘米，宽13～15厘米，厚4～6厘米。

从窑床上匣钵中遗留的产品来看，这座龙窑装烧的主要是一种素面、矮圈足的青白瓷碗，在窑尾则混合装烧青白瓷与酱釉瓷碗，产品的时代特征为南宋前期。

另外一条龙窑14GQLY2位于Y1的东侧，属于窑包山地势较低矮的部位。这里因靠近南北向的七里村道，与居民区邻近，原来建有两个村民小茅厕和一座七里小学的公厕，其中七里小学公厕的化粪池打破了下面的龙窑。

14GQLY2坐北朝南，北高南低，几乎与Y1平行，中间相距12米左右。开口于④层下，也是斜坡长条形砖室龙窑，坡度为12°，残存长度为37.50米，窑床中部宽2.23米，尾部宽2.15米（图17）。窑床内窑壁从高5块窑砖（0.60米）处开始券顶，复原窑顶高1.03米。窑壁除了

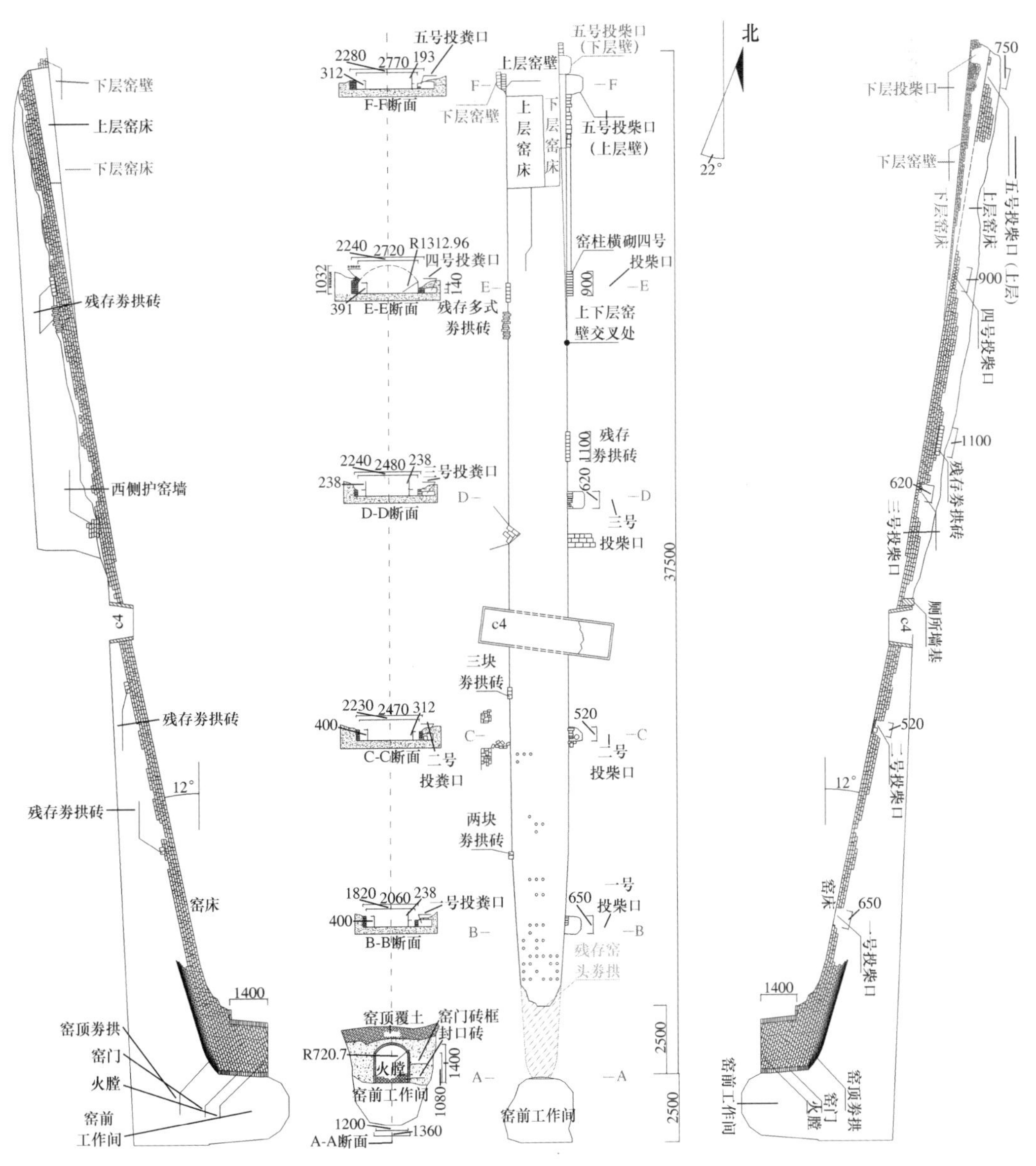

图17　赖屋岭Y2三视图

用长方形砖，还使用了喇叭形支座等窑工具来砌筑。窑壁砖主要有2种，一种长23厘米，宽17厘米，厚12厘米；一种长23厘米，宽11厘米，厚11厘米。券顶楔形砖一般长21～23厘米，宽12～17厘米，较薄的一端厚6厘米。支柱的高矮、大小不一，高12～20厘米，顶宽大多为9～12厘米，喇叭口底宽12～16厘米，还有的支柱是上下两节形，总高22.5～27厘米。

这条龙窑最难得的是保存了完整的窑头。不但有完整的砖砌火门、火膛，还有从火门到窑床长达2.5米的券拱形窑顶（图18）。这么完整的砖砌龙窑窑顶，在唐宋龙窑遗址考古中是很难见到的。

图18　赖屋岭Y2窑头部窑顶

窑头内火膛宽1.2米，至窑床高1.08米，至窑顶高1.4米，也就是说，窑床前端的高度只有0.32米，很矮。火门呈不规则圆形，直径约0.8米（图19）。

砖砌窑门前有长2.5米，宽2米的窑前工作面，东、西两壁没有用砖砌，而是在掺杂有砂粒的硬土层中直接挖出来的，南面留有一层较厚的河沙层。这种纯净的河沙层，在Y1的窑前工作间也存在，是人为存放的，是砌筑砖室龙窑窑壁和铺垫窑床的重要建筑材料。窑前工作面距地表有5米多深，地下水丰富，导致窑头常年浸泡在水中（图20）。

Y2前段窑床上遗留有较多的喇叭形陶质支柱，大多歪倒在地，也有的还原样埋在地里。从埋在地里的窑柱间隔测算，一行可以摆放8个窑柱，每米窑床可以放5行，也就是说每米窑床可以摆放40个窑柱（图21）。

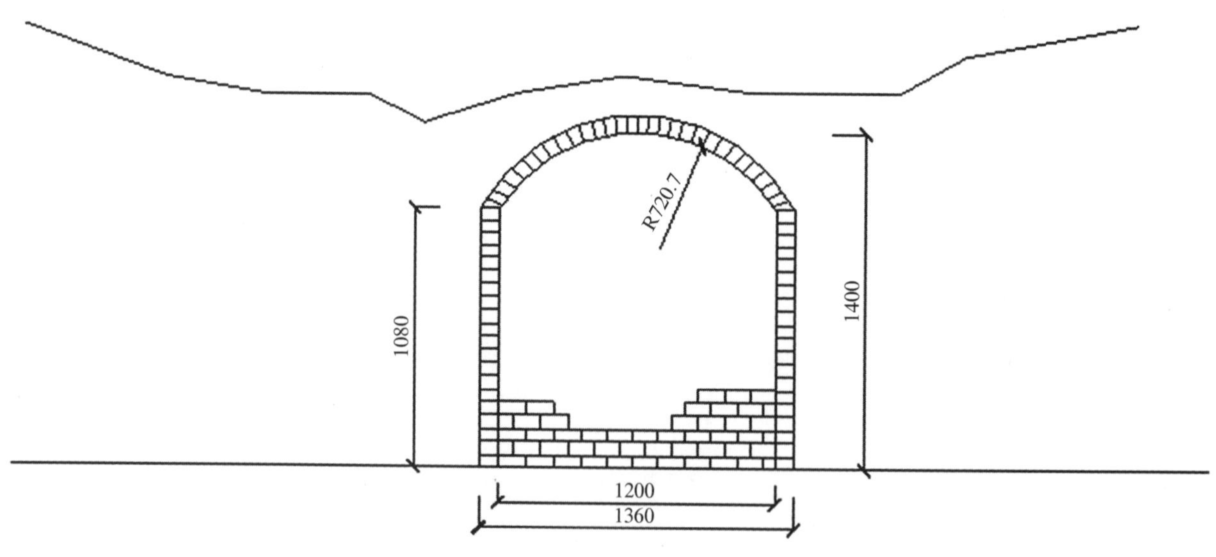

图19　赖屋岭Y2 窑门断面图

图20　赖屋岭Y2窑门照片

图21　赖屋岭Y2窑床前部的窑支柱

在Y2的东壁上，前后共发现了5个疑似窑门或投柴口，宽0.5～0.9米不等。在西壁上没有发现有开口，但在龙窑西侧发现有砖铺过道，并在其不远处发现有高低两层呈长方形的坪地，西、北两面地势较高处还用桶形匣钵、窑柱、窑砖等砌筑了护坡墙。从这块坪地的地层年代判断，应是与Y2同时代的，也就是说是与Y2配套使用的，主要用于存放进、出窑的待烧坯件与烧成瓷器。

需要说明的是，在14GQLY2后半段的上面，又叠压了一座龙窑（编号为14GQLY3），其窑门在三号投柴口前方，可惜的是被七里小学公厕破坏得不成形，只有一点残迹。但越到龙窑后部，高低不一的两层窑床和砖砌窑壁就越明显（图22）。从窑尾窑床内堆积有较厚的一层匣钵堆积，可以判断Y3的年代已经到了宋代（图23）。也就是说，宋代的Y3是在五代时期的Y2的基础上改扩建的，明显利用了Y2原先的部分窑床与窑壁，这样就可以节省很多砌窑的材料与工时。这一发现，对解决周屋坞等龙窑窑尾上发现的多层窑壁的成因有很大的启发作用，说明这种改扩建，也有可能是从头到尾都加大、加高、加长的，并不是共用一个窑头。

发掘出来的6座龙窑，按时代来分，2座属于晚唐五代，2座属于南宋，2座属于元代。这6座龙窑都用砖砌，都是坐北朝南，北高南低，说明其出口都是通往南面的贡江。但由于分属不同时代，因此，大小、长短不一。南宋时期的龙窑特别宽大，窑床宽度全在4米左右，是之前晚唐、五代与之后元代龙窑窑床宽度的两倍。

三、主要收获

原浙江省博物馆副馆长、长期从事古窑址考古与古陶瓷研究的李刚先生在2004年发表的一篇《古代龙窑研究》论文中曾感叹：“龙窑是古代中国南方焙烧陶瓷的主要窑型，但因没有文献记载，加之各地发现的古代龙窑均已坍塌成废墟，故诸如龙窑的焙烧方法、演化原因、排烟状况等问题成为长期困惑着人们的谜团。……关于古代龙窑的结构，过去人们论之甚少，而对一些关键问题，或含糊其辞，或不敢越雷池一步。其中，窑门、投柴孔和窑尾的结构就是三个难点。……实际上，古代龙窑结构中最关键的问题在窑尾排烟部分。”[1]因此，我们认为，

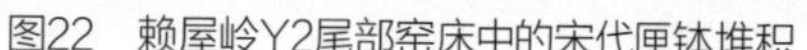
图22　赖屋岭Y2尾部窑床中的宋代匣钵堆积

图23　赖屋岭Y2双层窑壁结合部

赣州七里镇窑第四次考古发掘的最主要成果就在于调查并发掘揭露了6座分属于三个朝代的龙窑，特别是在周屋坞窑包揭露的龙窑（即14GQZY1），保存了高达3米多的窑壁和8个层次的完整窑尾，在赖屋岭窑包揭露的2座龙窑又保存了完整窑头，而且其中一座五代时期的龙窑（即14GQLY2）还保存了一段长达2米多的窑顶，这样，龙窑最关键部分的窑头、窑尾窑顶，都齐全了。这对破解长期困扰古窑址考古界的晚唐五代直至宋元时期的龙窑砌筑技术带来了希望。

总结起来，主要收获体现在以下几个方面。

第一，这次在七里镇窑址调查新发现的 4 座南宋龙窑，窑室宽度都达到了4米左右，特别是袁屋岭宽达4.9米的龙窑，是目前全国发现的窑室最大的古代龙窑。这么大跨度的龙窑，需要高超的起拱券顶技术，因此这也是古代龙窑从商周开始发生，到唐代定型，宋代达到成熟的标志。可以说，七里镇发现的特大型宋代龙窑，是古代中国龙窑建筑技术难度最高的龙窑，可以代表古代中国龙窑技术顶峰时期的建造水平。

第二，周屋坞宋代龙窑遗留下来的窑壁通高达到3.6米与赖屋岭宋代龙窑火膛处窑壁高达2.68米，均刷新了全国考古发现宋代龙窑窑壁的高度纪录。从20世纪90年代熊海清的《东亚窑业技术发展与交流史研究》到2004年李刚的《古代龙窑研究》，窑址考古专家一直在孜孜以求地探索古代龙窑的高度问题。但因全国调查发现的三千多座、考古发掘的数百座龙窑“均已坍塌成废墟”，残存的窑壁大多不到1米高，导致“古代龙窑有多高？”成了一个世纪不解之谜。这次七里镇发掘出来的两座宋代龙窑，都保存了较高的窑壁，特别是赖屋岭五代龙窑窑头部分还保存了一段完整的券砖窑顶，这就彻底破解了唐宋龙窑的建筑高度问题，可以说这是一次百年难遇的新发现。

第三，20世纪80年代七里镇窑址考古发掘的一座五代龙窑和两座元代龙窑，窑室宽度都在2米左右，为什么南宋龙窑的窑室会扩大一倍，达到4米以上？我们从蒋祁《陶记》“官籍丈尺，以第其税”、“兴烧之际，按籍纳金”的记载，可以找到答案。税金征收于烧成之前，窑炉越长，需缴纳的税金越多，这两项不合理的税收制度，对窑工加大窑炉宽度所造成的影响是显而易见的。因此，七里镇窑址三个时代龙窑的结构性变化，进一步佐证了刘新园先生关于蒋祁《陶记》著作于南宋而非元代的考证是正确的，解决了古陶瓷史上一个争论已久的学术问题。

赣州七里镇窑遗址的重大考古成果，获得了业内同行的高度关注与好评。在赖屋岭两座龙窑尚未发掘出来之前的2014年，仅凭周屋坞出土一座完整的龙窑窑尾，就冲进了2014年度全国十大考古新发现25项终评名单。

注释

[1] 李刚：《古代龙窑研究》，《东方博物》2004年第3期。

广东宋元时期陶瓷产业的发展及其特点

黄 静
（广东省博物馆）

摘要：宋代是中国制瓷业迅猛发展的时期，工艺和技术日趋成熟。北宋瓷器无论在产量、质量和制作水平上，都比前代大有提高。广东也不例外。北宋时期广东的陶瓷业普遍使用龙窑，采用匣钵装烧技术。形成了以广州为中心，东至潮州、梅县，西至肇庆、雷州半岛，北至韶关，南至惠州的生产网。南宋至元，由于政治重心转移、河道淤塞等原因，导致广州港口的衰落，从而影响到以外销为主的广东制瓷业陷入了萧条的局面，发展相对缓慢。宋元时期广东瓷业的兴衰，与广州港的盛衰有着密切的关系，产品亦以外销为主。虽然品种丰富，但多为模仿全国各著名窑口的产品，原创性不足，产品质量也相对较差。从这段陶瓷产业和外销发展的历史，也反映出岭南文化开放、开拓、兼容和务实的优秀特质。

关键词：宋元时期　广东瓷业　海外贸易

广东制作陶瓷器的历史非常悠久。在先秦时期有些地区，如增城西瓜岭、博罗园洲梅花墩等地，即已出现龙窑。至隋唐五代时期，广东的制瓷业已相当成熟。唐中期以前是馒头窑和龙窑并用，唐中期以后基本改良为龙窑，并广泛使用匣钵。此时已能生产出较高质量的青瓷，且行业出现了外向型的趋势，产品大量出口东南亚、印度洋和波斯湾诸国。

宋代是中国制瓷业迅猛发展的时期，工艺和技术日趋成熟。北宋瓷器无论在产量、质量和制作水平上，都比前代大有提高。广东也不例外。北宋时期广东的陶瓷业大有发展，普遍使用龙窑，采用匣钵装烧技术。形成了以广州为中心，东至潮州、梅县，西至肇庆、雷州半岛，北至韶关，南至惠州等地的生产网。主要分布为：粤东：潮州笔架山窑；惠州东平窑、窑头山窑、博罗窑。粤中：广州西村窑；南海奇石窑；南海官窑。粤西：封开都苗窑、郁南南江口窑、雷州窑。南宋至元代，由于政治重心转移、河道淤塞等原因，导致广州港口的衰落，从而影响到以外销为主的广东制瓷业陷入了萧条的局面，发展相对缓慢。

1. 主要窑口概述

潮州笔架山窑位于广东省潮州市东郊笔架山、韩江的东岸，故又称水东窑。创烧于唐代，晚唐、五代时一度萧条，于北宋时期极盛。由于战乱和外销受阻等原因，于北宋末期由盛转衰，缓慢发展延续至元代。经1953～1986年间多次调查和发掘，清理出北宋窑址10余座，均属龙窑，其中一、二、三、六、十号窑为分室龙窑，窑室内部用砖砌筑隔墙；四号窑为阶级窑；五、七、八、九号窑为单室龙窑。各窑均以土夯筑窑底。最长的一座为十号窑，窑残长79.5米，产品以白瓷为主。各处窑址出土的瓷器器型有碗、盏、盆、钵、盘、碟、杯、灯、炉、瓶、壶、罐、盂、粉盒、人像、动物玩具等。釉色有白、影青、青、黄、酱褐等多种。[1]笔架山南北各处窑场众多，在西临韩江的山坡遍布瓷片和匣钵碎片，当地村民将这一带村落亦称为“百窑村”。该窑产量相当大，其产品不仅大量内销，精美之器亦大量出口至东南亚等地（图1～图5）。

图1　北宋潮州笔架山窑青白釉佛像
（广东省博物馆藏）

图2　北宋潮州笔架山窑青白釉莲瓣纹炉
（广东省博物馆藏）

图3　北宋潮州笔架山窑青白釉莲瓣炉
（颐陶轩博物馆藏并提供图片）

图4　北宋潮州笔架山窑青白釉鲤鱼形壶
（广东省博物馆藏）

图5　北宋潮州笔架山窑青釉执壶
（广东省博物馆藏）

西村窑位于广州市西村增埗河东岸岗地上，发现于1952年，亦属北宋时期。皇帝岗是西村窑场的主要遗存，堆积高约7米，清理出一座龙窑，残长36.8米，拱顶已毁，窑身中部最宽处4米，坡度13°。该窑烧制的产品分粗瓷和精瓷两类，以前者为主。釉色以青釉为多，黑酱釉次之，还有青白瓷（影青）和少量低温铅绿釉。器型有碗、盏、碟、盆、执壶、凤头壶、军持、罐、盒、唾壶、注子、净瓶、灯、熏炉、烛台、枕、雀食、碾轮、漏斗、埙，以及狗、马等陶塑。纹饰有刻花、划花、印花、彩绘、点彩和镂孔等[2]。（图6～图10）西村窑时间跨度大约150年左右，其盛衰正好与广州港同步。

图6　北宋广州西村窑褐釉三耳壶
（广东省博物馆藏）

图7　乙367-5北宋广州西村窑青白釉刻花碗
（广东省博物馆藏）

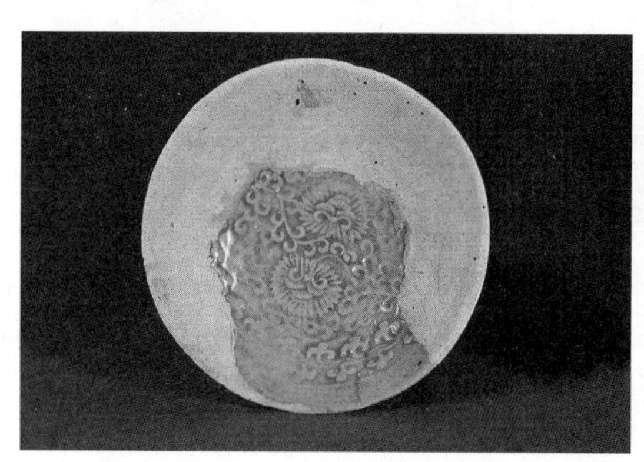

图8　北宋广州西村窑青釉刻花碗
（广州博物馆藏并提供图片）

图9　北宋广州西村窑青白釉凤首壶
（广州博物馆藏并提供图片）

南海奇石窑位于佛山市南海区小塘镇奇石村一带的多个山岗，年代属北宋。因未经发掘，仅做了窑址调查，因此窑炉结构不明。据调查，器型主要有罐、盆、碟、杯、壶、瓶、盏等。釉色以青釉和酱黄釉为主，还有少量窑变釉。纹饰有印花、刻划和彩绘。彩绘以铁锈色釉为主，也有深褐色墨彩。纹样有菊花、卷草纹最多，其他还有人物、图案、兰草、水草等[3]（图11～图15）。

1964年于广东省佛山澜石宋墓出土的一件“釉下褐彩人物纹梅瓶”，高31厘米，口径6.7厘米，底径7.2厘米。瓶平唇凸沿，直口短颈，丰肩鼓腹，胫缓收，平底足内凹。整器造型规整，修坯均匀，轮廓线条饱满流畅，口，肩、腹、足比例协调。胎质较粗松，色浅灰。纹饰以釉下褐彩绘成，再通体施以透明釉。肩部绘褐彩带状篦点纹和缠枝莲纹为饰，上下腹均勾画一圈带状菱形花卉纹，腹部主题纹饰绘四个菱花形开光，内绘人物头巾束髻、身着长袍、

图10　北宋广州西村窑瓷片
（广州博物馆藏并提供图片）

袒胸露腹，席地而坐喝酒的状态。四个画面分别描绘了人物豪饮、微醉、醉倒呕吐、醉后昏睡的醉酒全过程。开光外绘水波纹，胫部绘缠枝花卉纹。整个器物纹饰丰满，画面构图层次分明，花卉及波浪纹描绘流畅生动，人物形象刻画逼真。（图16～图18）此瓶因从墓葬出土，根据地域及窑址标本的情况对比，很可能是奇石窑的产品。但这只是初步推测，期待于更多的资料能进一步证实。

图11　北宋南海奇石窑“奇石”铭残片
（佛山博物馆藏并提供图片）

图12　北宋南海奇石窑“太原”铭残片
（佛山博物馆藏并提供图片）

图13　北宋南海奇石窑“政和元年”款残片
（佛山博物馆藏并提供）

图14　北宋南海奇石窑刻缠枝菊残片
（佛山博物馆藏并提供图片）

图15　北宋南海奇石窑贴塑蝴蝶结纹执壶
（佛山博物馆藏并提供图片）

图16　宋褐彩人物梅瓶
（广东省博物馆藏）

图17　宋褐彩人物纹梅瓶
（广东省博物馆藏）

图18　宋褐彩人物纹梅瓶
（广东省博物馆藏）

南海官窑位于佛山市南海区北部官窑镇，官窑镇是有着1100多年历史的文明古驿。源于唐朝末年五代十国，南汉王室在此地设办陶窑而得名。该窑生产的器物有罐、瓶、壶、杯、军持等。装饰工艺有青釉、褐釉、黑釉、褐彩彩绘等。该窑同样未经发掘（图19～图23）。

惠州东平窑位于惠州市东平窑头山，北临东江，西南为西枝江。年代为北宋。堆积物厚达5米多。清理出龙窑一座，为斜坡阶级窑，残长4.69米，宽2.76～3.16米，残高1.6米，窑室用双隅砖平放顺砌，窑底用黄褐色沙土夯打。遗物有窑具和瓷器。窑具及制瓷用具有匣钵、垫饼、垫环、试片、擂钵、坎臼和杆、铜片等。器型有碗、碟、盏、杯、盅、罐、壶、瓶、炉、器盖、枕及小狗等动物瓷塑。釉色以青釉为主，还有酱褐釉、酱黑釉、青白釉（影青）及少量白釉。纹饰有印花、刻划花、镂孔、雕塑等[4]（图24～图25）。

封开都苗窑位于封开县长岗镇都苗周家村一带，年代为北宋。其窑址范围较大，各处窑

图19 北宋南海官窑褐彩彩绘瓷残片
（广东省博物馆藏）

图20 北宋南海官窑瓜棱形瓶
（广东省博物馆藏）

图21 北宋南海官窑壶
（广东省博物馆藏）

图22 北宋南海官窑酱釉壶
（广东省博物馆藏）

图23 北宋南海官窑褐彩彩绘军持
（广东省博物馆藏）

图24 北宋惠州东平窑青釉执壶
（广东省文物考古研究所藏并提供图片）

图25 北宋惠州东平窑青釉莲瓣炉
（广东省文物考古研究所藏并提供图片）

址相距数百米，堆积厚3～4米。沿江的低矮山岗上多见破碎的窑具和瓷片。但窑室未作清理。烧制的瓷器以碗为主，其他的有盘、碟、盏、杯、炉、罐、瓶、钵、壶等等，釉色以青釉为主，有深有浅，深者为青绿色；浅者为粉青色，釉面光滑，有开片。施釉大多不到底，烧造火候较高。其器物风格总的来说与广州西村窑和潮州笔架山窑都较接近[5]（图26～图30）。

图26 北宋封开都苗窑青釉瓷碗
（广东省博物馆藏）

图27 北宋封开都苗窑青釉瓷盘
（广东省博物馆藏）

梅州瑶上窑遗址属南宋时期，装饰工艺仅见印花一种。纹饰有凤纹、菊花纹、双鱼水草纹及其他花卉纹等。釉色有青釉和青白釉。凤纹装饰的瓷器，在广东宋元窑址中目前仅见瑶上窑有烧制。而相类似的纹饰亦见于宋代定窑、景德镇窑和吉州窑等窑口的产品上[6]（图31～图33）。

雷州窑主要分布在雷州市和遂溪县，是雷州半岛唐至清代窑址群的总称。但许多学者往

图28　北宋封开都苗窑青白釉小瓷杯
（广东省博物馆藏）

图29　北宋封开都苗窑青釉瓷碗
（广东省博物馆藏）

图30　北宋封开都苗窑青釉瓷盘残件
（广东省博物馆藏）

图31　南宋梅州瑶上窑青釉印花碗残片5
（广东省博物馆藏）

图32　南宋梅州瑶上窑青釉印花碗残片
（广东省博物馆藏）

图33　南宋梅州瑶上窑青釉印花碗残片底部*
（广东省博物馆藏）

往以雷州窑专指其最为兴盛的宋元时期。

雷州半岛位于祖国大陆最南端、广东省的西南部，伸入南海北部湾和雷州湾间，南隔琼州海峡与海南岛相望，西北陆地与广西壮族自治区相连。秦统一岭南后，设桂林、南海、象郡三郡。雷州地区属象郡管辖，由此开始了归属中央政权管理的时代。雷州半岛的原住居民为骆越、西瓯和俚、僚。今天的雷州半岛由湛江市及其所辖的徐闻县、雷州市、遂溪县、廉江市、吴川市构成。目前已在雷州半岛发现宋元时期的窑址200余座。其中雷州市纪家镇、杨家镇和遂溪县杨柑镇是窑址的主要分布区，其年代为南宋至元。宋元时期的雷州窑普遍采用匣钵装烧技术，大小套

* 图片31～33转引自湛江市博物馆、雷州市文化局、广东省文物考古研究所编：《雷州窑瓷器》，岭南美术出版社，2003年。

叠，既充分利用了窑室空间以提高产量，又提高了瓷胎的烧结度、胎釉的结合度和釉的色泽，使瓷器的质量较唐代有了较大提高。生产器形有碗、盘、碟、炉、杯、钵、壶、瓶、罐、枕等。胎色灰白。釉色以青釉为主，少量为酱褐釉和酱黑釉。其中最有特色的品种，当属青釉釉下褐彩彩绘瓷器，从单纯的器物口沿点彩，向复杂的绘画发展，显示出明显的工艺和艺术水平进步的过程（图34～图37）。1986年在杨家镇公益圩旁清理出一座龙窑，残长18.7米，火膛2.68米，窑室残长16.2米。火膛与窑室之间有火墙相隔。附近含有瓷片的堆积，最厚达3.36米。出土窑具有匣钵、垫环、压锤、石碾槽等。瓷器有碗、盘、碟、炉、杯、钵、壶、瓶、罐、枕等。胎色灰白。釉色以青釉为主，少量为酱褐釉和酱黑釉。装饰特点是釉下赭褐色彩绘花卉、卷草、弦纹、文字、动物图形等，也有少量模印花鸟纹样。目前雷州窑彩绘瓷器的出土与收藏情况是：出土的青釉褐彩瓷共计109件，雷州市出土101件，徐闻出土5件，廉江出土2件，遂溪出土1件。收藏的状况是：现藏广东省博物馆6件，湛江市博物馆5件，雷州市博物馆92件，徐闻县博物馆2件，遂溪县博物馆1件，私人收藏3件。器物类型主要有：罐类所占比例最大，共75件，占总数的69%，枕13件，占总数的12%，棺6件，魂坛6件，碗3件，盆2件，瓶、钵、碟各一件[7]。

图34　南宋—元雷州窑青釉褐彩绘卷草纹碗
（雷州市博物馆藏）

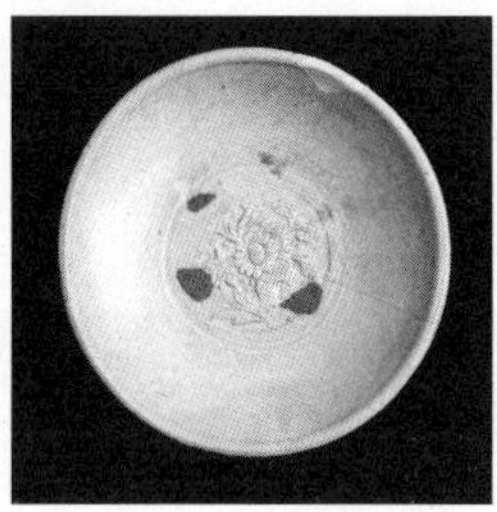

图35　南宋—元雷州窑青釉印花盘
（雷州市博物馆藏）

图36　南宋—元雷州窑青釉福字纹枕
（雷州市博物馆藏）

图37　元代雷州窑褐彩菊花人物罐
（广东省博物馆藏）

其中凤鸟花卉纹荷叶盖罐，通高31.5厘米，口径9.8厘米，底径13.4厘米。1957年雷州市附城西湖墓葬出土。盖为子母口，荷叶形，浅弧形顶，圆柱形钮。外壁通体施青釉。盖面绘莲瓣纹；罐身纹饰分五层，肩部绘缠枝菊花和凤鸟、喜鹊纹，以及钱纹各一圈；腹部主题纹饰绘海棠形双重开光四个，内绘折枝菊花纹；胫部为卷草纹一圈，以及弧形开光四个，内绘写意折枝菊花。此罐器形规整，纹饰精美，呈现出极高的工艺和艺术水平，是目前所见雷州窑彩绘瓷器中最为精致华美的作品。其造型和纹饰风格与同时期吉州窑和景德镇窑青花同类器物极接近，但钱纹、弦纹开光又是典型的雷州窑瓷特色。在墓中同时出土的一块买地券，写明墓主人是一县丞，死于元至元三年。因此，此罐也是目前唯一一件有确切纪年参考的雷州窑瓷器（图38）。从此罐的造型和纹饰特征来看，具有典型的元代器物风格，应是元代中期以后的产品。因而其参考年代应是1337年。另一个元至元三年是1266年，此时元朝还未攻打下广东，因而不可能是这个年份。

图38　元代雷州窑褐彩凤鸟纹荷叶盖罐
（广东省博物馆藏）

2．广东宋元时期陶瓷产业的特点

首先是宋元时期广东瓷业呈现出明显的外向型特质，产品大多以外销为主。各地窑口的地点都处在各对外贸易港口附近，或水路交通便利之处。

当时的外销瓷窑主要有广州西村窑、潮州笔架山窑、惠州窑、南海奇石窑和雷州窑等。其中最负盛名、最有代表性的，一是潮州笔架山窑，二是广州西村窑。它们的优质产品在国内墓葬和遗址中极少见，反而在东南亚、中西亚地区多有出土。宋室南渡以后，由于政治经济中心南移至临安（今杭州），加上珠江河道淤塞等原因，使广州称重一时的口岸地位让位于泉州。由此，制瓷资源条件和技术基础都远远比不上闽、浙地区深厚的广东，许多窑场在南宋时都受到严重打击甚或停止生产。

从考古发掘和调查的情况来看，在国外的东南亚、西亚等地，和国内的南海交通航道上的西沙群岛海域，出土了不少景德镇窑青白瓷、龙泉窑系青瓷、耀州窑印刻花青瓷等瓷器，其中也包括不少西村窑和笔架山窑的产品。而在广东境内的墓葬和遗址中，它们的产品却不多见。在西沙群岛海域，发现了西村窑的典型产品如点彩瓶、点彩罐、划花大碗等。同时，在此海域及其他海上贸易相关的地点如海南的陵水县海滩、琼山区西行村、西排湾等地，也发现有潮州窑的青黄釉瓶、罐，青白釉小口壶、盒等器物。此外，在这些地区还发现有惠州窑、雷州窑等相同或相似的器物。在东南亚地区，印尼曾出土了西村窑的长颈阔口瓶、酱釉和青釉点彩瓶、青白釉喇叭口军持、青白釉绘花碗、青白釉花瓣口碗、青白釉划花碗，青白釉划花加彩绘碗、青白釉乳钉纹点彩小罐、青白釉瓜形点彩小罐、青釉凤首壶、青釉点彩水注和青釉鸳鸯刻花点彩双联盒等器物。在印尼的雅加达博物院，也藏有点彩小罐、点彩小瓶和绘花瓷碟等西村窑产品。同时，在爪哇海底和印尼的其他地区，也打捞和出土有青白釉盒、刻花碗、瓷罐、瓜棱形盘、青白釉刻花碟、青白釉瓜棱形罐、青白釉水盂、莲蓬三联盒等潮州窑产品[8]。在菲律宾出土的众多中国瓷器中，包括有青釉划花罐、划花大盘、鸟形盖盒等西村窑器物和青白釉瓜棱形盒、圆桶形划花盒和瓜棱形执壶等潮州窑器物[9]。在马来西亚也发现不少西村窑和潮州窑的器物[10]。在西亚地区，阿曼曾发现有西村窑的刻花碟，并且出土有南海奇石窑的黑釉翠蓝窑变釉四耳罐[11]。巴基斯坦的巴博地区曾发现有潮州窑的刻瓣莲花炉[12]。在东非沿海许多中世纪的城镇都发现北宋时期的广东青瓷；在伊朗东北部的内沙布尔出土了一只西村窑的白瓷碗；在阿拉伯半岛、印度等地也多有发现北宋时期广东的瓷片[13]。

其次是产业的技术及发展不平衡，产品档次相对较低。

广东宋元时期的瓷器，在工艺和质量上均较之唐代有了较大的进步。从时间上来看，北宋相当兴盛，南宋至元代明显衰落。从地域上来看，无论是产品的质量或者数量，粤东、粤中相对较强，粤西、粤北较弱。宋元时期广东瓷业已基本使用龙窑。窑长一般几十米或上百米。其中发现阶级龙窑2座：一座在潮州笔架山，全窑残长31.76米。另一座在惠州窑头山，残长4.69米、宽2.76～3.16米、残高1.6米。龙窑以造价低、热利用率高，能快速升温和降温的优势，助力了此期广东陶瓷产业的迅速发展。瓷器的胎质经过淘洗和提炼，较为细密和纯净。釉色以青釉为主，兼有青白釉和酱釉等。装饰手法呈现出空前的多姿多彩，题材广泛、内容丰富、图案富于变化，装饰工艺有刻花、划花、印花、褐彩点彩及彩绘、捏塑等。器物品类丰富，常见的有执壶、炉、碗、盘、杯、枕、人物及小动物瓷塑等等。但总体而言，可能与原料和技术水平的制约有关，与其他著名窑口的产品相比，质量还是相对较差。

最后，纵观宋元时期广东生产的陶瓷器，总的来说原创性不足，以模仿全国各名窑产品为主，但产品质量较为逊色。模仿较多的往往是外销热门的品种，有景德镇青白瓷、龙泉窑系青瓷、耀州窑印刻花青瓷等。如潮州笔架山窑以模仿景德镇窑青白瓷为主，也有不少模仿长沙窑的瓷玩具（以西洋狗最多）。但胎质较粗松，釉色也泛灰。西村窑和惠州窑以生产青瓷为主，发现有与耀州窑非常相似的青釉印花缠枝菊小碗。这种碗的釉色为橄榄青色偏黄，也有少量翠青或接近墨绿色，玻璃质透明感较强。与耀州窑的同类器物相比，器型和纹饰都极为接近，只是釉色偏黄，胎质疏松。西村窑的另一特色品种——青釉褐点彩瓷，应是受长沙窑的影响。雷州窑的彩绘瓷器，是来自磁州窑与吉州窑的影响，尤其是受吉州窑的影响更为明显：同样是直接在胎体上绘画而不用化妆土。但绘画题材远不如上述二窑丰富，工艺和艺术水平也更稚拙，装饰工艺的手段也较简单。

3. 广东宋元时期陶瓷产业兴盛的原因

首先是得益于广东在南海海上丝绸之路的重要地位。广东是南海海上丝绸之路的起点。有史料记载的、具有海外贸易意义的南海海上丝绸之路，至少在西汉时即已形成。《汉书·地理志》即有相关记载。广州港自古以来就是最重要的海外贸易港口。宋开宝四年（971年），宋朝灭南汉取得广州的统治权，四个月后即在广州设置了市舶司[14]，负责掌管海外商舶贸易。直至北宋，广州仍然是我国最大的港口。朱彧在《萍州可谈》卷二云："崇宁初，三路各置提举市舶司。三方唯广州最盛。"同时还描述了在广州汇集载货南航的中国海舶"深阔各数十丈，商人分占储货，人得尺许，下以贮物，夜卧其上。货多陶器，大小相套。无少隙地。"整个北宋时期，广州是我国最大的对外贸易港口，同时也是由中央直接控制的大港口之一，享有对外贸易的垄断权。宋人陈瓘在《先君行述》中云："熙宁（1068—1077年）中，始变市舶法，往复必使东诣广（即广州），不者没其货。"[15]也就是说，前往海外贸易的船舶，必须先到广州市舶司呈报，取得公验，经过检查，才得出海。回国时，必须先到广州市舶司抽解（即抽税），否则就要"没其货"。至南宋时，由于政治中心南移至临安（今杭州），泉州港的地位一度上升，但广州仍是重要的港口之一。同时粤东的潮州港也是一个出入大港。全国各大著名窑口的外销瓷器汇集广东出口，势必带动了广东本地的制瓷业发展。

当时的航线仍然延续唐代的广州通海夷道：从广州出发，在穿越南海、马六甲海峡，进入印度洋、波斯湾之后，再沿波斯湾西海岸航行，进入阿曼湾、亚丁湾和东非海岸，历经90余个国家和地区，航期约90天（不计停留时间）。这是唐代最重要的海上航线，也是当时世界上最长的远洋航线，唐人称之为"广州通海夷道"[16]。直到宋元时期，这依然是当时世界上最长的远洋航线。而陶瓷器，则是当时海外贸易的最主要的外销商品之一。

其次是得益于广东省内河网交错，内陆水运亦方便与发达。纵观广东宋元时期的窑址，地点基本都处在各对外贸易港口附近，或水路交通便利之处，极为有利于原料与产品的运输。广州西村窑所处的地理位置——西村，位于广州市区的西北面，属广州市北面丘陵地的边缘，大小岗峦高低起伏。其南面是西场村和南岸村，为低洼地。窑址堆积主要在西场北面的皇帝岗。其西距增埗河约500米（该河源自从化流溪河的一段支流，南流注入珠江）。可见其选址依岗临水，得水运之便——生产所需的原料、燃料均从水道运来，产品也便于从水道外运。正是这一得天独厚的便利条件，使得西村窑在广州本地不产瓷土、缺乏燃料等情况下，仍能建窑生产，仿造各地名窑产品。潮州地处闽粤间，东南濒临南海，在隋唐时已发展为"岭南大郡"[17]。宋代潮州凤岭港（在今澄海）有"粤东襟喉，潮州门户"之称，是广州港以外粤东的重要出海港口。同时内河交通运输也相当便利。潮州地区的母亲河——韩江，是连接福建和梅州地区的重要水道。韩江是广东省第二大河，唐代称恶溪，后为纪念韩愈而改称韩江。其北源汀江出自福建西南宁化县西南部的武夷山，南流至广东大埔县三河坝与南源梅江汇合后始称韩江，再向南流到潮州后，河道分叉进入韩江三角洲，在今澄海县境和汕头市区（这些区域在古代均属潮州府的地界内）分别注入南海。加上潮州笔架山瓷土含量丰富，在外销利润的刺激下，制瓷业发达也就顺理成章了。

最后是宋政府对海外贸易的重视。宋代城市经济迅速发展，科学技术进步，社会繁荣，海上丝绸之路进入了繁盛的阶段。海外贸易丰厚的获利，使得各朝政府对此给予了高度的重视。北宋最早在广州设置了市舶司，并在唐代市舶使的基础上完善了市舶制度，使海外贸易得以迅猛发展。至南宋时，由于边患不断，疆土日蹙，国库匮乏，而且北方被占，迫使南宋政权格外重视东南沿海的海外贸易，以充实国库之需。宋高宗赵构曾说："市舶之利最厚，若措置得当，所得动以百万计，岂不胜取之于民？"[18]由此可以理解为何宋朝的海外贸易得以持续蓬勃发展。作为当时海外贸易的重要商品之一，当时出口的陶瓷器以江西景德镇窑系青白瓷，浙江龙泉窑系青瓷，陕西耀州窑青瓷，河北磁州窑系瓷器，江西吉州窑瓷器，福建德化窑、磁灶窑和建阳窑等产品为主。在北宋陶瓷外销兴盛的影响下，广东瓷业亦在大量模仿上述窑口产品的基础上有了较大的发展。南宋至元，广州港口受挫，直接影响了广东陶瓷产业的发展，致使有的窑口衰亡，有的陷入沉寂低迷、缓慢发展。

由此观之，宋元时期广东瓷业的兴衰，与广州港的盛衰有着密切的关系，产品亦以外销为主。虽然品种丰富，但多为模仿全国各著名窑口的产品，原创性不足，产品质量也相对较差。从这段陶瓷产业和外销发展的历史，也反映出岭南文化开放、开拓、兼容和务实的优秀特质。

注释

[1] 广东省博物馆：《潮州笔架山宋代窑址发掘报告》，文物出版社，1981年。

[2] 广州市文物管理委员会等：《广州西村窑》，香港中文大学中国考古艺术研究中心，1987年。

[3] 曾广亿：《广东唐宋陶瓷工艺特点》，《广东唐宋窑址出土陶瓷》，香港大学冯平山博物馆，1985年。

[4] 广东省博物馆等：《广东惠州北宋窑址清理演示文稿》，《文物》1977年第8期。

[5] 何纪生等：《广东封开县都苗宋代窑址调查》，《文物》1975年第7期。

[6] 曾广亿：《广东唐宋陶瓷工艺特点》，《广东唐宋窑址出土陶瓷》，香港大学冯平山博物馆，1985年。

[7] 湛江市博物馆等：《雷州窑瓷器》，岭南美术出版社，2003年。

[8] 叶义：《东南亚瓷中国外销瓷》，《南中国窑器》，香港东方陶瓷学会。

[9] 《菲律宾发现的中国瓷器》，香港东方陶瓷学会。

[10] 冯先铭：《中国古代外销瓷的问题》，《海交史研究》1985年第2期。

[11] 曾广亿：《阿曼出土的中国古代外销瓷》，《古陶瓷研究》1982年第1期。

[12] 冯先铭：《中国古代外销瓷的问题》，《海交史研究》1985年第2期。

[13] 〔日〕三上次男著，李锡经、高喜美译：《陶瓷之路》，文物出版社，1984年。

[14] （南宋）李焘：《续资治通鉴长编》卷十二，宋太祖开宝四年六月辛未。宋军进入广州在二月辛未（五日），设置市舶司在六月壬申（八日）。

[15] 《永乐大典》"陈"字门，卷三一四一。

[16] 《新唐书·地理志》。

[17] （宋）王溥：《唐会要·选部下·南选》卷七十五。

[18] 《宋会要辑稿·职官》卷四十四。

广东笔架山潮州窑遗址新发现的青白釉瓷器初探

石俊会
（广东省文物考古研究所）

摘要：通过介绍笔架山潮州窑遗址新发现的4件青白釉瓷器，并与景德镇湖田窑址、福建德化碗坪仑窑址同类器物比较，初步推定笔架山窑址这4件青白釉瓷器属于笔架山潮州窑遗址同一窑口、同一批次产品的可能性比较大；从器形、釉色及装饰风格上看，笔架山窑址新发现的这4件青白釉瓷器时代应为北宋晚期至南宋早期，属于南宋早期的可能性更大，很可能是笔架山潮州窑延烧到南宋早期的可靠证据。韩江上游梅州市梅县瑶上窑址发现的芒口印花瓷器同笔架山窑址发现的白釉印花瓷器很可能属于同时期的同类产品，也有可能在烧造技术上有一定的继承关系。

关键词：笔架山潮州窑　芒口印花瓷器　花口瓶　瑶上窑

广东笔架山潮州窑遗址是北宋时期烧造青白瓷为主的一处重要窑场。为配合潮州市韩江东岸“三旧改造”项目建设，广东省文物考古研究所于2018年12月对笔架山潮州窑遗址西部“三旧改造”项目用地区域进行了文物考古调查，出土一批瓷器、瓷片及窑具标本。这批考古调查资料尚未整理出版，但其中有4件青白釉瓷器残件特别值得关注，本文拟对其进行介绍，并对相关问题予以探讨。

一、笔架山潮州窑遗址新出土的青白釉瓷器

本文介绍的4件青白釉瓷器残件均出自编号为2018CBTG4的探沟底部窑址废弃物堆积层，该探沟位于笔架山潮州窑遗址核心区域10号窑所在山坡西侧山脚下，该探沟北侧约50米处曾于2016年考古调查中发现一座龙窑遗迹[1]。4件青白釉瓷器残件器形分别为碗底、芒口碗（或盘）口沿、花口碟、花口瓶。

碗底　弧壁，矮圈足。圈足直径5.2厘米，残高2.5厘米。胎色灰白，胎质坚硬，胎壁较薄。碗内壁和内底心分别模印凤穿花纹和花卉纹，内底心周围有一圈弦纹将内底心和碗内壁花纹分隔开。碗外壁和圈足内均为素面，外壁靠近圈足部位有明显跳刀痕。碗内外及圈足外壁施青白釉，釉层很薄，圈足内刮釉。碗外壁靠近圈足及圈足内局部有粘沙现象（图1）。

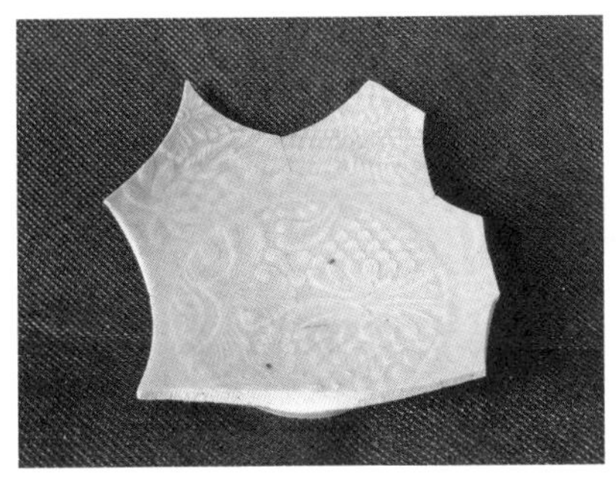

图1　青白釉印花碗底

芒口碗（或盘）口沿　敞口，圆唇，壁微弧。胎色灰白，胎质坚硬，胎壁较薄。口沿刮釉形成芒口，内壁口沿下模印一圈回字纹边饰，内壁模印凤鸟纹，外壁素面无纹饰。芒口以外均施青白釉，釉层很薄。外壁口沿残留有一层薄薄的黑色附着物，推测应为芒口银扣装饰残留物（图2）。

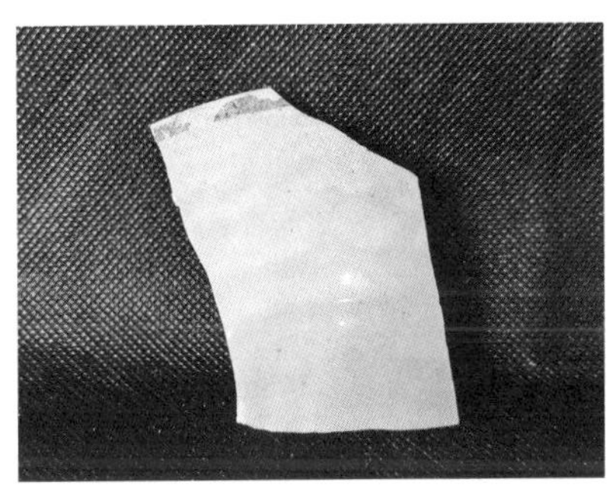

图2　青白釉芒口印花碗（或盘）口沿

花口碟　敞口，宽折沿略凹，弧壁，折腹，小饼足。口径11.2厘米，底径3.4厘米，高2.2厘米。胎色灰白，胎质坚硬，胎壁较薄。口呈葵花口，宽折沿模印一圈花草纹，内壁压印为菊瓣纹，内底较平，模印花卉纹。外壁及饼足素面无纹饰。器内外及饼足壁施青白釉，釉层很薄，饼足底未施釉（图3）。

图3　青白釉印花花口碟

花口瓶　敞口、束颈、溜肩、鼓腹。口径约14厘米，腹部以下缺失，残高22厘米。胎色灰白，胎质坚硬，胎壁较薄。口沿呈7曲向外翻卷的花瓣形，颈部刻划莲瓣纹及多周弦纹，肩部和腹部篦划卷草纹。器表及口、颈部内壁施青白釉，釉层很薄，釉面有冰裂纹（图4）。

图4 青白釉花口瓶

二、新发现的4件青白釉瓷器产地分析

新发现的这4件青白釉瓷器中，有3件印花瓷器，1件刻划花花口瓶。笔架山潮州窑遗址1953年被发现至今，曾经做过多次文物考古调查和发掘工作，已经正式发表的考古报告有两个：1981年广东省博物馆编著的《潮州笔架山宋代窑址发掘报告》[2]公布了笔架山窑遗址1～6号6座窑址的发掘资料及部分笔架山窑址采集的文物标本，出土遗物中可看出器形的瓷器共1300件（不含窑具）；发表于《考古》1983年第6期的《广东潮州笔架山宋代瓷窑》[3]一文公布了笔架山窑遗址7～9号3座窑址的发掘资料，出土遗物共608件（含窑具）。查阅上述两个考古发掘报告的文字描述和图片资料，均未见到青白釉印花碗、盘、碟和花口瓶器形。最近十多年出版的与笔架山潮州窑有关的几个展览图录，例如《南国瓷珍——潮州窑瓷器精萃》[4]、《中国瓷都潮州陶瓷精品集》[5]、《中国潮州窑》[6]等，发表了不少潮州笔架山窑出土文物的彩色照片，而且还涉及尚未正式出版考古报告的笔架山10号窑址部分文物照片，但是，在这些图录中同样未能见到笔架山窑址出土的青白釉印花碗、盘、碟和花口瓶。在已出版的总数超过2000件的笔架山潮州窑遗址出土遗物中均未发现印花碗、盘、碟和花口瓶，那么，这4件新出土的青白釉瓷器到底是不是笔架山潮州窑的产品？

首先，这4件新发现的青白釉瓷器残件均出自笔架山潮州窑遗址编号为2018CBTG4的探沟底部窑址废弃物堆积层，出土位置明确，这是确凿无疑的。其次，其中的碗底、碗（或盘）口沿及花口碟均为印花瓷器，碗底及碗（或盘）口沿的印花繁密、工整，层次感强，风格非常接近；而且，包括花口瓶在内的4件青白釉瓷器胎质、胎色、釉色及釉层厚薄也非常一致，应为同一窑口、同一批产品。再次，考古调查探沟的试掘面积很小，也不能排除扩大试掘面积会有更多同类青白釉瓷器发现的可能。最后，青白釉碗底有粘沙现象，这一般是烧造过程中形成的，窑工或者窑场管理人员生活中使用的瓷器出现这种情况的可能性很小，这也就基本排除其从外地窑址输入的可能。综上所述，新发现的这4件青白釉瓷器虽然在过去笔架山潮州窑遗址考古资料中未曾见到，但是出土于同一地点、同一地层，胎质、胎色、施釉和纹饰风格都基本一致，属于同一窑口、同一批产品的可能性比较大，初步判断应为笔架山潮州窑遗址某条尚未被发现或者尚未被发掘的窑址的产品。

三、新发现的4件青白釉瓷器时代分析

笔架山窑址的年代根据两个已正式出版的考古发掘报告的结论，都是北宋时期。也有学者有不同意见，例如李辉柄先生认为应该为北宋到元代，他的理由是“在遗址中也拾到一些晚于宋代的遗物，一般胎体较为厚重，无纹饰，制作较粗，最明显的是一种折沿盘，沿口向上卷起，盘里浅刻象征性的菊瓣纹一周。这种盘具有典型的元代作风，在浙江龙泉窑中也是

最常见的。”[7]但遗址采集的遗物是否是笔架山窑的产品尚不能肯定，而且，浙江龙泉窑元代特征的遗物在笔架山潮州窑也不一定要到元代才能生产，所以李辉柄先生关于笔架山窑址烧造时间能到元代的年代判定并没有确凿的证据。

新发现的这4件青白釉瓷器与过去笔架山潮州窑遗址考古资料中的遗物相比较，确实有些区别，主要表现在纹饰、装烧方式和器形上。

纹饰方面，新发现的4件青白釉瓷器中有3件使用了印花装饰，尤其是碗底及碗（或盘）口沿的印花繁密、工整，层次感强，芒口碗（或盘）还有一圈回字纹边饰，这都是过去发现的笔架山潮州窑遗物所未曾见过的。过去发现的青白釉瓷器装饰技法以划花为主，其次是刻花、贴塑和镂空，印花很少见[8]。而且印花装饰均用于鱼形壶和炉，碗、盘、碟、盏等器形未见有印花装饰。

装烧方式方面，芒口印花碗（或盘）反映的是覆烧的装烧方式。笔架山窑址过去的考古资料中均未见到覆烧芒口器，也未见到覆烧窑具。新发现的芒口印花碗（或盘）仅有1块残片，但是跟这件芒口器残片同出的有风格一致的其他瓷器，而且都与过去的发现有区别，所以不能排除将来扩大考古发掘范围会有覆烧窑具发现的可能。

器形方面，新发现的4件青白釉瓷器都是新发现的器形，虽然印花碗、芒口印花碗（或盘）及印花花口碟都只是装饰技法与过去笔架山窑址的遗物有区别，但毕竟是一种新的装饰技法开始在这些类型的器物上出现了。花口瓶则是纹饰装饰技法与过去相同，而花口瓶这种造型是过去未曾发现过的。

青白釉印花装饰工艺是继早期青白釉刻划花工艺之后发展起来的；北宋芒口覆烧最早起源于北方定窑，北宋后期开始南传，北宋后期至南宋早期景德镇湖田窑采用多级垫钵和多级垫盘覆烧青白釉芒口瓷器，南宋中后期采用了定窑的支圈组合式覆烧方法[9]。景德镇湖田窑址的芒口器和印花装饰均出现于三期前段，此段的芒口器采用刻划或印花装饰，印花装饰见于碗心、盘底或盒盖上模印鱼纹、朵花等，印花技术刚开始发育，相对较少[10]。到了三期后段，芒口碗外壁刻划水草纹，内壁多模印水藻双鱼或凤穿牡丹纹饰。芒口盘主要在内底对称分组模印三、四组团花装饰或游鱼纹饰，不见繁密的印纹，构图疏朗、大方[11]。第四期时，湖田窑覆烧芒口器大量流行，在芒口碗、盘内底及内壁多模印各种纹饰，内底常印开光内饰折枝梅、凤穿牡丹、凤穿荷塘、盆景山石、双龙、双鱼纹等，内壁常印缠枝花、仰莲、如意、回纹等。模印纹饰布局疏朗，题材寓意深刻，装饰严谨，印纹清晰，具有浓郁的生活情趣[12]。笔架山窑址新发现的芒口印花碗（或盘）从纹样及纹饰特征上看与湖田窑址三期后段及第四期接近。根据景德镇湖田窑址发掘报告，湖田窑址三期后段时代推定在公元1101～1127年间[13]，第四期推定在公元1127～1124年间[14]，也就是北宋晚期和南宋早期。而在《景德镇湖田窑作品集》一书中，有1件南宋青白釉芒口印花盘[15]（图5），矮圈足器形及内底心和内壁纹饰同笔架山窑址新发现的印花碗底都十分相似，其芒口口沿、回字纹边饰及内壁凤穿牡丹纹则与笔架山窑址新发现的芒口印花碗（或盘）口沿残片非常接近，因此，笔架山窑址新发现的芒口印花碗（或盘）及印花碗底的时代属于南宋的可能性非常大。笔架山窑青白瓷的烧造是在景德镇青白瓷窑场的影响下发展起来的[16]，笔架山窑址新发现的印花瓷器如果能确认是笔架山窑的产品，那么其时代应该与景德镇湖田窑同时或稍晚，因此其时代亦可推定在北宋晚期或南宋早期，南宋早期的可能性更大。

青白釉花口瓶在景德镇湖田窑址早期出现较多，器形为花口，束颈，有的颈部施一组弦纹，有的花口内侧出筋。但是窑址未发现完整花口瓶，也没有可以复原的器物，发掘报告仅选择2件标本进行介绍，其一残存口颈部，颈较细长，颈部有两组弦纹，灰白胎，青白釉，口径5.3、残高5.7厘米；另一件同样残存口颈部，与花口对应处的口沿内侧塑阳筋，颈较细短，颈部有两组弦纹，白胎，青白釉，口径6.8、残高6.1厘米[17]（图6）。花口瓶出现于景德镇湖田窑址三期后段和第四期[18]笔架山窑址新发现的青白釉花口瓶口径达到12厘米，要比湖田窑的花口瓶大得多，从颈肩部连接处的特征来看，景德镇湖田窑的花口瓶一般有明显的转折，而笔架山这件颈肩部是弧形过渡，基本没有转折痕迹。虽然两者区别明显，但是整体风格相似，不排除笔架山窑址新发现的花口瓶是受景德镇湖田窑影响而烧制的可能，因此，如果能确认是笔架山窑的产品，那么其时代应该与景德镇湖田窑花口瓶同时或稍晚，其时代亦可推定在北宋晚期或南宋早期，这与上文笔架山窑址新发现的芒口印花瓷器推定时代一致。

图5 景德镇湖田窑青白釉芒口印花盘
（图片引自徐长青编著:《景德镇湖田窑作品集》，湖北美术出版社，2005年）

图6 景德镇湖田窑址出土的青白釉花口瓶
（图片引自江西省文物考古研究所等:《景德镇湖田窑址——1988~1999年考古发掘报告》（下），彩版五八，文物出版社，2007年）

在景德镇青白瓷窑影响下发展起来的福建德化窑也烧造青白釉花口瓶。德化窑是福建省德化县烧造白瓷和青白瓷窑址的统称，德化窑已经发掘的重要青白瓷窑址有两处，一是盖德碗坪仑窑址，一是浔中屈斗宫窑址。碗坪仑窑址发现两座不同时期的窑炉，南宋早期窑炉出土器物以青灰釉瓷器为主，影青釉（青白釉）瓷器处于次要地位，但是在以影青釉（青白釉）为主的42件瓷瓶标本中，有26件荷叶形喇叭口花口瓶，器形为高颈鼓腹，圈足。颈部多施弦纹；肩部有弦纹、莲瓣纹等，也有肩部附加兽面双耳；腹部多为莲花纹、云纹和篦划纹（图7）。器形大小悬殊，最大的高达46.5厘米，最小的仅高15厘米，口径5~17厘米，腹径9~21.4厘米，足径5.5~10.4厘米[19]。碗坪仑窑北宋晚期窑炉未见花口瓶，时代为元代的屈斗宫窑址也未见到花口瓶。笔架山窑址新发现的青白釉花口瓶同德化碗坪仑窑花口瓶比较，碗坪仑窑自身的产品尺寸相差悬殊，但也有同笔架山这件尺寸相当的，从颈肩部连接特征来说，德化窑既有转折明显的，也有弧线过渡没有转折痕迹的，虽然从碗坪仑窑考古发掘报告内的图片来看，没有纹饰和器形同笔架山这件完全相同的，但无论从尺寸大小还是从器形和纹饰来看，两者都具有相似的风格，其时代应该相同或接近。由此推断，笔架山窑址新发现

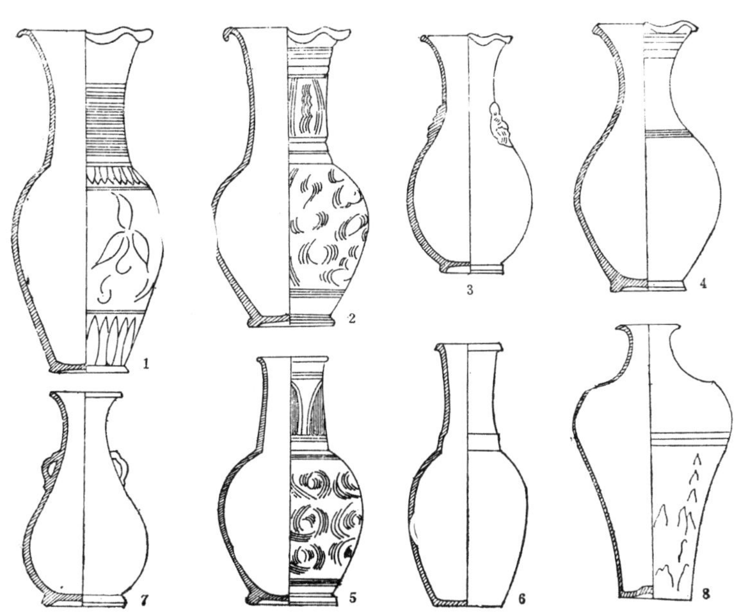

图7　德化碗坪仑窑址出土的南宋早期青白釉瓶
（图片引自福建省博物馆：《德化窑》，文物出版社，1990年）

的青白釉花口瓶时代应为南宋早期或其前后。

综上所述，笔架山窑址新发现的4件青白釉瓷器时代推定为北宋晚期至南宋早期，这与笔架山潮州窑遗址已出版的考古发掘报告推定的北宋时期有一定的出入，两者在北宋晚期是重合的，南宋早期则是北宋的延续，因此，笔架山窑址新发现的青白釉瓷器很有可能是笔架山潮州窑延烧到南宋早期的可靠证据。

四、新发现的4件青白釉瓷器与周围窑址的关系

广东省内受景德镇影响烧造青白瓷并且距离潮州笔架山不远的北宋窑址主要有广州西村窑址[20]和惠州东平窑址[21]，查阅这两个窑址的考古发掘报告，广州西村窑有印花瓷器，但都是仿耀州窑的青釉印花瓷器，影青釉（青白釉）瓷器则均为刻划花装饰，没有印花装饰，没有芒口器，也没有花口瓶；惠州东平窑未发现任何印花瓷器，也未发现芒口器和花口瓶器形。因此，笔架山窑址新发现的4件青白釉瓷器与广州西村窑和惠州东平窑都没有直接的关系。

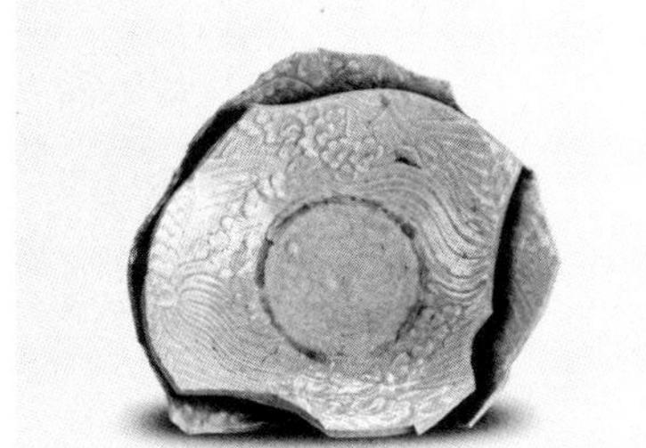

图8　梅县瑶上窑青白釉印花牡丹凤纹碗
（图片引自北京艺术博物馆编：《中国潮州窑》，中国华侨出版社，2015年）

与笔架山潮州窑同属于韩江流域的韩江上游梅州市梅县瑶上窑址发现有3件印花碗和8件印花碟，均为胎质细薄、造型精巧的青白釉瓷器，而且有口沿刮釉的覆烧芒口器，时代与江西仿定窑覆烧芒口印花青白釉瓷器的窑址相当，约在南宋时期[22]。其中的印花碗器形为侈口，壁微弧，圈足，内沿下印回字纹一周，内壁印牡丹飞凤纹（图8），这与笔架山窑址新发现的印花碗底及芒口印花碗（或盘）口沿残片器形及纹饰特征类似，但内底心无印花装饰与笔架山窑址新发现的印花碗底完全不同。印花碟器形为凹底或圈足，敞口（图9），未见宽折沿和饼足，同

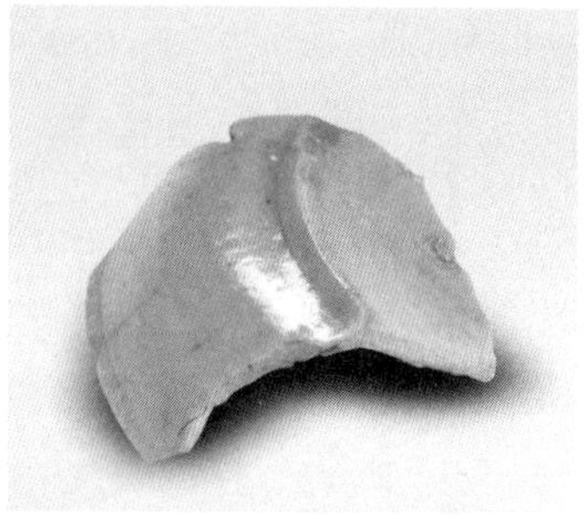

图9 梅县瑶上窑青白釉印花莲纹碟
（图片引自北京艺术博物馆编:《中国潮州窑》，中国华侨出版社，2015年）

笔架山窑址新发现的印花碟区别比较大。梅县瑶上窑址同时烧造大量青白釉刻划花装饰的瓷器，尤其是其中的碗、壶和莲花炉在造型和釉色上与笔架山窑址有相承之处，应是在笔架山窑址影响下发展起来的一处南宋窑场。因此，梅县瑶上窑址的印花瓷器与笔架山窑址新发现的印花瓷器有可能属于同时期同类产品，也有可能在烧造技术上有一定的相互继承关系。

五、结　语

笔架山潮州窑遗址新发现的4件青白釉瓷器，有印花碗底、芒口印花碗（或盘）口沿、宽折沿饼足印花花口碟和花口瓶等器形，出土于同一地点，胎质和釉色基本一致，属于笔架山潮州窑遗址同一窑口、同一批次产品的可能性比较大。从器形、釉色及装饰风格上看，与江西景德镇湖田窑址北宋晚期和南宋早期的同类器物非常接近，与福建德化窑碗坪仑窑址的南宋早期产品也基本类似，因此，笔架山窑址新发现的这4件青白釉瓷器时代应为北宋晚期至南宋早期，属于南宋早期的可能性更大，很可能是笔架山潮州窑延烧到南宋早期的可靠证据。韩江上游梅州市梅县瑶上窑址是一处南宋窑场，瑶上窑址发现的芒口印花瓷器同笔架山窑址发现的青白釉印花瓷器很可能属于同时期的同类产品，也有可能在烧造技术上有一定的继承关系。若想要彻底弄清楚这4件新发现的青白釉瓷器的来龙去脉及其与周边窑址的关系，通过进一步的考古发掘工作获得更多实物资料是最为关键的第一步。

注释

[1] 广东省文物考古研究所：《笔架山潮州窑遗址考古报告之一（2012～2018年调查）》，待刊。

[2] 广东省博物馆编：《潮州笔架山宋代窑址发掘报告》，文物出版社，1981年，第10页。

[3] 黄玉质、杨少祥：《广东潮州笔架山宋代瓷窑》，《考古》1983年第6期。

[4] 广东省博物馆编：《南国瓷珍——潮州窑瓷器精萃》，岭南美术出版社，2011年，第23～79页。

[5] 中国美术馆编：《中国瓷都潮州陶瓷精品集》，文物出版社，2006年，第28～30页。

[6] 北京艺术博物馆编：《中国潮州窑》，中国华侨出版社，2015年，第69～173页。

[7] 李辉柄：《广东潮州古瓷窑址调查》，《考古》1979年第5期。

[8] 王媛：《景德镇湖田窑与潮州笔架山窑青白瓷的比较研究》，《中原文物》2015年第1期。

[9] 冯先铭主编：《中国古陶瓷图典》，文物出版社，1998年，第388页。

[10] 江西省文物考古研究所等：《景德镇湖田窑址——1988～1999年考古发掘报告》（上），文物出版社，2007年，第453页。

[11] 江西省文物考古研究所等：《景德镇湖田窑址——1988～1999年考古发掘报告》（上），文物出版社，2007年，第454页。

[12] 江西省文物考古研究所等：《景德镇湖田窑址——1988～1999年考古发掘报告》（上），文物出版社，2007年第456页。

[13] 江西省文物考古研究所等：《景德镇湖田窑址——1988～1999年考古发掘报告》（上），文物出版社，2007年第456页。

[14] 江西省文物考古研究所等：《景德镇湖田窑址——1988～1999年考古发掘报告》（上），文物出版社，2007年第457页。

[15] 徐长青编著：《景德镇湖田窑作品集》，湖北美术出版社，2005年，第54页。

[16] 王嫚：《景德镇湖田窑与潮州笔架山窑青白瓷的比较研究》，《中原文物》2015年第1期。

[17] 江西省文物考古研究所等：《景德镇湖田窑址——1988～1999年考古发掘报告》（上），文物出版社，2007年，第167、168页。

[18] 江西省文物考古研究所等：《景德镇湖田窑址——1988～1999年考古发掘报告》（上），文物出版社，2007年第454、457页。

[19] 福建省博物馆：《德化窑》，文物出版社，1990年，第5～9、68～70页。

[20] 广州市文物管理委员会、香港中文大学文物馆合编：《广州西村窑》，香港中文大学中国文化研究所中国考古艺术中心，1987年。

[21] 广东省博物馆、惠州市文化局、惠阳地区文化局：《广东惠州北宋窑址清理简报》，《文物》1977年第8期。

[22] 杨少祥：《广东梅县市唐宋窑址》，《考古》1994年第3期。

宋代窑业技术的交流对广西瓷器的影响

袁 俊
（桂林博物馆）

摘要：入宋以后，广西地区的制瓷业迅速发展，繁盛一时，青瓷和青白瓷窑址都在这片大地上繁荣起来。无论是青瓷还是青白瓷，在器型、纹饰、烧造工艺等方面都有广西地区外窑址的烙印，或是吸取经验，或是工艺传承。究其原因，应当与宋代窑业技术交流有所关系。本文就以此为题，谈谈窑业技术传入广西并对其的影响。

关键词：宋代　窑业交流　广西瓷器　工艺传播

宋代，是我国窑业发展的高峰期。青瓷的烧造水平基本达到最高峰，白瓷、青白瓷等产品也十分成熟。而此时广西的制瓷业也迅速发展，青瓷和青白瓷窑址层出不穷，且产品质量上佳。通过对窑址工艺、产品样貌分析比对，发现与湖南地区或者景德镇等地窑场产品类似，很可能与窑业技术交流有所关系。本文就分别针对宋代广西青瓷和青白瓷典型窑址面貌进行分析，挖掘其产品工艺与湖南和景德镇等地区窑业关系，以探讨窑业技术的交流对广西瓷器的影响。

一、宋代广西窑业

宋代广西瓷业发展迅速，产品分为青瓷和青白瓷两大类。其中青瓷窑址主要集中在桂东北地区并沿江而下，而青白瓷则主要聚集于桂东南区域河流沿岸。两类产品究其产品类型、器物造型、烧造工艺等都不相同，来源于不同的工艺传承，并无太多交流，不过受到时代因素影响，印花、刻划花产品甚为流行。下面就青瓷与青白瓷典型的几个窑址进行介绍，以窥广西宋代窑业大概样貌。

（一）广西青瓷窑

宋代广西青瓷窑址主要是沿湘江上游、漓江、洛清江、柳江沿岸分布。包括全州县永岁、永福、柳江县里雍、忻城县红渡、桂平市蒙圩、邕宁区五塘、长塘、钟山县红花等地窑场。这些窑场风格都相近，产品不论胎质、釉色、器型、种类、妆饰风格、烧造工艺都非常相似。其中，兴安严关窑有些产品比较独特，除了生产与其他青瓷窑址类似的印花青瓷以外，还出现了广西最早的乳光釉产品。

1. 全州永岁大湾渡窑

窑址多分布在湘江两岸或距离江边不远处，创烧年代为北宋早中期。器型为碗、盏、碟、杯、盏托、执壶、罐、碾槽等。胎质为灰白或青灰色，多见有使用化妆土，釉色多为青釉，有少量酱釉。使用筒形匣钵装烧，用支钉圈作叠烧圆器的间隔，内底多有五至六颗支烧痕。多数碗盘的圈足使用接足工艺，即器身与圈足分别制成后用泥浆黏结在一起；大多素面无装饰，仅有少量的碗、盏、碟的内底戳印装饰，纹样包括八角纹（后演变成了菊花纹）、朵花、五角星、鲶鱼，“开元通宝”“淳化元宝”“至道元宝”等钱纹，以及“王”“供”“吉”“大”“夫”“任”“九”等单个文字。曾出土有“大中祥符五年”款的碾槽。

2. 永福窑

位于永福县永福镇南雄村方家寨窑田岭至广福乡龙溪村大屯木浪头一带长约6千米的洛清江两岸坡地上。为一处窑址群，有窑田岭、塔脚、黄岭、牛坪子、下窑、下坪、木浪头等多处，占地面积12万平方米。

早期窑址主要在牛坪子、黄岭、塔脚一带。生产的器物类型有碗、碟、执壶、罐、炉、腰鼓等，胎质较粗，多呈砖红或灰褐色，常见使用化妆土。施青釉和酱釉，青釉泛黄。装饰以戳印纹和彩绘为主。常见在素面碗外壁刻一周莲瓣纹、内心戳印一朵花卉或“尧”“上”“太”等字。腰鼓等琢器多彩绘装饰。采用筒形匣钵，一钵多件叠烧，器物之间用支钉圈或者托珠作为叠装间隔。有全州蒋安岭窑早期的风格（图1～图4）。

图1　永福窑早期戳印八角纹

图2　永福窑早期褐彩绘

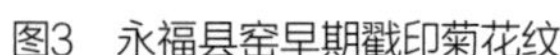
图3 永福县窑早期戳印菊花纹

图4 永福窑早期戳印文字

晚期窑址主要分布在窑田岭、下窑、下坪一带。胎质较细，胎色浅灰或炒米黄色。器型以碗、盘、碟、杯、壶、罐、碾轮等生活日用器具多，腰鼓也多见。碗、盏、盘类多采用刻浮雕模印纹装饰，印花以菊花为主，主要为写实的缠枝或折枝的团菊或朵菊，牡丹其次，也有较多双鱼（图5）、水草和水波纹等，另外还有少量的四叶花和莲花等。其中模印缠枝菊花纹盏的造型、纹饰与耀州窑的非常相似，有明显的仿耀州窑风格（图6）。器物施青釉和酱釉。在青釉中加入了氧化铜做成色剂，青釉呈色有翠青、青绿、青黄等色。还成功烧制出高温铜红釉，这是中国古代瓷器烧制技术的重大突破。使用中空矮瓶状刻花印模来规范圆器直径和高度，并印成纹饰。器物之间用手捏的4～6颗小托珠作叠装的间隔，烧成的器物内心和足边都有4～6颗支钉痕。

图5 永福窑晚期模印卷草双鱼纹碟

图6 永福窑晚期模印缠枝菊纹盏

据考古研究材料表明，永福窑大约创烧于北宋中期，北宋中晚期逐渐进入兴盛时期，下限为北宋晚期[1]，可见约莫衰落于两宋之间。

3．严关窑

严关窑是广西最早烧造乳光釉产品的瓷窑，它不仅烧造月白、天青等单色釉，更采用了胎装饰、彩装饰和釉装饰等多种手法，使广西乳光釉产品别具特色，烧造时间为南宋时期，宋末元初工艺技术开始四处传播。位于兴安县严关镇水南田村。龙窑，内部较矮，不同于永福窑等窑址。烧造方法是不用匣钵，用垫柱支烧，垫圈、垫珠叠烧。产品以日常生活用器为主，有碗、盏、碟、罐、盘等，兼有壶、炉、砚、瓶。胎质坚致，胎色灰泛紫或泛黄。乳光釉产品中以月白釉居多，还多用不同色釉作口沿装饰，并创烧出流淌花釉，即在施釉未干的器物上再用不同色釉在局部作多层次的施加，任其自然流淌，互相渗透，形成了自然生动、变化万千的窑变花釉，美不胜收（图7、图8）。

图7 严关窑仿钧釉高足杯

图8 严关窑花釉盏

（二）广西青白瓷窑

宋代广西生产青白瓷产品的窑址主要集中在桂东南沿浔江、北流河武思江沿岸，包括藤县中和窑、容县城关窑、北流岭峒窑、桂平窑等等，产量巨大，质量上佳。而近年来在桂林地区灵川、临桂调查均发现了的短暂烧造青白瓷的窑址，通过分析比对能够从中了解工艺传播路线。

1. 桂东南窑址

（1）藤县中和窑

窑址位于广西壮族自治区东部藤县城南约15公里处，北流河拐弯处东岸中和圩。早期全用一钵一器仰烧法，晚期兼用一钵多器叠烧法。产品种类繁多，形式多样，以碗、盏、盘、碟为主，还有罐、壶、杯、洗、注碗、瓶、魂瓶、盒、钵、盅、盂、灯、炉、熏炉、枕、水注、鸟食罐、腰鼓、印花模具等。胎质细腻洁白，坚硬且薄，瓷化度高，青白釉光洁莹润、白中微青。装饰花纹以印花为主，颇具特色。常见的花纹有缠枝菊、缠枝莲、缠枝牡丹、海水摩羯、攀枝戏婴、莲池珍禽、束莲等（图9）。先后出土近60件碗、盏、盘、碟等各种有柄呈蘑菇形的瓷质印花模具，其中一件荷莲慈菇鸳鸯纹盏印花模具背刻“嘉熙二年戊戌岁春季龙念叁造”字款（图10）。窑址残废匣钵和一些器物上印有林、程、梁、刘、朱、任、马、周、覃、莫一、莫十、莫一立、陈三、陈七、陈九、文三、林四、刘四、李伍、李六、李九、李小二、欧二、区二、欧小二、龙二、龙六、梁四、程八、黎司、梁四个、莫三郎、刘

图9 中和窑缠枝菊花纹盘模

图10 中和窑莲池鸳鸯纹盏模（背刻“嘉熙二年戊戌岁春季龙念叁造”）

五盘子、周三九等姓氏名别和五、六、九、廿、册四仟、吉、市、息、生、先、本等数字、文字。窑址约创烧于北宋中后期，两宋之际进入鼎盛时期，宋元（1271～1368年）间衰落停烧。

（2）容县城关窑

窑址位于北流河中游地区。用一钵一器仰烧法，产品丰富，以碗、盏、盘、碟为主，还有罐、壶、瓶、钵、盒、杯、洗、匜、魂瓶、盏托、花插、渣斗、尊、灯、炉、熏炉、枕、腰鼓、印花模具、辟邪等。胎质洁白细腻坚硬，以青白釉为主，兼烧白瓷胎一次烧成高温铜绿釉等。装饰花纹以刻划花为主，印花次之；纹样有莲瓣、菊瓣、荷花、团菊、卷草、双凤、戏婴、水波游鱼、海水龙纹等，其中缠枝花卉、海水摩羯等刻划花，以及刻划花与印花相结合的海水婴戏纹等颇具特色，缠枝菊花印花盏余耀州窑同类盏类似。西郊下沙窑区出土的“莫八郎元佑七年公元年三月……花头”款缠枝菊花盏印花模具是目前宋代广西瓷窑出土带有绝对年款的印花模具中最早的一件。匣钵和一些器物上也印、划有姓氏名别、数字等。窑址的烧造年代与藤县中和窑相当或稍早，约创造于北宋中期，北宋晚期、南宋初是它的鼎盛时期，南宋中期可能由于社会动荡而中断停烧。

2. 桂林地区窑址

（1）灵川竹枝坪窑

窑址位于灵川县三街镇龙坪村委竹子坪村。2002年发现，根据遗迹暴露情况，可分辨出有3条并列横排龙窑，窑室内底部宽1.4米，残高0.9米。窑床两侧并未形成明显的废品堆积层。此窑采用匣钵装烧，有漏斗形和筒形两种。主要烧造青白瓷。器型多为碗，有斜直腹的斗笠碗（图11）、敞口碗及敞口折沿碗三式。其次是碟，仅见大、小平底碟两式。此外，还见有执壶、瓶、盖、三足炉。产品胎白质坚，在烧温正常的情况下，釉面呈现光亮的青白色，但泛青的较多。碗有不少一钵多件用4～5颗小泥团支烧（图12）。产品大多质量不好，大量胎质已瓷化但是釉仍似泥浆一样尚未玻化，有些烧温过高而致胎体变形的废品的釉面仍未彻底玻化。时代约为北宋中期。

（2）临桂桐山窑

窑址的遗迹已不见，只余废品堆积。从废品堆积可知此时烧造的是青瓷和青白瓷。青白瓷只见有碗、钵两种，碗多是敞口、敞口折沿，皆为素面（图13）；钵为敞口、圆唇、弧腹。碗用4～5粒粗质小泥团支叠（图14），放在盆钵内烧成，与青瓷产品同窑叠烧，青白瓷产量相对较少。

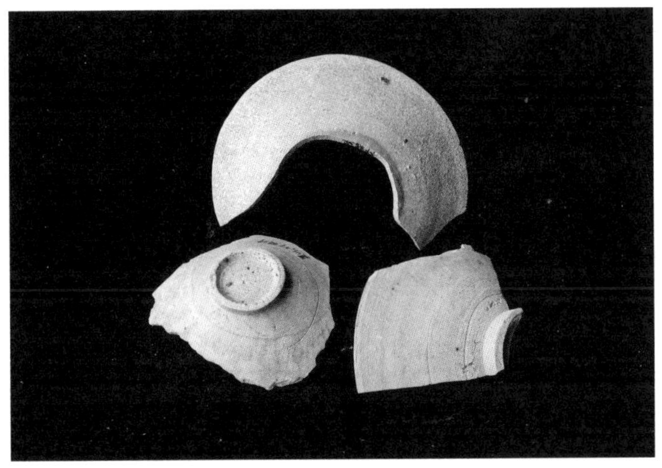

图11　竹子坪窑斗笠碗

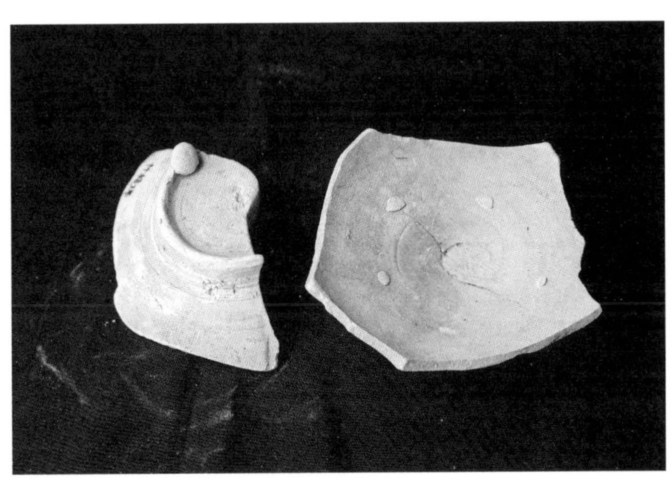

图12　竹子坪窑支烧痕

图13　桐山窑敞口折沿碗

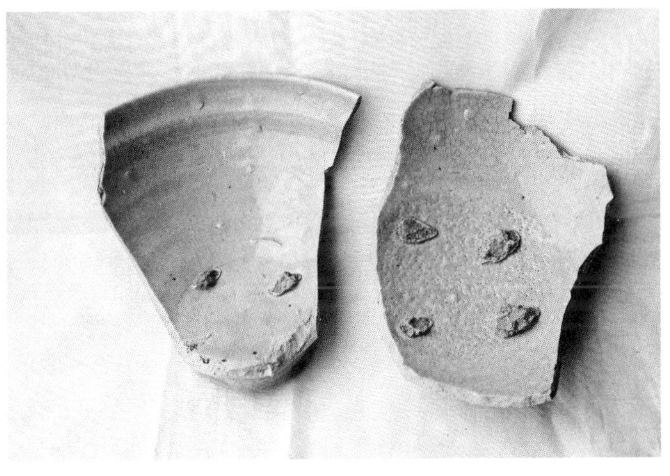

图14　桐山窑的支烧痕

二、窑业交流和影响

上述这些广西宋代窑场，无论是青瓷还是青白瓷，从烧造初期工艺就比较成熟，没有明显的初期发展阶段，应该是有工艺的直接传承。通过考察周边以及可能的窑业，发现广西青瓷窑业技术与湖南地区类似，而青白瓷产品则带有明显的景德镇风格。不过，严关窑乳光釉产品的兴起，与以钧窑为代表的北方窑业应当有所关联；而部分造型、纹饰及釉色与耀州窑印花青瓷相似的产品，也可能是基于需求而对于流行畅销产品的模仿。

（一）湖南地区窑业影响

通过调查可知，湖南湘江中上游的湖南衡阳茶山窑、蒋家窑和永州黄阳司窑都是使用龙窑，采用筒形匣钵装烧，碗盘用带4～6支钉的支钉圈间隔垫烧；多数碗盘的圈足使用接足工艺；胎体普遍施加化妆土；装饰也有戳印菊花、蝴蝶纹、文字和钱纹等。这些与全州永岁大湾渡窑产品的器型、装饰和烧造工艺上相同，且釉色非常接近，都是青黄釉。而在漓江、洛清江、柳江等沿岸分布其他宋代窑址，虽然产品也相似，但与湖南瓷窑在器型和工艺上差别渐大。如湖南瓷窑高而薄的外撇圈足仅见于大湾渡窑早期，广西其他瓷窑的外撇圈足渐趋矮圆，类同大湾渡窑后期制作工艺。同样的，湖南瓷窑并未发现的玉环足内留一小圆饼的挖足方式在大湾渡窑晚期开始出现，并流行于广西其他瓷窑。可见工艺传播是湖南瓷窑逆湘江而上传到全州，再发展一段时间后再顺着漓江、洛清江、柳江等传播到广西各地。

（二）景德镇窑业影响

广西桂东南青白瓷窑址产品器型及一钵一器的漏斗形匣钵，都是在广西青瓷窑场从未见，与景德镇北宋时期产品及烧造工艺类似。尤其弧折沿碗及高圈足、窄薄矮圈足是景德镇北宋中期比较典型的造型工艺，在广西青白瓷窑址也多见，可见广西青白瓷工艺应当与景德镇宋代窑业有关，由景德镇工匠直接带来。同时，广西窑址中基本使用一钵一器烧造，并未见到支圈覆烧的工艺，证明了北宋中期来寻找新烧造基地那批工匠带来窑业技术之后，并未再进行交流，新的工艺技术也就并未再次传入。

而通过将竹枝坪窑产品进行分析，器型与景德镇北宋中期产品的相似以及一钵一器漏斗形匣钵的使用，再考虑到窑址短暂试烧后就基本停烧的情况，可以看出该窑址是景德镇工匠最早进入广西寻找制瓷基地的实验场所之一。因此，景德镇工匠入广西应当循长江、湘江、经灵渠入漓江首先到达灵川、临桂二县，在附近寻找到制瓷原料和水利交通便利之处开始试烧，但土质不行，只好放弃继续沿桂江而下寻找可能的烧造之地，并最终找到桂东南沿浔江、北流河武思江沿岸这一适合青白瓷烧造的地方（沿途可能还有短暂烧造失败的窑址）。同时，灵川临桂两处窑址还发现借鉴了广西宋代青瓷窑场中一钵多件叠烧和泥团支烧工艺，尤其临桂窑址沿用当地大件套装小件的传统装烧习惯，未使用匣钵，可以看出当时景德镇工匠进入广西之初做出的尝试，为探寻解决土质不好匣钵不耐高温等问题的措施。虽然尝试失败，但努力不懈的他们最终在桂东南找到了最合适烧制白瓷的场所。

（三）乳光釉系窑业影响

宋代乳光釉技术十分成熟，最典型的代表就是钧窑及其周边的河南窑口。而严关窑除了同样生产大量乳光釉产品以外，其产品中的敦式碗和束口盏等器型在广西其他窑址并未见，但是却流行于北方乳光釉系窑业，玳瑁斑、鹧鸪斑等装饰工艺也是如此。可以想见，严关窑的乳光釉等相关工艺技术应当来源于北方窑场，极有可能是在河南。不过，严关窑使用泥团支烧的方式，以及印花纹样都与广西其他青瓷窑址相似，可见烧造技术仍沿用原有青瓷工艺。当然，乳光釉等产品的兴起也可能离不开当时此类产品在全国的畅销。

（四）耀州窑影响

从前文介绍可知，广西北宋后期至南宋也大量生产成熟的印花白瓷、青瓷。桂东北的永福县、兴安县等一些青瓷窑场，桂东南的藤县、容县、北流县等一些白瓷窑场中，一些产品的造型、纹饰及釉色与耀州窑印花青瓷较为相似，其中以桂东北的永福县窑田岭生产的青绿釉印缠枝菊花纹敞口盏、及桂东南的容县城关窑生产的绿釉印缠枝菊花纹敞口盏最相似。但是通过考证，三个窑址之间所使用的窑型（耀州窑为馒头窑）、窑具、模具都不相同（图15、图16），所以并没有工艺的直接传承，而有可能的是对于耀州窑热销产品的模仿以打开更大的销路。

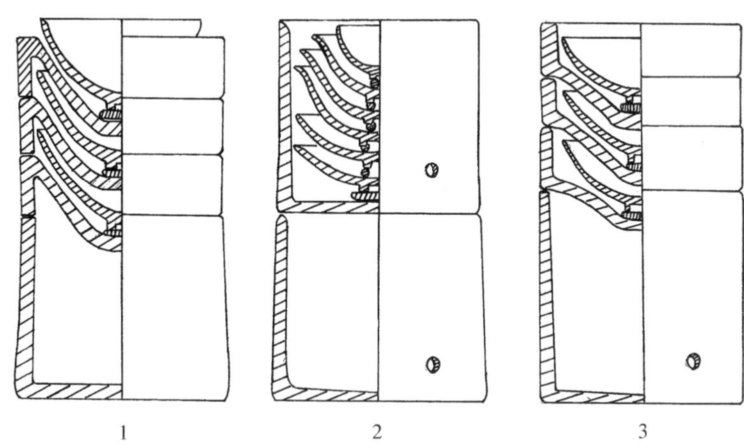

图15　耀州窑、永福窑和城关窑匣钵及装烧图比较

1. 耀州窑匣钵及装烧图　2. 永福窑匣钵及装烧图　3. 容县窑匣钵及装烧图

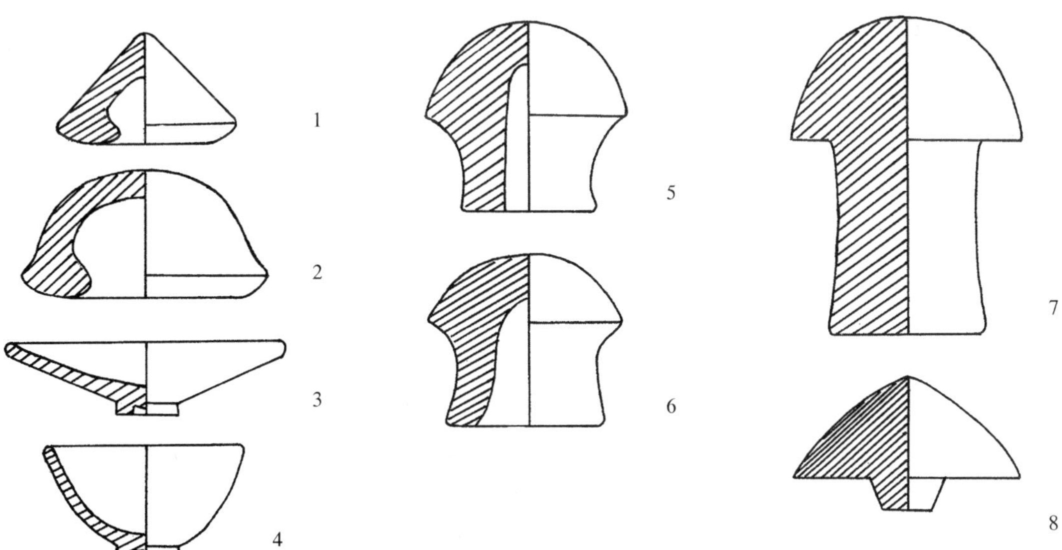

图16　耀州窑、永福窑和城关窑印模比较

1、2. 耀州窑刻花印模（凸模）　3、4. 耀州窑刻花印范（凹模）

5、6. 永福窑刻花印模　7、8. 容县窑刻花印模

三、几点认识

其一，窑业交流时间顺序。上述几个窑业技术来到广西有先有后，并不是同时传入。从广西宋代窑址早期器物和烧造工艺等的比较，可以看出北宋早期开始湖南窑业技术传入湘江上游全州一带，而景德镇青白瓷技术则应当在北宋中期左右带入广西，至于耀州窑印花产品的影响应当在北宋中晚期，而乳光釉等窑业技术则是南宋时期引入。

其二，窑业交流的促因不同。湖南青瓷窑业和景德镇青白瓷窑业是为了满足各地的需求而主动寻求更好更便利的烧造基地及销售市场的，因此工艺传承清晰完整，且动力充足。基于时间上的优势并且青瓷原料的随处可得，湖南工匠先一步抢占了桂北地区有利环境；而景德镇工匠在原料和环境上的不如意，多方尝试失败后并没有放弃，继续沿江而下寻找并最终在桂东南地区找到合适的制瓷基地并发展壮大。至于耀州窑风格的产品，主要是基于产品销量的需求而对畅销品的模仿。与它们相比，乳光釉技术到来的促因很可能是两宋交替之际北方战乱造成的工匠南迁。虽然乳光釉工匠可能面临优质烧造资源多被占据的不利因素，但他们应当是主观上只想融入当地和平的生活，并没有去寻找自己的烧造基地，而是加入严关窑已有的窑业系统生产乳光釉、玳瑁斑、鹧鸪斑等有特色的产品以维持生计，当然其中也基于这些特色釉装饰产品在全国的流行。

其三，分工合作的制瓷模式。从桂北地区景德镇窑业的试点窑址以及乳光釉系窑业的工艺传播来看，广西青瓷烧造方式可能是分工合作的形式。正如前文所论述的那样，乳光釉系窑业工匠仅仅带来了乳光釉等技术融入严关窑生产，使用桂北地区流行的泥团支烧；而临桂桐山窑也仅仅保留了青白釉的产品制作，甚至使用当地大件套装小件的传统装烧习惯且与青瓷共烧。因此，是否可以判断当地烧制瓷器的窑炉由专人（窑主）制作并维护，且烧造工艺也一并由其确定，而制瓷工匠仅仅负责瓷器产品生产并统一供给窑主烧造。分工可以保证专业性的提升，并提高匠人熟练度以提升产量，形成产业化发展，从而降低成本。

其四，唯一的制瓷中心。宋代广西窑业兴盛，窑址遍布广西，但是同时期一般仅有一两个质量最好发展最大形成大产量窑场，比如青瓷窑业的永福窑和严关窑，以及青白瓷窑业的中和窑、城关窑和岭峒窑。同时，虽然屡有外销传闻，但是实际上广西宋代窑场产品明确在海外发现的并不多，尤其是青瓷产品，几不可见。同时，这些大型窑场也不是同时期大量生产，比如永福窑兴盛于北宋中晚期，南宋初基本停滞；而此后正式严关窑开始创烧并壮大，一直到南宋末期，乳光釉等技术并未传入广西其他地方。至于青白瓷窑场，岭峒窑业在两宋之际的繁荣鼎盛也是基于南宋早期末，由于下游地区的社会动荡，迫使容县城关窑的一些窑主、工匠向上游山区岭场转移所造成的。从这里我们似乎可以判断，虽然窑业众多，但是广西瓷业还是会有意识的选择一处作为主要的产品生产中心，满足广西境内的瓷器尤其是中高档瓷的需求。永福窑正是青瓷第一个制瓷中心，而可能由于柴草等资源枯竭，两宋间制瓷中心逐渐转移至严关窑，印花纹样、修足样式极为类似，并逐渐发展，圈足、器型、釉装饰、装烧工艺等等演变，这也能够解释为什么宋元之后永福窑制瓷技术在广西一直未发现，而严关窑工艺随着严关抗元和失守的过程传入广西其他地方，也可以解释乳光釉等技术在南宋中晚期未传入其他地方的原因应该是由于严关作为制瓷中心提供了全广西所需的产品所致，当然这可能也基于当时十分便利的水路交通和遍布全区的渠道网络保证了运输销售的基础。

四、总　结

入宋以来，广西窑业受到湖南、景德镇、乳光釉系窑址和耀州窑等窑业的影响，制瓷工艺迅速成熟，产品质量获得极大提升。窑址多见于河流沿岸，其中桂北青瓷窑址多见，烧造工艺完全承袭湖南地区窑业技术；而桂东南区域的青白瓷窑址众多，产量巨大，明显带有景德镇北宋时期工艺的特点。同时，北宋流行的耀州窑印花和两宋间开始盛行的乳光釉等釉装饰工艺的仿制产品，也出现在广西部分窑场，并且可能是专门进行中高端产品生产的制瓷中心，负责填补广西境内对流行产品的需求，而从北宋永福窑大量生产印花青瓷到南宋严关窑乳光釉等釉装饰产品占比提升中，我们也可以看出宋代审美趋势的演变。

注释

[1] 何安益、彭长林、韦军、袁俊杰：《广西永福县窑田岭Ⅲ区宋代窑址2010年发掘简报》，《考古》2014年第2期。

浅谈宋元时期德化窑的陶瓷生产及其传播

陈丽芳

（德化县陶瓷博物馆）

摘要：德化陶瓷历史悠久，陶瓷文化传承千年。据考古发掘证明，早在5000多年前的新石器时代，德化先人就开始制作和使用陶器。夏商时期，德化三班镇辽田尖山出现了印纹硬陶和原始青瓷烧造。唐末五代，编纂了世界第一部完整的陶瓷专著《陶业法》，比欧洲出现同类的陶瓷工艺专著早了八百多年，绘制了世界第一幅陶瓷工厂规划设计图《梅岭图》。宋元时期，德化陶瓷生产完成了从青瓷、白瓷向青白瓷转变的过程，规模不断扩大，逐步形成德化窑独有的自身特色。随着泉州港的崛起、海外贸易的发展，德化陶瓷漂洋过海，传播到世界各地，成为古代"海上丝绸之路"的主要输出商品之一，是中国古陶瓷外销史上最早大量外销的陶瓷产区，在世界上具有重要地位和影响，成为德化陶瓷生产的第一个黄金时期，经历代长盛不衰。

关键词：德化窑　宋元　青白瓷　外销

德化窑，因位于福建省中部，著名的东亚文化之都——泉州西北部的德化县而得名。东邻永泰县、仙游县，南接永春县，西连大田县，北毗尤溪县。30万人口，以汉族为主，有畲、回、壮、满、高山等11个少数民族。

德化窑是我国南方重要的民窑之一，制瓷历史悠久，工艺精湛，久负盛名，与江西景德镇、湖南醴陵并称为三大古瓷都。数千年的制瓷历史，窑火不熄，陶瓷文化传承千年，其独特的艺术成就在中国乃至世界瓷坛上拥有重要的地位和影响，深受世人喜爱。

德化的陶瓷生产技术经过历代的不断变革、发展、创新，形成一个完整的德化窑体系。早在新石器时代，就有硬陶、印纹陶的烧制。商周时期已有原始青瓷，是中国最早烧制原始青瓷的窑口之一。唐代后期，德化陶瓷业开始发展，时人颜化彩曾编写了一部陶瓷专著《陶业法》，比欧洲出现同类的陶瓷工艺专著早了八百多年，绘制了世界第一幅陶瓷工厂规划设计图《梅岭图》。

宋元时期，随着"东方第一大港"——泉州港的崛起，德化瓷成为"海上丝绸之路"的重要输出品，瓷业应运崛起，是中国陶瓷走向世界的一面旗帜，名扬海内外，成为后人追随的"丝路使者"。在海外市场的推动下，产品的装饰生活气息和宗教色彩较浓厚，部分产品更多的表现外域风情。

宋代人们对玉器的极其崇尚，慢慢地寻找那种雨过天晴的清新明快的感觉。正是这样的社会形态，渗透到生活的方方面面，潜移默化地影响着世人对瓷器的追求，为迎合时代审美需求，逐渐地从北宋的白瓷向南宋的青白瓷发展。

在宋元白瓷的基础上，明代德化窑在白瓷的制作上形成了自己特有的风格，研制出风格独特的“象牙白”瓷，在我国目前发现的古代瓷窑中质地最为精细，色泽最为纯净，是当时南方地区特有的白瓷产区，并逐步成为中国白瓷的杰出代表，被欧洲人誉为“中国白”，标志着中国白瓷生产达到了炉火纯青的地步。德化瓷被国外贵族阶层争相强购，产品向精品化倾向，人物瓷塑大量外销。

清代，德化窑除生产白瓷外，清新典雅的青花瓷器盛行起来，并逐渐取代白瓷而占主导地位。数量急剧增长，进入寻常百姓人家，甚至在一定程度上影响了欧洲洛可可艺术风格的形成。1999年，“泰兴号”沉船打捞出水的德化清代青花瓷，仅仅打捞上来的就多达35万件。可见当年盛况。

民国时期，青花瓷锐减，白瓷反而增多。器物造型不多，工艺粗糙。产品以讲究实用，朴素大方，粗糙笨重。由于时局动荡外销深受影响。部分民间艺人仍力求创新，作品享有一定的声誉。

一、自然和人文环境得天独厚

德化，山多、水足、矿富。境内群山环绕，森林茂密，“闽中屋脊”—戴云山脉横贯东西，这是大自然的造化为陶瓷生产提供了足够的燃料。境内河流、溪流纵横，以闽中屋脊戴云山为中心，向四面蜿蜒分流，流入闽江和晋江流域。[1]在古代动力设备不是很发达，先民选择小溪、山沟、水道，或人工从河流中筑小渠引水，或利用水流落差冲击水车转动的原理，来加工粉碎瓷土矿。丰富的水能资源，为陶瓷生产提供了动力来源。

境内矿藏丰富，已发现的矿藏达29种，金属矿藏13种，非金属矿藏16种。已发现有92处高岭土矿产地、127个矿点，分布在以观音岐山为主的城关矿带、以金竹坑为主的美湖周边环形带和以桂林为主的上涌周边环形带，总储量1亿吨以上，遍及全县的18个乡镇。[2]

德化瓷土矿的开采历史悠久，3700多年前的夏商周时期，三班辽田尖山的先民们已懂得取土烧陶，并逐步尝试了用低矿石做釉，生产早期的原始青瓷，并取得成功。唐代，三班泗滨村和美湖阳田村墓林的先民们已采用高岭土烧制青釉瓷。宋元时期，德化周边的城乡大量开采瓷土矿生产瓷器，源源不断地从刺桐港外销到“海上丝绸之路”沿线各地。明清时期，瓷土矿的开采更丰富，城乡窑场遍地，烟囱林立，窑烟袅袅。清末民国时期，由于社会动荡，各行各业走于低谷，陶瓷业也不例外，风风雨雨，唯德化瓷仍在国内外的瓷坛上扮演着重要的角色，并赢得世界的赞誉。新中国成立后，德化的瓷业得到了长足的发展，除充分利用本地开采的矿藏资源，还购买外地瓷矿，与本地矿藏进行最佳配方，为陶瓷生产提供最佳的原材料。

总之，德化境内十分丰富的森林、水力以及陶瓷矿藏资源（图1），品质远远超过其他产区，得天独厚的资源强势，为德化千年瓷都的形成和发展，和奠定世界影响力提供了重要的先决条件。

二、窑址分布与调查

图1 水车带动水碓粉碎瓷石

据考古调查，德化窑遗址主要分布在戴云山脉东南坡向蜿蜒的低山、丘陵地带。浐溪及其支流碗窑溪自西北向东穿流而过，之后折向东北流入闽江支流的大樟溪。[3]宋元窑址主要分布于县城周边的龙浔、浔中、三班、盖德一带，窑址一般选择建在较平缓的山坡上，并且附近有充足的水源（图2）。

自20世纪50年代以来，我国考古事业得到重视，各级文物部门多次对德化窑址进行考古调查，其中对各时期部分窑址进行科学发掘或抢救性发掘，在一批又一批考古工作者的努力下，取得了一次又一次的重大收获。1976年，省、市、县各级文物部门联合对碗坪仑、屈斗宫等宋元时期窑址进行科学发掘，以及2006年，祖龙宫窑的发掘，不仅揭示了窑业技术；从出土的实物标本，带领我们穿越时空，充分领悟此期器物具有的开放、开拓、文化多元性等时代特征。

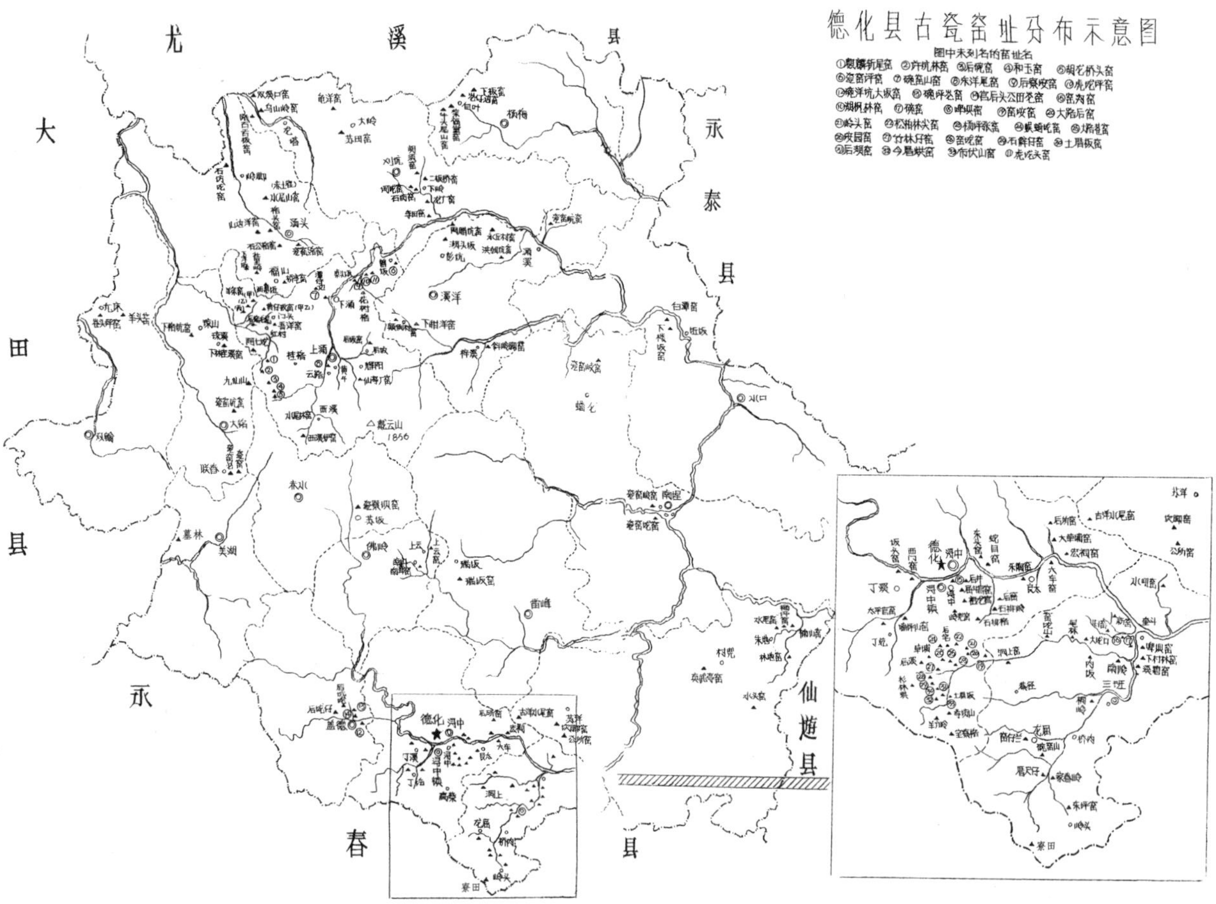

德化县古瓷窑址分布示意图

图2 德化古窑址分布图

图3　碗坪仑窑窑床后的打破坑与探方内的白瓷残器的堆积情形

以下是来自考古调查发掘的资料。

（1）1966年2月文物普查时，在距县城约5千米的盖德乡盖德村的碗坪仑山丘上发现了一处烧造青白瓷的窑址，后定名为“碗坪仑窑”。1976年6月9日至7月16日，福建省博物馆、厦门大学历史系考古专业和县文物管理委员会联合组织发掘。因堆积年代久远和地理环境的变迁，以及人们生产活动的影响，对窑址产生严重破坏。选择大小不同的3个探方，总发掘面积87.25平方米，出土各种瓷器和窑具1711件（图3）。

碗坪仑窑地层堆积分上、下层关系，分别代表了两个不同时期的文化层，下层堆积的是北宋的白瓷，上层堆积的是南宋的青白瓷，这两个文化层的瓷器在本质上既有区别又有传承关系。出土的标本主要是日用生活器皿，有碗、盘、碟、洗、瓶、盒、罐、壶、军持等[4]。尤其军持、粉盒、瓶类产品，在古代海上丝绸之路沿途的国家和地区均有发现，军持是个音译，学名叫“净瓶”，专为东南亚等宗教国家生产和营销。2007年曾轰动一时的“南海一号”沉船，打捞出水的陶瓷器有二分之一以上产自该窑，均为青白瓷（图4～图10）。说明该窑在宋代曾经是一处重要的生产外销瓷的窑址。

图4　宋青白釉粉盒

图5　宋青白釉粉盒
（德化碗坪仑窑出土）

图6　宋青白釉碗

图7　宋青白釉花口碗

图8 宋青白釉执壶

图9 宋青白釉瓶

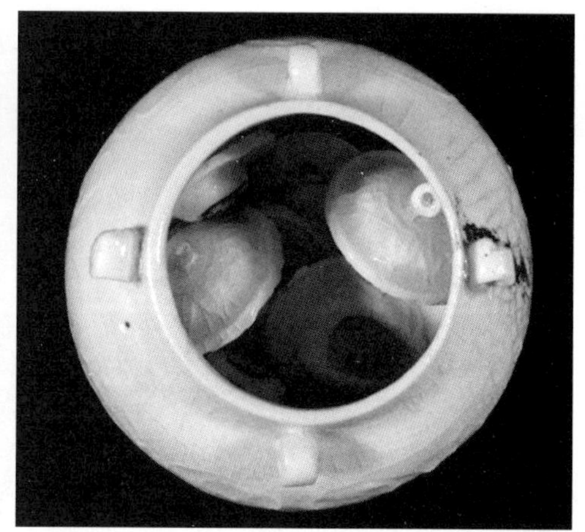

图10 宋青白釉四系罐

（2）1976年4月25日至7月26日，由福建省博物馆、厦门大学历史系考古专业、县文物管理委员会等联合组织发掘，对坐落在城东浔中镇宝美村破寨山南坡上的屈斗宫窑址进行考古发掘。总揭露面积1015平方米，清理出分室龙窑一座，残长57.1米，宽1.4～2.95米，有17间窑室，窑床坡度在12°～22°之间。出土不同类型的器物标本6793件和800多件的窑具，大部分为残件，少部分为完整器。出土的标本有碗、盘、碟、洗、瓶、粉盒、罐、壶、高足杯、军持等[5]。物皆为白釉和青白釉器，胎质洁白、细腻、坚致。白釉细腻温润，有的呈乳白色，已开明代建白瓷之先河；青白釉呈水清色，釉厚处呈淡绿色，光泽感强，清雅美观。有的器物呈色或灰或黄、或深或浅，色调不匀，此均为在焙烧过程中未烧熟或生烧所造成的败色（图11～图14）。

图11 元阳刻蒙古人头像盒底

图12 元长寿新船纹盒盖

屈斗宫窑窑炉遗迹结构较完整，伴随出土的大量瓷器和窑具标本，对德化瓷史的研究，尤其是对德化窑炉的结构、类型及其发展演变进行科学研究，提供了极其重要的资料，具有极为重要的价值和意义。1988年3月，德化屈斗宫窑址被国务院颁布为第三批全国重点文物保护单位。2005年被列为十二五规划的全国100个大遗址保护项目。

（3）2004年2～4月，福建博物院文物考古研究所、德化县文管会办公室和德化陶瓷博物

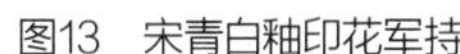
图13 宋青白釉印花军持

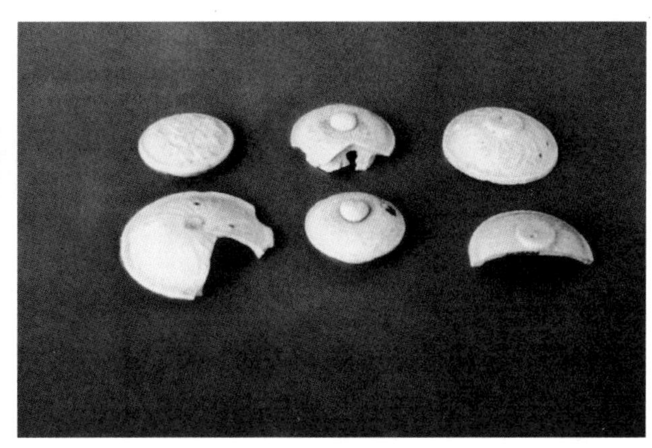
图14 宋青白釉器盖

馆联合组织发掘，对位于浔中镇宝美村破寨山东南侧，与屈斗宫窑址相邻的祖龙宫窑址进行考古发掘，发掘面积200多平方米，揭露有叠压打破关系的元～明代窑炉遗迹3座[6]。

出土的器物主要有瓷器、窑具和制瓷工具。瓷器有青白瓷和白瓷，青白瓷器型有铜锣盘、折腰碗（图15）、盒、洗（图16）、墩子碗等，白瓷器型有碗、盘、杯、盒、洗、瓷雕塑像等。窑具以支圈为主，出土的匣钵和垫座较少，其中有30多个凸底匣钵的外底印有阳文反书“丁未年”三字（图17）。制瓷工具有模具、轴顶碗和瓷刀等。根据揭露窑炉叠压打破和地层的关系，以及出土的器物判断，上层为明代，中间和下层为元代。

图15 宋刻划花卉纹碗

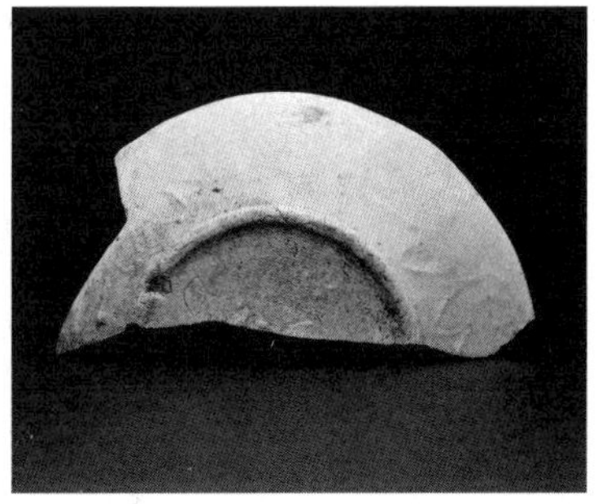

图16 宋模印蝶纹洗

图17 宋元“丁未年”款匣钵底

三、崛起的刺桐港赋予机遇

北宋是泉州港承上启下的关键时期。元祐二年（1087年），朝廷把福建路市舶司设置在泉州，这是泉州海外交通史上具有划时代意义的重大事件，直接推动了泉州社会各行各业的迅猛发展，奠定了泉州最终成为东南沿海经济重心的基础。

随着宋室的南渡，北方许多著名窑场能工巧匠纷纷赶赴南方各窑，带来了当时北方先进的制瓷工艺，使江西和福建的制瓷技术迅速发展。景德镇因出产影青瓷器、青白釉瓷器而闻名于世，闽南窑场竞相模仿制造，并通过泉州港通达海外，成为当时风靡世界的畅销货，其时瓷的卖价几乎与黄金相等。

青白瓷，是覆于坯体上的介于青白两色之间的一种釉色。由含铁量低于1%的釉料在1200摄氏度高温还原焰中烧制而成，白度达70%。其特点是胎薄质坚、釉色青中泛白、白中闪青、莹润透亮，具有天然青白玉效果。由于这种瓷器的透光度较好，若仰光透视，其胎上所印、刻花纹可内、外影见，又称“影青瓷”。青白釉始见于北宋初期，宋、元两代极为流行。青白瓷一旦诞生就风靡全国，且远销海外。

元承宋制，重视发展对外经济，鼓励海运及国际贸易，促进了手工业发展。历史给德化制瓷业的发展提供了一个良好的机遇。这一时期，蓬勃发展的德化制瓷业具有以下鲜明特征：

1. 窑址数量多，地点分布相对集中

泉州地区发现的宋元窑址共有74处，德化独占42处[7]，在闽南地区同时期的窑址中首屈一指（图18）。

按照窑址分布及彼此之间风格密切程度，将之大致分为盖德窑群（碗坪仑窑、碗洋坑大坂内窑、碗洋坑大坂外窑、宫后头公田仑窑、后坑垄窑、后垄仔窑），浔中窑群（边鼓垄窑、东头外窑、风阳陶铸坑窑、初溪窑、后所大草埔窑、祖龙宫窑甲址、拱桥垄窑、公婆山窑、寨后窑、五斗垄窑、后深垵窑、后店仔窑、后窑、石排岭窑、岭兜前欧窑、太平宫窑、庠柄山窑、蜈蜞垄窑、蜈蚣牙窑、屈斗宫窑甲址），三班窑群（窑垄山窑、大垄口窑甲址、大垄口窑乙址、尾林窑甲址、内坂窑、乌鲁坪窑、东坪窑、佳春岭窑（图19）、邱尺仔窑、碗窑溪窑、湖枫林窑、碗窑），上涌窑群（潭仔边窑、尾桥下窑）及杨梅窑群（下仓尾窑、西墓坵窑）。从这些宋元窑址出土的器物看，大多数是为专供外销的产品，远销东北亚、东南亚、印度洋沿岸、阿拉伯地区以及东非沿岸国家和地区。

图18 宋伞状支烧具

2. 重要窑址规模较大，延续时间长

上述42 处宋元窑址的烧造时间多数超过百年以上，考古发掘信息推断碗坪仑窑和屈斗宫窑有400年左右连续烧窑的历史（图20），而窑垄山窑、尾林窑甲址更跨越了宋元明三个朝代。并且窑场范围大，以屈斗宫窑为例，该窑出土了6000多件各式器物，产品在日本、东南亚地区等地均有发现。瓷窑规模的扩大，标志着大量以瓷业为利，提供大量的外销瓷，适应海外市场需求。

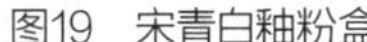

图19　宋青白釉粉盒

图20　宋碗坪仑窑堆积层

3. 装饰丰富，产品种类多

随着刻花、印花、划花、贴花以及模印等多种装饰新方法的传入，德化窑的装饰内容丰富多样，水平不断提高，呈现出较强的艺术性。北宋的装饰纹饰多姿多彩，主要有云纹、雷电纹、竹篦纹、牡丹纹、卷草纹、云水纹、团花纹、莲瓣纹、流云纹、莲花纹、菊花纹、兰花纹、马兰花纹、浮萍纹、草花纹、花鸟纹、蜜蜂纹、鱼纹、花心卷草纹、字款纹等。南宋除了沿袭北宋的装饰风格外，在宗教艺术的表现形式上有了新的突破，如荷口瓶、莲瓣碗、军持等，这些器物的装饰都突出荷、莲的宗教艺术意境；元代造型艺术体现在棱角分明，装饰艺术除了体现各种花卉、飞禽外，又出现了“福”“寿”“金玉满堂”“长寿新船”等吉祥语和与佛教有关的“卐”“般”等（图21、图22）。在各种花卉中以莲花为主要题材，反映了装饰艺术与宗教艺术的有机统一。产品受到海外市场的欢迎（图23～图27）。

四、丝路瓷语

宋元时期是泉州港的辉煌时代，也是德化制瓷业蓬勃发展的大好时期。

海上丝绸之路是东西方经济和文化交往的海上通道，它以南海为中心，起点主要是泉州、广州。宋元时期，随着泉州港海外贸易的兴盛，德化瓷业也应运崛起，成为重要的出口商品，经久不衰。20世纪以来，伴随着水下考古的日益进步和发展，沉睡于海底的德化瓷不断被发现。德化外销瓷频频出水，在给世人带来一次次惊喜的同时，也带来了许多关于古代海外交通以及德化窑的历史信息。

图21 宋青白釉盒盖纹饰

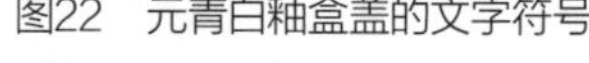

图22 元青白釉盒盖的文字符号

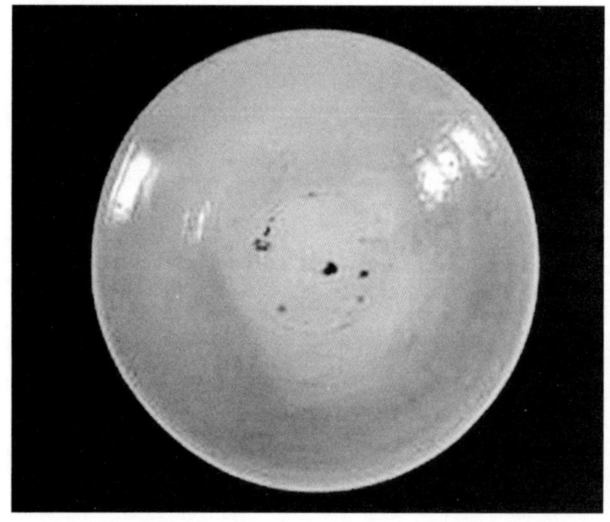

图23 宋青白釉刻划水波纹大口碗

图24 宋青白釉刻划菱纹盖碗

20世纪末发现并翻译出版的意大利犹太商人雅各·德安科纳1271年8月25日～1272年2月24日在刺桐的见闻手稿中，多处提到泉州的优质瓷器。他说这里的瓷器："像玻璃酒壶一样精致。这些是世界上最精美的瓷器，……这种货物将会让我发财的。"[8]而且只要用200个格罗特就可购买600件精美的碗。当雅各带着大量的泉州瓷器等珍贵的海外畅销物品，离

图25 宋青白釉刻划鱼纹碗

图26 宋青白釉刻划纹碗

图27 宋青白釉莲瓣纹军持

开剌桐返航后，赚取了大笔的财富。摩洛哥人伊本·白图泰在游记中也写道“中国瓷器则只在剌桐和隋尼克兰（指广州）城制造……，这种瓷器运销印度等地区，直至我国马格里布。这是瓷器种类中最美好的。”[9]尽管他们对瓷器的出产地没有明指泉州的具体地方，而通称泉州瓷器，但其中德化窑的产品占相当数量。从宋元开始，德化窑外销瓷的生产具有持续性，产品在国际上畅销不衰，延续了几个世纪。像军持、各种碗、碟、盘、龙瓮等，一直畅销于菲律宾和南洋群岛市场。

1998年底至1999年初，中国水下考古研究中心首次对西沙群岛的华光礁和北礁进行水下考古调查，发现了一批沉船遗址，打捞出水了一批陶瓷器。部分青白瓷器，不论是碗、瓶、执壶还是粉盒，皆与德化窑宋代窑址的产品相似，特别是德化盖德乡的碗坪仑窑及其周边几个窑址，还有三班镇的宋代窑址，生产数量最多。此批出水瓷不论从胎质、釉质、装饰纹样，还是装烧工艺以及用料发色均与德化的部分外销窑址相似。如位于盖德乡盖德村的宋代碗坪仑窑址、后垅仔窑、后坑垅窑、碗洋坑大坂内窑、碗洋坑大坂外窑；位于龙浔镇宝美村的祖龙宫窑址、后店仔窑、寨后窑、虱母岭窑、拱桥垄窑、后深垵窑、公婆山顶窑、后窑、五斗窑；位于龙浔镇丁墘村的庠柄山窑、太平宫窑；位于德化县汤头乡福山村的西墓丘窑；位于德化县三班镇奎斗村的碗窑、湖枫林窑，三班村的桐岭窑、上寮外窑；奎斗村的水吼窑；龙阙村的窑仔林窑、石尾山窑；泗滨村的内坂窑、梅岭窑、尾林窑、大垄口窑甲址、乙址；桥内村的佳春岭、碗窑溪窑址窑位于葛坑镇湖头村的阿腊窑、下仑尾窑等。位于龙浔镇宝美村的元代屈斗宫古窑址；位于龙浔镇高阳村的蜈蜞垄窑等。位于浔中镇乐陶村的清代大珍窑、宏祠窑；位于龙浔镇宝美村的左窑、石排岭窑、后井窑、下井亭窑；位于浔中镇后所村的水尾山窑、虎头窑；位于浔中镇乐陶村的黄祠窑、山尾窑；位于龙门滩镇村兜村的水头窑、水头窑；位于上涌镇门头村的吾洋窑，桂格村的麒麟斩尾窑、和玉窑、凤坑后碗窑；位于葛坑镇葛坑村的胡须窑等。

发现于1987年，2004年整体打捞出水的“南海一号”沉船，其中的出水瓷德化窑所占的分量最多，器型有碗、盘、洗、盏、钵、粉盒、瓶、罐、执壶等，其款式在德化盖德乡碗坪仑窑址、后垅仔窑、后坑垅窑、碗洋坑大坂内窑、碗洋坑大坂外窑；三班镇的乌鲁坪窑址、内坂窑、尾林窑、碗窑溪窑址；浔中镇的太平宫窑、边鼓垄窑、公婆山窑均能找到。

1974年夏，经考古发掘的位于泉州后诸港的沉船遗址，船舱出土不少陶瓷器，部分碗、碟、粉盒等属于德化窑宋代器物[10]。

日本冲绳的许多遗址都出土有德化瓷。在台湾的城市遗址和澎湖列岛均有发现德化瓷[11]。

德化窑外销瓷的生产和运销如此兴盛不衰的原因，除了依托刺桐港得天独厚的海外交通条件，以及海外市场需求扩大对生产的刺激外，还有两个因素：

1. 面向海外市场，产品适销对路

宋元时期，广大的东南亚等地区尚不能制造瓷器，其生活水准、生活方式和文化信仰又截然不同，于是面向海外市场成为这一时期德化制瓷业发展的机缘。宋元德化外销瓷生产规模之大，数量之多，已成为此时期东南沿海外销瓷生产的重要基地之一，主要产品种类有军持、盒、瓶、小瓶、小口瓶、飞凤碗、莲瓣碗、墩仔式碗、盖壶、罐形壶、钵、弦纹碗、高足杯等。许多器形器物都是专为海外市场的不同需求而设计的。

当时东南亚人“等待中国船舶到来，交换中国船舶所运载来的丝织品、瓷器、铁锅等货物。他们交换的瓷器，随需要的不同而异。惟大多是大盘、大小碗、酒海、小罂、水瓶及储水用的陶瓮、缸等，尤以大盘最被重视。因为东南亚宴会时，没有椅桌，用大盘盛黄姜饭放在地上的席中，看盘的大小，来定食客的多少，四人或八人，席地围坐，以手撮团饭而食。不过这种大盘，多数在头人手中，平民宴会时借用，宴后归还，所以在东南亚各国出土的瓷器，以大盘小碗居多”[12]。为适应当时东南亚人以大碗大盘作为主要餐具的要求（图28），闽南一带的不少瓷窑便设计出各类超大型碗、盘。碗坪仑窑生产的大型海碗，口径在25～30厘米之间，大型盘的口径也在25厘米以上，为国内各窑所罕见，而这些产品均为这一地区的行业大排档所需生产。

碗坪仑窑和屈斗宫窑等还生产大量精美的外销陈设瓷，如青白瓷印花盒。陈设瓷是一种高雅的装饰品，一般是供富贵人家使用，市场价位较好，器型以瓶类为主，还有作为包装装饰用的外销瓷盒。宋代外销的印花瓷盒有大有小，有各种不同的用途，早期的市场主要在东南亚菲律宾的马尼拉、印尼的爪哇等，当地人把瓷盒有的用于盛装香料，有的装置妇女化妆用品如敷脸用的粉、画眉用的黛、抹唇用的朱玉等。到南宋中后期至元初，青白瓷盒的外销区域不断扩大，在日本平安时代后期到镰仓时代的经冢中，出土了大量德化碗坪仑窑系宋代的瓷盒。长崎县、佐贺县、爱媛县、德岛县、山口县、大阪府、京都市、和歌山县、静冈县、长野县、神奈川县、埼玉县等地经冢都有发现，分布很广，可见当时在日本是一种畅销商品。德化的设计师们根据不同的用途，设计出大盒、中盒、小盒、子母盒（大盒之中带3个小盒）等多种多样。在款式上，则有圆式、八角式、瓜棱式等多种，盒盖上的纹饰非常丰富，达100多种[13]。

图28 印尼雅加达传统大排档用德化大海碗堆叠方式

除日用瓷和陈设瓷之外，大量外销的还有宗教用器，

图29 宋青白釉军持

特别是军持（图29）。军持原是印度佛教僧侣所用的器物，南宋以后，使用范围扩大到伊斯兰教的信众中，在东南亚一带有很大的需求量。宋元德化、磁灶诸窑专门设计生产这种特殊的器物。

德化窑生产的军持，纹饰通常为莲瓣、盘龙（螭龙）、芭蕉、水波（云气）等等，其纹饰是根据当地人的喜好而定的，可以看出带有浓郁的宗教色彩。军持上常见莲瓣纹，这是佛教常用的装饰，莲与荷通称，意味着清净高洁。用莲瓣作军持净水瓶的装饰，体现了信徒的虔诚与纯洁。汉代以来，随着佛教的传入，佛教文化中的佛像、菩提、忍冬和莲瓣，后来都成为瓷器上的一种常见的装饰题材，特别是佛座莲盘的莲花，除划纹、印纹外，还有浮雕、堆帖等技法加以装饰，莲瓣有尖有圆，有仰有覆。到了宋代，莲花的寓意更泛，成为美好人格的象征。螭龙与水波等装饰，显示的是“神”与“法”的权威，巴东马来人搜集的“浮雕螭龙”和巴达维亚博物馆收藏的“饰以浮雕螭龙，且盖绿色之釉，显然为中国输来之器”，其造型风格在德化碗坪仑窑也有发现[13]。“芭”古时亦称香草，佛家所用之物，带有芭蕉图案的装饰，既反映了佛教法宝又具有亚热带的地方特色。当东南亚人民崇拜伊斯兰教后，阿拉伯文字也很快在军持、瓷盘上出现，既表达了信徒的心态，也不失为美丽的装饰。在雅加达博物馆收藏有三件德化窑军持，上面有阿拉伯文字。该博物馆还收藏两件书写阿拉伯文字的釉外云彩大盘，文意是赞美真主安拉及先知的颂词。这些均为适应东南亚伊斯兰教徒的需要而生产的，这些外来文化因素与中国传统艺术文化紧密结合，是中外经济文化交流的象征。

如上所述，德化窑生产的器物很多是订烧器，专门服务海外市场。由于是根据东南亚市场的需要而设计生产的，因而具有实用性，容易适销对路。象军持这种流行于东南亚的宗教用器，当时的广州西村窑也生产，但其器物高度仅在10厘米左右，不大实用，而德化生产的高度一般在20厘米上下，更为适用，所以行销数量倍增。

2. 产品实用，价格低廉，普通人都用得起

物美价廉的商品历来在市场上都具有较强的竞争力。为了生产价廉物美的瓷器，只有力求降低生产成本，提高产品的实用性。德化窑生产的出口瓷器中，有不少精品，如精美的瓷盒，但更多的却是装饰简单大方、胎体厚重的粗瓷，这些粗瓷恰好满足海外一般百姓日常生活所需，而且制作成本低，故能做到价格低廉。马可·波罗在其游记中的描述，夸赞德化瓷器的物美价廉，“大量的瓷器是在城中出售，一个威尼斯银币能买到八个瓷杯”[14]。当年马可·波罗带走的德化白瓷，尚存于威尼斯的圣马可陈列室和意大利博物馆。

北宋中期以后，由于铜钱大量外流而发生钱荒，朝廷严禁金、银、铜等出海外运，瓷器成为出口的主要商品之一，也是商船的理想压舱物，“舶船深阔各数十丈，商人分占贮货，人得数尺许。下以贮物，夜卧其上。货多陶器，大小相套，无少隙地”[15]。适应这种新形势，德化大量生产与出口外销瓷器，其运销范围遍及当时闽商所能抵达的地区。换言之，海外交通开拓到哪里，德化瓷器就输送到哪里。

南宋赵汝适在任职福建路市舶司提举时撰写的《诸蕃志》（1225年），以及元代汪大渊撰写的《岛夷志略》（1349年），不仅是反映宋元海外贸易的重要文献，而且是研究中国古陶瓷外销历史弥足珍贵的文献资料。书中虽然没有记载外销瓷器的具体产地，但从德化发现的42处宋元窑址以及海外分布广泛的德化窑瓷出土物和传世藏品，足以让人们遥想当年德化瓷外销的盛况。

五、结　　语

总而言之，德化窑得益于大自然的恩赐，历史变迁中的人文活动，加上有利的国家政策，周边港口的兴起以及海外市场的需求，共同促进了德化制瓷业的迅速发展。宋元时期，德化陶瓷生产完成了从青瓷、白瓷向青白瓷转变的过程，规模不断扩大，逐步形成德化窑独有的自身特色。吃苦耐劳的德化人在山、海的碰撞与交融中，兼容并蓄，开放豁达的胸怀，不断吸纳不同国家、不同民族、不同习俗、不同宗教信仰的多元文化，形成深具海洋文明特征——开放性、文化多元性、开拓创新性，陶瓷文化生生不息。诸多因素使古代的德化人从此选择发展制瓷业为传统产业，随着制瓷业规模的扩大，农瓷并举，这是德化古时许多家庭的生活经营方式，提高和充实了人们的实际生存空间，这种模式一直传承至今。这些都为德化瓷的长期外销奠定了坚实的基础，成为闽南地区最具影响的重要的制瓷产地，德化瓷一直是“海上丝绸之路”历史最久、品种最齐、数量最多、影响最大的陶瓷产区，在中国、乃至世界制瓷史上占有一席之地，承载着整个中华民族的光辉与荣耀。

注释

[1] 德化县志编纂委员会：《德化县志》，新华出版社，1992年。

[2] 德化县地方志编纂委员会编纂：《德化陶瓷志》，方志出版社，2004年。

[3] 《德化县志·序》。

[4] 福建省博物院：《德化窑》，文物出版社，1990年。

[5] 福建省博物院：《德化窑》，文物出版社，1990年。

[6] 中国考古学会：《中国考古学年鉴》，文物出版社，2005年。

[7] 德化文物编委会：《德化县文物志》，福建地质印刷厂，1996年。

[8] 〔意〕雅各·德安科纳：《光明之城》，上海人民出版社，1999年。

[9] 马金鹏译：《伊本·白图泰游记》，宁夏人民出版社，1985年。

[10] 徐本章、叶文程著：《德化瓷史与德化窑》，香港华星出版社，1993年。

[11] 徐本章、叶文程著：《德化瓷史与德化窑》，香港华星出版社，1993年。

[12] 福建省博物院：《德化窑》，文物出版社，1990年。

[13] 德化名瓷研究文集编委会：《德化瓷研究文集》，香港华星出版社，1993年。

[14] 〔意〕马可·波罗口述，鲁思梯谦笔录：《马可·波罗游记》，福建科学技术出版社，1981年。

[15] （宋）陈师道、朱彧：《后山谈丛　萍洲可谈》，中华书局，2007年。

元代南北瓷器装饰技术的交流及相关问题探究*

吴若明

（南开大学文学院）

摘要：元代时期，随着政治变迁及战争等多重因素，南北方多有融合，瓷器的装饰技法在这一时期也出现了新的格局。以北方磁州窑白地黑花瓷枕、南方景德镇窑青花瓷、以及浙江龙泉青瓷产量为著。北方地区的磁州窑系区域广泛，其白地黑花装饰的主题从宋金的花鸟主题转向叙事性人物场景，并在辅助纹样中盛行截枝墨竹，二者分区装饰，相互呼应。南方的景德镇窑在继承唐宋青瓷系装饰技术的同时，青花装饰得到迅速发展，装饰纹样也在花鸟婴戏等基础上，拓展了叙事性的人物场景主题装饰，并在同一区域与其他辅助纹样组合装饰，风格繁复缜密。浙江龙泉青瓷的装饰技术从隐性的刻划花转向显性的青釉与素胎贴塑印花结合装饰，其强烈的色差和显性的装饰效果受到这一时期磁州窑和景德镇窑装饰影响。文章通过三个地区的装饰技艺、纹样比较，旨在讨论元代南北地区瓷器装饰技术的交流，以及所共同反映的时代审美倾向及多元消费需求。

关键词：元代　瓷器　装饰技术　南北交流

一、元代的社会转型与南北瓷窑发展

元代时期，随着蒙古族的统治和对边境区域的征战，中国境内的南北方交流、中国与西域联系都较此前有了发展。社会政治也和宋金时期有所转变，随唐宋发展而来的南青北白、五大民窑等固有陶瓷体系出现了变革。南方地区，随着浮梁磁局的建立，南方景德镇青白窑系的“拟玉”青瓷系审美被异域情调的青花装饰逐渐替代，特别是在装饰纹样和技法中都带有明显的中东陶瓷的影响，也进一步迎合了中东一带消费者的审美；浙江一带的青瓷在继承传统的同时，也不断地受到其他窑区对装饰纹样的影响，通过贴花、刻划等技法将装饰从对釉色偏重转向图像的显现装饰，特别是在施有青釉色的器物底上以素胎贴花的组合形式将装饰的主要纹样突显出的装饰技法，以符合元代时期国际及海外市场审美趋势渐变之风。此外，北方磁州窑、河津窑等地在宋金白底黑花器物的基础上，其和纸本笔墨相近的画面效果、极具装饰性的画面内容在元代也得到发展，从花鸟、婴戏等主题拓展到人物题材，占据北方市场，并和南方吉州窑的黑彩绘画装饰有所交流，成为元代国内市场中瓷业装饰的代表性产品。

*　本文系2019年教育部人文社会科学研究青年基金项目资助，项目编号：19YJC760121。

二、元代磁州窑和景德镇窑的装饰技法交流

作为元代北方影响范围颇广的磁州窑系和南方蓬勃兴起的景德镇窑在装饰技法中多有交流之处，具体表现在装饰效果和装饰纹样的交流中。首先，在装饰效果上，元代景德镇窑装饰技法包括青花、釉里红、青白瓷、卵白瓷等，其中青白瓷和卵白瓷承袭了唐宋以来含蓄的装饰表现效果，而盛行的青花及釉里红则以强烈的色彩对比，彰显了绘画的装饰效果，画面的装饰以繁密为主，与磁州窑宋金以来的白地黑花装饰效果相一致。其次，主题纹样上，元代磁州窑盛行人物等装饰图像，南方景德镇窑业也体现了在元青花装饰中的人物图像装饰的倾向性；龙凤花卉题材也在磁州窑和景德镇窑作品中常见。辅助纹样中，磁州窑盛行的竹纹也见于景德镇青花器皿中，都体现了元代陶瓷和宋金装饰纹样的变化趋势。

（一）场景式叙事人物主题装饰

在早期瓷器主题纹样装饰中，人物装饰题材并不常见。追溯到唐宋时期，瓷器仍多为单色釉装饰为主流。元代时期，随着元曲的兴起，在瓷器装饰中出现了更多的叙事性人物装饰，在北方磁州窑系的装饰中，来自戏曲的具有叙事性装饰的纹样不断丰富，取代了宋金时期较为单一的婴戏纹样。这种转变承接一个是祥瑞的寓意图像的表达，而叙事性则为消费者提供更多的阅读性。从消费者角度来说，必须是阅读过这类纹样的消费者在对于此类纹样的购买中才有更大的动力。

叶佩兰先生曾提出磁州窑分两个区域，一个在洛阳河流域，以彭城镇为中心；另一个是在漳河流域，以观台镇为中心[1]。由于受到蒙元时期文化影响，此时的造型装饰更为豪放，具有很强的时代风格和艺术特色。元代的磁州窑系器物以瓷枕为主，宋金时期盛行的如意型和椭圆形瓷枕在元代渐被长方形为主的瓷枕代替，尺寸较之宋金时期偏长，适应于绘画内容的丰富化。装饰主载体枕面上通常为一幅独立的场景，内容常见山水人物故事。其来源多为元代戏曲、小说和版画中深受民间喜爱的历史人物故事及神话题材[2]。经典戏剧所表现的文学场景是瓷枕上盛行的叙事性人物装饰主题，一类和战争武力相关，如磁州窑艺术馆中的长方形枕装饰主题为“吕布怒闯董府”，这一主题纹样取材于元杂剧《锦云堂暗施连环计》。一类和女性爱情等相关，如磁州窑艺术馆的另外一件“昭君出塞”瓷枕，来源于元杂居关汉卿的《汉元帝哭昭君》、马致远的《破幽梦孤雁汉宫秋》等题材[3]。此外，高士主题也是元代瓷枕上常见的人物装饰，构图相对简单，以非叙事性的山水和文人形象组合，部分形象可考，如孔子等。

与之相似，在元代的景德镇窑瓷器装饰中也出现了很多的人物场景。根据出土及博物馆藏重要的元代青花瓷器整理，随着优质的钴料苏麻离青从中东地区传入中国，以及1278年浮梁瓷局的成立，推动了景德镇青花工艺的发展[4]。元代瓷器釉下青花装饰方式冲击着中原地区宋代审美，彩绘成主流，但人物题材不多。根据目前公布的大部分元青花馆藏情况，以《元代瓷器》收录的153件青花瓷器为例，仅18件器物绘有人物主题，占书中青花器的9.15%。其中，14件为男性主题，如尉迟恭单鞭救主、鬼谷子下山、周亚夫屯兵细柳营、蒙恬将军、萧

何月下追韩信、三顾茅庐、茂叔爱莲图、陶渊明携琴访友、锦香亭。有四件和女性相关，分别为昭君出塞、西厢记、百花亭等爱情戏剧场景（表一）[5]。值得注意的是，在中东一带当时主要销售地区，元代青花瓷器仍然以龙凤、缠枝莲等动植物题材为主。

元代景德镇窑的瓷器装饰技术也有所发展，一方面是对唐宋的继承，另一方面是受到北方影响的青花装饰。白地蓝花的青花装饰图像继承了宋代时期盛行的花鸟龙凤题材。同时，北方磁州窑盛行的人物题材也被景德镇窑所运用，在题材上男性多以戏剧中的经典英雄将军形象以及文人高士，女性形象则来源于爱情戏剧题材，与同期磁州窑相近。

表1　元青花人物纹样主题和收藏

序号	器型	主题	馆藏地
1	罐	百花亭	Manno Art Museum，Japan
2	罐	昭君出塞	Idemitsu Museum of Arts，Japan
3	罐	尉迟恭单鞭救主	广西省博物馆
4	罐	尉迟恭单鞭救主与西厢记	Boston Museum of Fine Arts，US
5	罐	三顾茅庐	Boston Museum of Fine Arts
6	罐	锦香亭	British Rail Pensions Fund，London
7	罐	周亚夫屯兵细柳营	Museum of Oriental Ceramics，Osaka
8	罐	鬼谷子下山	London Christie’s auction 2005
9	玉壶春瓶	仙人	The Umezawa Kinenkan Museum，Tokyo
10	玉壶春瓶	蒙恬将军	湖南省博物馆
11	玉壶春瓶	茂叔爱莲图	江西省博物馆
12	玉壶春瓶	吕洞宾	Idemitsu Museum of Arts，Japan
13	玉壶春瓶	陶渊明携琴访友	广东省博物馆
14	高足杯	昭君出塞	甘肃博物馆
15	梅瓶	萧何月下追韩信	南京市博物馆
16	梅瓶	四爱	湖北省博物馆
17	梅瓶	四爱	武汉市博物馆
18	梅瓶	西厢记	Victoria and Albert Museum，London

注：数据由笔者根据叶佩兰先生《元代陶瓷》整理

（二）写意墨竹和装饰性辅助竹纹

元代时期磁州窑系的辅助纹样和景德镇窑的辅助纹样装饰也有所发展并有交融。以竹纹装饰为例，较宋金时期，辅助性纹样中墨竹题材在元代从磁州窑地区兴盛起来，并常见于景德镇青花瓷器装饰。元代磁州窑系的竹纹装饰，多在瓷枕的正立侧面矩形如意开光纹内，如上述磁州窑人物故事纹瓷枕侧立面辅助纹样均为竹纹。受长方形枕正立面矩形形制的限制和其本身作为装饰性绘画的目的，竹子绘画通常以截取式，表现局部的一枝或几枝竹。截取式的构图可分为向左、右上角延展式、左右对称平行式及综合式样，前两者以斜角式构图为主，后者以平均分割式构图为主。

在截取式的竹枝绘画中，将其枝干弱化，重点描绘竹叶之美。竹枝整体上来说都偏细偏短，竹枝的绘画部分明显减少或者省略，或有或无，起辅助作用。磁州窑弱化的竹枝表现方式可分为穿插式（图1）和起笔丫字式（图2）两类。穿插式的竹枝在构图中多从一侧呈延展式分布。竹枝的弱化体现在竹枝用笔的纤细上。其竹叶成簇分布于开光纹内，竹枝起连接作用。但多在两簇间距相对较远的竹叶之间起简单过渡、连接作用，也多有鸟雀立枝，具宋画之风。在竹叶绘画相对集中的部分，则省去不画。丫字式竹枝的表现方式主要运用于左右对称平行式构图。由于这一类竹叶的绘画呈平行状分布，每簇竹叶间距离比较近，所以竹枝的绘画往往只在起笔发枝时呈“丫”字状绘画，在竹叶出现的部分则省略。竹枝集中在中间下部，不仅纤细，且极为短小，甚至不及其画面的一片竹叶的长度，而在有竹叶绘画的部分，则以伴枝而发暗示新叶或杂草的细小碎墨点分布其间，用以表示竹子的走势。

图1　元 磁州窑人物故事纹瓷枕
（上海博物馆藏）

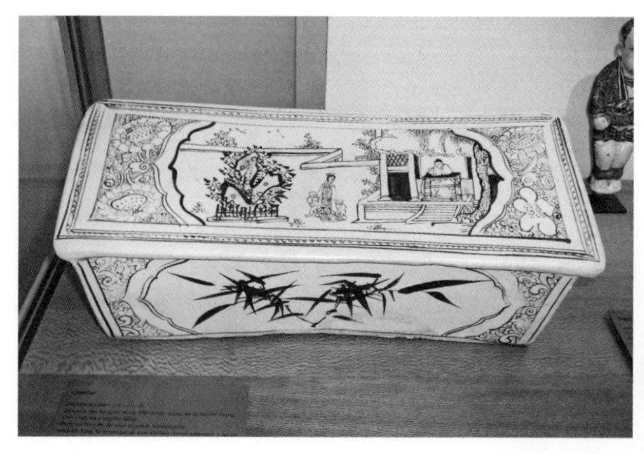

图2　元 磁州窑人物故事纹瓷枕
（巴黎吉美博物馆藏）

元代景德镇的瓷器品种众多，马希桂先生在《中国青花瓷》一书中曾归结为大小并存，粗细并扬[6]。主要包括了瓶（梅瓶、玉壶春瓶）、壶（四系小口壶、扁壶）、高足杯、碗、盘和各类小罐等。以其中器型偏大，青花色料取自中东，呈色鲜艳的瓷器为典型元青花。元代景德镇窑的竹纹装饰主要体现于这类典型元青花中的大盘、梅瓶、玉壶春瓶，敞口大罐及高足碗多种瓷器上。在丰富的装饰主体上，随类赋彩的竹纹所表现出来的竹纹装饰的整体风格也是丰富的。和磁州窑竹子竹枝弱化表现的装饰风格不同，是在器形相对更为丰富的元代景德镇瓷器上的竹纹装饰[7]。元代景德镇窑在绘画竹子时，通常不以类似纸本墨竹绘画的写意体现，而是在装饰性表现中真实再现自然界竹之体态繁密之风。枝干的画法以单笔勾绘，突出表现竹子枝干的形态美。竹子的枝干与竹叶共同作为竹纹装饰表现的内容。元代景德镇窑竹纹装饰中的竹干与竹枝形态的突出表现可分为弧线型和S型两大类。弧线型。在景德镇元青花瓷绘竹纹的装饰中，弧线形是其对枝干的表现常用手法之一，这种形态美的突出表现主要运用在松竹梅的组合纹饰[8]，出自苏东坡“风泉两部乐，松竹三益友”。岁寒三友在瓷器上的大规模出现，则始于元代景德镇的瓷器装饰。其在装饰中，多为单株绘制，竹枝干作弧形走势。瓷器上的松竹梅纹，竹子以一株入画，主枝部分一线贯穿，从图下面笔者所绘的简图可以看到，虽竹子枝干走势不尽相同，但皆随瓷器的形状呈弧线走势，枝干的形态美让观者一目了然。S型。竹子枝干的S型走势是在弧形的基础上更进一步的发展所致，也可以理解为不同方向的弧形的结合运用。在元代景德镇青花瓷器中呈S状的竹干、竹枝走势广泛地反映在元代青花人物故事图、竹石芭蕉、瓜迭连绵、动物等多种纹饰的组合运用上。中国画构成艺术的形式美，有着行之有效的具有恒定作用和效果的表现程式，S型律动即是其最基本的规范之一。S型律动即是中国画构成艺术动态的呈现，又包含着朴素的辩证观念[9]。元代竹纹的S型的程式化运用，与自然界中竹子的形态有所改变，更突出了装饰图案的艺术化处理效果。

相较于弧线型的竹子枝干表现，在形制多变，内容丰富的元代景德镇青花瓷器上以S型作为画面的装饰，更具有形态美感。同时，出现在瓷器上的竹子的枝干并不是按照固定的S型走势一成不变，随着装饰瓷器的不同，S型也有多种形式，如在盘心处由芭蕉叶后所出的一株竹，其表现为大S型摇曳形态。出现在人物故事图中的竹纹，通常与古木结合，从古木后穿插出来，以S扭动幅度相对较小的形态出现，常常在同一器物上还会出现一两株以弧形等枝干表现的竹子，与其相辅相成，选择弧形或S型来表现竹纹的枝干部分整体走势，其摇曳的姿态更加突出了竹子枝干流动韵律的美感（图3）。自元代以后，明清的竹纹虽在继承元代的岁寒三友及竹石芭蕉等竹纹装饰表现中也有弧形枝干的表现，却极少以S型这种极富装饰性的形态绘竹枝，突出表现竹子的枝干之美。相反，更多的绘以类似写生的丛竹。

图3 元 瓜竹葡萄菱口盘
（上海博物馆藏）

三、元代龙泉青瓷与其他窑系技法交流

青瓷是元代除景德镇青花、磁州窑白底黑花外，也极为盛行的瓷器。龙泉窑创烧于北宋，南宋为极盛时期。元明期间，龙泉窑系在装饰技术上迎合变化发展的审美取向，取得了巨大的进步和发展，除传统的釉色装饰、印花、刻花等隐性装饰外，还开始运用模印贴塑、褐彩等形式，丰富其装饰技法。元代盛行的青花瓷器与白底黑花瓷器，其明显的装饰特征也对龙泉青瓷的装饰发展有一定的影响作用。

大量的元代龙泉青瓷被销往海外。除浙江地区的传世藏品外，海外还有大量收藏，主要是集中在中东、东南亚等地，如在土耳其伊斯坦布尔的宫殿中（Topkapi Saray palace），目前仍有1350件中国青瓷。在韩国的新安沉船（Sinan shipwreck ）考古中也发现有9500 件中国青瓷，均以元代龙泉青瓷为主[10]。此外，在欧洲及北非等地也有部分元代青瓷收藏。随着社会审美风尚的变化和海外市场的需求，浙江一带的青瓷装饰不再仅以单纯釉色装饰为主，更追求装饰花纹的复杂呈现。一方面继承青瓷系生产传统，借鉴北方耀州窑、南方景德镇窑青瓷及青白瓷的印花装饰技法，如印花、刻划花（图4）等。同时，也不断地受到其他窑区对纹样装饰技法的影响，通过贴花、刻划等技法将装饰从对釉色偏重转向图像的显现装饰，特别是在施有青釉色的器物底上，以裸胎贴花（图5）或褐彩（图6）的形式将装饰主题纹样突出的装饰技法，以符合元代审美趋势渐变之风，以及海外市场审美需求。

图4　元 刻花罐
（浙江丽水处州青瓷博物馆藏）

图5　元 龙泉窑青釉露胎贴花云凤纹盘
（上海博物馆藏）

南宋时期龙泉青瓷的发展，与其说是自身越窑体系的延承，更不如说是受了来自北宋故都汝窑瓷器的影响，绿色的玉质感和宋代儒家理学文人追求的君子之德相合，而南宋时期，由于北方金兵的侵犯，辗转杭州，再建官窑。龙泉窑在南宋时期的这种注重釉色之典雅的美感，正是和官窑一致，只是在器型上更以实用性碗盘、瓶类为多。元代儒家文化的尊崇不

图6 元 龙泉窑青釉褐彩匜
（韩国国立中央博物馆藏 新安沉船遗址出土）

及宋代，在国内传世的元代龙泉青瓷中虽仍以釉色装饰为主，但已偏重刻划花及印花技法，隐性的表现装饰纹样。在海外收藏的元代青瓷，则偏重以色差对比强烈的露胎贴塑或印花装饰，更好的迎合元代的装饰审美趋势。

四、南北技术交流的相关问题

（一）南北装饰材质与装饰效果

磁州地处河北、山西、河南三省交界处，宽阔的漳河从太行山深处缓缓流出，形成一片扇形的冲积平原。这里蕴藏着丰富的瓷土和优质的煤炭资源，用以烧瓷，同时水运便捷，方便瓷器的对外运输，是理想的瓷业基地。磁州窑的胎土由于含铁量高，胎质粗糙，所以创新应用白色化妆土。其所使用的本地绘画色料，即瓷绘竹纹表现的“笔墨”——铁锈黑花，这种材质，学名花斑石，是窑工们对“高铁黏土岩”矿物质的俗称。作为当地一种比较常见的含三氧化二铁的矿物质，它经氧化焰烧成后呈棕黑色或黑色。这种色料，如果太薄，则呈色不稳定，显出褐色；如色太厚，又不利于烧成。所以，在用墨时，绘画瓷器的人一般不会特意的将颜色作以深浅变幻，更不可能像纸绢上墨竹般，浓淡相宜。他们只能在快速的前提下，将笔沾染好色料，一挥而就，从而保证其烧成后呈色的稳定。以图案表示内容，以构图表示空间，从而适应其釉料和胎质的特点。因此，磁州窑瓷枕上反复的叙事性人物场景行笔迅疾，辅助纹样的竹子和文人墨竹的自由笔触更为接近。

景德镇及其周围地区，蕴藏着十分丰富的陶瓷工业原料——瓷石、瓷土、釉石、釉果、耐火材料和高岭土，含铁量低，有害杂质少，可塑性强。其所属地区皆为丘陵地带，林产资源和水动力资源亦十分丰富，盛产松木，用以烧窑。境内河流纵横交错，尤其是发源于安徽祁门的昌江及其支流东河，有利于瓷器的生产和运销。元代景德镇官方制作的瓷器胎土，取自“麻苍老坑”，较之名窑更为白皙细腻[11]。元青花的绘画青花料主要分两种，一为进口中东的苏麻离青，主要用于器型高大，做工考究的官方制典型元青花瓷器的生产。二为国产和进口混合使用，主要用于器型偏小，销往东南亚的民窑青花制品[12]。元景德镇青花竹纹的绘制主要是在第一种器型中运用。采用进口钴料，呈色鲜艳，烧成稳定性强。元景德镇竹纹绘制的这种材质特点，对于景德镇竹纹装饰风格上工整、细致的用笔和严谨有序的画面布置有一定的决定性原因。

（二）政局变换与文人因素

南北交融的政治背景，是元代南北方瓷器积极发展，相互交流的基础。中国社会经历了长期的宋金割据局面后，终于在蒙古可汗的统治下得以统一。以汉法治汉，加上蒙古族的能征擅战，带来了元朝在中国历史上盛极一时的统一繁荣。《元史·地理志》载，至元二十七年全国人口达到五千八百多万，超过《旧唐书·地理志》历史家歌颂的唐开元盛日一千多万人[13]。北宋时期，磁州窑的绘制者主要由工匠担当，文人在宋代地位颇高，并不屑于与工匠为伍。到金代时期，自宋孝宗隆兴三年（公元1164年）基金世宗大定五年，双方正式达成了“隆兴和议”，各守边界。自此，磁州被纳入金朝版图，正式成了金朝的属地，但仍以磁州为行政区划，领滏阳、武安、邯郸三县。其中滏阳有四镇，即台城、观台、昭德、临水[14]。金朝对于被统治地区实行“猛安谋克”制，猛安，是女真语ming-kan译音，意思为“千”，所以作千户或千户长。关于谋克语义，在《满洲源流考〈卷十八〉国俗》条中写作“穆昆”，注曰：“满洲语族长也”，乌山先生参照以上所说，认为谋克系由作“乡里，邑长”解的女真语（muke）演变[15]。《金史卷·太祖本纪》载，太祖二年十月宁州之役战胜后写，“初命诸路以三百户为谋克，十谋克为猛安”。创建了以此为单位的猛安制度。猛安、谋克制度已不仅是军事组织的单位，同时也是行政组织的单位[16]。介于金代异族统治者对于汉人的怀柔统治，金元战争中，磁州窑当地很多文人并未及时离开。蒙金的战争中，蒙古军队推行其屠城政策，在进军中原的征服战争中，尤其最初一些年，掠夺和屠杀是十分严重的。只有僧道等宗教徒以及工匠能免遭屠杀，不排除宋金文人中谎称匠人者。据刘因《静修文集》卷二《武遂杨翁遗事》载：“一二一四年一月下旬，保州（今保定）屠城惟匠免。予冒入匠中，如予者亦甚众。”又称“能夹锯者即可混称匠人而免于一死”[17]窝阔台从中原“括其民匠的七十二万余户”[18]。

除了文人阶层中少部分参与到磁州窑创作中，汉文人及文学在元代也有所发展。蒙元时期汉文人中少数得蒙元所用，影响蒙元统治者对汉文学艺术认识；部分归隐山野，寄情文学艺术；更多则依附随着蒙元南下崛起的汉人世侯，成为汉世侯文人集团[19]。元朝统治后，瓷业应势之需也逐渐恢复并开始生产，以彭城为中心的元磁州窑陶瓷工业迅速发展了起来。磁州窑的工匠中因文人因素的影响，提高了磁州窑的制瓷工匠的层次，加入或影响工匠行列的文人运用自身的才能，在磁州窑接近平面纸绢的瓷枕上以白地黑花装饰。前文提及元磁州窑竹纹绘画中的写意性和“诗画一体”的组合等艺术风格，都与此有一定关系。随着汉文学的发展，磁州窑元代瓷器上盛行诗文、高士图、文学故事图等，也得益于此。

（三）工匠流动和技术交融

由于景德镇地处江南，宋时已以制瓷名。蒙元南下时，北民南迁现象非常严重，《元史·忙兀台传》载：“至元二十六年（1289），朝廷已中原民转徙江南，令有司遣还，忙兀台言其不可，遂止。”[20]而很多北方窑口，包括磁州窑的优秀工匠南迁到景德镇，成为这里的制瓷工匠。包括了磁州窑系，如吉州窑工匠的融合。吉州窑在江西吉安永和镇，相传宋文丞相过此，窑变为玉，工惧，封穴而逃于饶，故元初，景德镇陶工，多永和人[21]。随着“浮梁瓷局”的设立，召集了各地工匠，迁徙到景德镇，为朝廷生产制瓷，也进一步扩大了元代景德镇窑优秀瓷工的融入。据《元史·百官志》卷88载：“浮梁瓷局，秩正九品，至元十五年立，掌烧造瓷器，……大使、副使各一员。”[22]元政府不仅在形势上设立了官方管理的瓷局，还采取偏向性政策。在胎土开采上，选取 “麻仓老坑”，民窑制瓷不能开采。

并选取上等进口的苏麻离青。对于官窑工匠，也采取较丰厚的政策。由于元朝在官办手工业中实行工匠和匠户制度。匠户是指怀有一定技能的工匠所属的人户，另编户籍。分军匠（为军队生产）、官人匠（为各局院生产）、投下匠户（王公贵族私属工匠）三类[23]。元朝政府对于具有一定技能的工匠较为重视，官匠免除其他一切差役，其职业可以世袭。在积极的政策干预下元代景德镇青花制瓷，集中了最好的制瓷原料和广泛的优秀工匠。此外，由于元朝的南征北战和对手工业发展的重视，在战争中也强掠境外工匠，如成吉思汗西征时，从撒马尔干（撒马尔罕）获得三万有手艺的人，其中不乏有制瓷绘瓷能者[24]。一些随军东迁的色目回回人，这些异域民族“宇内既平，武力无所用，而炫于中国之文物，视为乐土，不肯思归”[25]。受波斯制陶钴料装饰传统及伊利汗国伊斯兰转向的影响，元代仁宗延佑年间，用于釉彩装饰的钴料以伊利汗国进口的回回青，即苏麻离青（Soleimani）广泛用于景德镇青花装饰。主要由作院官方采办，价格昂贵[26]。南北工匠和西域匠人的融合、优质钴料的使用，都促进了这一时期瓷器的技术发展和交流。

（四）功能审美与社会消费

元代磁州窑瓷枕主要销往内地。北宋诗人张来在《谢黄师是惠碧玉瓷枕》中写道：“巩人做瓷坚而青，故人送我消炎枕。持之入室凉风生，脑寒鬓冷泥丸惊。”在磁州窑的瓷枕上也有写道，“久夏天难暮，纱橱正午时。忘机堪昼寝，一枕最幽宜”[27]。瓷枕是用于夏季纳凉的寝具。《元史·刑法志》有如此条例，“诸乱制词曲为讥议者，流”“诸妄撰词曲，诬人以犯上恶言者，处死”[28]。在瓷枕上作为装饰画面曲词书写和元曲故事的人物图与刚性禀直、宁曲不折的墨竹纹样的结合，既符合整体审美，也承载了宋人为主的瓷枕消费者情感寄托。

当景德镇制瓷从宋代的隐性刻划花装饰发展到色彩对比强烈的青花装饰后，其瓷器的绘画手法装饰成为主流，并因外销伊斯兰世界的需要，装饰风格上繁复丰富，和宋代景德镇青白瓷的装饰皆有不同，因此在景德镇元青花中出现的和北方磁州窑系装饰图像上的相似人物主题、花卉墨竹等也成为其交流与借鉴的体现。

元代景德镇窑青花器皿，一是为元朝贵族所用，包括用于窖藏和随葬。二是用于出口，这也是典型性元青花的主要用途。景德镇窑青花瓷器的人物主题作品也大部分作为窖藏器皿，其来自经典叙事场景中的英雄形象也很好地适合了所属者的需求。元朝政府从经济上实行对外开放政策，不但提倡重视对外贸易应采取相应措施，如建立港口外销管理机构——市舶司等。

《元典章》市舶则法二十三条载：“有市舶司的勾当，很是国家大得济的勾当，有在先亡宋时分，海里的百姓每船只做买卖来，……咱每这田地无用的伞、摩合罗磁（瓷）器、家事帘子这般与了博换他每中用的物件来。”[29]元代《岛夷志略》也多次提及贸易所用青白花瓷，如“贸易之货用铜珠青白花碗小花印布……”“贸易之货用铜漆器、青白花碗磁壶瓶花银紫焇珠巫仑布之属”等[30]。

元代青花、青瓷、白地黑花等陶瓷装饰均显示出元代社会审美的转向，即从宋代含蓄的审美到元代突出装饰图像的显性审美，并在纹样中互有交融。由于合赞汗改革及伊斯兰转向的效应影响了对中国瓷器的进口，伊利汗国从中国大量进口元代的龙泉青瓷、青花瓷等，为订购的王公贵族、清真寺和医院的建筑装饰与日常餐饮使用，特别是伊利汗国伊斯兰化侯对日用瓷器需求量的增加[31]。青花的审美趣味具有跨文化性，是一个国际化的陶瓷市场催生出来的。对于白底蓝纹的偏好起源于波斯，尽管以陶器为主，在器表色釉装饰中已长期使用钴类原料[32]。

五、结　语

元代时期中国瓷业的技术发展迅速，南北交融的时代背景也反映在瓷器装饰中。北方地区在宋金的基础上，以磁州窑系地域最为广泛，在河北、河南、山西等多省有窑址发现。装饰技法在宋金时期的白地黑花基础上进一步丰富，以叙事性的人物场景为主题装饰，并结合墨竹写意为辅助纹样的瓷枕最具特色。南方地区景德镇窑发展迅速，特别是在元代浮梁磁局成立后，其装饰从传统的青白釉色发展到枢府卵白瓷，并出现了装饰繁复、画风缜密的青花瓷，装饰纹样上不仅有宋代时期的花卉、龙凤、婴戏等祥瑞题材，也出现了构图细致的一系列叙事性人物装饰主题纹样，和磁州窑地区相得益彰，辅助纹样也包括了装饰性极强的花卉以及流行的竹纹。此外，浙江龙泉地区的青瓷在元代装饰技术也推陈出新，在学习南北青瓷系的刻划花、印花装饰技法外，更运用了青釉与素胎模印贴塑结合的技艺，从而形成明显的装饰纹样，和青花、白地黑花等在装饰效果上相辅相成，展示了元代瓷业南北装饰技术的交流和审美趋势之变。

注释

[1] 叶佩兰：《元代磁州窑的几点新成就》，《收藏家》1997年第10期。

[2] 叶佩兰：《元代磁州窑的几点新成就》，《收藏家》1997年第10期。

[3] 安际衡：《磁州窑瓷枕上的人物故事》，《中国文物报》2012年11月7日。

[4] “浮梁瓷局，秩正九品，至元十五年（1278）立。掌烧造瓷器，并漆造马尾、棕藤笠帽等事。大使、副使各一员”。（明）宋濂：《元史·百官志·将作院》中华书局，1976年，第2227页。

[5] 数据根据《元代陶瓷》整理。叶佩兰：《元代瓷器》，九州图书出版社，1998年。

[6] 马希桂：《中国青花瓷》，上海古籍出版社，2001年，第19页。

[7] 据笔者图片资料收集整理情况表明，磁州窑的竹纹装饰集中出现在瓷枕上，而景德镇窑，在其罐、瓶、盘、碗等多类产品中均有竹纹装饰。

[8] 这种分类主要依据现有材料的收集和整理，但只是相对，而不是绝对的，如弧形的竹竿在除松竹梅外与其他组合纹饰中也有运用。

[9] 韩玮：《中国画构图艺术》，山东美术出版社，2002年，第62页。

[10] Krahl, Regina: *Chinese ceramics in the Topkapi Saray Museum Istanbul, Yuan and Ming Dynasty celadon wares*, London: Press by Sotheby, 1986.

[11] 马希桂：《中国青花瓷》，上海古籍出版社，2001年，第18页。

[12] 马希桂：《中国青花瓷》，上海古籍出版社，2001年，第17页。

[13] 韩儒林：《论成吉思汗》，《元史论集》，人民出版社，1984年，第11页。

[14] （元）脱脱等：《金史·地理志》，中华书局，1975年。

[15] 〔日〕三上次男著，金启孮译：《金代女真研究》，黑龙江人民出版社，1984年，第134页。

[16]　〔日〕三上次男著，金启孮译：《金代女真研究》，黑龙江人民出版社出版，1984年，第137页。

[17]　〔法〕雷纳·格鲁塞著，龚钺、翁独健译：《蒙古帝国史》，商务印书馆，1994年，第12页。

[18]　朱绍侯等主编：《中国古代史》下册，福建人民出版社，2003年，第189页。

[19]　晏选军：《金元之际的汉人世侯和文人》，《中南大学学报（社会科学版）》2007年第1期。

[20]　刘新园：《元代窑事小考》，《景德镇陶瓷学院学报》1981年第10期。

[21]　辛安潮、吴仁敬：《中国陶瓷史》，北京图书馆出版社，1998年，第31页。

[22]　熊寥：《中国陶瓷古籍集成》，上海文化出版社，2006年，第6页。

[23]　朱绍侯等主编：《中国古代史》，福建人民出版社，2003年，第188、189页。

[24]　〔伊朗〕志费尼著，何高济译：《世界征服者史》，内蒙古人民出版社，1981年，第140页。

[25]　陈垣元：《西域人华化考》卷二，上海古籍出版社，2000年，第26页。

[26]　刘中玉：《14世纪蒙古体系变动下的青花瓷——元青花与伊利汗国伊斯兰转向关系梳论》，《形象史学（2017上半年总第九辑）》，社会科学文献出版社，2017年，第200页。

[27]　张子英：《磁州窑瓷枕》，人民美术出版社，2000年，第18页。

[28]　（明）宋濂：《元史》，中华书局，1976年。

[29]　（元）佚名：《元典章60卷》户部卷八典章二十二，元刻本，第442页。《元典章》全称《大元圣政国朝典章》，元代官修，共六十卷。记载自元世祖至英宗初年的法令，分为诏令、圣政、朝纲、台纲、吏部、户部、礼部、兵部、刑部、工部十纲。

[30]　（元）汪大渊撰：《岛夷志略》，清文渊阁四库全书本，第1、10页。

[31]　刘中玉：《14世纪蒙古体系变动下的青花瓷——元青花与伊利汗国伊斯兰转向关系梳论》，《形象史学（2017上半年总第九辑）》，社会科学文献出版社，2017年，第192页。

[32]　刘中玉：《14世纪蒙古体系变动下的青花瓷——元青花与伊利汗国伊斯兰转向关系梳论》，《形象史学（2017上半年总第九辑）》，社会科学文献出版社，2017年，第181页。

唐宋手印砖的分布与传播*

于春雷
（陕西省考古研究院）

摘要：唐宋时期，手印砖是砖中常见的一个类型，唐代分布以中原两京地区为核心，散见于四裔，宋辽夏金时期散见于中原及北方各地，南方较少见。手印是一种来自南方的相对落后的工艺的遗留痕迹，唐代通过官方征调工匠将这种工艺带来北方，手印自然舒张。宋金时代，这种工艺通过战争掠夺，传播到北方夏、辽、金地区，这种工艺逐渐被淘汰，并演化出一种神秘的含义。

关键词：手印砖　制作工艺　唐宋时代

手印砖是指在一面上印有手印的砖，这种砖多为条砖，有少量为方砖，或近似于方砖，每砖手印多为一个，有少量为两个，甚至更多，颜色有青灰色、浅黄色等。目前考古发现的手印砖有明确纪年的最早为出土于广东番禺汉墓M19中的一件："标本M19：Z88，普通砖。浅黄色，火候高，经粘复，砖面上刻三行小字'永元五年十月□□□□□□府元□□□□'，上面再印一手掌印，下端用粗棍或手指写一较大的"贺"字。长37、宽20、厚5厘米。"[1]有研究认为手印砖产生于东汉中期的珠三角地区，后来经过东西两条途径传至中原，已经是到了唐中宗时代，随后继续向北扩散[2]。唐宋时代分布最为广泛，发现的实物也最多。以后一直到元明清时代，都有发现。

作为一个时代延续较长、分布范围较广的砖纹饰种类，在西北一度成了西夏文化的典型器物，而在东北也同样曾被看作是辽墓的判断标准之一，在关中则是曾作为唐砖断代的依据。不过，学界对于手印砖仍没有给予足够的重视，不管是手印砖，还是绳纹砖，很多的报告、简报只是简单提一下条砖，并没有对其纹饰做详细的描述，更没有对所占比例进行统计。

对于手印纹砖的研究比较少，目前有华清宫的发掘者骆希哲先生做过这样的工作，认为"手印纹条砖在华清宫使用时间是从唐高宗永徽元年（650年）开始至唐玄宗开元二十九年（741年），是开元年间条砖断代的代表器物"[3]。同时还将华清宫出土条砖分三期。一期是

*　本文是2018年国家社科基金年度项目《富平桑园砖瓦窑遗址考古发掘报告》（项目号18BKG023）的阶段性成果。

武德元年（618年）至景云二年（711年），以绳纹砖为主。末期开始出现手印纹砖；二期为开元元年（712年）至天宝十五年（756年），以手印砖为主；三期至德元年（756年）至天祐三年（907年），以素面砖为主。并将方砖也分为相同的三期，带有手印的方砖是在第二期。并对手印砖的制作做了推测描述，“带手印纹的条砖，‘斗子’内为素面，工匠做好坯子，用手在坯面直接拍按一下即可，而绳纹条砖则不同，要用提前做好带绳纹的模板在‘斗子’内的砖坯表面印上绳纹。”还认为手印纹有监督产品质量好坏、追查工匠的责任用意之外，还有实际施工的需要，那就是为了砖与砖之间粘接的更加牢固[4]。同时观察到手印纹分为左、右手印和双手印纹三种，多出现在条砖上[5]。但这种分析仅仅是依据华清宫遗址出土的器物进行分析，结论难免有失偏颇。还有广元市公安局从事公安刑侦工作的李英宏和四川大学的廖俊彦、白彬合作研究成果《四川广元、绵阳出土汉代画像砖掌印纹的痕检学分析》，该文从痕检学的角度对这批手印进行分析，得到了按印这些手印的人的性别、年龄、身高、体态、所从事的职业等信息[6]。田玉娥在《洛阳唐砖浅议》一文中认为，手印是唐代对工匠管理的一种手段[7]。鹿习健也在《小议西安出土的唐手印纹砖》一文中对西安出土的手印砖进行梳理，对其用途与类型进行探讨，并将手印看作是唐代从各地征发来的丁夫杂匠这一类人的印记，不同于国家固有的官匠所使用的“官匠某某”“匠某某”“某某”等印记[8]。余黎星在《洛阳唐代砖瓦窑出土器物研究》一文中也认为：“手印砖的手印不是生产工人随意印上去的，而是唐代科学、严格的管理制度的体现。”[9]一直以来认为手印是工匠管理手段的论点都没有文献的或实物的依据，而是依据近现代人们以按压手印作为印信的代替来推演出来的，且不说事实是否真是如此，但就以千百年之后的一种事例来验证千百年之前的情况，本身就是不严谨的，这样的论证是有缺环的，是囿于成见的一种体现。刘泽阳在其硕士学位论文《长安与洛阳地区出土唐砖的初步研究》中将手印砖作为唐砖的一个类型，并采用《唐华清宫》一书中对于手印砖的分析[10]。韦璇在其硕士学位论文中对两广地区汉晋时期的手印砖进行了体质人类学的分析，探讨了当时从事砖瓦生产的工匠的体质信息，并且度全部的手印砖进行时空上的梳理，最后认为手印是“与当时人们的宗教信仰等精神文化生活有关，是当时人们对抗自然与无知，祈求神灵保佑，即信仰与崇拜的一种表现，反映的是陶工群体对美好生活的祈求和向往。”但作者也说明这样的解释仍然只是猜测，要想解开手印纹之谜，还需要更多的新资料出现[11]。《唐代条砖印痕分析》一文将手印作为与拍印同类的印纹与作用进行了分析[12]。

一、唐宋时代手印砖的考古发现

唐宋时代手印砖分布广泛，其中中原地区为核心分布区，散见于四裔。唐代的两京地区分布密集，几乎各类遗址墓葬都有发现，唐长安城址、唐代帝陵、华清宫、九成宫、仙游寺、西岳庙、郭顺墓、节愍太子墓、桑园窑址、顺陵、五代李茂贞夫妇墓、延安蛇连沟宋墓、陕西渭南靳尚村金末元初壁画墓、银沟遗址等等。在河南，唐代的洛阳都是手印砖分布密集的地区，隋唐洛阳城址、关林镇、白马寺、瀍河西岸的砖瓦窑、邙山北宋壁画墓、陕州漏泽园等等。在山东则见于位于兖州的宋代兴隆寺塔地宫。山西蒲津渡遗址、翼城金代墓葬。

远至新疆的吉木萨尔古城也有发现，甚至在处于漠北的回鹘文化遗址中也有手印砖发现。位于东北辽金政权统治下的地区也有大量手印砖发现，位于宁夏的西夏时代的王陵、佛塔寺院及普通遗址都有发现。在南方仅在两广地区有少量发现。

（一）唐代手印砖的考古发现

唐顺陵南神道西乳阙四周出土大量的建筑材料，其中就有手印砖。[13]据发掘者研究，该乳阙应该是武则天称制后营建，即天授元年（690年）[14]。

陕西富平的唐节愍太子李重俊墓中也出土有手印纹砖[15]，节愍太子墓中出土的条砖表面纹饰有两种，一种是绳纹，另一种就是手印纹。节愍太子墓修建与景云元年（710年）。另外，在富平桑园窑址出土的手印砖也是属于这一年的，桑园窑址是定陵的专属窑场，为修建定陵提供建材，窑场一期（景云元年修建定陵时，即710年）南部出土遗物中手印砖数量极少，占条砖总数比例小于千分之一。而在窑场二期（维修定陵时，约开元五年，即717年）北部出土遗物中，手印砖数量占条砖比例平均达到0.91%，在部分遗迹出土遗物中甚至高达2.7%。桑园窑址出土的手印砖和节愍太子墓中出土的手印砖应该是时间相同，且都是来自于桑园窑址的产品。

唐睿宗桥陵也有发现手印砖，08桥陵南门西阙T2④：1-4条砖，半截残块，为中段，残长23.8厘米，宽16.8厘米，厚6.8厘米。素面底，未见砍削加工痕迹，一面压有手印，为左右两手相对压印，可见两手四指，手掌部缺失。08桥陵南门西阙T8④：37条砖，一角残损，长38.2厘米，宽17.8至17.2厘米，厚7.8厘米。素面底，未见砍削加工痕迹，一面压有手印，可见完整的右手掌印[16]。

唐玄宗泰陵有手印砖，2009年泰陵东门门址：T4②：14-1，条砖，完整，无绳纹，砖背面压印手印纹，为右手掌，手掌的五指齐全，只有半个手掌。整砖未砍削加工。砖长34.8厘米，宽14.8厘米，厚6厘米[17]。但在已公布发掘简报的献陵和昭陵地面相关建筑未见手印砖发现[18]。

在隋唐洛阳城右掖门遗址出土的条砖中，情况与定鼎路砖瓦窑出土的条砖相同，“手印纹砖，砖上印有手印，数量不多，均残”[19]。而在隋唐洛阳外郭城发掘的砖瓦窑出土的条砖又呈现另一种情况，绳纹条砖（以Y25：3为例）与手印纹长条砖（以Y33：2为例）均为“数量多”[20]，发掘者依据《唐会要》卷86的记载：“开元十九年六月敕，京洛两都，是惟帝宅，街衢坊市，固需修筑，城内不得穿掘为窑，烧造砖瓦。其有公私烧造，不得于街巷穿坑取土。”认为该处窑场废弃于开元十九年（731年），则窑室应该就是开元十九年六月敕后随即填平，所以，窑室的堆积物应该就是以这一时期的产品为主。

唐华清宫遗址的莲花汤殿宇建筑遗迹中的砖砌路面是“用规格为36.5厘米×16.2厘米×6.2厘米的手印纹条砖和规格为32厘米×32厘米×5.5厘米的方砖间隔平砌……”，早期散水是“用规格为39厘米×18厘米×8厘米的手印纹条砖东西向平砖错缝顺砌做边”。而晚期散水则是都用绳纹条砖砌成[21]。该遗迹中共登记条砖标本53件，其中手印纹的10件。发掘者研究莲花汤始建于开元十一年，二次维修在天宝年间。所以，这一批手印砖的时代就应该是开元十一年至天宝年间。星辰汤在汤池建筑中的供水池石盖板的上下发现有用手印砖平砌的，其斗池南壁为里石外砖结构，外层为绳纹砖与手印纹砖并存，但数量对比不详[22]。殿宇北石砌地面下有一层手印纹和粗绳纹条砖平砖乱砌的层[23]。据发掘者研究，星辰汤及各类建筑所用条砖时代应该是早于天宝二年[24]。海棠汤遗迹出土登记条砖51件，其中绳纹的20件，手印纹的31件，手印一侧未见绳纹，为素面加手印。海棠汤是专为杨贵妃而建，始建年代据发掘者研究室开元二十八年至天宝五年之间，废弃在天宝十五年（756年）[25]。宜春汤遗迹出土登记的条砖共19件，其中绳纹条砖5件、手印纹条砖2件、绳纹间几何纹条砖3件、素面条砖9件。在华清宫遗址Ⅰ区御书亭建筑出土遗物中，作为标本的条砖有4件，其中手印纹的1件，编号ⅠYST33④：6，泥质灰陶。一面素面，另一面素面上按压全右手纹印。规格33厘米×15厘米×6厘米。其余为绳纹[26]。发掘者研究认为御书亭出土条砖为中唐时期，但上限不早于贞观十八年，下限至唐末[27]。华清宫遗址出土了5件手印纹方砖。正面素面，背面印有手印，一个或多个手印[28]。

在昭应区遗迹范围中也有手印砖，在修建临潼区昭应楼和区委办公楼处理地基时，发现大量的唐代残破砖瓦，其中可作为标本的有条砖6件，其中2件为手印纹砖，同时出土的有印有“天宝二年□”陶文的瓦块[29]。据发掘者研究，该遗迹时代在天宝二年（743年）[30]。

仙游寺法王塔是一座唐代砖塔，仙游寺建筑及法王塔均使用的较多的手印砖[31]。仙游寺初建于隋，唐大中年间（847～859年），宣宗李忱将仙游寺拆建为三寺。

唐代醴泉坊遗址2001年的发掘中也出土了条砖，共有7件，其中唐代的5件，手印砖有3件。发掘出土的有两件手印砖（ⅠT8j1：11、ⅡT1H1：4）[32]，据发掘者研究，ⅠT8j1、ⅡT1H1两个遗迹的时代为中唐[33]。

在河南洛阳中州路唐宋建筑遗址的唐代地层出土一批砖，有素面、手印纹、绳纹三种，素面最多，手印砖在砖面压印五指张开的手掌痕，通常位于砖背面，少量见于砖的正面。尺寸基本相同，长38厘米，宽17厘米，厚7～8厘米[34]。

在陕西彬县郭顺墓发现手印砖，时代为文德元年（888年）。该墓为土洞墓，仅以手印砖封门[35]。

回鹘也有绳纹砖和手印砖使用，但是与中原地区的手印砖有别，其区别就是绳纹和手印的方向。绳纹条砖（标本TXⅥ③：4）的一面满布绳纹，方向与条砖的纵长垂直。手印纹砖（标本TXⅥ③：5）的手印指向同于绳纹的方向[36]。发掘者研究认为，该墓园的建筑年代应该是漠北回鹘汗国时期（745～840年）。

这一时期，手印砖的起源地珠三角地区，手印纹不再是砖上常见的纹饰了，在广州的南越宫苑遗址之唐、五代地层中出土的砖“多素面，部分砖表面有手印纹或模印有莲花、卷草、火焰形花卉纹等”[37]。广西贵县的唐墓也有手印砖发现[38]。

另外，唐代大明宫遗址、九成宫遗址、青龙寺、乾陵、东都洛阳城的一些遗址、新疆吉木萨尔北亭古城都有手印砖发现。这一时期手印砖的使用在各类遗址中都有发现，包括帝陵、皇宫、陪葬墓、佛塔等都有发现，还有像桑园窑址[39]、洛阳瀍河西岸砖瓦窑[40]等官营的砖瓦窑也有发现。但分析上述遗址可以知道，都是属于官方修建的建筑。而在唐代许多墓葬，例如薛儆墓、韩休墓，都没有手印砖发现，这些墓葬都不属于陪葬墓，而是自择茔地修建。晚唐时也见于一般墓葬。

（二）五代时期的手印砖

五代时期，后唐秦王李茂贞墓也有手印纹砖。墓室“铺地砖基本为长方形条砖，条砖36

厘米×18厘米×6厘米。每砖正面素面无饰，背面皆有一较深的手掌痕，掌痕大小不一，均顺长压印”[41]。端门建筑“长方形平板砖：泥质灰陶，表素面无饰，背面压印有手掌痕。长36厘米，宽32厘米，厚6厘米。……条砖：色浅灰，表素无饰。背压印一手印，开掌，五指散舒。压印较深。长31.5厘米，宽15.5厘米，厚5.5厘米”[42]。但同样五代的冯晖墓却没有手印砖的报告，包括王建墓、南汉二陵、王审知墓、钱镠墓、大同五代墓[43]、等都没有手印砖的发现报告。

李茂贞作为关西大的军阀，与京城长安紧邻，自然延续了主要的大唐制度文化。

（三）北宋、辽、西夏时代的手印砖

北宋皇陵目前没有发现手印砖[44]。

2013年在延安市宝塔区蛇连沟发掘的一座砖室墓，墓室四壁起券部位有一层方砖，素面，向上面均有按压叉开五指的手印纹，均为左手。该墓时代为北宋[45]。

北宋陕州漏泽园宋墓中出土大量的砖墓志，数量共有372块，规格有大方砖、小方砖、大长方砖、小长方砖、条砖等五类。其中大方砖和条砖背面多带有手印，有的大方砖还带有粗绳纹，而其他三类没有手印纹[46]。

在洛阳市定鼎北路唐宋砖瓦窑址出土的条砖中有较少量的手印纹砖，另有极少量的米纹砖，出土于C组窑。据发掘者研究推测，C组窑的使用年代是宋代[47]。宋代地层出土了一批北宋手印砖。手印纹砖，正面和背面压印手印纹多呈手掌张开的形状。T760②：60，长38厘米，宽18.5厘米，厚7厘米，手印纹长18厘米，宽11厘米。发掘者认为在该基址北宋地层出土的部分莲花纹瓦当应该是唐代瓦当被当建筑垃圾埋入北宋建筑基础之中[48]。

在陕西蓝田县吕氏家族墓园出土了一批手印砖，出土于家庙遗址的方形青砖B型：2件。均为手印方砖，两者形制略有差异，分为两亚型。Ba型：1件。编号F10：8一侧边沿损伤。形制略显长方形，一面遍布黑灰色炭痕、居中拓手印纹样，另一面素净无纹。长30.2厘米，宽28.5厘米，厚5.3厘米。Bb型：1件。编号F10：12，出土于夯筑台基南立沿下为散水铺砖。一角断裂，粘接基本完整。器形稍小而较薄，一面居中有手印纹样，一面素净无饰。边长29.8厘米，厚5厘米。长方形青砖B型：1件。编号II-HK1：11，出土于II-HK1底部西侧。器形较厚重，一面光素无纹，另一面按压手印。长36.5厘米，宽19.5厘米，厚7.5厘米[49]。据发掘者判断，出土上述手印砖的遗迹的时代为北宋晚期[50]。家庙遗址的其他时代遗迹未见手印砖出土。

在蒲津渡遗址的发掘过程中，在北宋地层中，就出土有1件手印纹砖，还有绳纹、米格纹等[51]。

在西夏六号陵的东阙台出长方砖共508件。灰陶，正面光滑平整，背面粗糙，一般背面有手掌印痕，有大、小两种。大长方砖尺寸为：长44厘米，宽34厘米，厚5厘米；小长方砖尺寸为：长36厘米，宽18厘米，厚5厘米。DQT②：1，完整。长35厘米，宽18厘米，厚5厘米。在西阙台出素面条砖共431件。砖面平整光滑，有个别砖背面压印手掌印。长36厘米，宽18厘米，厚5厘米。发掘者判断，该陵为李元昊称帝后追封的其父太宗李德明之陵，德明卒于宋明道元年（1032年）[52]。

宁夏贺兰县拜寺口紫疙瘩西夏墓也有手印砖出土[53]，宁东西夏遗址也有手印砖发现[54]。

辽朝前半期政治中心的辽上京遗址、辽祖陵黑龙门均没有发现手印砖[55]。辽宁西北阜新市彰武县的差大马辽墓是一座辽代前期的普通墓葬，其建筑用砖“绝大多数带有手印纹”[56]，在沈阳也有发现[57]，河北保定新城开善寺在维修过程中发现了辽代的手印砖[58]。

在南方，只有广西贵县有宋代墓葬出土手印砖的报告[59]，其他未见有发现。

北宋，以皇家制度的皇陵看，官营的砖瓦窑已经没有按压手印的工匠了，但在民间却大量存在。西夏政权范围内的手印砖广泛存在于帝陵、佛寺以及普通的墓葬、遗址之中，显示西夏同于唐朝，手印砖分布于各阶层。辽朝同于北宋，手印砖仅分布于民间。

（四）金、南宋时代的手印砖

在黑龙江金上京会宁府遗址及与金上京隔江相望的八里城城址都有手印砖出土，八里城的手印砖“数量很少，我们只见到4块，手印皆捺在砖的背面，……似皆为妇女右手”。发掘者介绍与金上京遗址所出手印砖一致[60]。位于正蓝旗的四郎城遗址被认为是金代新桓州故城，在该城址也有手印砖发现[61]。但北京金陵却没有手印砖，却有沟纹砖[62]。山西翼城县发掘的一座金代墓葬，也使用了手印砖砌筑，墓室顶部外侧可见手印砖，手印面向上，但简报中没有详细的介绍[63]。

在陕西渭南靳尚村金末元初的壁画墓出土了一批手印砖，“条形砖，左、右手的都有，均为成人手印，是工匠在制作砖坯时随意拍印上去的。标本08SWJM1：16，右手印砖。长32.2厘米，宽16.6厘米，厚6厘米。标本08SWJM1：17，左手印砖。长32厘米，宽15.6厘米，厚6厘米”[64]。

在西岳庙的金元地层中也有手印砖发现，有单瓣莲花纹方砖，11件。莲花是由十六个花瓣组成，花瓣有的饱满且肥短，有的则稍瘦长。莲蓬花心，内有七颗莲子纹。标本F2B：22，花瓣有残损，莲瓣稍瘦长。阴面印有右手纹。边长34.5厘米，厚5.5厘米。素面方砖大多数正阴两面为素面，个别砖阴面饰有手印纹。厚度基本相同，长宽度稍异。标本F2B：17，一角稍残。正面无纹饰，阴面印有右手纹。边长34厘米，厚5.5厘米。有条砖均为粗泥灰陶。质地较硬，制作规整。个别砖阴面饰有手印纹[65]。

金朝的手印砖出现于上京城、普通城址、墓葬都有发现，但是有手印砖的墓葬都位于中原地区，有手印砖的城址则在东北地区。也因此曾有研究认为“与辽代不同的是，金政权的手印纹砖几乎均是在城址等建筑基址中发现，而未在墓葬中发现，也或许与女真族流行石棺墓的丧葬习俗有一定的关系”[66]。南宋没有明确的手印砖的信息，可能在南方，手印砖已经淡出历史了。在中原地区，还是传承北宋的文化，北方则是另一种文化。

二、砖上装饰纹与制作纹的分析

砖上有纹饰，从可以确定的战国时代直到现代机制砖的出现，都是如此，可见于各类报告。纹饰的形成，不外乎是有意识的装饰纹与无意识的制作纹两类。

（一）装饰所施加的纹

在砖表面上有意施加的纹饰，其目的是装饰砖的表面，分布于砖的外向面。这种纹饰常见的就是战国秦汉时期空心砖的动物纹、几何纹、条砖与方砖的几何纹、唐宋方砖的莲花纹等。如出土于秦都咸阳第一号宫殿遗址的空心砖[67]，其中的几何纹空心砖为五面饰几何纹，而龙纹与凤纹空心砖均为砖面为龙纹或凤纹，虽然报告中没有说明砖的底面是什么情况，但依据行文惯例与常见空心砖可知，底面应该是没有这类装饰纹的。汉长安城桂宫的四号建筑中出土的方砖T1③：123几何纹方砖，一面饰几何纹，边长35.5，厚5.3厘米[68]。西汉长安城长乐宫六号建筑遗址之“一号地下通道西坡道”[69]便是几何纹在砖的正上面最明显的例证。汉晋时期流行的画像砖也是如此，画像的一面为表面，砖的另一侧或其他侧面有刻画的行次号码[70]。唐代莲花纹砖也是花纹面向上，如唐洛阳城殿亭建筑遗址[71]。

这种纹饰的特征就是花纹突出或与砖面平，精美有规则，无论是空心砖的龙虎纹，还是汉代方砖的几何纹与唐代方砖的莲花纹，无不如此。

（二）制作所施加或遗留的纹

制作过程中因施工需要施加或遗留的纹痕，最常见的就是绳纹、各种拍印纹、刮痕等，是在制作过程中为了压实或刮平坯体而形成的，常位于砖的底面，或阴面，建筑使用中一般不显露出来。由于制作纹一般并不需要显露出来，所以比较随意，没有美观性可言。

另有一种为标记砖的生产信息或建筑使用信息，也会留下一些纹痕，基本是以戳印痕为主，少量刻画痕。这类纹痕也是多与背面的制作纹处于同一面，在建筑使用时也不会显露出来，如西岳庙隋代遗存所出条砖[72]，上文引到南京西善桥南朝墓及其砖刻壁画之砖上的行次号码也是如此。

需要注意的就是为了压实坯体而施加上的纹痕与为了刮平坯体而遗留下的痕迹一般是叠压共存的，但一般在报告中均将为了刮平坯体而遗留下的刮痕忽略不提，或直接视为素面，这样的纹痕在报告中有明确位置的，均是位于砖的阴面或底面。如西岳庙宋代遗存出土条砖标本F3B：97，手印下的刮痕清晰可见[73]。而同在西岳庙金元遗存出土的素面方砖“大多数正阴两面为素面，个别砖阴面饰有手印纹”，标本F2B：17就是饰有手印纹的素面方砖，手印下的刮痕也清晰可见[74]。依据与刮痕叠压并存判断，这两例手印就应该是属于制作所施加的纹一类的，建筑使用的时候是不会显露出来的。

这类纹样的特征是花纹下凹低于砖面，随意无规则。绳纹、拍印纹、手印纹、刮痕，部分戳记与划写文字，均是这样的。

根据目前所见到的考古资料，在唐宋时期，砖上的手印纹大部分是属于为了方便制作所施加的纹。也有少量明显与此有异，如上文所引延安蛇连沟宋墓所使用的砖。

三、砖上手印的分析

（一）手印的生成

目前研究认为按压手印的作用与原因，众说纷纭，韦璇在《两广地区汉晋时期出土手印纹砖的体质人类学分析——兼谈中国手印纹砖的源流》中将这些说法整理出，分别是“追责制说”“工序说”“标记说”“辟邪说”“丧葬文化说”“佛教说”六类。并提出作者自己的推测，认为手印砖传达的是当时人们的一种宗教信仰与图腾崇拜[75]。

根据唐宋手印砖与拍印砖及刮痕砖同出，且同一砖上没有手印与拍印并存的现象，手印是和拍印纹等属于同一类的，可知手印与拍印是处于相同的工序，说明手印与拍印起相同的作用，仅仅是为了将置于砖模中的坯泥按压密实。

手印砖的制作工艺与同时期其他砖的制作工艺基本相同，无非是有一个拍按手印的程序而已。根据所见到的手印砖及伴出的其他砖可知，几乎所有的手印纹都是叠压在刮痕之上的。所以可以判断出手印是在砖的坯泥放入砖模（也称为斗子）中刮平后按压的，按压手印之后，砖坯才从砖模中翻出。

但既然不是全部都有手印，那么就需要对于拍按手印的选择、时机与作用进行分析。手印是和拍印纹伴出，且都是处于刮平面上，这二者却没有处于同一件砖上的实例，都是或拍印纹，或手印，或仅有刮痕。说明手印与拍印是相同作用。尤其是唐代，手印和拍印都有一些半印存在，更能说明问题。

拍印是各种陶拍纹饰的反映，使用陶拍就是为了将坯体拍打密实。照此，手印的按压，其原初目的也就是为将坯体按压密实。但有的手印印痕很深，有的很浅，对此的解释，或是由于按压力道的大小差异，或是坯泥软硬的差异，反映了制砖坯泥的不一致，说明技艺尚没有统一，甚至在同一窑场也是如此。

（二）手印砖的使用

通过对唐宋手印砖考古发现的情况总结，可见并不是集中于某一用途，所以可以排除手印砖作为某种专用建材的可能。尤其是在唐代，手印砖广泛见于皇室建筑、都城建筑、陵墓建筑、宗教建筑等等各类建筑之中。其所出土多伴随有绳纹砖、米格纹砖或素面砖，说明手印砖虽然可为某一时代断代，但却并非该时代唯一使用的条砖，而是只占其中一部分，比例大小不等。一个基本的情况就是从初唐开始出现到唐末五代，中原地区的手印砖比例在逐渐加大，而其发源地的岭南则日渐式微。另外，到开元天宝年间，部分方砖背面也出现了手印纹，但数量极少。

宋代的手印砖仍然较为常见，但是在宋代皇陵的考古工作中并没有发现手印纹砖，全部是素面的条砖，方砖有莲花纹，背面是绳纹或栏格纹。但在平民墓葬中发现有较多的手印砖，方砖和条砖均有，伴出绳纹砖数量很少，多数为素面加压手印纹。

在手印砖适用于建筑物时，其放置方式也是有规律可循的。目前能见到确实事例的手印砖使用放置方式，手印都是属于背面，放置的时候手印面是朝向不可见的一面，即内向面。可见或象征可见的一面，即外向面是使用砖的正面，就是光素无纹的一面，或有精美装饰的一面。其他砖也是如此，外向面或是光净的素面，或是精美的装饰，如几何纹、莲花纹、动物纹等。而内向面就是包括绳纹、拍印纹、刮痕等各种随意的纹样。

这样看来，手印砖是没有什么特殊含义的，只是一种与绳纹或拍印纹并存的一种生产过程中形成的纹样罢了。但也发现有一例特例，就是延安市蛇连沟宋墓的手印砖，该墓是一座砖室墓，券顶，在该墓墓室四壁与顶部起券的部位有一层方砖平铺，这层方砖每一块都压有一个叉开五指的手印纹，而且手印纹位于上面[76]。这一层砖上的手印一定是具有特殊含义的。

（三）手印砖演变与传播

唐代的手印砖从武周时期开始出现，都是自然舒张，大部分见于条砖，少量见于方砖，大部分是单手印，少数是双手印或多手印。目前仅在华清宫遗址发现方砖印有手印。手印在开始出现时，仅占很小的比例，随着时间推移，手印砖的比例逐渐提高，甚至在有的遗址中会用“较多”[77]形容，所伴出的其他砖是拍印纹或只有刮痕。但也并非所有遗址都如此，甚至有许多遗址就没有手印砖，这说明按压手印这种工艺还是具有一定的集中性的，并没有平均分散各地。唐代的手印都是自然舒张，在砖面上的方向一般是与砖长同向，但并不完全一致，有的手印是全手印，有的是左半或右半，全无一定规律。因为按压手印仅仅是为了将坯泥按压密实。所以，所按压的手印随意而自然，一个具体的特征就是小指与掌边缘是直线，没有夹角。故前文梳理，唐代手印砖分布以两京地区为中心的官方建筑中，但基本两京大体平均。说明在盛唐、中唐时期，手印砖都是官方生产，按压这些手印的人都是在官营窑场从事生产活动的，这似乎可以说明，手印砖传入中原两京地区是通过官方渠道，即中央征调匠人。这可能也就是在唐代手印砖集中出现于两京地区的原因。晚唐时期，手印砖开始出现在一些普通建筑中，说明这一时期官营工匠发生了流失，包括回鹘地区出现的手印砖，也是如此。

北宋前期的手印与唐代区别不大，北宋后期，有拍印与手印的砖逐渐减少，手印五指用力张开，大部分是只有刮痕的砖。辽金地区与手印砖同出是具有地方特色的沟纹砖，也有少量拍印纹。这一时期的手印砖中方砖的比例有了很大的提高。宋代后期和金代的手印砖上的手印有相当一部分是五指叉开，具体特征是小指与掌边缘呈钝角夹角。还有一部分是五指并拢。基本是全手印，根据所见图进行统计，五指叉开的手印砖占这一时期手印砖的1/5。五指并拢的占比约为1/11，基本是全手印，仅见的一例半手印是出土于西岳庙宋代地层的手印纹条砖，标本F3B：123，阴面印有一左手纹，长31.5厘米，宽16厘米，厚6厘米[78]。该砖的手印方向与砖长方向近乎垂直，只有手的前半部分（五指），未见拇指及掌后部。两宋辽金的手印砖的手印全无唐代手印的自然舒张的感觉，给人以用力或局促的感觉。宋代手印砖的分布就是以洛阳地区为中心，长安地区分布很少，但开封地区也未见大量分布。但这一时期的西夏、辽、金都又形成了一个手印砖分布的新的区域。而在手印砖源的起南方反而没有明显变化，虽然曾经经过安史之乱和靖康之变，发生过两次衣冠南渡，但技巧反而向北扩散。这可能反映了当时北方政权对于匠籍人员的重视，也说明这一时期手印砖进一步向北传播，传播渠道可能是战争掠夺人员形成的。

前文分析唐代的手印砖主要集中在有官方或皇家背景的建筑中，而之前只在南方有手印砖存在，说明按压手印的工艺最初是在官营砖窑中引进的，及使用这种工艺的匠人是因劳役或其他原因，被官方从南方地区征调来到两京地区。这种技艺与使用陶拍的技艺并存，所以，手印纹砖与拍印纹砖并存。二者互不影响，所以没有手印纹与拍印纹并存于同一块砖的现象。唐代的莲花纹方砖没有按压手印的实例，说明在官方管理下，使用按压手印技艺的人只能生产一些低规格的产品。似乎反映了当时按压手印是一种相对落后的工艺。

宋代的皇陵没有手印砖，但依然有一定数量的拍印纹砖，手印砖只存在于其他的建筑中，说明至少在帝后级别的建筑中，手印砖是不被选择的，或者按压手印的技艺是不被使用的。这也说明按压手印具有一定的落后性，其生产的砖不能满足皇陵用砖的质量要求。但在低等级的建筑中，依然可以见到这种生产方式生产的砖，例如陕州漏泽园的墓葬、西岳庙的建筑等。宋代的一些手印是按压在花纹方砖背面的，金代也是如此，例如西岳庙。这说明相比唐代，使用按压手印的技艺流传更广泛了，但总体数量却变少了。

北宋后期乃至金代，中原地区的各类遗迹中都有手印砖发现，虽然数量总体上不多。说明按压手印在此时已经不是很流行了，在逐渐被淘汰中。与此同时，又产生了一种按压手印的砖，将手印赋予了新的含义，例如延安蛇连沟宋墓的手印砖。

从唐代到金代，砖背面的拍印纹与手印纹总体趋于减少，说明在生产技术上，砖背面需要另外施加压力的技术逐渐被淘汰了，但手印与拍印的少量存在，说明新的技术仍然不十分成熟，偶尔也仍然需要在砖的背面另外施加压力。同样是给砖坯泥施加一个压力的按压手印和拍压拍印，到后期却只有手印发展出一种具有神秘含义的用途，或许这才是学者们曾经认为手印具有的"宗教信仰"或"辟邪"等属性的原因或表现。

综上，唐宋时代，手印从南方传来中原是通过官方征调工匠带来的一种工艺的体现，最初仅仅是制坯过程一种工艺程序的一类遗留痕迹，与拍印具有相同的功用，所反映的是一种较落后的工艺。后来又演化出特殊的含义，便与工艺无关了。

附表　唐宋手印砖图/拓/照片表

序号	出土地	名称	编号	时代	特征	信息来源	图/拓/照片
1	唐顺陵	手印砖	T2：1	唐代		《唐顺陵》	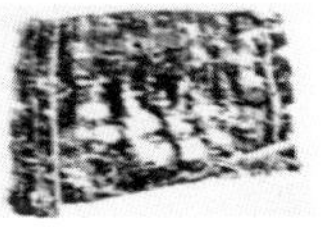
2	唐顺陵	手印砖	T2：2	唐代		《唐顺陵》	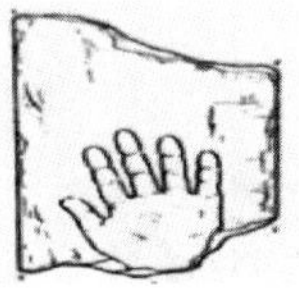
3	唐顺陵	手印砖	T2：6	唐代		《唐顺陵》	
4	唐顺陵	手印砖	T4：1	唐代		《唐顺陵》	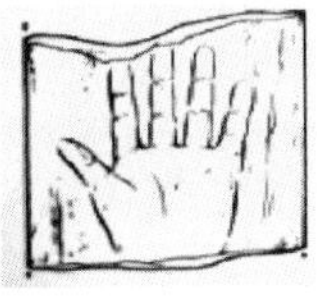
5	节愍太子墓	手印纹砖		唐代		《唐节愍太子墓发掘报告》	

续表

序号	出土地	名称	编号	时代	特征	信息来源	图/拓/照片
6	桑园窑址	手印砖		唐代		陕西富平桑园窑址	
7	含元殿	手掌印纹砖	T401：157	唐代	条砖	《唐大明宫含元殿遗址1995-1996年发掘报告》	
8	桥陵	掌印砖	T2④：1-4	唐代	双手印	《唐睿宗桥陵陵园遗址考古勘探、发掘简报》	
9			T4④：3				
10	青龙寺	长方砖		唐代		《唐长安青龙寺遗址》	
11	回鹘墓	手印纹砖	TXⅥ③：5	唐代		《蒙古国后杭爱省赫列克斯浩莱山谷6号回鹘墓园发掘简报》	
12	回鹘四方形遗址	Ⅳ式砖	TXLIII②：1（16）	唐代		《蒙古国浩腾特苏木乌布尔哈布其勒三号四方形遗址发掘报告（2006年）》	
13	华清宫	条砖	IYST33④：6	唐代		《唐华清宫》	
14	华清宫	条砖	ILHT9④：16	唐代		《唐华清宫》	
15	华清宫	条砖	ILHT9④：18	唐代		《唐华清宫》	

续表

序号	出土地	名称	编号	时代	特征	信息来源	图/拓/照片
16	华清宫	条砖	ILHT10④：17	唐代	多手印	《唐华清宫》	
17	华清宫	条砖	IHTT16④A：18	唐代		《唐华清宫》	
18	华清宫	条砖	IYCT42④：21	唐代		《唐华清宫》	
19	华清宫	方砖	IYCT42④：18	唐代		《唐华清宫》	
20	华清宫	条砖	IT152④：19	唐代		《唐华清宫》	
21	华清宫	条砖	IILYT4④AJ1：1	唐代		《唐华清宫》	
22	华清宫	方砖	IIXTT8④A：13	唐代		《唐华清宫》	
23	昭应县城	条砖	TZHY：3	唐代		《唐华清宫》	
24	华清宫	方砖	IIIT2④：6	唐代		《唐华清宫》	
25	昭应县城	条砖	TZHY：4	唐代		《唐华清宫》	

续表

序号	出土地	名称	编号	时代	特征	信息来源	图/拓/照片
26	窑址	手印纹长方砖	Y4：11	唐代		《河南洛阳市白马寺唐代窑址发掘简报》	
27	烧瓦窑	长方形砖	T4Y13：1	唐代		《河南洛阳市关林镇唐代烧瓦窑址发掘简报》	
28	砖瓦窑	手印纹砖	XH3：1	唐代		《河南洛阳市瀍河西岸唐代砖瓦窑址》	
29	砖瓦窑	手印纹长方砖	ZY3：1	唐代		《河南洛阳市瀍河西岸唐代砖瓦窑址》	
30	西岳庙	B型砖	F4：22	唐代		《西岳庙》	
31	圜丘遗址	长方形砖	T4③：2	唐代		《陕西西安唐长安城圜丘遗址的发掘》	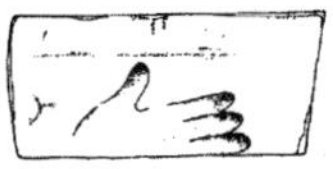
32	醴泉坊	手印条砖	IT8j1：11	唐代		《醴泉坊遗址2001年发掘报告》	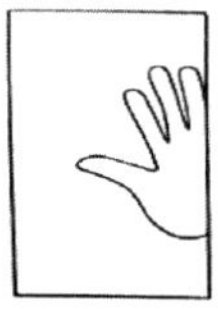
33	醴泉坊	手印条砖	IIT1H1：4	唐代		《醴泉坊遗址2001年发掘报告》	
34	醴泉坊	手印条砖	IV西采：313	?		《醴泉坊遗址2001年发掘报告》	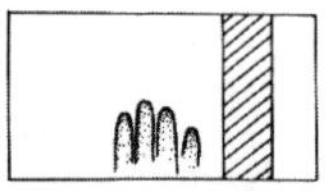
35	李茂贞夫妇墓M1	长方形条砖		五代		《五代李茂贞夫妇墓》	
36	漏泽园	阿刘墓志之三	M0129	北宋	大方砖	《北宋陕州漏泽园》	

续表

序号	出土地	名称	编号	时代	特征	信息来源	图/拓/照片
37	漏泽园	张聪墓志之一	M0147	北宋	小方砖	《北宋陕州漏泽园》	
38	漏泽园	贾全墓志	M0160	北宋	大方砖	《北宋陕州漏泽园》	
39	漏泽园	遇厄墓志之一	M0163	北宋	大方砖	《北宋陕州漏泽园》	
40	漏泽园	王进墓志	M0169	北宋	大方砖	《北宋陕州漏泽园》	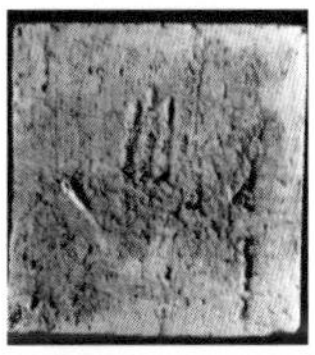
41	漏泽园	陈进墓志	M0172	北宋	大方砖	《北宋陕州漏泽园》	
42	漏泽园	朱成墓志	M0174	北宋	大方砖	《北宋陕州漏泽园》	
43	漏泽园	阿陈墓志	M0176	北宋	大方砖	《北宋陕州漏泽园》	
44	漏泽园	阿赵墓志	M0219	北宋	大方砖	《北宋陕州漏泽园》	
45	漏泽园	无名氏墓志之二	M0235	北宋	大方砖	《北宋陕州漏泽园》	

续表

序号	出土地	名称	编号	时代	特征	信息来源	图/拓/照片
46	漏泽园	无名氏墓志	M0243	北宋	大方砖	《北宋陕州漏泽园》	
47	漏泽园	陈吉墓志	M0250	北宋	条砖	《北宋陕州漏泽园》	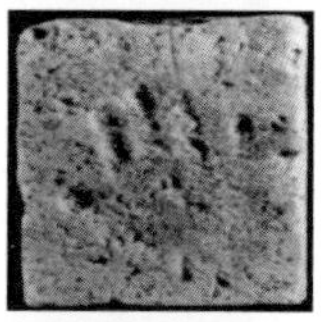
48	漏泽园	无名氏墓志	M0253	北宋	大方砖	《北宋陕州漏泽园》	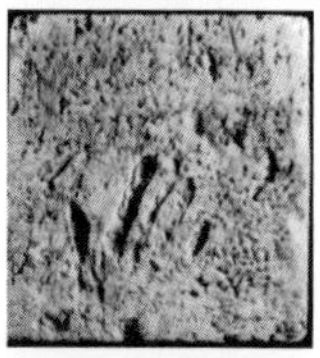
49	漏泽园	郭元墓志之一	M0254	北宋	大方砖	《北宋陕州漏泽园》	
50	漏泽园	田吉墓志之一	M0258	北宋	大方砖	《北宋陕州漏泽园》	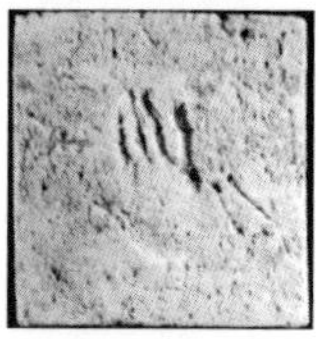
51	漏泽园	袁顺墓志之一	M0259	北宋	大方砖	《北宋陕州漏泽园》	
52	漏泽园	唐吉墓志之一	M0265	北宋	大方砖	《北宋陕州漏泽园》	
53	漏泽园	唐吉墓志之二	M0265	北宋	大方砖	《北宋陕州漏泽园》	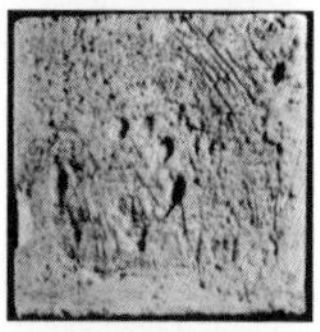
54	漏泽园	张宁墓志之二	M0269	北宋	大方砖	《北宋陕州漏泽园》	

续表

序号	出土地	名称	编号	时代	特征	信息来源	图/拓/照片
55	漏泽园	无名氏墓志之一	M0271	北宋	大方砖	《北宋陕州漏泽园》	
56	漏泽园	无名氏墓志之一	M0273	北宋	大方砖	《北宋陕州漏泽园》	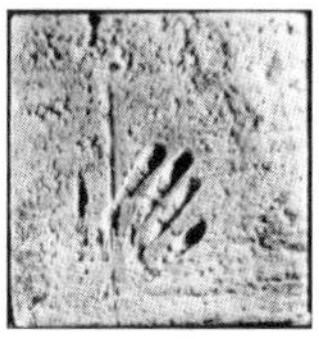
57	漏泽园	柴安儿墓志之二	M0276	北宋	大方砖	《北宋陕州漏泽园》	
58	漏泽园	李二君墓志	M0306	北宋	大方砖	《北宋陕州漏泽园》	
59	漏泽园	樊萱娘墓志之一	M0327	北宋	大方砖	《北宋陕州漏泽园》	
60	漏泽园	杨X墓志之一	M0334	北宋	大方砖	《北宋陕州漏泽园》	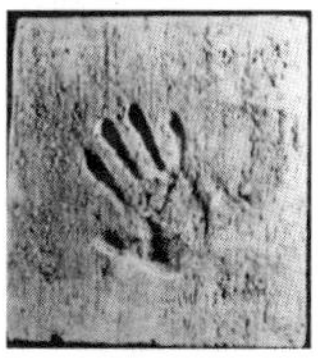
61	漏泽园	无名氏墓志之二	M0344	北宋	大长方砖	《北宋陕州漏泽园》	
62	漏泽园	庚昌墓志之一	M0350	北宋	大方砖	《北宋陕州漏泽园》	
63	漏泽园	安成墓志之一	M0369	北宋	大方砖	《北宋陕州漏泽园》	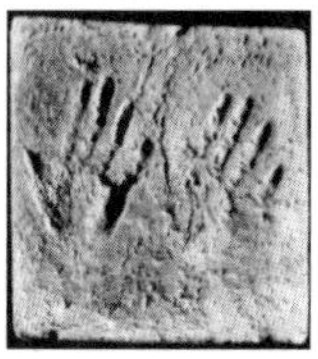

续表

序号	出土地	名称	编号	时代	特征	信息来源	图/拓/照片
64	漏泽园	袁莫墓志	M0515	北宋	大方砖	《北宋陕州漏泽园》	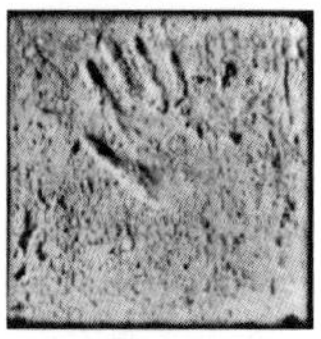
65	漏泽园	张进墓志	M1033	北宋	大方砖	《北宋陕州漏泽园》	
66	漏泽园	口昌墓志背面	标本采：05	北宋	条砖	《北宋陕州漏泽园》	
67	蒲津渡	手印纹砖		北宋		《黄河蒲津渡遗址》	
68	砖瓦窑	B型条砖	2012LMCY3：1	宋代		《洛阳市定鼎北路唐宋砖瓦窑址》	
69	西岳庙	手印纹方砖	F3B：125	宋代	方砖	《西岳庙》	
70	西岳庙	手印纹方砖	F3B：95	宋代	方砖	《西岳庙》	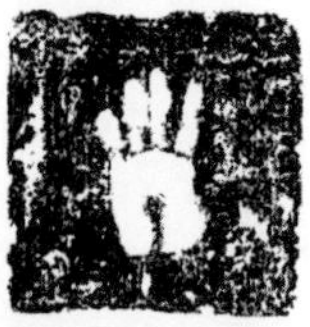
71	西岳庙	手印纹条砖	F3B：123	宋代	条砖	《西岳庙》	
72	西岳庙	手印纹条砖	F3B：97	宋代	条砖	《西岳庙》	
73	开善寺	望砖		辽代		《新城开善寺》	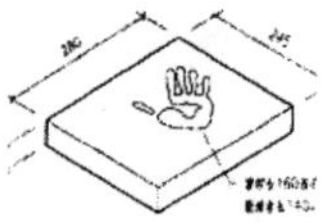

续表

序号	出土地	名称	编号	时代	特征	信息来源	图/拓/照片
74	砖瓦窑	手印纹长方形砖	Y9：2	北宋		《河南洛阳市瀍河西岸唐宋砖瓦窑址发掘简报》	
75	宋墓			北宋	方砖、左手	陕西延安宝塔区蛇连沟宋墓（段毅供图）	
76	宋墓	手印纹砖		宋代	双手印	汉唐网《旬阳发现宋代手印纹砖》	
77	八里城	手纹砖		金代		《黑龙江肇东县八里城清理简报》	
78	金墓			金代		《山西翼城武池金墓发掘简报》	
79	西岳庙	A型莲花纹方砖	F2B：22	金元		《西岳庙》	
80	西岳庙	素面方砖	F2B：17	金元		《西岳庙》	
81	墓葬	手印砖	M1：16	金末元初		《陕西渭南靳尚村金末元初壁画墓发掘简报》	
82			M1：17				

注释

[1] 广东省文物考古研究所、广州市番禺区文化局：《番禺汉墓》，科学出版社，2006年，第185页。

[2] 韦璇：《两广地区汉晋时期出土手印纹砖的体质人类学分析——兼谈中国手印纹砖的源流》，广西师范大学硕士学位论文，2017年。

[3] 陕西省文物事业管理局骆希哲编著：《唐华清宫》，文物出版社，1998年，第236～238、246～247页。

[4] 陕西省文物事业管理局骆希哲编著：《唐华清宫》，文物出版社，1998年，第564～565、575～576页。

[5] 陕西省文物事业管理局骆希哲编著：《唐华清宫》，文物出版社，1998年，第582页。

[6] 李英宏、廖俊彦、白彬：《四川广元、绵阳出土汉代画像砖掌印纹的痕检学分析》，《考古与文物》2007年第3期。

[7] 田玉娥：《洛阳唐砖浅议》，《河南科技大学学报》（哲学社会科学版）2005年第4期。

[8] 鹿习健：《小议西安出土的唐手印纹砖》，《砖瓦》2016年第6期。

[9] 余黎星：《洛阳唐代砖瓦窑出土器物研究》，《洛阳理工学院学报》（社会科学版）2013年第3期。

[10] 刘泽阳：《长安与洛阳地区出土唐砖的初步研究》，西北大学硕士学位论文，2014年。

[11] 韦璇：《两广地区汉晋时期出土手印纹砖的体质人类学分析——兼谈中国手印纹砖的源流》，广西师范大学硕士学位论文，2017年。

[12] 胡春勃：《唐代条砖印痕分析》，《文博》2017年第3期。

[13] 陕西省考古研究院、顺陵文物管理所编著：《唐顺陵》，文物出版社，2015年，第19～22、146、147页。

[14] 陕西省考古研究院、顺陵文物管理所编著：《唐顺陵》，文物出版社，2015年，第111页。

[15] 陕西省考古研究所、富平县文物管理委员会编著：《唐节愍太子墓发掘报告》，科学出版社，2004年，第159页。

[16] 陕西省考古研究院：《唐睿宗桥陵陵园遗址考古勘探、发掘简报》，《考古与文物》2011年第1期。

[17] 陕西省考古研究院、蒲城县文物局：《唐玄宗泰陵陵园遗址考古勘探、发掘简报》，《考古与文物》2011年第3期。

[18] 陕西省考古研究院：《唐高祖献陵陵园遗址考古勘探与发掘简报》，《考古与文物》2013年第5期；陕西省考古研究所、昭陵博物馆：《2002年度唐昭陵北司马门遗址发掘简报》，《考古与文物》2006年第6期。

[19] 中国科学院考古研究所洛阳发掘队：《隋唐东都城址的勘察与发掘》，《考古》1961年第3期。

[20] 洛阳市文物工作队：《隋唐东都城遗址洛阳城外郭城砖瓦窑址1992年清理简报》，《考古》1999年第3期。

[21] 陕西省文物事业管理局骆希哲编著：《唐华清宫》，文物出版社，1998年，第214页。

[22] 陕西省文物事业管理局骆希哲编著：《唐华清宫》，文物出版社，1998年，第51、52页。

[23] 陕西省文物事业管理局骆希哲编著：《唐华清宫》，文物出版社，1998年，第64页。

[24] 陕西省文物事业管理局骆希哲编著：《唐华清宫》，文物出版社，1998年，第102页。

[25] 陕西省文物事业管理局骆希哲编著：《唐华清宫》，文物出版社，1998年，第274～276、283页。

[26] 陕西省文物事业管理局骆希哲编著：《唐华清宫》，文物出版社，1998年，第125、131页。

[27] 陕西省文物事业管理局骆希哲编著：《唐华清宫》，文物出版社，1998年，第140页。

[28] 陕西省文物事业管理局骆希哲编著：《唐华清宫》，文物出版社，1998年，第487、488页。

[29] 陕西省文物事业管理局骆希哲编著：《唐华清宫》，文物出版社，1998年，第27、28页。

[30] 陕西省文物事业管理局骆希哲编著：《唐华清宫》，文物出版社，1998年，第29、30页。

[31] 据发掘者刘呆运先生见告。

[32] 陕西省考古研究院编著：《醴泉坊遗址2001年发掘报告》，陕西出版传媒集团陕西科学技术出版社，2014年，第137、138页。

[33] 陕西省考古研究院编著：《醴泉坊遗址2001年发掘报告》，陕西出版传媒集团陕西科学技术出版社，2014年，第251、252页。

[34] 中国社会科学院考古研究所洛阳唐城工作队：《河南洛阳市中州路北唐宋建筑基址发掘简报》，《考古》2005年第2期。

[35] 曹剑：《彬县出土唐代郭顺墓志铭》，《文博》1992年第5期。

[36] 山西大学历史文化学院、内蒙古文物考古研究所、蒙古国游牧文化研究国际学院：《蒙古国后杭爱省赫列克斯浩莱山谷6号回鹘墓园发掘简报》，《文物》2016年第4期。

[37] 南越王宫博物馆筹建处、广州市文物考古研究所：《南越宫苑遗址1995、1997年考古发掘报告》（下册），

文物出版社，2008年，第188页。

[38]　《广西贵县清理了一批由西汉至宋代的墓葬》，《广西文物考古报告集1950-1990》，广西人民出版社，1993年，第196～497页。

[39]　陕西省考古研究院：《2013年陕西省考古研究院考古发掘调查新收获》，《考古与文物》2014年第2期。

[40]　四川大学历史文化学院考古学系、洛阳市文物工作队：《河南洛阳市瀍河西岸唐代砖瓦窑址》，《考古》2007年第12期；洛阳市文物考古研究院《河南洛阳市瀍河西岸唐宋砖瓦窑址发掘简报》，《洛阳考古》2016年第3期。

[41]　宝鸡市考古研究所编著：《五代李茂贞夫妇墓》，科学出版社，2008年，第6～8页。

[42]　宝鸡市考古研究所编著：《五代李茂贞夫妇墓》，科学出版社，2008年，第11、13页。

[43]　大同市考古研究所：《山西大同西北郊五代墓发掘简报》《文物》2016年第4期。

[44]　河南省文物考古研究所编：《北宋皇陵》，中州古籍出版社，1997年。

[45]　发掘者段毅先生告知。

[46]　三门峡市文物工作队：《北宋陕州漏泽园》，文物出版社，1999年，第57、58页。

[47]　洛阳市文物考古研究院：《洛阳市定鼎北路唐宋砖瓦窑址》，中州古籍出版社，2016年，第118、148页。

[48]　中国社会科学院考古研究所洛阳唐城工作队：《河南洛阳市中州路北唐宋建筑基址发掘简报》，《考古》2005年第2期。

[49]　陕西省考古研究院、西安市文物保护考古研究院、陕西历史博物馆：《蓝田吕氏家族墓园（一）》，文物出版社，2018年，第46页。

[50]　陕西省考古研究院、西安市文物保护考古研究院、陕西历史博物馆：《蓝田吕氏家族墓园（一）》，文物出版社，2018年，第48页。

[51]　陕西省考古研究所编著，刘永生主编：《黄河蒲津渡遗址》，科学出版社，2013年，第137、138页。

[52]　宁夏文物考古研究所、银川西夏陵区管理处编著：《西夏六号陵》，科学出版社，2013年，第37、49、417页。

[53]　孙昌盛：《贺兰县拜寺口村紫疙瘩西夏墓》，《中国考古学年鉴2000》，文物出版社，2002年，第288、289页。

[54]　国家文物局：《中国文物年鉴2013》，文物出版社，2014年，第414页。

[55]　中国社会科学院考古研究所内蒙古第二工作队、内蒙古文物考古研究所：《内蒙古巴林左旗辽上京宫城东门遗址发掘简报》，《考古》2017年第6期，中国社会科学院考古研究所内蒙古第二工作队、内蒙古文物考古研究所：《辽祖陵黑龙门遗址发掘报告》，《考古学报》2018年第3期。

[56]　王来柱：《彰武差大马辽墓发掘简报》，《辽海文物学刊》1996年第1期。

[57]　沈阳市文物考古研究所：《沈阳广宜街辽代石棺墓发掘报告》，《沈阳考古文集（第2集）》，科学出版社，2009年，第173、174页。

[58]　刘智敏：《新城开善寺》，文物出版社，2013年，第128页。

[59]　《广西贵县清理了一批由西汉至宋代的墓葬》《广西文物考古报告集1950-1990》，广西人民出版社，1993年，第196～497页。

[60]　肇东县博物馆：《黑龙江肇东县八里城清理简报》，《考古》1960年第2期。

[61]　内蒙古草原地带文物干部考古培训班：《正蓝旗四郎城调查简报》，《内蒙古文物考古》1999年第2期。

[62]　北京市文物研究所：《北京金代皇陵》，文物出版社，2006年，第124～127页。

[63]　山西省考古研究所：《山西翼城武池金墓发掘简报》，《文物》2019年第2期。

[64]　陕西省考古研究院：《陕西渭南靳尚村金末元初壁画墓发掘简报》《考古与文物》2014年第3期。

[65]　陕西省考古研究院、西岳庙文物管理处：《西岳庙》，三秦出版社，2007年，第204～206页。

[66]　韦璇：《两广地区汉晋时期出土手印纹砖的体质人类学分析——兼谈中国手印纹砖的源流》，广西师范大学硕士学位论文，2017年。

[67]　秦都咸阳考古工作站：《秦都咸阳第一号宫殿建筑遗址简报》，《文物》1976年第11期。

[68]　中国社会科学院考古研究所、日本奈良国立文化财研究所中日联合考古队：《汉长安城桂宫四号建筑遗址发

掘简报》，《考古》2002年第1期。
[69] 中国社会科学院考古研究所汉长安城工作队：《西安市汉长安城长乐宫六号建筑遗址》，《考古》2011年第6期。
[70] 南京博物院、南京市文物保管委员会：《南京西善桥南朝墓及其砖刻壁画》，《文物》1960年第8、9期。
[71] 中国社会科学院考古研究所洛阳工作队：《“隋唐东都城址的勘查与发掘”续记》，《考古》1978年第6期。
[72] 陕西省考古研究院、西岳庙文物管理处：《西岳庙》，三秦出版社，2007年，第52、53页。
[73] 陕西省考古研究院、西岳庙文物管理处：《西岳庙》，三秦出版社，2007年，第122页。
[74] 陕西省考古研究院、西岳庙文物管理处：《西岳庙》，三秦出版社，2007年，第205页。
[75] 韦璇：《两广地区汉晋时期出土手印纹砖的体质人类学分析——兼谈中国手印纹砖的源流》，广西师范大学硕士学位论文，2017年。
[76] 该墓由陕西省考古研究院发掘，具体发掘项目负责人段毅先生告知该信息。
[77] 中国社会科学院考古研究所洛阳汉魏故城队：《河南洛阳市白马寺唐代窑址发掘简报》，《考古》2005年第3期。
[78] 陕西省考古研究院、西岳庙文物管理处：《西岳庙》，三秦出版社，2007年，第122页。

开封出土明代建筑构件及相关问题研究

曹金萍　王三营
（开封市文物考古研究所）

摘要：开封地区出土多处淹没于洪水淤积的明晚期建筑遗址，保存有较完整的院落布局和坍塌的屋顶结构，出土有丰富的建筑构件。本文以周王府遗址、永宁郡王府遗址、十三中官署遗址、周府典仪所遗址及御龙湾民宅遗址等五处规模差异的院落遗址为代表，对遗址内出土的建筑构件进行分类梳理研究，同时结合院落布局和房屋规模，与明初期的建筑规制记载进行对比研究，探讨了明晚期开封府城内建筑构件的形制特征及等级规制。

关键词：开封　明代　建筑　等级

明代开封城乃周藩封地，同时也是开封府府治、祥符县县治所在。崇祯十四年，李自成率起义军先后两次围攻开封城，但遭官民顽强抵抗，均未能攻克。崇祯十五年四月，李自成攻下洛阳之后，再次对开封采取围久不攻的战略；至九月，决黄河口水灌开封城[1]。开封城水深数丈、浮尸如鱼，整个城市被厚厚的泥沙淤没；直至清初康熙年间，开封城才得以重建。近年来，在配合城市建设的过程中，开封地区发掘多处明代晚期的建筑遗址，距今地表深5～7米，叠压在厚3～3.5米厚的淤土下；历次发掘展现了洪水过后的惨烈景象，有姿态各异的人骨遗骸、丰富的生活用品，还有倒塌的屋顶、残垣断壁等；其中出土有丰富的建筑构件，主要包括砖、筒瓦、板瓦、滴水、勾头、正吻、兽头、走兽等。本文将结合考古出土的房屋建筑规模、文献记载对明晚期建筑构件的形制特征及等级利用进行探讨。

一、明晚期建筑遗址发掘概况

历年来发掘的明晚期建筑遗址均为房屋院落基址，根据建筑规模从大到小依次有周王府遗址、永宁郡王府遗址、十三中官署遗址、周府典仪所遗址、御龙湾民宅遗址等（图1）。

1. 周王府遗址

20世纪80年代对该遗址进行发掘，发掘面积约4500平方米，发掘揭露了周王府的中轴线

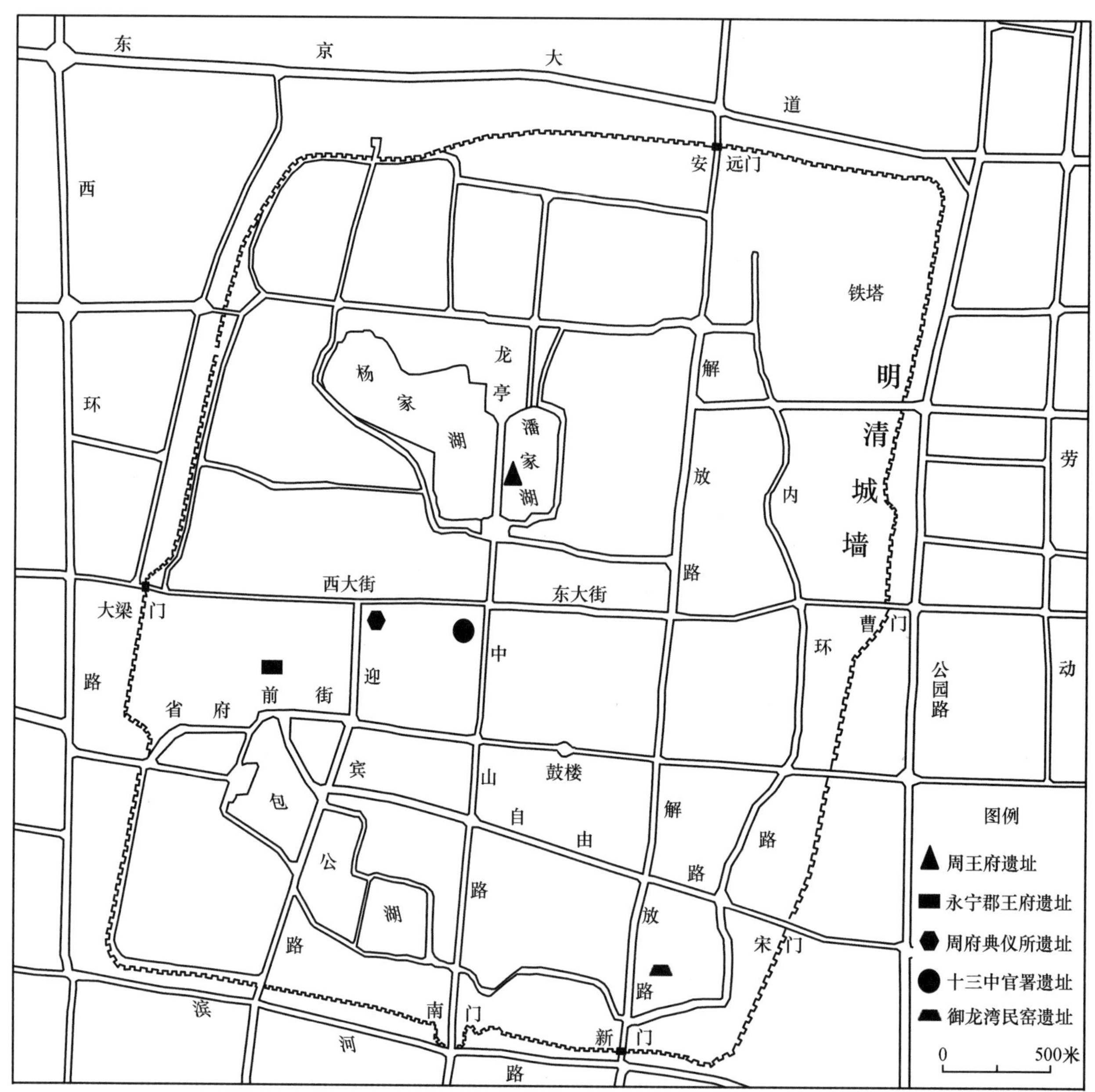

图1　开封地区发掘明代建筑遗址分布位置示意图

院落的局部以及东路院落的局部（图2）。中轴线院落房屋基址规模宏大，但扰乱严重，出土遗物较少。建筑构件集中出土于东路院落，院内房屋建筑规模明显较中轴线院落小。房址F1坐北朝南，面阔三间，通长约9米，进深约6.8米，室内铺砖地面高出庭院内铺砖地面约0.47米。房址F2坐北朝南，平面呈“凸”字形，北面有抱厦，东西残长约5.6米，进深约5.1米（不含抱厦），室内铺砖地面较院内铺砖地面高约0.23米，室内地下还有取暖设施。房址F4坐西朝东，面阔三间，面阔通长约10.5米，进深约6.2米，室内铺砖地面高出庭院内铺砖地面约0.45米。出土有丰富的建筑构件，质地有琉璃和灰陶两种。琉璃构件以绿釉为主，主要有兽头、筒瓦、板瓦、走兽、当勾、群色条、卷草纹条形砖、平口条、滴水、勾头、博脊瓦等；灰陶构件主要有砖、筒瓦、板瓦、勾头、滴水、走兽、兽头等；另出土一件黄釉兽尾，以及

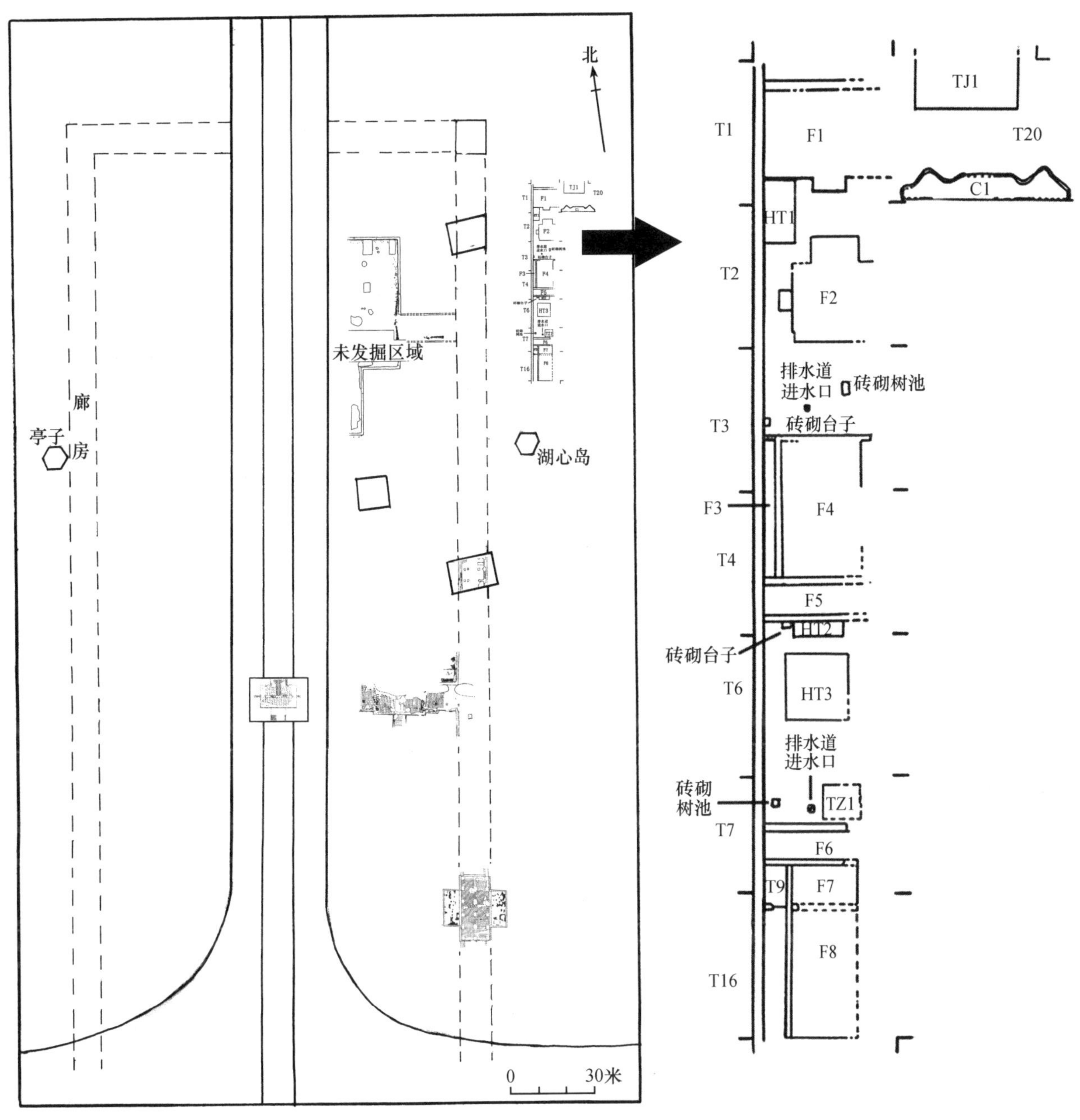

图2 周王府遗址总平面图

少量的孔雀蓝釉勾头和滴水。

2. 永宁郡王府遗址

该遗址位于周王府遗址西南、官署区西部，根据文献记载及出土牌匾文字推测其性质为永宁郡王府遗址。遗址发掘面积约7000平方米，基本完整地揭露出中轴线院落，自南向北依次发现了王府南大门、隔墙（照壁？）、仪门、前厅房、后厅房、花园（假山、水池）等重要建筑遗存（图3）。

主体建筑为前厅房（F1），坐北朝南，面阔五间，通长24.7米，进深19.8米，周边坍塌有

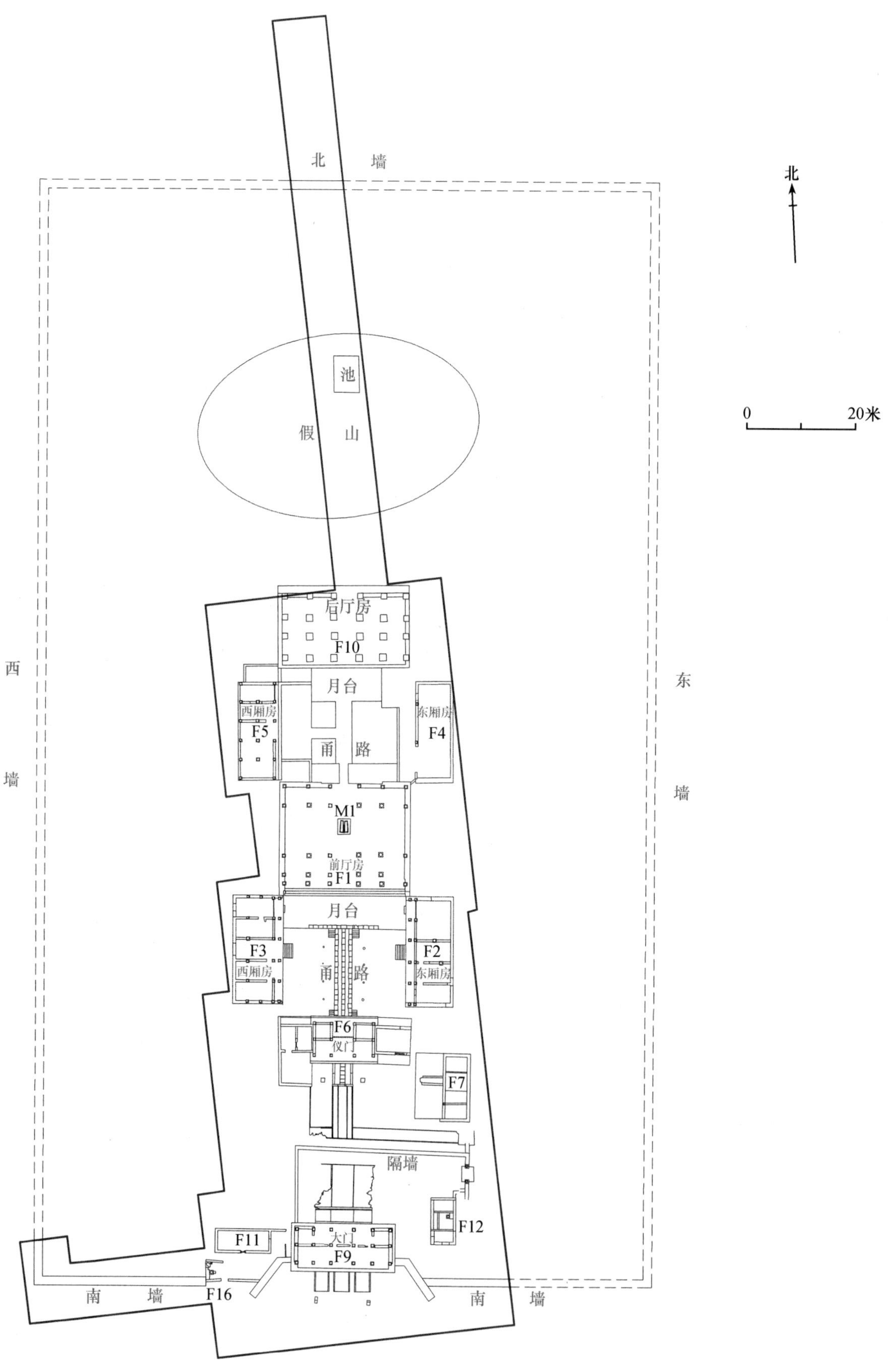

图3 永宁郡王府遗址总平面图

大量的砖瓦构件，包括大型的绿釉琉璃脊筒、正吻、兽头、走兽、板瓦、筒瓦、勾头、滴水等建筑构件。大门（F9）为五间三开的高台屋宇式建筑，面阔三间通长19.7米，进深8.8米。周围坍塌的建筑构件主要有绿釉琉璃瓦当、滴水、走兽等。大门两侧八字闪墙，墙宽约1.6米，墙周围坍塌有大量建筑构件及少量朱红色墙皮。琉璃建筑构件与前厅房附近出土同类建筑构件相比，体量偏小，釉色均呈孔雀蓝色，主要有筒瓦、板瓦、瓦当、滴水、蹲兽等，纹饰均为龙纹。仪门为三间一开的高台屋宇式建筑，面阔12.8米，进深8.6米两间。门北侧东西两侧有门房。仪门周围坍塌建筑构件有灰陶筒瓦、板瓦以及绿釉琉璃瓦当、滴水、兽头等。绿釉琉璃瓦当以龙纹为主，间有少量菊纹。

3. 十三中官署遗址

遗址位于周王府西南部的官署区域，发掘总面积约1500平方米，清理出东西两处院落，其中东侧院落保存相对完好且规模较西侧院落大。东侧院落整体坐北朝南，中轴线方向约8°，南北通长55米，东西宽21米（院落南北两端、东西两侧均未完全揭露），已揭露部分包括南北四进院落。中轴线上的主体建筑自南向北分别是面阔三间（F4）、五间（F5）和三间（F14），中间有铺砖甬道相通，F5两侧配有东西厢房、F14西侧配有面阔两间的耳房。F4面阔通长10.1米，进深6.7米，室内铺砖地面较院内地面高约0.4米；F5平面呈“凸”字形，前有廊后有抱厦，面阔通长17.3米，进深8米，室内铺砖地面较院内地面高约0.2米。遗址清理出的房屋共计14间，坍塌的屋顶结构8处，均为砖木结构，包括梁架、苫背和瓦垄；梁架均为大木小式，未使用斗拱；未见使用木望板或望砖，而是使用苫背；瓦垄结构以阴阳合瓦为主，勾头和滴水形状均以三角如意云形为主。出土构件有正吻、兽头、走兽、筒瓦、板瓦、勾头、滴水等。该遗址内建筑构件质地均为灰陶，未见琉璃构件；勾头、滴水的纹饰以菊纹为主，另有少量的龙纹和莲纹；走兽以狮子为主，正吻和兽头均为龙纹形象（图4）。

4. 周府典仪所遗址

该遗址位于周王府南门外西南部，出土有“周府典仪所封”字样的木质封印及相关的律令，故遗址性质明确[2]。遗址发掘面积400余平方米，揭露出东、西两路院落的局部。西部院落内揭露出坐北朝南房址一座（JZ9），南部有东、西厢房（JZ10、11，均未完全揭露）和东、西过门（MZ1、MZ2）。JZ9已揭露部分包括前堂、西耳房以及后室的局部，前堂面阔三间，面阔通长10.2米，进深11米，室内地面较院内地面高约0.64米，较西耳房高约0.2米，较北部后室的铺砖地面高约0.4米，是已揭露的台基最高的建筑。房址四周均发现有坍塌的屋顶结构，南侧和北侧屋顶均包括有梁架、木望板和瓦垄等，西侧和东侧屋顶均未见木望板；梁架均为大木小式，未使用斗拱；瓦垄均为阴阳合瓦，勾头和滴水形状均以三角如意云形为主。建筑构件发现有筒瓦、板瓦、勾头、滴水、兽头、走兽等，均为灰陶质地。勾头和滴水纹饰以菊纹为主。东路院落内揭露出房屋一座（JZ8），坐北朝南，面阔通长6.8米，进深4.4米，室内地面与院内地面高度相近，用途推测为磨坊。东路跨院内JZ8的建筑规模、台基高度及屋顶结构明显次于西部主院内JZ12。JZ8屋顶整体坍塌，包括梁、檩条、椽等梁架结构，以及苇箔、苫背和瓦垄等（图5）。

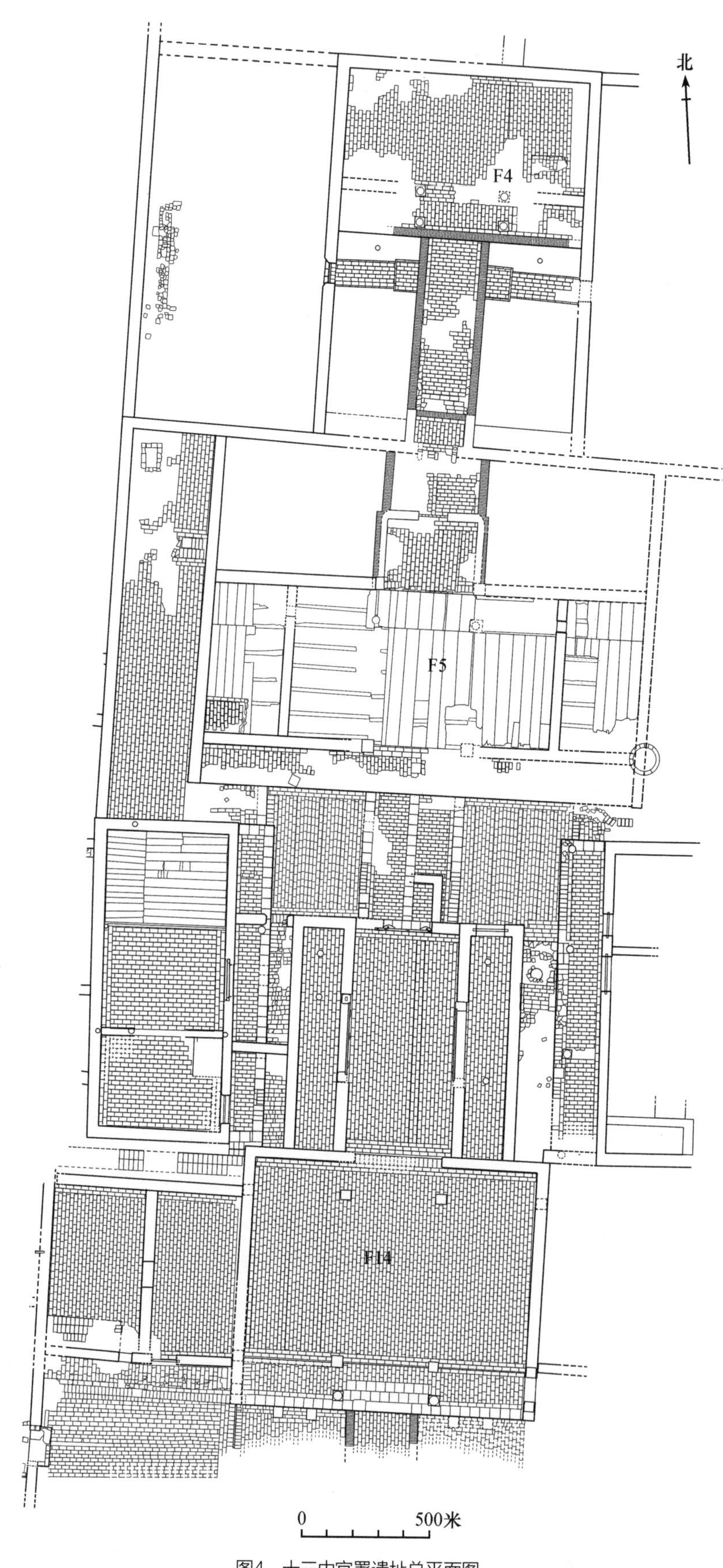

图4 十三中官署遗址总平面图

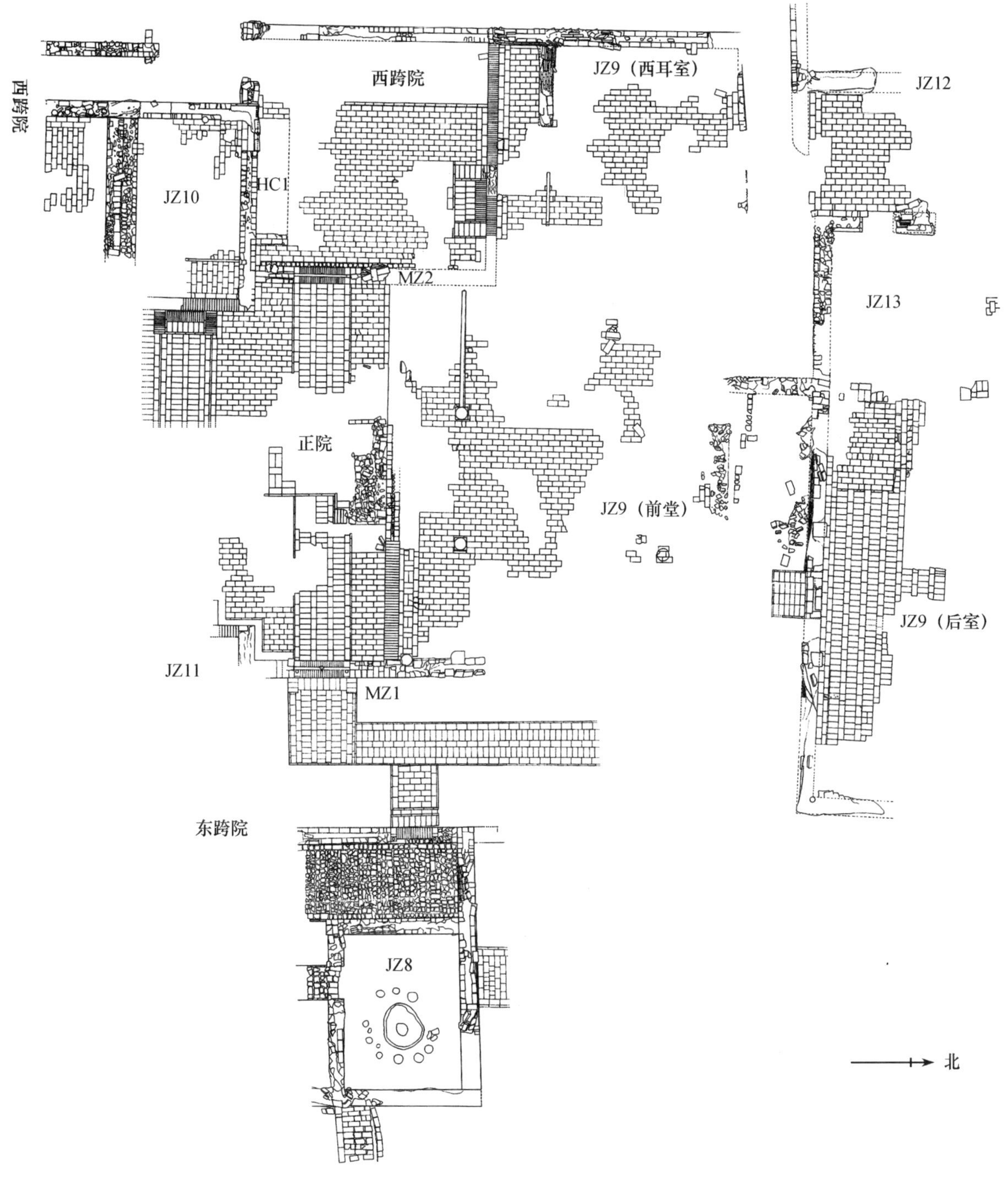

图5　周府典仪所遗迹总平面图

5. 御龙湾民宅遗址

遗址位于明代开封城墙内东南角，发掘面积约970平方米，主要发现了一处保存完好、布局紧凑的院落基址，分为前院和后院，前后院均有正房、东西厢房和东跨院[3]。院落南北通长24.2米，东西宽14.4～16.8米，占地面积约370平方米（图6）。该遗址房屋建筑规模较上述四处遗址明显较小，未发现屋顶堆积，仅在院落东南侧发现有一处砖瓦堆积，出土建筑构件包括有灰陶勾头、滴水、砖等。该处砖瓦堆积疑似门楼建筑顶部，推测归属于院落外的其他建筑遗存。

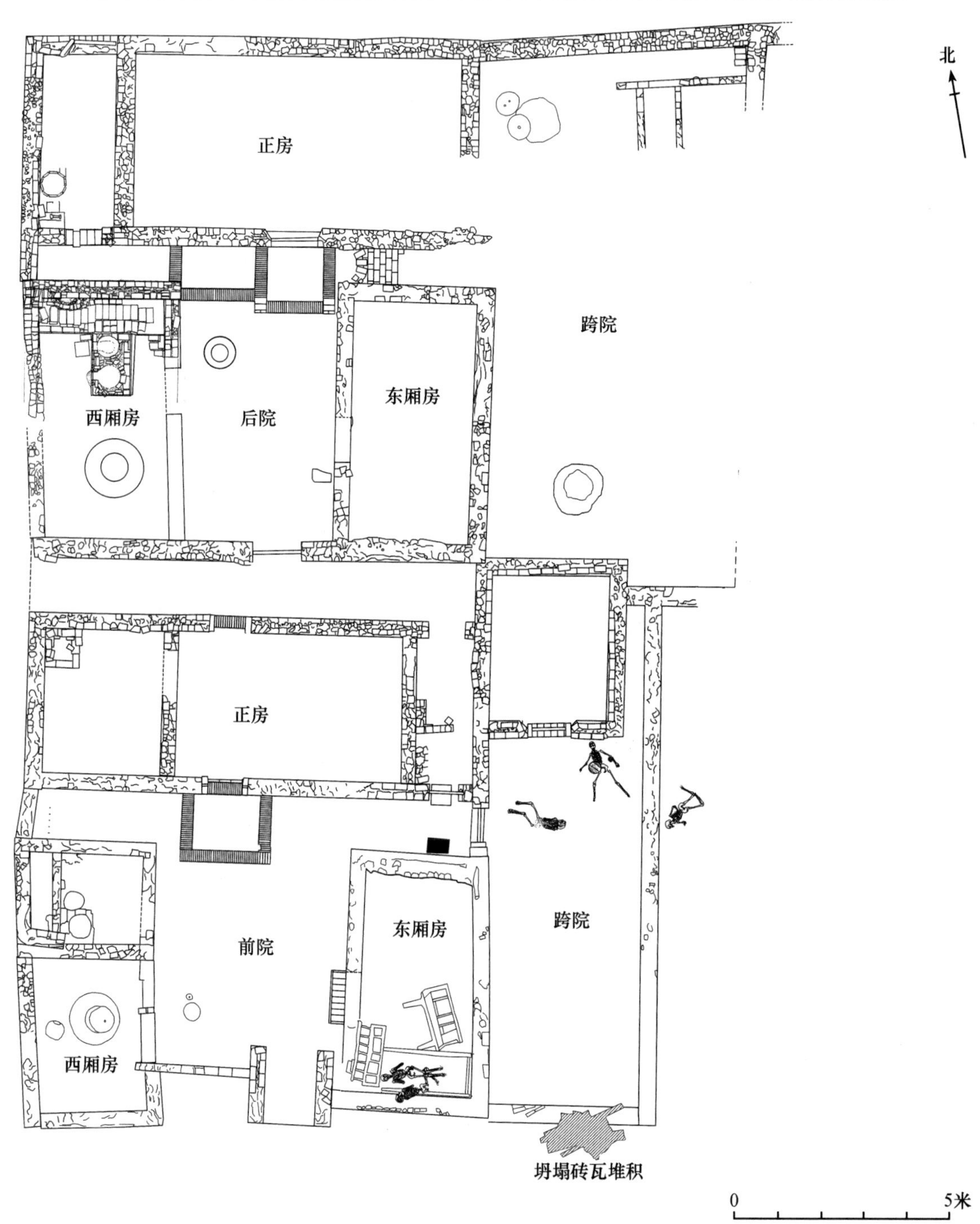

图6　御龙湾民宅遗址总平面图

二、明晚期建筑构件分类

开封地区出土的明晚期的吻、兽、勾头和滴水等建筑构件，质地分为琉璃和灰陶两种。其中琉璃构件仅见用于周王府遗址和永宁郡王府遗址的屋顶，而周府典仪所、十三中官署遗址及御龙湾民宅遗址的屋顶均仅用灰陶建筑构件。

（一）琉璃建筑构件

出土琉璃构件釉色包括三种，以绿釉为主，另有一件黄釉和少量孔雀蓝釉构件，迄今发现的唯一的黄釉构件出土于周王府遗址（仅残存尾部，残高17厘米，如图12-2）。琉璃构件的种类包括正吻、兽头、走兽、脊筒、条形砖、群色条、勾头、滴水、筒瓦、板瓦、当勾、博脊瓦、条砖、吻座等（表1）。琉璃构件的胎质较为致密，大多黄白色，绿釉大部分保存尚好，不过绿釉呈色多少有差异；孔雀蓝釉极易剥落，大多保存不好。

表1　开封地区出土的明晚期琉璃建筑构件

遗址	周王府				永宁郡王府			
构件	釉色	形状	纹饰	尺寸（厘米）	釉色	形状	纹饰	尺寸（厘米）
勾头	绿釉	圆形	龙纹	直径9.7、15、16	绿釉	圆形	龙纹	直径15.8
	蓝釉	圆形	龙纹	直径11.5	绿釉	圆形	菊纹	直径14.8
	绿釉	圆形	菊纹	直径9	蓝釉	圆形	龙纹	直径11.5
	黑釉	圆形		残				
滴水	绿釉	三角如意云形	龙纹	宽13、27.5	绿釉	三角如意云形	龙纹	残宽28
	蓝釉	三角如意云形	龙纹	残	蓝釉	三角如意云形	龙纹	宽20.5
筒瓦	绿釉			长16、宽10、高5.2	蓝釉			长22.5、宽11、高6
					绿釉			长36.8、宽14.8、高7.2
板瓦	绿釉			长16.2、宽12.7、高3.6	蓝釉			长24.5、宽20.8、高5.8
					绿釉			长33.5、宽26、高7
兽头	绿釉		龙纹	高28	绿釉		龙纹	通长56、宽20、高70
					蓝釉		龙纹	残长27.7、宽16、高23
走兽	绿釉	狮		高12.4	绿釉	龙		高25.5
					绿釉	凤		残高23
					绿釉	天马		残高23
					绿釉	獬豸		残高23
					绿釉	狎鱼		残高22.5
条砖	绿釉		卷草纹	长28.2、宽10.7、厚3.6	绿釉		卷草纹	残长28.2、宽9.5、厚3.8
	绿釉		卷草纹	长21.1、宽8、厚2.2				
	绿釉		卷草纹	长19.4、宽8.3、厚2				
博脊瓦	绿釉			长30.6、宽12.1	绿釉			长30、宽14.5 长28.5、宽13.5
					蓝釉			长24.2、宽8.5
当勾	绿釉			宽13.6	蓝釉			宽16.8
					绿釉			残宽25.5

1．正吻

仅在永宁郡王府遗址前厅房（F1）附近出土一件正吻拼块，浮雕鸱吻腹足部分，左右两侧纹饰对称。后侧面中间靠上部位有一方形卯孔，孔内插有背兽。黄白胎，胎质较致密。腹表刻划有鳞片状纹饰。足上半部呈椭圆形，爪位于拼块上边缘，仅可见三趾，趾甲施黑釉。背兽为较扁平的兽头造型，红胎，胎质较致密。头顶有两个圆孔，双目凸出，眼瞳施黑釉。下颌胡须及脸部鬃毛卷曲呈涡状。头后端连接有方榫，榫端向上弯曲。拼块通高61厘米，长39厘米，厚16～31厘米。背兽通长24厘米，其中兽头长10.5厘米，宽13厘米，高11厘米（图7-1、图7-2）。迄今，出土如此大体量的建筑构件在开封地区仍属孤例。

图7 永宁郡王府遗址出土琉璃吻和脊筒

2. 脊筒

仅发现于永宁郡王府遗址，脊筒有两种形制，根据出土位置推测分别为博脊筒和正脊筒。

博脊筒：集中出自F1西侧坍塌的砖瓦堆积表面，共清理出博脊筒六块，南北向首尾相接，排成一列。脊筒形制接近一致、规格大小相同。横截面呈“工”字形，筒内四道横栏将脊筒分为三段。器物外壁施绿釉，内壁露胎。长75.5厘米，宽20厘米，高21厘米。其中一件（F1：84）肩部釉下刻有“二百卅一号”一列五字（图7-3，图15-2）。

正脊筒：出自F2房内，共两块，形制相近、大小相同。横截面呈“工”字形，筒内三道横栏将脊筒分为两段。器物外壁施绿釉，内壁露胎。长48.5厘米，宽34.5厘米，高41.5厘米，体量较博脊筒大。其中一件（F2：217）肩部釉下刻“十一”一列二字（图7-4）。

图8 永宁郡王府遗址出土琉璃兽头

3. 兽头

周王府遗址和永宁郡王府遗址出土的兽头造型接近，体量大小不一，以绿釉为主，另周王府出土一件黄釉兽尾，永宁郡王府遗址出土孔雀蓝釉兽头（图12-2、图12-3、图8）。兽头位于垂脊或戗脊上、走兽后面，其体量是对建筑规模的直接反映。迄今体量最大的兽头是出自永宁郡王府遗址，通高70厘米（F1：178）。兽头整体浮雕呈兽首的造型，昂首，头顶有双孔。双目凸出，目视斜上方，眼球施黑釉。曲唇，嘴部闭合，下颌有短须。颈部微向后仰，脸周鬃毛卷曲呈涡状，脑后长鬃斜向上拢，似火焰状。鬃毛下为矮腹，腹周刻有鳞片。腹部两侧有短足一对，足部弯曲后蹬，四爪舒展。

4. 走兽

琉璃走兽均为绿釉，造型有龙、凤、狮子、天马、狎鱼、獬豸等动物形象，在周王府遗址仅出土有狮子造型的琉璃走兽；永宁郡王府前厅房（F1）集中出土有上述六种走兽，其中狮子走兽残损严重，另有其他因残损严重而不可辨别的走兽，另在大门（F9）也发现有龙、凤、獬豸等走兽。

龙形走兽蹲踞于筒瓦之上，弓背，龙首微向前探，双目凸出，目视前方。前腿直立，后腿蜷曲，五爪舒展，尾部上翘。除双目和犄角施黑釉外，周身饰绿釉。颈部鬃毛卷曲呈涡状，头顶鬃毛斜向上拢成一束，近似三角形。周身鳞片刻划较深。其中一件（T5F1：111）兽高25.2厘米，含筒瓦通高33厘米（图9-1）。

凤形走兽站立于筒瓦之上，颈部微向前屈，双目狭长，短喙，矮冠。脸后方有鬃毛，卷曲呈涡状。头顶鬃毛斜向上拢成一束。挺胸，背部两侧各有一翅，双翅自然合拢。长尾垂地，双腿直立，腿前雕刻有瑞草纹饰。凤爪部位脱釉严重，形态特征不明。永宁郡王府遗址保存较好的一件（T16F9：588）残高23厘米，通高残存31厘米（图9-2）。

狮子形走兽呈蹲踞状，兽首微昂，双目凸起，锋牙利齿，头部鬃毛自然下垂至颈部，两颊鬃毛卷曲，尾部上翘。周王府遗址保存较好的一件（T1：26）高12.4厘米（图12-4）。

天马形走兽呈蹲踞状，前腿直立，后腿蜷曲。颈部微向前屈，嘴部残缺，眼眶内凹，眼球微凸，眼白施黄釉，瞳孔施黑釉。头顶斜向后方有一独角，施黑釉。颈部后侧正中有鬃毛一绺。弧背，背部两侧各有一翅，双翅自然合拢，羽毛刻划痕迹明显。永宁郡王府遗址保存较好的一件（T4F1：103）残高23厘米（图9-4）。

图9 永宁郡王府遗址出土琉璃走兽

獬豸形走兽呈蹲踞状，昂首挺胸，双眼凸出，目视前方。下颌有胡须，颈部鬃毛卷曲呈涡状。头顶鬃毛斜向上拢成一束，近似三角形。背部微向前屈，尾部上翘。永宁郡王府遗址保存较好的一件（T4F1：102）残高23厘米（图9-3）。

狎鱼形走兽呈蹲踞状，前腿直立，颈部微向前倾，挺胸，弧背，背部两侧各有一翅。下腹与筒瓦底座接触部位呈鱼尾状，尾部蜷曲上翘。除翅膀外周身刻有鳞片。永宁郡王府遗址保存较好的一件（T4F1：129）残高22.5厘米，通高残存31厘米（图9-5）。

5．勾头

周王府遗址和永宁郡王府遗址出土的琉璃勾头均为圆形，以绿釉为主，另有蓝釉，周王府遗址还出土一件黑釉的勾头（图12-1）。纹饰以龙纹为主，为适配圆形勾头，龙造型呈团龙状，浮雕，龙凸目、五爪，头顶两簇鬃毛高耸，满身龙鳞，首尾衔接处有火珠（图10-1、图10-2、图13-1、图13-2）。周王府遗址还出土有菊纹勾头，中心一朵菊花，外周菊叶呈团簇状（图13-3）。琉璃勾头的尺寸大小不一，直径小的有9厘米，大的16厘米。

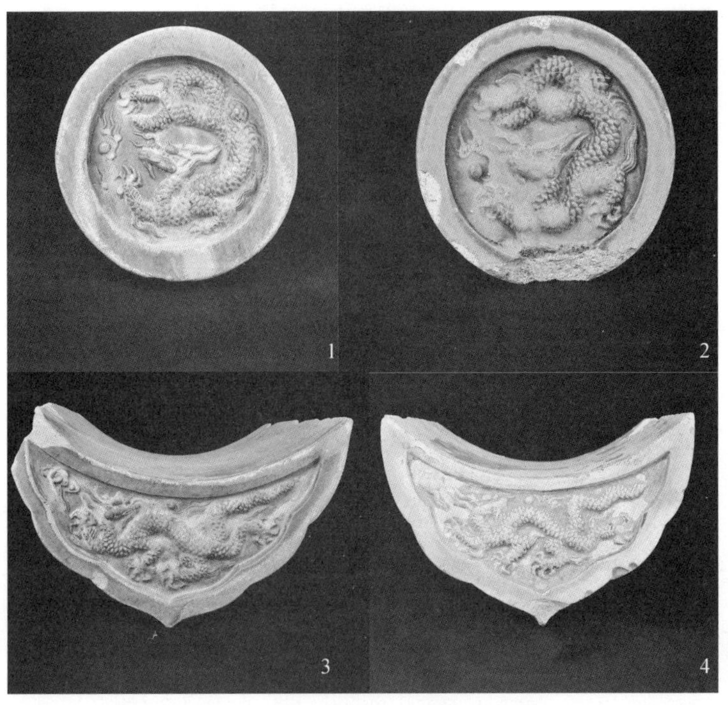

图10　永宁郡王府遗址出土琉璃勾头和滴水

6．滴水

周王府遗址和永宁郡王府遗址出土的琉璃滴水形状均为三角如意云形，纹饰均为浮雕云龙纹，一种仅简单的浮雕圆润的龙体（图13-4），另一种细雕龙鳞、鬃毛及四肢，形象生动，龙肢体自然伸直、五爪、凸目、头顶鬃毛高耸、回首望珠，龙造型丰满圆润（图10-3、图10-4、图13-5、图13-6）。釉色以绿釉为主，颜色也有部分蓝釉，同一色系的呈色深浅存在差异。滴水的大小也存在不同的尺寸。

7．筒瓦

两处遗址内的琉璃筒瓦釉色以绿釉为主，永宁郡王府遗址另出土有部分蓝釉筒瓦。筒瓦横截面呈半圆形，前端略窄，大多仅背部施釉。筒瓦的大小存在差异。

8．板瓦

两处遗址内的琉璃板瓦釉色以绿釉为主，永宁郡王府遗址另出土有部分蓝釉板瓦。板瓦横截面呈弧形，上端窄、下端宽，大多仅凹面外露的前端部分施釉。板瓦的大小存在差异。

9．卷草纹条砖

周王府遗址和永宁郡王府遗址均有出土，形制相似，大小不尽相同。条砖胎体较薄，仅一面施绿釉，上饰浮雕的卷草纹，其余五面出土时均残留有灰浆等粘结剂的痕迹。周王府遗址卷草纹条砖中规格较大的（T1：38）长28.2厘米，宽10.7厘米，厚3.6厘米，规格较小的（T1：29）长19.4厘米，宽8.3厘米，厚2厘米。永宁郡王府遗址卷草纹条砖中规格较大的（T12：1594-2）残长28.2厘米，宽9.5厘米，厚3.8厘米（图11-1、图14-1）。

图11 永宁郡王府遗址出土的其他琉璃建筑构件

图12 周王府遗址出土琉璃兽头、走兽

10. 其他

周王府遗址和永宁郡王府遗址内还出土有博脊瓦、当勾瓦、群色条、平口条、吻座以及不同形制的砖等琉璃建筑构件，均为屋顶构件（图11-2 ~ 图11-8、图14-2 ~ 图14-6）。

周王府遗址内出土有一件琉璃残件（T3：5），墨书“刘迭恩琉璃三十”（图15-1）。

（二）灰陶建筑构件

开封地区出土灰陶建筑构件的种类包括鸱吻、兽头、走兽、勾头、滴水、筒瓦、板瓦、望砖以及不同形制的砖和砖雕等（表2、表3）。

1. 鸱吻

永宁郡王府F5南侧出土一件（T5：126），保存较为完整。背兽与鸱吻连为一体，未见剑靶和犄角。通高75厘米，首尾长约64厘米（图16-1）。

2. 兽头

目前在周府典仪所和十三中官署遗址发现有灰陶兽头，形制均相似，均为龙形，昂首、卷虬、闭口，犬齿粗壮，怒目圆睁，鬃毛斜向上方飘展，尾部弯曲，两侧身体及前颈部雕有鳞纹。不同的是，周府典仪所兽头足有四爪，而十三中官署遗址足为三爪（图18-1、图19-10）。十三中官署遗址出土十余件兽头，大小不一，最大的通高67厘米（T1：100）、最小的通高18厘米（T1：380）。

3. 走兽

在周王府遗址、周府典仪所遗址、十三中官署遗址内均出土有灰陶走兽，其造型以狮子为主，形制接近，整体呈狮子蹲踞状，凸目，闭口，犬齿粗壮，头顶部鬃毛卷曲、下部鬃毛顺垂至颈部，尾巴竖直上翘。但即便同一遗址内狮形走兽的雕刻纹样

表2　开封地区出土的明晚期灰陶建筑构件（一）

遗址	周王府遗址			永宁郡王府遗址			周府典仪所遗址			十三中官署遗址			御龙湾民宅遗址		
建筑　构件	形状	纹饰	尺寸（厘米）	形状	纹饰	尺寸（厘米）	形状	纹饰	尺寸（厘米）	形状	纹饰	尺寸（厘米）	形状	纹饰	尺寸（厘米）
勾头	圆形	龙纹	直径12、13.5	圆形	菊纹	直径12.2	圆形	菊纹	直径12	圆形	龙纹	直径12	圆形	菊纹	直径14
	圆形	菊纹	直径12	圆形	水纹	直径13	三角如意云形	菊纹	宽18	圆形	菊纹	直径15	圆形	莲纹	直径10.7
	三角如意云形	菊纹	宽15、18.5	三角如意云形	菊纹	宽17				三角如意云形	菊纹	宽12	三角如意云形	菊纹	宽16.5
滴水	三角如意云形	菊纹	宽15.4、17、18.5	三角如意云形	菊纹		三角如意云形	菊纹	宽12.6				三角如意云形	菊纹	宽13.5
							三角如意云形	莲纹	宽10.4						
走兽	狮		高16.4、17				狮		高17.5	狮		高15、17、18、19、24	狮		高13

表3　开封地区出土的明晚期灰陶建筑构件（二）

遗址	周王府遗址	永宁郡王府遗址	周府典仪所遗址	十三中官署遗址	御龙湾民宅遗址
建筑构件	尺寸（厘米）	尺寸（厘米）	尺寸（厘米）	尺寸（厘米）	尺寸（厘米）
筒瓦	长21.5、宽13.5、高6.8	长35、宽15、高7.6	长22、宽12、高6.5	长23、宽13、高6.5	
板瓦	长22.8、宽18.3、高4.8	长26.5、宽21、高6	长23.5、宽17.5、高4.7	长23、宽16、高4.5	
望砖	长20.5、宽17.5、厚3.5				
兽头			通长36、宽12、高43.5	通长10、宽8、高17	
				通长31、宽12、高30	
				通长30、宽15、高67	

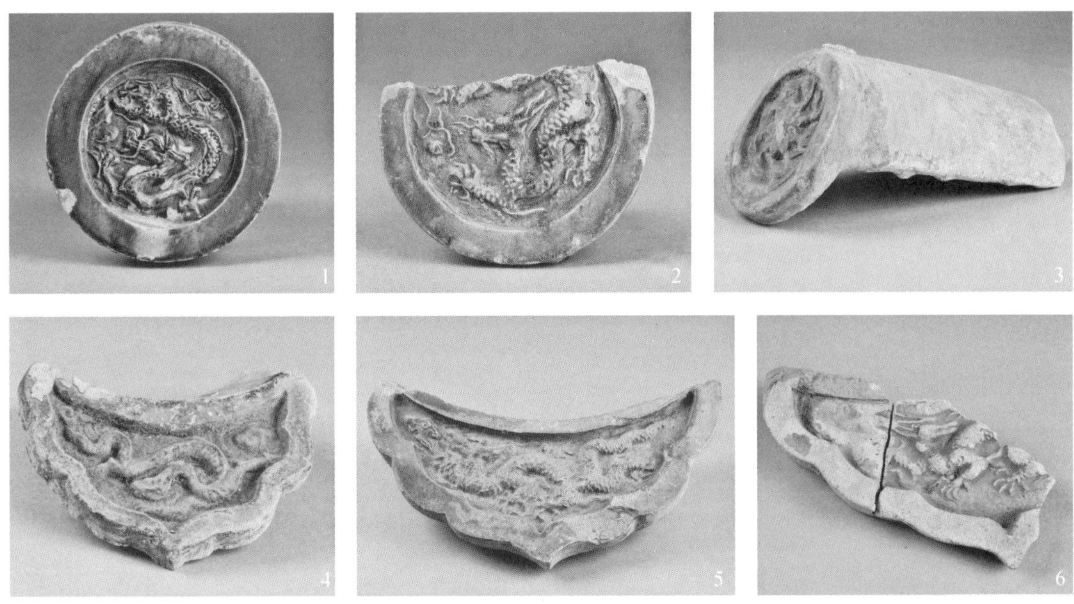

图13　周王府遗址出土琉璃勾头和滴水

图14　周王府遗址出土的其他琉璃建筑构件

图15 带字琉璃构件

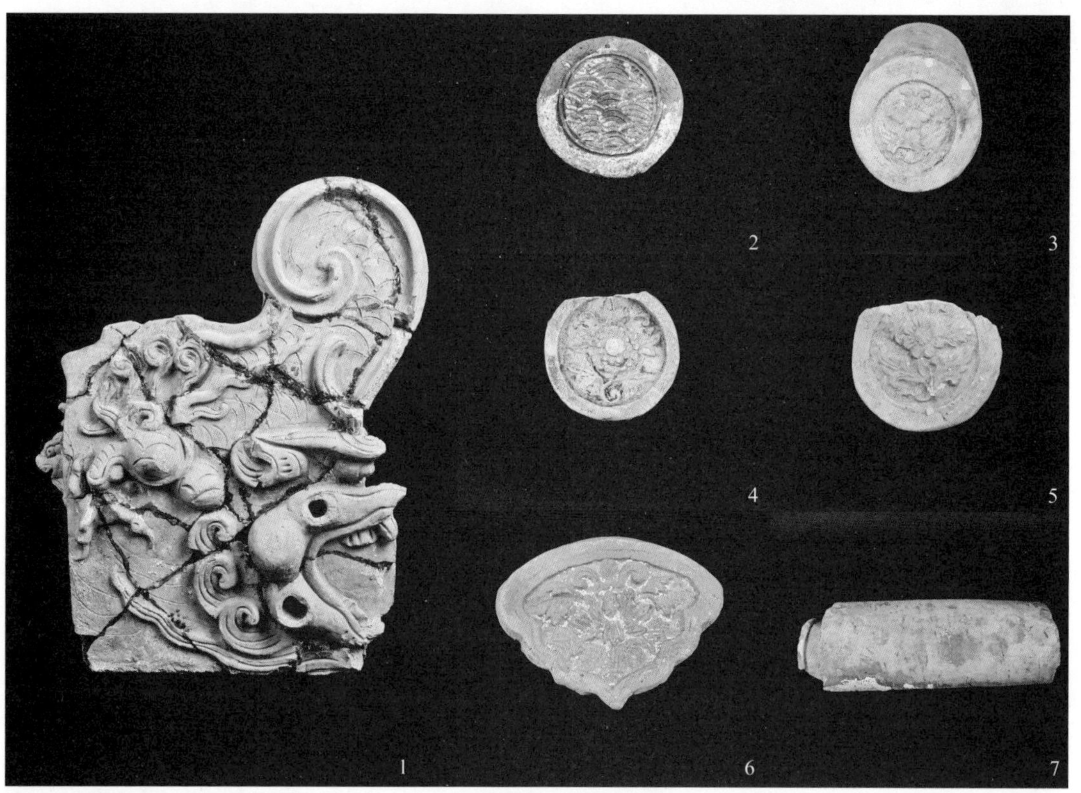

图16 永宁王府遗址出土灰陶建筑构件

和尺寸大小也不尽相同（图17-14～图17-17、图18-2、图19-11、图19-12）。

4. 勾头

除了御龙湾民宅遗址外，其余四处遗址内均出土有大量的灰陶勾头，形状有圆形和三

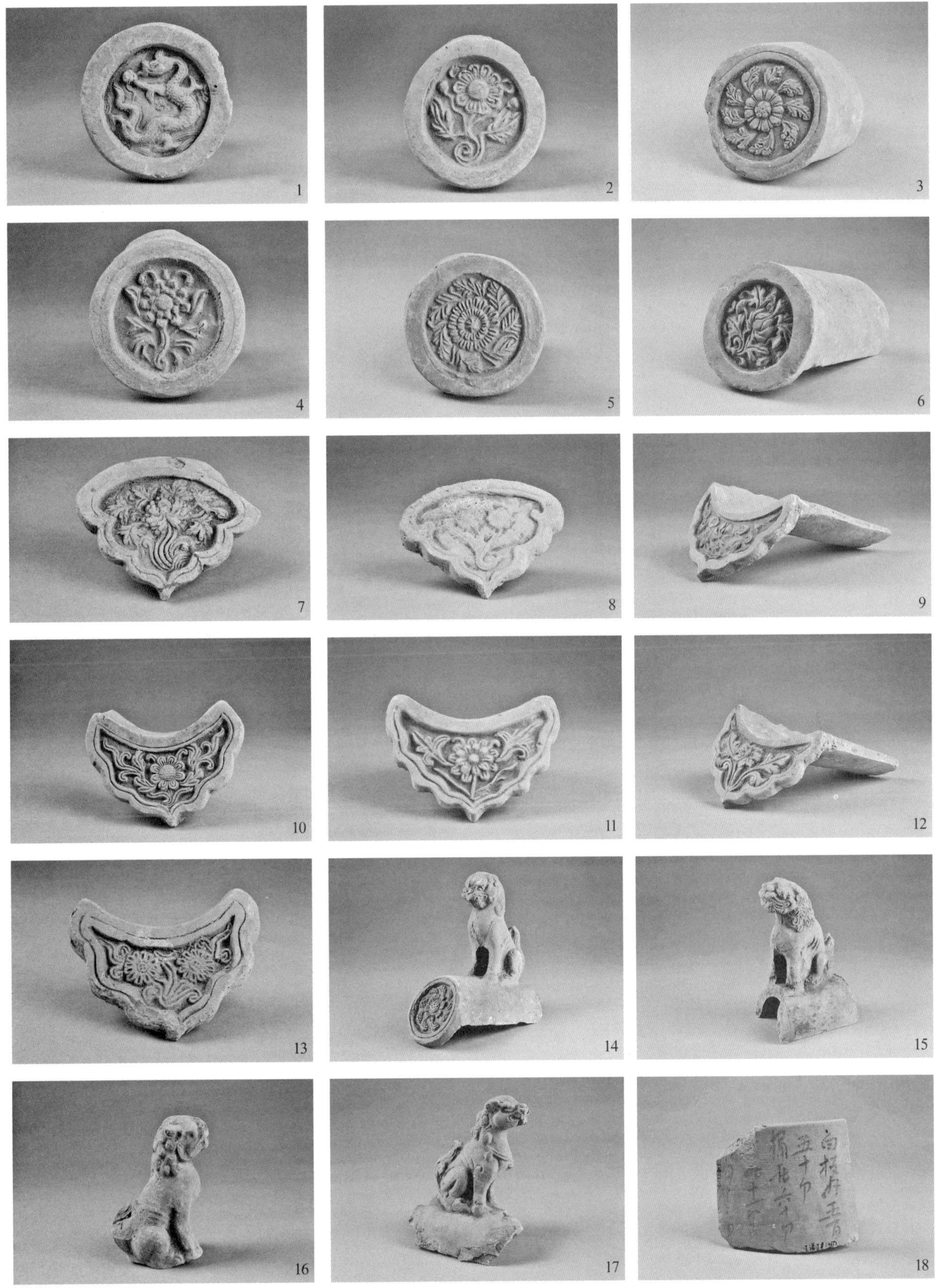

图17　周王府遗址出土灰陶建筑构件

图18　十三中官署遗址出土灰陶建筑构件

角如意云形两种，圆形勾头尾部为筒瓦，三角如意云形勾头尾部则为板瓦。从出土的屋顶结构来看，屋面瓦垄多采用阴阳合瓦的方式，故勾头多见三角如意云形，而圆形勾头则可能用于两侧山墙上的排山勾头。灰陶勾头纹饰有龙纹、菊纹、莲纹和水纹等，其中以菊纹最为常见，可分为双菊纹和单菊纹两种，在各个遗址均有出土，菊纹形状不尽相同；灰陶龙纹勾头在周王府遗址内稍多见，周府典仪所和十三中官署遗址有少量出土，均为圆形勾头，且数量较少。不同遗址间甚至同一遗址内的勾头尺寸不固定，大小参差不齐（图16-2～图16-6、图17-1～图17-8、图18-3～图18-5、图19-1～图19-5、图20-1～图20-3）。

5．滴水

除了御龙湾民宅遗址外，其余四处遗址内均出土有大量的灰陶滴水，形状均为三角如意云形，纹饰以菊纹为主，另在周府典仪所出土有少量莲纹滴水。菊纹有分单菊纹和双菊纹，纹饰不尽相同，尺寸也多种规格。（图17-9～图17-13、图18-7～图18-9、图19-7～图19-9、图20-4）。

6．其他

遗址出土的灰陶建筑构件还有筒瓦、板瓦，以及不同部位的用砖，另在永宁郡王府遗址

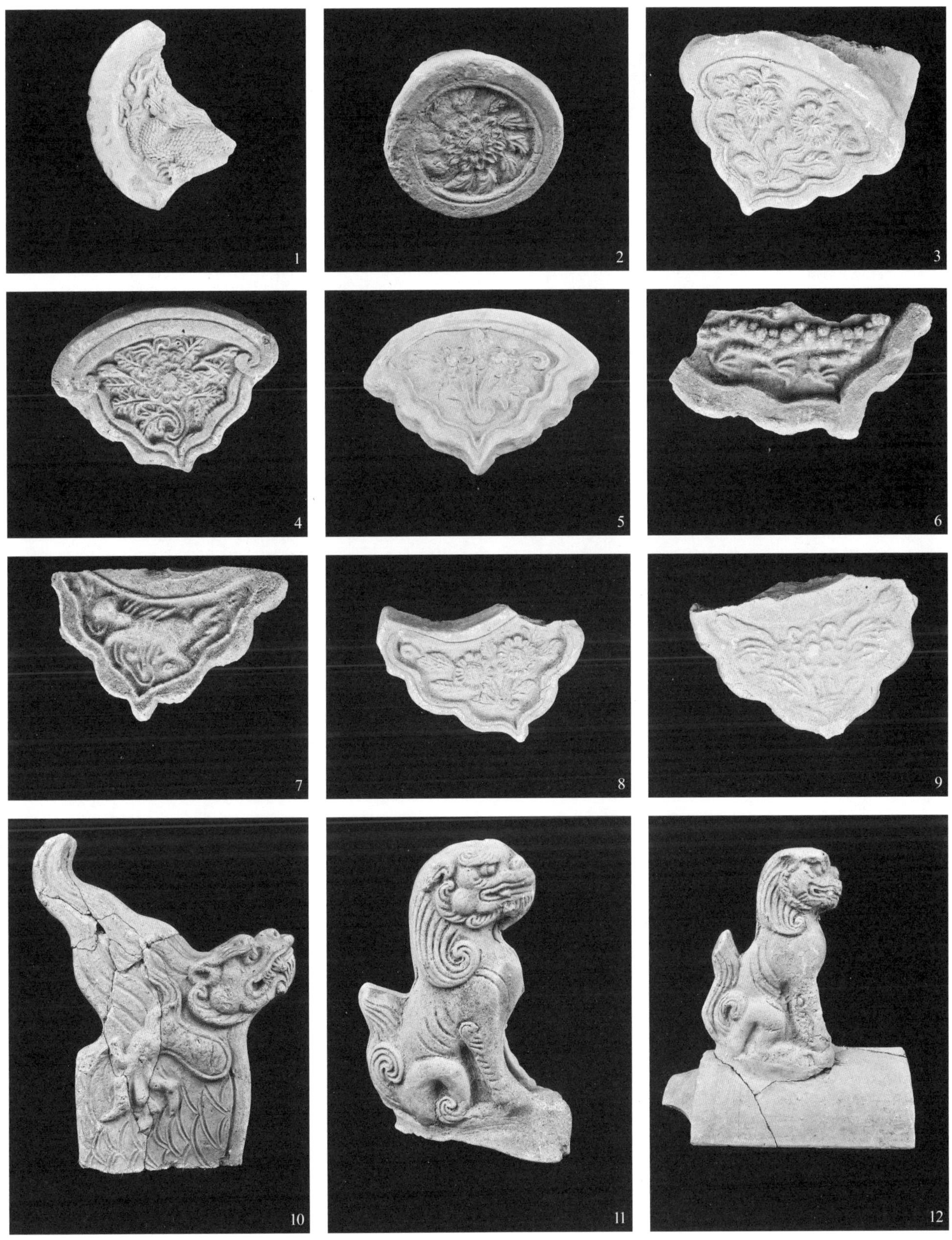

图19　周府典仪所遗址出土灰陶建筑构件

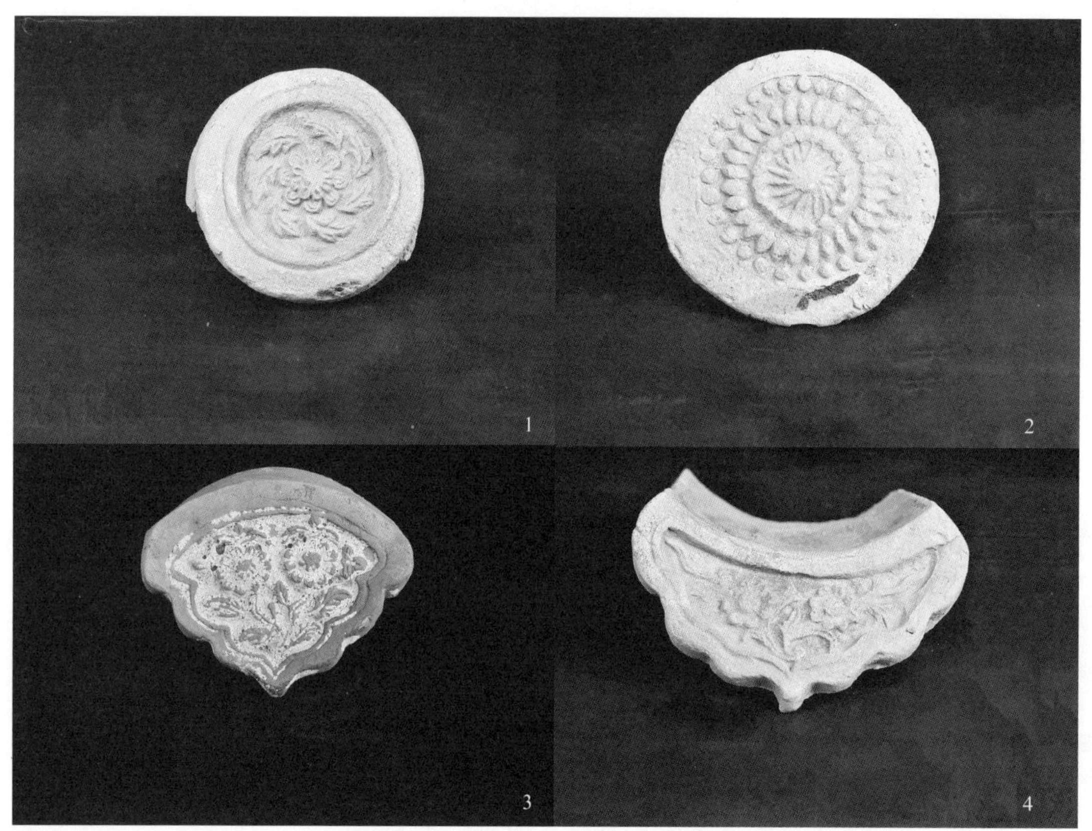

图20 御龙湾民宅遗址出土灰陶勾头和滴水

F7坍塌的屋顶堆积还出土有望砖。

周王府遗址一件板瓦（T1：7）表面有墨书，残存“白板瓦五百五十个 桶瓦六十个 □瓦十一个 □勾十三个”五列二十一字（图17-18）。

三、结 语

明代对各级宫殿房舍的建制都有规定：洪武九年定亲王府“宫殿门庑及城门楼皆覆以青色琉璃瓦”、诸殿面阔九间，至于百官弟宅，明初规定“不许雕刻”；洪武二十六年规定官员房屋“不许歇山转角、重檐重栱及绘藻井”，一品二品厅堂“五间九架，屋脊用瓦兽，梁栋、斗拱、簷桷青碧绘饰”、门三间五架，三品至五品厅堂“五间七架，屋脊用瓦兽，梁栋、簷桷青碧绘饰”、门三间三架，六品至九品厅堂“三间七架，梁栋饰以土黄”、门一间三架，官房舍门窗户牖不得用丹漆[4]。另洪武二十六年规定庶民庐舍“不过三间五架，不许用斗拱、饰彩色”[5]。明初对建制的管控十分严厉，“凡官民房舍、车服、器物之类，各有等第，若违式僭用，有官者杖一百，罢职不叙，无官者笞五十，罪坐家长，工匠并笞五十”[6]。洪武八年德庆侯廖永忠僭越使用龙凤纹，即被处极刑[7]。据上述文献可知，明代初期即对建筑等级化进行了严格界定，制度森严，违背者处罚严重。明初建制的等级区分可体现在屋顶的形式，房屋的面阔、进深，建筑构件的质地、种类，以及装饰色彩等方面，皇宫主体建筑多用黄釉琉璃、亲王府主体建筑用绿釉琉璃，其余官房民舍则只能用灰陶瓦；一品、二品的厅堂可面阔五间、用灰陶脊兽、斗拱；三品至五品的厅堂面阔五间、可用灰陶脊兽，但不能使用斗拱；五品以下的厅堂面阔最多三间。

迄今开封地区仅周王府和永宁郡王府遗址内使用琉璃构件，周府典仪所和十三中等官署遗址、御龙湾民宅遗址则不见琉璃构件。虽然洪武九年规定亲王府“宫殿门庑及城门楼皆覆以青色琉璃瓦”，但在周王府遗址发现有黄釉构件，尽管仅有一件，也足以体现明晚期的亲王府是可以使用黄釉琉璃构件的。永宁郡王府虽然未发现黄釉构件，但大量使用了绿釉和孔雀蓝釉琉璃构件，昭示明晚期的郡王府也具备使用绿釉琉璃的资格。可见，琉璃构件在明代确实是身份尊贵的象征，除了寺庙等神地外，皇宫王府的宫殿厅房可以使用，但王室也有等级之别，明代琉璃构件“以黄、红等级最高，青（绿）色次之，黑色最低”[8]，亲王可使用象征皇家的黄釉构件，郡王大抵最高只能使用绿釉构件。

开封地区的周王府和永宁郡王府两处遗址出土的龙纹瓦当与南京雨花台、长沙地区藩王府的龙纹瓦当纹饰略有不同，南京雨花台的龙纹瓦当未见火珠纹[9]、长沙藩王府龙纹瓦当和滴水均未见火珠纹[10]。从永宁郡王府遗址出土脊筒上的刻字可知，这些琉璃构件当是订制而成的。目前在河南境内尚未公布有明代的琉璃窑厂发现，周王府遗址琉璃构件上墨书的“刘迭恩琉璃”可能是琉璃瓦作来源的窑户或铺户的名字，为探索周王府的琉璃构件来源提供了信息。开封出土的大量明晚期琉璃构件为河南地区对明代琉璃窑的田野调查和考古发掘提供了可资对比的实物材料。

周王府遗址和永宁郡王府遗址主体建筑遭扰乱，仅残存砖瓦、脊兽等，未发现屋顶梁架结构，至于是否使用斗拱不明。在周府典仪所和十三中两处官署遗址内均出土有保存较好的屋顶结构，出土丰富的灰陶走兽、兽头、筒瓦、板瓦、勾头和滴水，未见琉璃构件，坍塌的屋顶下也未发现斗拱结构，屋面采用阴阳合瓦的方式，这种大木小式的做法与前文所述《明史》和《明会典》对官房建制的记载是相吻合的。其中周府典仪所遗址已揭露的中轴线主体建筑（JZ9）面阔三间，结合典仪所的典仪正官级乃正九品，从已揭露部分的建筑规模来看，符合前文所述的明初建制。十三中官署遗址厅堂（F5）面阔五间、使用灰陶瓦兽、坍塌的屋顶下未见斗拱，若按照前文所述的《明史》建制推算，该遗址对应的等级当属三品至五品。但两处官署遗址内均发现使用龙纹勾头、兽头的现象，在某种程度上体现明末官署遗址是允许使用龙纹的。

相对于永宁郡王府遗址、十三中官署遗址的四合院式布局，御龙湾民宅遗址的院落布局则显得极为紧凑，且院落和房屋的规模都相对较小、未出土脊兽等象征身份等级的建筑构件，遗址的等级地位不言而喻，单从建筑角度可将遗址定性为民宅，这与出土遗物的组合及特征显示的等级信息也是一致的。

综上，明代晚期开封府城内的建筑等级基本是遵循明初期颁布的规制的。根据建筑构件及建筑规模推测的遗址等级，与遗址内出土的文字等信息反映的遗址级别是相吻合的。开封地区出土的明晚期建筑遗址内有保存较好的院落布局、房屋建筑基址以及坍塌的屋顶结构，结合遗址所在的位置、文化遗存的特征以及文献的记载，可相对明确地推断遗址的性质，并进行等级化划分。遗址内出土的建筑构件种类和规格是对遗址性质和等级的一种体现，同时也为研究明代建筑规制、开封府城建筑构件的等级化利用提供了珍贵的实物材料。

注释

[1] 有义军决黄河之说，也有官军决黄河之说。

[2] 开封市文物考古研究所：《河南开封新街口明周王府官署遗址发掘简报》，《文物》2017年第3期。

[3] 河南省文物考古研究院、开封市文物考古研究所：《开封御龙湾小区明代建筑遗址的发掘》，《华夏考古》2019年第2期。

[4] （清）张廷玉等撰：《明史》卷六十八，中华书局，1974年，第1671页。

[5] （清）张廷玉等撰：《明史》卷六十八，中华书局，1974年，第1672页。

[6] （明）李东阳撰，申时行重修：《明会典》卷一百六十五，文海出版社，1984年，第2808页。

[7] （清）张廷玉等撰：《明史》卷一百二十九，中华书局，1974年，第3806页。

[8] 汪永平：《明代建筑琉璃的等级制度》，《古建园林技术》1989年第4期。

[9] 陈钦龙：《江苏南京雨花台窑岗村明代琉璃窑址发掘简报》，《文物》2015年第10期。

[10] 黄志平：《长沙出土的明藩王府龙纹琉璃瓦当》，《收藏界》2006年第10期。

迦陵频伽造型及功能演变初探

葛奇峰
（开封市文物考古研究所）

摘要：迦陵频伽随佛教传入中国，在东晋被民众认知并接受；迦陵频伽图像最早出现在北朝时期，发展于唐，繁盛于宋，元明日渐衰微，清代消失。唐代的迦陵频伽均以壁画或线刻画的形式出现，其形象多为人首鸟身鸟爪、背生双翼，是大型经变图中的乐伎佛；宋代的迦陵频伽表现形式多样，既有平面刻画，也有立体雕塑。既有宗教功能，也有等级政治等级功能。其形象多为人首人身鸟爪、背有双翼。宋代迦陵频伽影响深远，在整个东亚地区都有发现，其作为建筑构件的功能和造型一直延续使用到明代；元代的迦陵频伽又回归到宗教功能上，且总体数量趋向减少，同时世俗化的发展趋势更加明显；明代的迦陵频伽艺术感染力明显下降，数量锐减，造像多以写实为主；清代，迦陵频伽基本消失。

关键词：迦陵频伽　考古发现　演变

迦陵频伽是随着佛教传入中国的一种神鸟，又称羯逻频伽、迦兰频伽、迦陵毗、迦陵频、迦娄宾、迦陵鸟、羯毗鸟、频伽鸟等，意译为好声鸟、美音鸟、妙声鸟等。传说是一种栖息在雪山或极乐净土的鸟，在佛教经典中经常提到，唐釋慧苑著《慧苑音义》下曰："迦陵频伽本出雪山，在谷中即能鸣，其音和雅，听者无厌。"元魏般若流支翻译的《正法念经》曰："山谷旷野，多有迦陵频伽，出妙声音，若无若人，紧那罗等无能及者。"南宋刊《法华经》曰："迦陵频伽，妙音鸟也。鸟未出壳时即发音微妙，一切天人声皆不及，唯佛音类之。"其形象多为半人半鸟，即面部为人、足部为爪、背生双翼。

一、迦陵频伽的传入

对迦陵频伽形象的描述最早出现在东晋郭璞撰《山海经》[1]中，"荆山至琴鼓之山……其神，状皆鸟身而人面"，但目前尚未发现这一时期的实物及图像。

对迦陵频伽形象的刻画最早出现在北魏。北魏苟景墓墓志盖上侧刻画有两尊半人半鸟的迦陵频伽（图1）[2]。二者双手捧物，中间隔着一丛莲花荷叶，相向而立。均着汉人衣冠，褒衣博带，飘飘欲仙，背生双翼，孔雀尾，鹰足。

图1　北魏苟景墓志盖上侧刻画的迦陵频伽

二、唐代迦陵频伽

到了唐代，随着佛教的兴盛，迦陵频伽不仅大量出现在佛教经典著作中[3]，《旧唐书》亦有相关记载[4]，“元和十年（815年），遣使献僧祇僮五人、鹦鹉、频伽鸟并异种名宝”。

根据佛教经典中的描述，可以看出，这一时期的迦陵频伽作为佛前的乐舞供养，象征了极乐世界，同时由于迦陵频伽能够发出美妙的声音，既是佛陀觉者说法的象征，也是阿弥陀佛佛国净土的象征，所以其常常以壁画或线刻画的形式出现在佛教建筑、佛教用具、舍利棺与陵墓棺椁上。

唐代壁画中的迦陵频伽主要见于敦煌莫高窟、安西榆林石窟、洛阳龙门石窟、四川仁寿龙桥乡石佛沟中。从数量上看，主要保存于敦煌莫高窟中，后三处石窟中多仅存孤例。敦煌莫高窟唐代石窟中有41处均描绘有迦陵频伽，共80余身，其中又以盛唐时期的148窟、中唐360窟、五代61窟最为典型。

盛唐148窟东壁北侧为《药师经变相图》，东壁南侧为《观无量寿经变相图》[5]，这两幅图是莫高窟面积最大的净土变壁画。这两幅经变图中均绘有迦陵频伽（图2，图3），均左右对称站立于水池两侧的平台上，手持横笛、琵琶、笙等乐器正对着佛陀进行演奏。其形象为璎珞菩萨装，高发髻，双手合十，翅膀描绘为彩色，水平展开，羽翼朝下，尾部为朱红色几何体，向内弯曲成半圆，上面密布白色斑点。

中唐360窟藻井和北壁均绘有迦陵频伽[6]（图4，图5），形象接近，均为怀抱琵琶展翅奏乐，头戴宝冠，两边长带飘逸，翅膀和尾部都随圆形外框作了调整，翅羽是三层画法，尾部基本被左翅遮住。

五代61窟南壁绘有一组迦陵频伽乐队[7]（图6），这组乐队共有五身。画面正中站立一身体形稍大的手持琵琶的迦陵频伽，两侧各有一对迦陵频伽手持琵琶、排箫或拍板。其形象亦为展翅奏乐，但尾部描绘有被简化的迹象。

根据敦煌石窟中的现存壁画图像，《敦煌学大辞典》中总结说：“迦陵频伽，敦煌壁画伎乐天之一。迦陵频伽系鸟身人首图形，有一些持乐器或作舞，称迦陵频伽伎乐。”[8]

发现唐代迦陵频伽平面线刻画像的地方有陕西省法门寺地宫银棺的棺盖上[9]、陕西

图2 盛唐敦煌莫高窟148窟东壁迦陵嫔伽

图3 盛唐敦煌莫高窟148窟东壁迦陵嫔伽局部

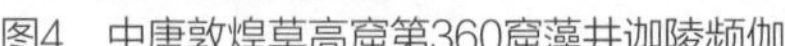

图4　中唐敦煌莫高窟第360窟藻井迦陵频伽

图5　中唐敦煌莫高窟第360窟北壁迦陵频伽

图6　五代敦煌莫高窟第61窟南壁迦陵频伽

耀县药王山石棺座上[10]、镇江甘露寺舍利金棺上[11]、陕西临潼庆山寺舍利塔下精室石门嵋上[12]、山东阳谷县关庄石塔上[13]、小雁塔的线刻画上[14]、盛唐西安大智禅师碑侧上[15]、陕西省耀县药王山南庵院墓葬中青石棺座的立面上[16]、唐代武惠妃石椁纹饰上[17]、唐代徐孝墓志纹饰上[18]等。

以山东阳谷县关庄石塔为例介绍唐代石塔上迦陵频伽线刻画。唐代山东阳谷县关庄石塔门楣两侧各雕有一幅迦陵频伽[19]，其形象为人首鸟身鸟爪，张翅欲飞，大尾翘起，立于莲蓬座上，左者拍板，右者吹箫。

以武惠妃墓为例介绍唐代墓葬中迦陵频伽线刻画的特征（图7）。武惠妃墓石椁后面立柱上刻有两幅半人半鸟图像，上半身人头人身，下半身鸟体鸟爪；头戴如意宝冠、袒胸露臂，项挂缨珞，臂束钏镯，双翼飞卷向上，双手合十立于花蕊之上[20]。这些刻画在墓葬石椁上的迦陵频伽是后人对墓主人的守护和礼赞，希望由迦陵频伽乐伎来守护、伴随、欢娱墓主人，并引导墓主人的灵魂升天。

图7　唐代武惠妃墓石椁立柱上迦陵频伽线刻画

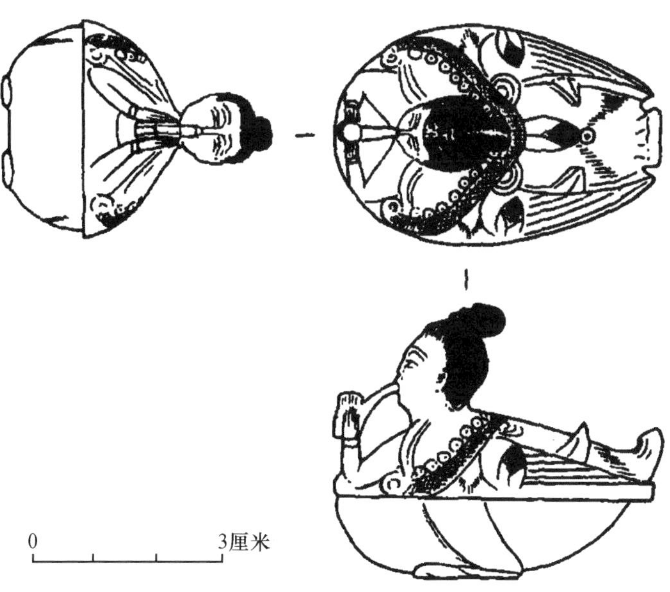

图8　唐代河南登封法王寺二号塔地宫出土迦陵频伽玉石盒

目前见到唐代雕塑类的迦陵频伽很少，见诸报道的只有在河南登封法王寺二号塔地宫中出土一件工艺精细、4.3厘米高、玉石质的迦陵频伽盒[21]（图8）。盒由一盖一底扣合而成，中有子母口，盒盖为人首鸟身，头梳高髻，做吹箫状，下底刻出腹部和双腿。

综合唐代迦陵频伽的资料，发现唐代迦陵嫔伽主要出现在石窟寺、佛塔、地宫或佛教徒的墓葬中；制作方法上基本上都是用毛笔绘制的壁画或雕刀刻划的线刻画；形象基本上都是人首鸟身、展开双翼、两腿细长、头戴童子冠或菩萨冠、站立在莲花或乐池平台上，表演歌舞或持乐器演奏；从面貌上看，唐代迦陵频伽多为女性，配有花冠、嘴唇丰厚，露肩且臂膀圆润、身材丰腴；鸟身的羽翼刻画细致饱满，双翅向后努力开张，鸟爪强健有力，鸟尾与蔓草自然地糅合在一起，甚至带有蔓草的卷曲特征，使衔接更为自然； 其出现的场合多在无量寿观经变图或西方净土变图中；其在经变壁画中不是主角，位置不显著，身材矮小；其功能与作用是与其他伎乐一起为佛陀表演歌舞，展现天庭的祥和与庄严，是能给人们带来好运、喜讯或幸福的吉祥物。其性质、功用等与佛教息息相关，也没有跳出宗教范畴。

三、宋代迦陵频伽

宋代的迦陵嫔伽除出现在佛经中[22]，还出现在《营造法式》[23]和当时文人的诗词[24]中；图像不仅以平面的形式出现在石窟寺、石塔、经幢、地宫、石椁中，而且还以立体的形式出现在宫殿、城门、皇陵、大型公共建筑中，同时迦陵频伽形象的陶瓷雕塑也开始大量出现等。

图9 宋代《营造法式中的迦陵》迦陵频伽

迦陵频伽用于建筑最早的记载是北宋李诫所著《营造法式》。《营造法式》不仅绘制了迦陵频伽的形象（图9），而且确定了其在屋脊上的位置（图10），更重要的是，还明确将迦陵频伽尺寸大小与建筑等级结合起来。

《营造法式》卷十三瓦作制度（用兽头等）中明确规定："殿、阁、厅、堂、亭、榭转角，上下用套兽、嫔伽、蹲兽、滴当火珠等。四阿殿九间以上，或九脊殿十一间以上者……嫔伽高一尺六寸；四阿殿七间或九脊殿九间……嫔伽高一尺四寸；四阿殿五间，九脊殿五间至七间……嫔伽高一尺二寸；九脊殿三间或厅堂五间至三间……嫔伽高一尺。"

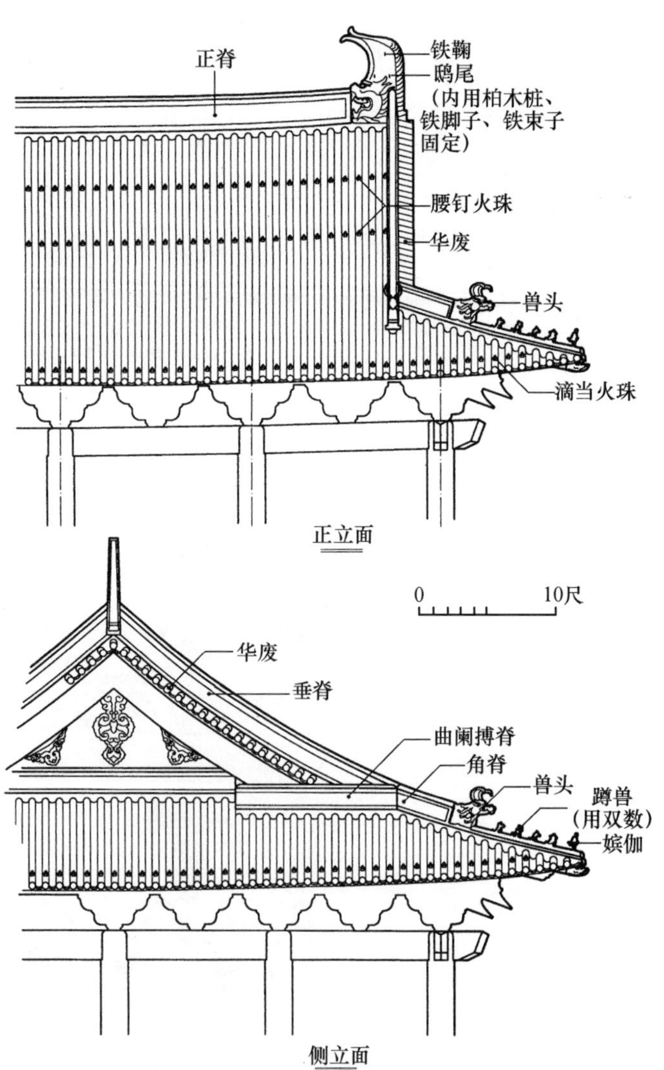

图10 宋代《营造法式》中的屋顶瓦件分布图

考古中发现的迦陵嫔伽主要出现在重庆大足宝顶山18号石窟、宋东京城顺天门、巩义宋皇陵[25]、泰安岱庙[26]、洛宁乐重进墓棺椁上[27]等地方，其中以大足宝顶山18号石窟、宋东京城顺天门较为典型。

重庆大足宝顶山18号窟"观无量寿佛经变相"[28]图中绘有一尊宋代"迦陵频伽伎乐"造像（图11）。这尊迦陵频伽表情庄严、肃穆，戴项圈、腕镯，胸部裸呈，双手于胸前合十，背后肩部偏下处，生着一对展开的翅膀，似欲振翅高飞，腰部著一莲叶围裙，两条系带自然下垂尾端向左卷曲，双足隐于长裙下。

宋东京城顺天门（新郑门）遗址共出土三件的迦陵嫔伽[29]，出土于瓮城圈内东北处的一座宋代灰坑内。顺天门迦陵嫔伽（图12）人首人身，背有双翼，头戴花冠，双手合十，腹下两侧生有鸟爪，但底部残缺，推测应该有器座，推测复原高度应该在50厘米左右。按照《营造法式》的规定，此迦陵频伽应该用在四阿殿九间以上建筑之上。

除此之外，在辽、金、西夏、吐蕃等边疆少数民族地区也均发现大量迦陵嫔伽相关遗物。

图11　宋代大足宝顶山石刻观无量寿佛经变相窟迦陵频伽

图12　北宋东京城顺天门遗址出土迦陵频伽

图13　辽代现收藏于赤峰市巴林右旗博物馆的迦陵频伽饰件

辽代迦陵频伽以出土于内蒙古赤峰市巴林右旗巴彦尔灯苏木和布特哈达，现藏于赤峰市巴林右旗博物馆的一件辽代迦陵频伽形金耳坠最为典型[30]（图13）；金代迦陵频伽以磁州窑址3号窑出土迦陵频伽塑像最为生动；另外金代金上京皇陵也出土有迦陵频伽残件[31]；西夏境内以三号陵遗址内出土迦陵频伽最为重要；吐蕃时期迦陵频伽以西藏拉萨大昭寺屋顶上的迦陵频伽建筑构件[32]（图14）最具有代表性。

西夏三号陵出土的迦陵嫔伽[33]，已修复者达76件之多，多出土于月城、神城四门、城角角楼等处，应该是安装在屋顶垂脊或戗脊最前端的装饰构件。作为建筑材料的西夏迦陵频伽，其形象与壁画所绘迦陵频伽有明显差异。西夏迦陵频伽（图15），多带方形器座，可砌在相关部位。人首人身，双翼舒展，似欲翩翩起舞，头戴花冠，双手合十，腹下器座两侧浮雕鸟爪等，体现了它的创造性和实用性。

河北观台磁州窑址3号窑出土的金代迦棱频伽[34]（图16）可以明显地看出是建筑脊饰。迦陵嫔伽立于圆筒形底座之上。圆筒形底座黄绿釉，圆筒两侧有圆形大镂孔，直径13.3厘米，通高45.1厘米。迦陵频伽淡黄色釉，卷发中分，着耳饰，面相圆润，体态丰满，腹以上为人形，双手合十，袒胸，着窄袖开襟襦衣，挽飘带，身后有双翅，腹以下鸟身，鹰爪，长卷尾，尾上羽毛丰厚卷曲，似凤尾。

综观宋代这些迦陵频伽造像，发现与唐代迦陵频伽有着很大的不同。

从外形上看，唐代“人首鸟身鸟爪”的迦陵频伽造型到了宋代发生了明显的改变。宋代迦陵频伽造型变成了“人首人身鸟爪”

的形象。

从艺术方式上看，宋代迦陵频伽突破了绘画和线刻画等平面艺术形式，开始以建筑构件的立体形式大量出现在建筑屋脊之上。这一时期迦陵频伽的主要使用场所由壁画转移到屋脊之上，而且成为后世使用的主流造型。

从存在区域上看，送达迦陵频伽不仅在中原地区广泛存在，而且在辽、西夏、金、吐蕃等边疆少数民族地区也普遍出现，同时在日本、韩国、越南等地也有发现。其分布区域的广泛也显示出其强大生命力和深厚的民众基础。

从用途上看，宋代伽陵频伽不仅延续了宗教功能，而且增加了政治等级功能，使其成为建筑等级的标志，这是这一时期迦陵频伽最突出的改变。

从所处的场所看，唐代的迦陵频伽多以配角的身份出现在大型的经变图中，到了宋代，伽陵频伽开始以立体雕塑的形式出现在屋顶垂脊或戗脊的首端，位置明显，主体地位突出，成为屋脊的主角装饰。

从功能上看，这一时期的迦陵频伽另一个变化就是出现了世俗化的倾向。其表现形式有两个方面，一是出现用于日常的迦陵频伽造型的挂件饰品等工艺品，突出了其宗教功能之外的实用性和艺术性；二是出现了俗称，时人为其取了一个很好听的名字——妙声鸟或妙音鸟。

图14　吐蕃时期西藏拉萨大昭寺迦陵频伽

图15　西夏三号陵出土红陶五角花冠迦陵频伽

图16　金代磁州窑三号窑黄绿釉迦陵频伽

四、元明时期的迦陵频伽

到了元代，迦陵频伽明显式微，现存的数量明显减少。最著名的当属山西芮城永乐宫三清殿、重阳殿及文庙大成殿屋脊上的迦陵频伽[35]（图17），另外元大都后英房遗址等也出土有迦陵频伽[36]。这组迦陵频伽出现的最大变化就是迦陵频伽的人身外形被塑造成了武士的形象。

此外，在内蒙古博物院内还收藏有一件元代迦陵频伽金帽顶[37]（图18），出土于内蒙古自治区乌兰察布市，高 4 厘米。器物由金片焊接而成，制作精美，工艺精湛。帽顶中空，表

图17 元代芮城永乐宫三清殿迦陵频伽

图18 元代内蒙古博物院收藏的迦陵频伽帽顶

面分三层装饰。上层錾刻4个相同的迦陵频伽和菩萨图案，中部为八大金刚造型，底圈为一周莲瓣纹，整体图案呈镂空浮雕。

明代，迦陵频伽多见于寺庙建筑之中。最有代表性的当属福建泉州开元寺[38]、五台山普化寺[39]、开封祐国寺塔（铁塔）[40]、北京五塔寺金刚宝座雕塑[41]等。

图19 明代泉州开元寺大殿内迦陵频伽塑像

福建泉州开元寺大雄宝殿的柱梁上装置了24尊真人一般大小的木雕迦陵频伽（图19、图20），都为美人头、人身，下半身鸟体、鸟爪，真人般大小的木雕迦陵频伽。她们袒胸露臂，羽毛绚丽，头戴如意宝冠，背上两翼舒张项挂璎珞，臂束钏镯，手持各色供品和乐器，在五方佛前奏乐歌舞。五台山普化寺三佛殿内的四根柱子上，彩塑有四只人头凤尾的迦陵频伽。开封祐国寺塔（铁塔）上明代补筑的迦陵频伽用琉璃烧造（图21），人身鸟爪，背有双翅，拱手站立，手捧莲实，造像写实，完全没有飞翔的状态。

元代和明代的迦陵频伽，用途较为单一，基本上只见于宗教建筑之上，同时其建筑等级标志的功能也消失了。这两个时期的迦陵频伽，艺术性大大降低，其神态基本上以写实为主，全无飞翔的动感。

清代，迦陵频伽基本消失，目前尚未见到明确的例证。在现存清代建筑之中，戗脊或垂脊前端坐落的多是各类仙人。

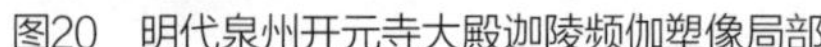
图20　明代泉州开元寺大殿迦陵频伽塑像局部

图21　明代开封铁塔上的迦陵频伽

五、结　　语

通过对不同时期迦陵频伽线刻画、壁画、工艺品、雕塑、建筑构件等的梳理，发现迦陵频伽是随佛教传入中国，在东晋被民众认知并接受，但可能只存在文字中，亦或有画面但没有保留下来；迦陵频伽图像最早出现在北朝时期，发展于唐，繁盛于宋，元明日渐衰微，清代消失。

唐代，迦陵频伽大量出现在石窟、石塔、墓葬石椁中，但均以壁画或线刻画的形式出现，尚未发现立体形象，其形象多为人首鸟身鸟爪、背生双翼。但在大型经变图中只是一个很小的配角。这一时期的迦陵频伽主要作为乐伎佛存在，寄托了人们对美好庄严天庭的向往。

迦陵频伽繁盛于宋，体现在很多方面：表现形式多样，壁画、线刻画、雕塑、建筑构件、饰件均有表现；主要使用场所发生改变，从佛教壁画中走到屋脊瓦件上，而且被《营造法式》固定并推广流承；核心功能进一步丰富，不仅寓意着人们对祥和平安的向往，而且物化成等级制度的一个载体。宋代作为建筑构件的迦陵嫔伽在金、西夏、辽、吐蕃、大理等边疆地区及整个东亚地区大量出现，其形象多为人首人身鸟爪、背有双翼。其在屋顶的位置一般是垂脊或戗脊的前端，位置非常明显。

元代作为建筑构件的迦陵频伽继续存在，其功能又回归到单一的宗教之上。在元代考古发现迦陵频伽的总体数量趋向减少，屋顶上的迦陵频伽仍是人首人身鸟爪的形象，但出现了多元化发展的趋势，其人首人身多被塑造成武士的形象，同时迦陵频伽形象的日用工艺品或饰件开始较多出现，这也说明了迦陵频伽进一步世俗化的发展趋势。

明代迦陵频伽艺术感染力明显下降，只有少数的寺庙等宗教场所还有使用，其造像多以写实风格为主，这也是迦陵频伽日渐式微的一个显著表现。

清代，迦陵频伽基本消失。

注释

[1] （东晋）郭璞：《山海经》，《钦定四库全书》，第1042页。

[2] 施安昌：《北魏苟景墓志及纹饰考》，《故宫博物院院刊》1998年第2期。

[3] 例如窥基：《阿弥陀经疏赞》、《阿弥陀经通赞疏》及《阿弥陀经疏》；法藏：《华严经探玄记》；慧苑：《新译大方广佛花严经音义》；慧琳：《一切经音义》；智顺：《阿弥陀经义记》等均有对迦陵频伽来源和形象的描述。

[4] （后晋）刘昫、张昭远：《旧唐书》卷一九七《南蛮传》之诃陵国，第5273页。

[5] 敦煌研究院主编：《敦煌石窟全集17》，香港商务印书馆，2005年，第90页。

[6] 敦煌研究院主编：《敦煌石窟全集17》，香港商务印书馆，2005年，第107页。

[7] 敦煌研究院主编：《敦煌石窟全集17》，香港商务印书馆，2005年，第183页。

[8] 季羡林：《敦煌学大辞典》，上海辞书出版社，1998 年，第267页。

[9] 陕西省法门寺考古队：扶风法门寺塔唐代地宫发掘简报，《文物》1988 年第10期。

[10] 崔汉林、阴志毅：《耀县药王山隋墓清理记》，《文物》1995 年第10期。

[11] 江苏省文物工作队镇江分队、镇江市博物馆：《江苏镇江甘露寺铁塔塔基发掘记》，《考古》1994年第6期。

[12] 临潼县博物馆：《临潼唐庆山寺舍利塔基精室清理记》，《文博》1985年第5期。

[13] 聊城地区博物馆：《山东阳谷县关庄唐代石塔》，《考古》1994年第1期。

[14] 李燕：《小雁塔上保留下来的唐代线刻画》，《陕西历史博物馆馆刊》第23辑。

[15] 张伯龄：《〈唐大智禅师碑〉考释》，《碑林集刊》，1996年。

[16] 崔汉林、阴志毅：《耀县药王山隋墓清理记》，《文物》1995年第10期。

[17] 葛承雍：《再论唐武惠妃石椁线刻画中的希腊化艺术》，《中国国家博物馆馆刊》2011年第4期。

[18] 李晨、崔晓东：《唐代徐孝墓志纹饰考》，《文物世界》2015年第6期。

[19] 聊城地区博物馆：《山东阳谷县关庄唐代石塔》，《考古》1994年第1期。

[20] 杨瑾：《唐武惠妃墓石椁纹饰中的外来元素初探》，《四川文物》2013年第3期。

[21] 河南省文物考古研究所：《河南登封市法王寺二号塔地宫发掘简报》，《华夏考古》2003年第2期。

[22] （宋）格致镜原：《法华经》卷八十一。

[23] 纪昀等：《钦定四库全书》集部，总集类，两宋明贤小集，卷二百三十八，上海人民出版社。例如，闻寺中晓鼓：灵鼍一鼓振潮音，征梦迢遥枕畔闻，语断频伽天正晓，松风吹散满山云。

[24] （宋）李诫撰，邹其昌点校：《营造法式》，人民出版社，2011年，第101页。

[25] 河南省文物考古研究所：《北宋皇陵》，中州古籍出版社，1997年，第307、337页。

[26] 赵鹏：《泰安岱庙出土的宋代妙音鸟》，《文博》2006年第1期。

[27] 李献奇、王丽玲：《河南洛宁北宋乐重进画像石棺》，《文物》1993年第5期。

[28] 王婧：《巴蜀石窟艺术中的宋代舞蹈造像研究》，重庆大学硕士学位论文，2014年。

[29] 宋东京城顺天门（新郑门）2017年考古发掘年报。

[30] 出土于内蒙古赤峰市巴林右旗，现藏于赤峰市巴林右旗博物馆的辽代迦陵嫔伽形金耳坠。

[31] 齐心：《近年来金中都考古的重大发现与研究》，《北京文物与考古》第四辑，北京市文物研究所，1994年，第17页；北京市文物研究所：《金陵遗址调查与研究》，《北京文物与考古》第六辑，民族出版社，2004年，第46页。

[32] 张仲立：《大昭寺》，《文物》1995年第5期。

[33] 宁夏文物考古研究所、银川西夏陵区管理处：《西夏三号陵》，科学出版社，2007年。

[34] 北京大学考古学系、河北省文物研究所、邯郸地区文物保管所：《观台磁州窑址》，文物出版社，1997年，第300～303页。

[35] 山西省古建筑保护研究所、柴泽俊编著：《山西琉璃》，文物出版社，1990年，第73页。
[36] 元大都考古队：《北京后英房元代居住遗址》，《考古》1972年第6期。
[37] 马颖：《元代迦陵频伽纹金帽顶小考》，《收藏》2016年第13期。
[38] 穆宏燕：泉州开元寺大殿妙音鸟翅膀造型溯源，《丝绸之路艺术研究》，2015年第4期。
[39] 肖雨：《普化寺》，《五台山研究》1995年第2期。
[40] 张武军：《开封祐国寺塔建筑分析》，《中原文物》2013年第3期。
[41] 苇萍：《五塔寺及北京石刻艺术博物馆》，《今日科苑》2010年第13期。

河津陶瓷琉璃发展浅析

李建录
（河津市政协）

摘要： 陶瓷琉璃在中国的发展源远流长，陶器的制作、使用应该是社会文明进步的重要标志。河津的陶瓷琉璃生产、制作、使用，在中国是最早的地域之一，而且更广泛、更普及、更精致。唐代，河津的陶瓷琉璃已俱相当规模，可以制作“唐三彩”瓷器，产量大，质量高，色彩绚丽，造型多样。河津宋金时期瓷窑作品（特别是白瓷），应该是河津乃至中国陶瓷业发展的巅峰鼎盛时期。明清两代修建的“北京故宫”“沈阳故宫”的灰陶琉璃构件都有河津“吕氏琉璃”艺人的作品。

中华人民共和国成立后，特别是党的十八大之后，河津的陶瓷琉璃产业风生水起，发展迅猛，新一轮陶瓷琉璃高潮开始扬帆起航。产品畅销全国各地，乃至日本、澳大利亚、美国等十余个国家。随着“乡村振兴”“一带一路”的推动，河津的陶瓷琉璃工艺正逢其时，应该随着一带一路再出发，继承传统，发扬光大！

关键词： 陶瓷琉璃　源远流长　继承传统

陶瓷琉璃在中国的发展源远流长。

陶瓷的历史可追溯至新石器时代（公元前10000年）。史学家认为，新石器时代有四大特征：农业的产生、动物的驯养、陶器的制作、磨制石器的使用。所以，陶器的制作使用，应该是社会文明进步的重要象征和标志。

一、河津陶瓷琉璃的源渊

1973年，中国社会科学院曾在河津进行了大范围、深层次的文物勘测。初步判定：河津有4处旧石器时代遗址；8处新石器时代遗址。在这些遗址中，发现了新石器时代的石斧、石铲、石釜以及陶釜、陶锥、尖底瓶、陶鬲足等实物的遗存。这应当就是河津陶瓷制品的源头。

《河津县志》1989年版载：固镇、庄头、西湖潮、艳掌、东崖底、古垛、刘村、坪头等村均系仰韶、龙山文化遗址。

仰韶文化期，属新石器时代晚期（公元前5000～前4000年）。这一时期的制陶手工业，大部分已过渡到了以泥条筑成坯体，并普遍开始用慢速陶轮工具修整口部，使器形规整匀称，提高了陶器质量，而且能熟练控制陶窑火候，烧制出经充分氧化、颜色均匀的红陶，这成为当时的主流陶器（图1、图2）。纹饰也日趋复杂，通体戳印繁缛的几何图案。

图1 新石器时代绳纹三袋足分裆陶鬲

图2 新石器时代篮纹侈口鼓腹圜底白陶釜

这时黄河中游、北方地区的红地彩陶尤显亮丽兴盛。还开始烧制陶纺轮，大大促进了当时纺织业的发展。

到了仰韶文化期，已发现直接用快速轮一次成形的少量小陶器。这为新一阶段快轮制陶的普及和精美陶器的制作开启先河。

到了“龙山文化”“陶寺文化”期间（前2600～2000年左右），手工业生产日益走向专业化，快轮制陶技术普遍推行，质量、效率大幅提高，能熟练掌握窑温，还原烟气氛和渗碳技术等复杂烧窑过程和技术，制陶业日趋成熟。

文明社会是以相对发达的物质条件为基础，物质生活和精神文化有全面提升的社会。

山西是中华民族，也是华夏文明的重要发祥地。晋南地区又是尧、舜、禹治国理政的政治文化中心。河津是古“皮氏方国”“祖乙商都迁耿”、和西周“耿国”的王畿重镇。所以，陶器的生产、制作、使用在这里就更早、更广泛、更普及、更精致。

早期的陶瓷器，以黏土、高岭土为原料，主要生产罐、盆、碗、钵等生活用品。由于河津的建筑业比较发达，古有“鲁班之乡”美誉。所以，又有了建房用的脊兽、瓦当（河津称猫头）、滴水、筒瓦、山窗花等陶瓷制品（图3、图4）。

到了唐代，河津的陶瓷生产已俱相当规模。已由土陶、粗瓷转为“彩瓷”、细瓷，并广

图3 东周篮纹夹砂红陶釜

图4 秦弦纹带盖茧形陶壶

为流行。唐高宗时期已开始制作“唐三彩”瓷器，产量大，质量高，色彩绚丽，造型多样。

据2016年，山西省考古研究所对河津固镇宋金时期瓷窑遗址进行发掘考证，发掘1039平方米，清理制瓷作坊4处，瓷窑4座，水井1处，灰坑35个，出土数以万件的瓷器、窑具以及一定数量的陶器、铜钱、铁器、骨器等，年代为宋金时期，金代遗存为主，作坊保存比较完整。出土复原完整瓷器1326件。类品有白瓷、细白瓷、黑釉瓷及三彩瓷。器类有碗、盘、碟、罐、枕、盆、瓶、盒、器盖等（图5～图7）。

图5　金绿釉狮子滚绣球图瓷枕

图6　宋白釉剔刻花卉纹元宝形瓷枕

图7　宋白釉剔刻花卉诗文八边形瓷枕

有资料分析全国宋金瓷枕中达到珍品的1786件，其中168件属河津固镇窑产品，占约9%。美国旧金山亚洲博物馆、日本静嘉堂文库美术馆、北京故宫博物院收藏的瓷枕经专家鉴定，亦属河津固镇宋金瓷窑产品。

从出土复原的瓷器能看出，当时的陶瓷工艺，不仅精美细致，花纹雅致，技术娴熟，烧结技术高超，是河津陶瓷业发展的巅峰期。直到元、明、清时期，河津的陶瓷都闻名遐迩。

琉璃，是用铅和钠的硅酸化合物烧制成的釉料，涂于黏土坯素烧后的陶器上，二次釉烧制成的低温铅釉制品。据柴泽俊先生《宋金时期山西琉璃艺术初探》一文载：“中国的琉璃制作，历史甚古。它是由春秋战国时期的明器发展而来，至北魏始用于建筑屋顶。此后，逐渐发展，到元、明、清，已遍及全国各地，成为中国古代建筑物上极为醒目、又极富民族特色的装饰艺术部件。”比如河津的樊村琉璃庙，重修于明成化年（1465年），其琉璃构件经专家鉴定，造型风格系明代作品，应系河津窑头吕氏琉璃世家所制，至今已600余年。据《山西轻工业志》载，明清两代修建的“北京故宫”“沈阳故宫”的琉璃构件，也有河津吕氏工匠的高端琉璃制品。河津周边县市的寺庙、古建大多用的是河津灰陶琉璃制品（图8～图10）。

图8　玄帝庙香亭

图9　玄帝庙香亭

图10　玄帝庙圣公圣母祠

二、河津陶瓷琉璃的现状

“花落花开，兴衰更替，历史使然”。事物的发展都有高潮、有低谷。唐、宋 、元、明清时期，由于社会的发展较快，也相对稳定，对外开放程度较高，促使陶瓷琉璃产业高速发展。加之封建社会朝代更替，都城变换频繁，西汉之后佛教又十分兴盛。所以修建城郭、宫殿、园林、寺庙、古塔特别多，也有力地推动了这一产业的兴旺发达，欣欣向荣。

到了民国，特别是民国中后期，因种种原因，特别是社会动荡，战事频仍，所以造成了陶瓷琉璃产业的萧条。河津的陶瓷琉璃产业也随着全国的大形势而衰落。

新中国成立之初，河津只有少数陶瓷琉璃世家坚守着这一行当。如窑头的“吕家”“侯家”“周家”。

20世纪50年代初，窑头、刘家院、魏家院、下化乡一带（以制瓷碗、瓷缸为主）生产陶瓷产品。

1956年，河津手工业联社组织起了“城关土陶小组”，年产各种陶瓷器皿24854件。

1965年，吕珠子、周拾子、史上海等人设计烧制的大型琉璃制品《古龙门图》《龙门新

图11　古龙门图和龙门新图

图》《雄狮迈步》在省、地民间工艺美展中获佳作奖（图11）。

1958年，河津公社（当时河津与稷山合为一个县，称稷山县）在原“城关土陶小组”的基础上成立了“河津公社陶瓷厂”。产品有瓦盆、尿灌、脊兽、滴水等，全年产量3万余件。1960年产量达198万件。

1966年，“文化大革命”开始，把房顶的脊兽、瓦当、山花都当“四旧”破掉了，所以这一产业又停滞不前。

1973年，河津县手工业管理局成立了，“河津县琉璃工艺厂”，东、西窑头村也开始生产脊兽、滴水等土陶产品，这样河津的陶瓷琉璃产业重新登台亮相。

“河津县琉璃工艺厂”还在继承传统陶瓷产品的基础上，大胆创新，烧制了果皮箱、花盆、坐鼓、奔马、台灯座以及狮子、鱼缸、花卉等新品种。厂技术员马虎山还研制成功“琉璃沥粉壁画”，填补了一项省内空白。他制作的“双狮舞”壁画获1985年山西省旅游工艺美术产品博览会“优秀设计奖”；“琉璃腊台狮”获1985年省“优质产品”奖。部分产品还销到日本和东南亚各国，为国家换来了外汇。1985年，这个厂固定资产达到了45万元，工人117人，厂房2500平方米，总面积10000平方米。

改革开放后，特别是党的十八大之后，河津的陶瓷琉璃产业得到快速发展。1985年，陶瓷产品已达350万件。新千年之后，河津的日用陶瓷、艺术陶瓷、卫生陶瓷、工业陶瓷、建筑陶瓷产品风生水起，新一轮陶瓷高潮开始扬帆起航。

以窑头村为例：从秦以来两千余年烧砖制瓦，生产灰陶琉璃制品，赓续绵延，千年不绝。

且越做越大，由原来简单的烧砖制瓦，到后来的烧制灰陶器皿，陶瓷产品，琉璃制品，产品种类越来越丰富。改革开放后的1980、1990年代，几乎家家点火，处处冒烟。生产砖瓦、滴水、脊兽，壶、罐、盆等日用品。近十余年来，家数虽有所减少。但规模越来越大（年产砖2亿块，瓦1亿余片，灰陶琉璃制品2.5亿件）。质量越来越高（远近闻名，慕名购买。尤其是侯氏、吕氏祖传琉璃，独具一格，供不应求）。品种越来越多（生活用品，古建材料，新型建筑材料，公园用材，观赏用龙、狮、麟、鱼、马、凤、雀等应有尽有，种类多达数百种）。窑型越来越先进（地埋窑—马蹄窑—轮窑—倒烟窑—推板窑—隧道窑）。所用燃料越来越环保（柴禾—木柴—煤炭—焦炭—煤气—天然气）。陶瓷、琉璃制品、器皿遍及山西省（包括太原的晋祠、运城关帝庙、永济普救寺、洪洞广胜寺、苏三监狱、晋城皇城相府、大同的各类古建），全国各地（包括中国台湾），乃至日本、新加坡、澳大利亚、美国等十余个国家。

2018年，河津市建起了“龙门灰陶琉璃园”，地址就在西窑头新村，现园区已入住13家，投资在1000万元以上的有3家，500万元以上的有5家，其余都是百万元以上的规模。总产值达10亿元。产品达数亿件。大都建有轨道窑生产线、梭式窑生产线，各种机械化设备齐全。目前产业工人已达2000余人。

窑头的《吕氏琉璃》第八代传人吕鸿渐传承制作的孔雀兰上釉秘方，曾令世人叹为观止。第九代传人吕彦堂，曾应河北省设计院特邀，为日本鸟取县中国庭院“燕赵园”设计制作了全部琉璃制品，深得日本各界的好评。为美国休斯敦烧制了全套“北海公园微缩景观”琉璃制品。吕氏祖传琉璃还被列为国家非物质文化遗产名录。

侯氏第三代传人侯金柱成功研制出了失传400多年的“珐琅彩” 琉璃制品。

还有史上海研究成功的“琉璃画”，已登上了大雅之堂，在2006年第八届全国陶瓷艺术设计创新评比中获银奖，受到知名专家的关注（图12、图13）。

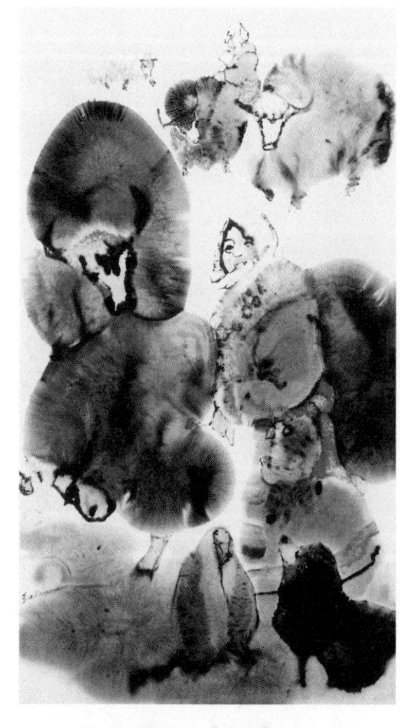

图12 《春晓》

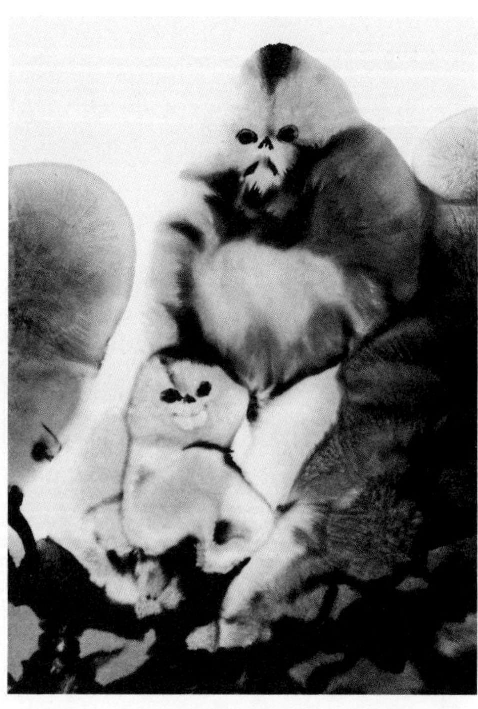

图13 《母与子》

可以说河津的陶瓷琉璃工艺立足本土，吸纳融合，不断创新，薪火千年。如今老树开新花，在河津重新焕发青春。

三、河津陶瓷琉璃的前景

“建房皆需瓦当，无宅不用陶器”。从历史看陶瓷会更高、更远、更深、更广；从陶瓷看历史会更亲、更真、更善、更美。河津陶瓷琉璃有过宋金时期的辉煌，也有过明清时期的兴旺。无论从历史还是现状；无论从技术还是规模；无论从产品还是市场；河津的陶瓷琉璃都可以说是前景广阔，充满期望。

“国家盛，陶瓷兴。”2019年是中华人民共和国成立70周年，数十年，特别是改革开放40年以来，国家繁荣昌盛，人民安居乐业。十九大又提出了“乡村振兴”、建设美丽家园和“一带一路”。这些都无疑会对陶瓷琉璃的发展产生剧大的推动作用。河津的陶瓷琉璃工艺正逢其时，应该随着“一带一路”再出发。

目前，河津的陶瓷琉璃发展有以下优势。

一是资源丰富。河津的水土资源相对丰富。黄河、汾河北南、东西纵横贯穿河津全境。黏土土层厚实，高岭土蓄量丰富。

二是技术成熟稳定。特别是有数千年流传下来的传统技术作支撑。吕氏、侯氏、周氏代有传人。

三是市场广阔，国内、国际需求量加大。这几年国家开始重视加大了对历史文物、古城、古镇、古村落的保护、维修力度，用量大幅增加。特别是“乡村振兴”，美丽乡村建设方兴未艾。加之人们生活水平提高，对艺术品的收藏、需求量极大提高。同时“一带一路”的国际合作使陶瓷琉璃的市场更宽广。

四是交通便利。目前河津境内有108、209纵横两条国道；有侯西铁路、蒙华铁路，北南、东西穿过河津。还有侯禹高速公路，加之黄河航运，可以说河津的路，四通八达，十分方便。

目前存在的问题。

一是缺乏高端人才，主要是设计师，特殊岗位技师。制造不出顶尖、优质产品，困扰着陶瓷琉璃产业的发展。

二是缺乏有企业管理经验和现代化管理能力的高端管理人才，科技含量、附加值低，制约着陶瓷琉璃产业的发展。

三是缺乏创新、高端产品，没有自己的独立品牌，影响着市场特别是国际市场占有率。

从历史上看，中国的陶瓷鹤立鸡群。原因就是历史长、品种多、质量优、水平高、影响大，让世界各国自叹弗如。宋 代的白瓷：“青如天、明如镜、薄如纸、声如磬”；元代的“青花瓷”既有实用性，更有观赏性、艺术性；明代的“斗瓷”“五彩”争奇斗艳，色彩缤纷；清代的“珐琅彩”“粉彩”灵动而有韵致。所以，要使河津的陶瓷琉璃在国内一马当先，在国际独领风骚，窑火千年，长盛不衰，粗思浅虑，有以下建议。

一是在河津“灰陶琉璃园区”设立一个“陶瓷琉璃”研究试验基地，创造自己的陶瓷品牌。招聘、培训一批一流技术人才和管理人才（包括绘画、书法、制胎、修模、彩绘、上釉、烧窑技工等能工巧匠），使得后继有人，长盛不衰。

二是加大投入。在“灰陶琉璃园区”周边开发打造一批“古民居新农村”的样板示范村庄。既能住人生活，又可接待游客。让南来北往、国内国外的商贾游客，实地体验，河津“陶瓷琉璃”粉墙黛瓦营造的古朴民居的风貌和魅力。

三是高起点、高规格、高投入恢复薛瑄笔下“游龙门记”中“大禹庙”盛景，以此作为古龙门、新河津“陶瓷之乡”“琉璃之乡”“鲁班之乡”的招牌景点，带动全市的旅游文化产业走向新的辉煌。

四是定期举办“陶瓷琉璃”技术交流会或者“陶瓷琉璃”高峰论坛。指导、引领河津的陶瓷琉璃产业方向。

“问渠那得清如许，为有源头活水来”。陶瓷琉璃的发展贵在创新。创新，就是思想创新、管理创新、技术创新、产品创新。创新既是河津陶瓷琉璃发展的原动力，更是河津陶瓷琉璃文化绵延的生命力！

浅谈山西琉璃鸱吻的形制演变

宋　阳

（山西省古建筑保护研究所）

摘要： 山西作为中国古代建筑宝库，保存有许多琉璃鸱吻实例，是山西琉璃烧造和建筑工艺相互促进的重要体现。本文主要根据山西境内现存重要琉璃鸱吻及相关材料，按时代对其形制进行分析研究，从而简要归纳出山西琉璃鸱吻的形制演变特征。

关键词： 山西　古建筑　鸱吻　琉璃

鸱吻，是中国古代建筑屋顶上的构件，历史上还有“鸱尾”“正吻”“大吻”“龙吻”等称谓[1]。它安放在建筑正脊两端封护屋面前后两坡交汇部位，既能起到防水、散水、防雷等功用，又是一种重要的装饰构件。琉璃鸱吻即以琉璃工艺制作的鸱吻，是琉璃技艺应用于建筑营造的重要体现。山西不仅是中国古代建筑的宝库，而且是我国琉璃艺术之乡[2]，存有大量建筑鸱吻尤其是琉璃鸱吻的材料，延续时间较长，具有典型性，对研究山西乃至全国的建筑琉璃鸱吻构件的发展演变具有重要意义。

一、山西琉璃鸱吻的肇始期——北朝及以前

建筑正脊两端的构件造型至迟在汉代已初见端倪。山西目前发现的汉代及以前能够反映当时建筑屋顶脊饰的材料较少[3]（表1），而从全国材料来看，当时建筑正脊两端大多是用瓦当堆砌的翘起的形状[4]，鸱吻（尾）的形象不甚明确，最多仅为简单的上翘意象表达，造型较为原始。低温铅釉的琉璃工艺在汉之前就已产生，但主要用来制作生活用器和丧葬明器，尚未发现用于脊端构件的例证。

“鸱”是古代一种鸟的称谓，《山海经·西山经》中记载：“有鸟焉，一首而三身……其名曰鸱。”《晋书》等文献已有关于“鸱尾”的记载，说明晋代建筑屋脊两端已经使用类似鸟尾形态的“鸱尾”构件。

表1　山西所见汉代及以前建筑屋顶形象举例

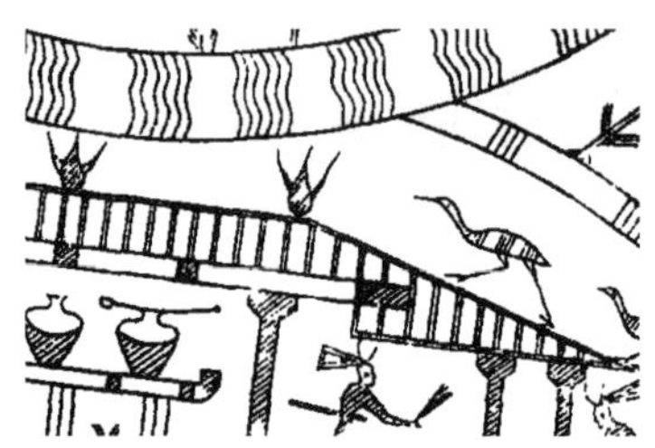	
 长治分水岭出土铜匜所见建筑屋顶装饰（战国）[5]	平陆出土绿釉陶楼（汉）[6]

北朝时期，琉璃鸱尾的使用已有明确记载。《魏书·西域传》中记载北魏世祖时，大月氏国人“商贩京师，自云能铸石为五色琉璃，于是采矿山中，于京师铸之，既成……乃诏为行殿”，说明北魏时琉璃已开始应用于建筑装饰。《太平御览·郡国志》中记载“朔方平城，后魏穆帝治也，太极殿琉璃台及鸱尾，悉以琉璃为之”，更进一步说明了北魏时山西高等级建筑上已有琉璃鸱尾的使用。从目前材料来看，山西尚未发现北朝琉璃鸱尾构件实例，但鸱尾已成为建筑脊端较为明确和突出的构件。从已发现的鸱尾残块和建筑图像可知，山西北朝鸱尾构件呈整体上翘、尾尖向内倾伸的形态，应多为灰陶质，与屋面瓦件在质地和颜色上没有明显差别。造型装饰所见主要为三类：第一类是素面装饰，只体现鸱尾外形，如大同沙岭北魏壁画墓M7墓室壁画所见鸱尾；第二类是在鸱尾中部或靠近边缘部位刻有弧线，简单勾勒尾身轮廓，如大同云冈石窟北魏第12窟石雕建筑鸱尾；第三类是在鸱尾主体或尾部刻出数道弧形凹槽，或在外缘做出尾羽造型，如大同北魏方山思远佛寺遗址、忻州九原岗北朝壁画墓所见鸱尾。与前代相比，北朝脊端构件已基本明确为整体上翘，尾尖内伸的鸱尾形态，对后世有着深远影响。出现了尾羽造型的鸱尾，以一种更为具象化的方式模仿鸟尾或羽翼。此时的鸱尾多位于正脊两端，但也存在正脊与其他部位都有鸱尾的情况，如朔州水泉梁北齐壁画墓所见鸱尾[7]（表2）。

表2　山西北朝时期建筑鸱尾形象举例

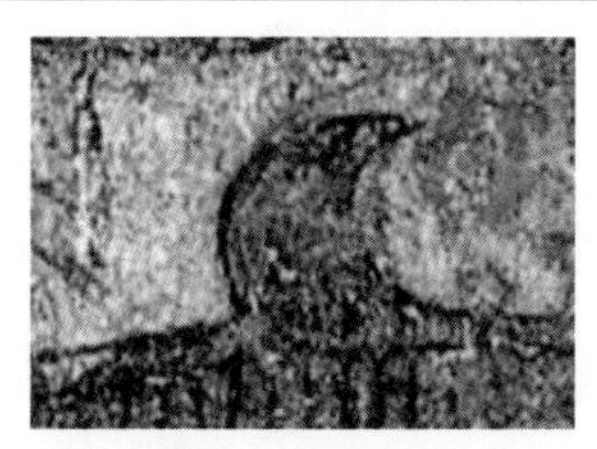	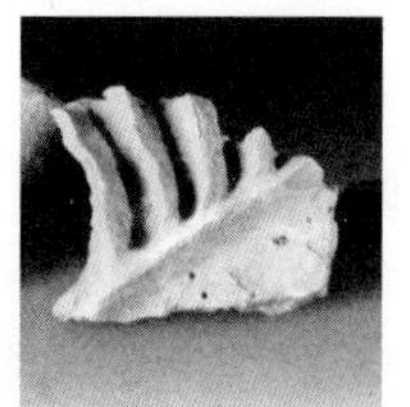	
沙岭壁画墓M7鸱尾[8]（北魏）	思远佛寺遗址鸱尾残块[9]（北魏）	九原岗北朝壁画墓鸱尾[10]（东魏北齐）

云冈石窟第12窟石雕建筑鸱尾[11]（北魏）	水泉梁壁画墓鸱尾[12]（北齐）

二、山西琉璃鸱吻的渐变期——隋唐五代

隋代在之前琉璃业一度衰落的情况下，复在建筑屋顶上使用绿色琉璃瓦[13]。隋代的琉璃鸱尾在山西尚未发现，但从其他地区材料中可推知，北朝所见的鸱尾造型在隋代仍有延续和发展，而外缘刻鳍的鸱尾形态也已明确出现了（表3）。

表3　隋代建筑鸱尾形象举例

莫高窟第423窟鸱尾[14]（隋代）	莫高窟第419窟鸱尾[15]（隋代）	西安李小孩石棺[16]（隋代）

唐代建筑物上使用琉璃装饰的地域和范围都比前代明显扩大，但山西境内暂未发现唐代琉璃建筑构件的实例。明确的唐代琉璃鸱尾构件在其他地区有少量发现，如黑龙江渤海国上京宫殿遗址的绿釉琉璃鸱尾。从目前材料来看，唐代鸱尾主要为在外缘刻鳍的样式，而在细部装饰上有所不同：有的背鳍直达尾尖，有的背鳍不到尾尖，有的还在身内列有宝珠装饰（表4）。

表4　唐代建筑鸱尾形象举例

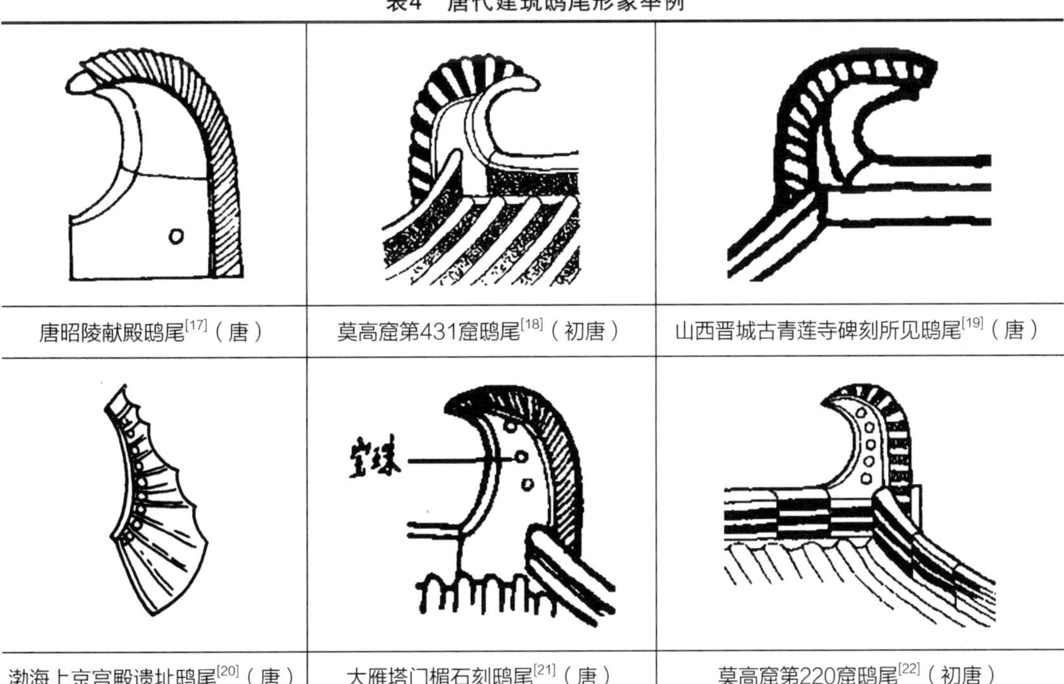

唐昭陵献殿鸱尾[17]（唐）	莫高窟第431窟鸱尾[18]（初唐）	山西晋城古青莲寺碑刻所见鸱尾[19]（唐）
渤海上京宫殿遗址鸱尾[20]（唐）	大雁塔门楣石刻鸱尾[21]（唐）	莫高窟第220窟鸱尾[22]（初唐）

值得注意的是，盛唐以后，鸱尾的形制继续流行，而张口吞脊的鸱吻形象也开始出现。《旧唐书·高宗本纪》中已有鸱吻之名。此时的鸱吻形制多为龙首与鸱尾的结合体，如唐泰陵出土鸱吻，龙首张口吞脊，吻身为典型的唐式鸱尾形制。五代时，鸱吻的造型也多为龙首鸱尾式，还出现了以鸟首作尾的形象（表5）。隋唐五代时期鸱尾鸱吻均无背兽，而多将正脊延至其背，脊端似有金属套[23]。此时有吞口的鸱吻多为灰陶质地，琉璃鸱吻的确切实例尚未发现。

表5　唐五代建筑鸱吻形象举例

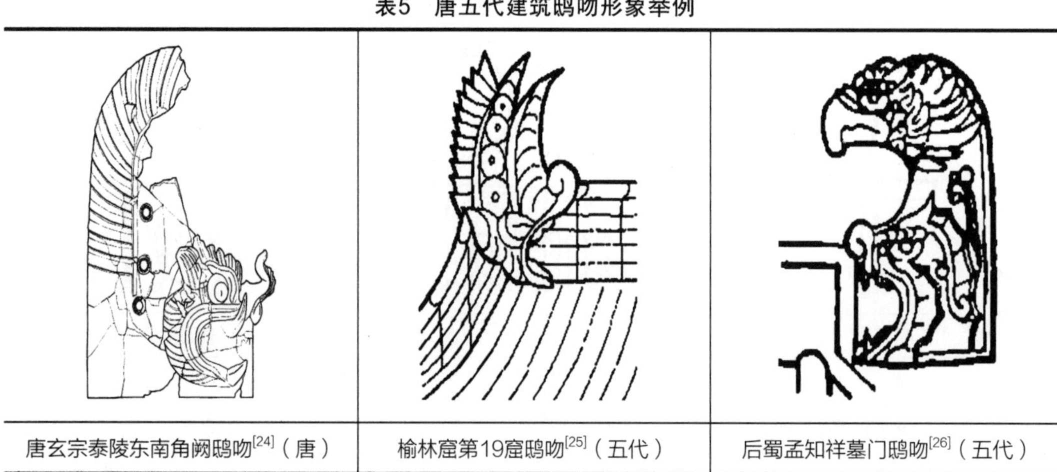

唐玄宗泰陵东南角阙鸱吻[24]（唐）	榆林窟第19窟鸱吻[25]（五代）	后蜀孟知祥墓门鸱吻[26]（五代）

三、山西琉璃鸱吻的发展期——宋辽金时期

宋代是我国古代建筑的隆盛阶段，山西保存有宋代木构建筑和琉璃瓦件，但尚未发现明确的宋代琉璃鸱吻构件。据目前材料，此时建筑正脊两端装饰已以吞口含脊的鸱吻形象为主。敦煌莫高窟第431、444窟宋代窟檐鸱吻为龙鸟结合的形式，承袭了五代风格。宋代《瑞鹤图》中展现了北宋宫廷建筑的风貌，殿上绿釉琉璃鸱吻，有龙首鱼身之感，背鳍较高，上插“抢铁”，可能为剑把吻的早期形态。宋代鸱尾（吻）的形制已形成一定的规制，《营造法式》卷十三“瓦作制度”中有“用鸱尾”条，对鸱吻的规制论述颇详[27]。

表6　宋代建筑鸱吻形象举例

莫高窟第431窟窟檐鸱吻[28]（宋）	莫高窟第444窟窟檐鸱吻[29]（宋）	《瑞鹤图》中鸱吻[30]（宋）

辽金时期，建筑脊端琉璃鸱吻的应用逐渐增多，山西境内目前所见尚存于古建筑脊端

的最早琉璃鸱吻构件即为此时期遗存[31]。根据目前发现，山西辽金琉璃鸱吻大致有两类形制（表7）。第一类为龙首鱼身式，这种形制成为此时建筑鸱吻造型的主流。山西境内所见实例如大同华严寺薄伽教藏殿天宫楼阁的辽代晚期鸱吻形象、薄伽教藏殿所存金大定时琉璃鸱吻、大雄宝殿金代琉璃鸱吻等，均为此形制，吞口大张含脊，吻身满布鱼鳞纹，鱼鳞上多刻有三道短线，内外缘做出鱼鳍样式，列有密集宝珠装饰，鱼尾分叉，尾尖内伸，多有背兽。龙首多为高浮雕较为突出，吻身装饰雕刻较浅，整体造型立体感不太强。第二类为巨龙盘绕式，整体为一条巨龙盘绕而成，爪尾相触，以龙爪为吻尾，作撑天状，尾部形成高浮雕镂空式样，有学者认为这种龙形鸱吻似应称为“龙吻”[32]，如朔州崇福寺弥陀殿金代鸱吻。此时的琉璃鸱吻较为高大，其中华严寺大雄宝殿的琉璃鸱吻是我国古建筑琉璃鸱吻中现存规模最大者。鸱吻胎体多为红胎，釉色以绿、黄色为主。

表7　山西辽金建筑鸱吻实例（龙首鱼身式、巨龙盘绕式）

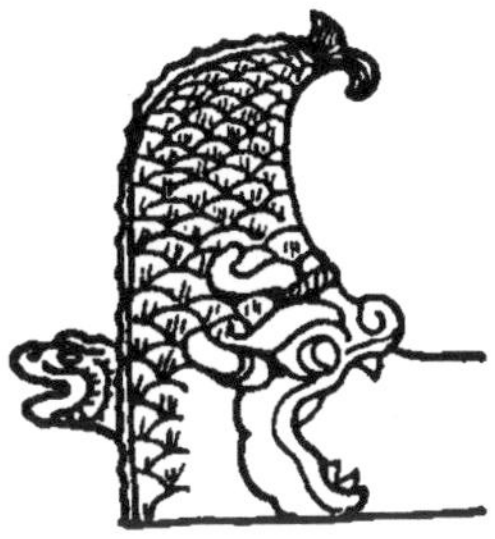	
华严寺薄伽教藏殿天宫楼阁鸱吻[33]（辽）	崇福寺弥陀殿鸱吻[34]（金）

华严寺大雄宝殿鸱吻[35]（金）	华严寺薄伽教藏殿鸱吻（金）

四、山西琉璃鸱吻的兴盛期——元代

元代，山西所见琉璃鸱吻构件的造型样式较前代丰富，根据目前材料，总体上可分为以下几类：

第一类是巨龙盘绕式，承袭金代风格，鸱吻整体为一条巨龙盘绕而成，爪尾相触，向前屈伸，龙尾超出吻身形成镂空式样，如芮城永乐宫三清殿鸱吻（表8）。

第二类是卷尾剑把式，为新出现的形制[36]，似由前代龙首鱼身式演变而来，龙口吞脊，吻身塑鳞甲，尾部不分叉而略外卷，尾后插簪花一枚，可看作是明清卷尾剑把吻的先声。有的正脊两端吻身上部各塑一条小盘龙翱翔于流云之中，呈一升一降的形态，如芮城永乐宫纯

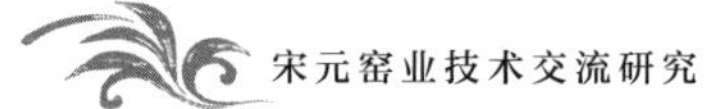

阳殿鸱吻。有的吻身上不塑小盘龙，如芮城永乐宫重阳殿鸱吻（表8）。

表8　山西元代建筑琉璃鸱吻实例（巨龙盘绕式、卷尾剑把式）

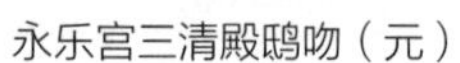永乐宫三清殿鸱吻（元）	永乐宫纯阳殿鸱吻（元）	永乐宫重阳殿鸱吻（元）

第三类为盘龙龙吻式[37]，为新出现的形制。龙首吞口之后沿吻身塑小盘龙一条，如长治潞城李庄文庙大成殿鸱吻，其正面小盘龙龙尾靠近吞口，龙首靠近吻尾作前伸状，盘龙略高出吻身，背面为一满身鳞甲的巨龙，较为独特（表9）。

第四类是龙首鸱尾式，属于一种仿古形制，如佛光寺东大殿鸱吻，龙口吞脊，吻身与唐代鸱尾形制类似，两鸱吻吻身上部各塑有小盘龙一条，一升一降（表9）。

第五类是龙首鱼身式，延续前代形制而又有所不同，如晋城玉皇庙玉皇殿鸱吻，吻身满布鱼鳞纹，从中上部即向前伸出，尾部呈鱼尾分叉状，吻身两侧各贴塑小盘龙一条，头下尾上，龙尾伸出鱼尾上方（表9）。

表9　山西元代建筑琉璃鸱吻实例（盘龙龙吻式、龙首鸱尾式、龙首鱼身式）

李庄文庙大成殿鸱吻（元）	佛光寺东大殿鸱吻（元）	晋城玉皇庙玉皇殿鸱吻（元）

山西元代琉璃鸱吻多为红泥、红黏土或坩土胎，绿、黄色釉为主，其中吻身所塑小盘龙多为黄色釉，此外孔雀蓝、白、褐、赭等釉色也有使用，如三清殿鸱吻通体施孔雀蓝釉。鸱吻高浮雕、堆塑等装饰技法应用增多，整体上更加立体。

五、山西琉璃鸱吻的成熟期——明清时期

明清时期，正脊两端的吻构件称为“正吻”或“大吻”。山西境内保留下来的明清琉璃正吻佳品较为丰富，地域分布也更加广泛。

1. 明代

明代琉璃正吻形制在延续元代多样性的基础上，又有所发展。根据目前所见材料，大致可分为以下几类。

第一类为卷尾剑把式，此类正吻在元代即有发现，明代形制更为规整，龙口吞脊，吻尾向后卷曲，身上插有剑把。有的比较规整，整体略呈方形，吻身上部多塑有小盘龙，盘龙不出吻身，如太原崇善寺大悲殿正吻，为官窑制品；太原晋祠圣母殿正吻剑把偏外，略如官窑规制而又有不同；长治泰山庙东岳殿正吻，剑把上雕镂三浮云图案，戏珠小盘龙贴于吻侧，仙人手持法宝骑于龙背。有的为混合形式，如洪洞广胜上寺毗卢殿正吻，在卷尾剑把式的基础上又有些类似盘龙龙吻式的形态，龙吻宏大且突出，吻身略显小，剑把较小，吻身上部塑有小盘龙，龙尾部超出吻身与吻尾相接。有的吻身上部不插剑把（或已残缺不明显），仅呈现卷尾形制：如介休师屯村广济寺观音殿正吻、洪洞广胜下寺前殿明成化十一年（1475年）正吻，吻身上部雕出卷草纹样；长治城隍庙玄鉴楼、舞台、后殿所存正吻，吻上贴塑小龙一条，头尾不向外伸，龙身上塑有仙人；阳城东岳庙齐天大帝殿正吻，小盘龙爬行上升，龙身略超出吻身，欲吞吻尾宝珠；沁水府君庙前殿正吻也塑盘龙戏珠装饰（表10）。

表10　山西明代建筑琉璃正吻实例（卷尾剑把式）

崇善寺大悲殿正吻（明洪武十四年）（1381年）	晋祠圣母殿琉璃正吻（明）	长治泰山庙东岳殿正吻（明万历十九年）（1591年）

广胜上寺毗卢殿正吻（明弘治年间）（1488-1505年）	广济寺观音殿正吻（明）	广胜下寺前殿正吻（明成化十一年）（1475年）

续表

长治城隍庙舞台正吻（明嘉靖年间）（1522-1566年）	阳城东岳庙齐天大帝殿正吻（明隆庆元年）（1567年）	沁水府君庙前殿正吻（明崇祯元年）（1628年）

第二类为巨龙盘绕式，承袭金元形制又有所不同。有的尾部略向前伸，如灵石资寿寺大雄宝殿正吻、汾阳南关关帝庙西垛殿正吻、翼城四圣宫舞台正吻。有的尾部垂直向上，如晋城玉皇庙山门正吻，吻身两侧各塑一只凤凰，较为独特。有的尾部为龙足撑天样式，如闻喜文庙大成殿正吻（表11）。

表11　山西明代建筑琉璃正吻实例（巨龙盘绕式）

资寿寺大雄宝殿正吻[38]（明成化十二年）（1476年）	南关关帝庙西垛殿正吻（明嘉靖二十四年）（1545年）	四圣宫舞台正吻（明嘉靖三十八年）（1559年）

晋城玉皇庙山门正吻（明成化二年）（1466年）	闻喜文庙大成殿正吻（明弘治十四年）（1501年）

第三类为盘龙龙吻式。有的延续前代形制，吞口之后沿吻身塑小盘龙一条，龙身一般超出吻身，如定襄县北杜村洪福寺大雄宝殿正吻，小盘龙盘曲于绿釉浮云之中；汾阳南关关帝

庙关帝殿正吻，小盘龙龙爪龙尾延至吞口正上方，龙首微向下前伸形成吻尾；太谷圆智寺观音殿正吻，吞口上部盘龙代替了吻身吻尾；太原晋祠献殿正吻小龙自吻角盘绕于吻尾之上，缩颈闭嘴[39]；类似形制还见于芮城永乐宫玄帝庙正殿正吻；晋祠钟楼正吻；介休空王祠正殿正吻、隰县小西天大雄宝殿正吻则为龙爪作撑天状。有的如陵川真泽二仙宫正吻，吻尾偏长，由三爪龙足翘起而成[40]，造型新颖（表12）。

表12 山西明代建筑琉璃正吻实例（盘龙龙吻式）

北杜村洪福寺大雄宝殿正吻（明弘治七年）（1494年）	南关关帝庙关帝殿正吻（明嘉靖二十四年）（1545年）	圆智寺观音殿正吻（明嘉靖十二年）（1533年）

晋祠献殿正吻（明嘉靖二十八年）（1549年）	永乐宫玄帝庙正殿正吻（明嘉靖四十二年）（1563年）	晋祠钟楼正吻（明万历三十四年）（1606年）

空王祠正殿正吻（明万历四十一年）（1613年）	小西天大雄宝殿正吻（明崇祯十七年）（1644年）	真泽二仙宫正吻（明万历十一年）（1583年）

第四类为龙首鱼身式。有的承袭前代形式，吻身满布鱼鳞纹，尾部呈鱼尾分叉状，吻身塑小盘龙一条，如阳城汤王庙献亭正吻，小盘龙头上尾下，尾端延至吞口处，龙爪作撑天状

靠近尾尖。有的吻身下部为鱼身鱼尾，上部塑小盘龙，如汾阳南关关帝庙寝殿正吻、灵石资寿寺天王殿正吻，龙首前伸形成吻尾，龙爪作撑天状（表13）。

表13　山西明代建筑琉璃正吻实例（龙首鱼身式）

阳城汤王庙献亭正吻（明成化十七年）（1481年）	汾阳南关关帝庙寝殿正吻（明正德十年）（1515年）	灵石资寿寺天王殿正吻（明嘉靖三年）（1524年）

明代琉璃正吻构件胎体有红黏土、粗坩土、白坩土等质地，绿、黄色釉的运用仍较广泛，其他釉色的应用也明显增多，有的施黄、绿、蓝、白、酱五色釉，整体造型更加立体和丰满。

2．清代

山西留存的清代琉璃正吻构件多延续明代的基本造型，大致有以下几种[41]。

第一类为卷尾剑把式，基本造型与明代类似，具体装饰更加灵活。有的整体略呈方形，形制规整，吻身塑小龙，如五台山菩萨顶大雄宝殿正吻，小盘龙贴于吻侧流云之上，折首向前，吻上剑把直竖，雕卷草纹饰[42]，为官窑制品。有的吻身上部无小龙，如大同云冈石窟第5窟窟檐正吻，在后部突出两翼。有的不插剑把（或不明显），如陵川北吉祥寺天王殿正吻，吻身较高，两侧仅用小盘龙做装饰[43]；解州关帝庙春秋楼正吻，尾部卷曲较甚。有的为大卷尾形制，尾部细长翻卷较甚，如介休真武庙琉璃牌坊、太原文庙棂星门正吻（表14）。

第二类为巨龙盘绕式，基本造型承袭前代又有所差别。有的尾爪前伸，如云冈石窟第6窟窟檐正吻、陵川崇安寺鼓楼正吻、翼城曹公关帝庙戏台正吻。有的龙爪撑天作吻尾，如解州关帝庙前殿正吻（表15）。

第三类为盘龙龙吻式，基本造型承袭明代而略有不同。如浑源永安寺传法正宗殿正吻，吻形前倾，背面弧度显著，吻身两侧满布云朵花卉，小盘龙至吻尾颈部突起，龙头前伸，上塑一只飞鸟，造型新颖。临猗文庙大成殿正吻，龙形较大，后爪粗壮伸至尾端作撑天状，小盘龙居于吻身上部，躬身多曲，尾部冲天[45]。万荣雎上后土庙圣母殿正吻，小盘龙俯首撑足，盘踞上部作吻尾。解州关帝庙崇宁殿正吻，吻形臃肿、背兽突出，盘龙布满吻身，龙头微微探出[46]（表16）。

表14 山西清代建筑琉璃正吻实例（卷尾剑把式）

菩萨顶大雄宝殿正吻（清）	云冈石窟第5窟窟檐正吻（清顺治八年）（1651年）	北吉祥寺天王殿正吻（清咸丰九年）（1859年）

解州关帝庙春秋楼正吻（清同治年间）（1862-1874年）	介休真武庙琉璃牌坊正吻[44]（清光绪二十三年）（1897年）	太原文庙棂星门正吻（清光绪三十三年）（1907年）

表15 山西清代建筑琉璃正吻实例（巨龙盘绕式）

云冈石窟第6窟窟檐正吻（清顺治八年）（1651年）	陵川崇安寺鼓楼正吻（清乾隆三十三年）（1768年）

翼城曹公关帝庙戏台正吻（清嘉庆年间）（1796-1820年）	解州关帝庙前殿正吻（清）

表16 山西清代建筑琉璃正吻实例（盘龙龙吻式）

<table>
<tr><td></td><td></td></tr>
<tr><td>永安寺传法正宗殿正吻（清乾隆二十六年）（1761年）</td><td>临猗文庙大成殿正吻（清咸丰元年）（1851年）</td></tr>
<tr><td></td><td></td></tr>
<tr><td>睢上后土庙圣母殿正吻（清光绪十六年）（1890年）</td><td>解州关帝庙崇宁殿正吻（清咸丰年间）（1851-1861年）</td></tr>
</table>

第四类为龙首鱼尾式，承袭明代样式，龙口吞脊，吻身下部为龙身鱼尾，上部塑小盘龙超出吻身，龙首前伸作吻尾，如介休后土庙三清楼正吻（表17）。

第五类为龙首飞凤式，龙口吞脊，吻身塑凤凰，以凤首作吻尾，造型特殊，如解州关帝庙气肃千秋坊同治九年（1870年）正吻（表17）。

表17 山西清代建筑琉璃正吻实例（龙首鱼尾式、龙首飞凤式）

<table>
<tr><td></td><td></td></tr>
<tr><td>介休后土庙三清楼正吻（清道光年间）（1821-1850年）</td><td>解州关帝庙气肃千秋坊正吻（清同治九年）（1870年）</td></tr>
</table>

清代建筑琉璃正吻构件以黄、绿、蓝釉为主，其他釉色也广泛使用，装饰技法较为多样，不拘一格，民间做法较为突出。

六、结　语

综上，山西古建筑琉璃鸱吻的形制从北朝至明清大致经历了一个从简单到复杂、从平面到立体的发展演变过程。建筑正脊两端装饰构件整体上翘、尾部内伸的形态在北朝时已基本定型，后世多种形制都是在这种基本形态的基础上发展演变的。北朝时琉璃鸱尾造型装饰应较为简单，可能也使用尾羽造型，整体形制偏向于对“鸟”意象的表达。隋唐时期，外缘刻鳍样式的鸱尾开始出现并逐渐成为主流，整体形制开始转向“鱼”意象的表达。盛唐以后，张口吞脊的鸱吻形制开始出现，并影响到后世。宋代鸱吻的使用已形成规制。辽金时期，山西琉璃鸱吻形制以龙首鱼身式为主，“鱼”的意象表达更为清晰；而此时还出现了整体呈龙形的鸱吻，成为后世龙形吻的开端。元代是山西琉璃鸱吻发展的关键时期，几类重要形制在此时基本都有呈现，以龙为主体的吻式造型已成为主流，有背兽的实例增多，浮雕、堆塑等技法的运用使鸱吻立体感明显增强。明清时期，琉璃正吻整体造型多呈现对“龙”的意象表达，除了形制规整的官式卷尾剑把吻外，山西境内更多呈现的是各地琉璃工匠在前代基础上创造出的造型生动、技法多样的民间作品。而鸱吻构件的胎体制作、琉璃釉色、装饰技法的运用也随着时代发展而逐渐成熟，体现了山西琉璃技艺的发展水平。总之，山西琉璃鸱吻呈现出一种在继承中发展、在发展中创新的演变面貌，是古代建筑营造和琉璃技艺融合发展的重要见证。

注释

[1] “鸱尾”“鸱吻”“正吻”“大吻”“龙吻”等均是指古建筑正脊两端的构件，因时代、形制的不同而在叫法上有所差别。本文所探讨的“鸱吻”实际是对各时期建筑正脊两端构件的一种统称，在描述各时期具体材料时基本会按照当时的称谓进行表述。

[2] 柴泽俊编著：《山西琉璃》，文物出版社，1990年。

[3] 目前山西汉代及以前的建筑形象仅见于考古出土物，主要有长治分水岭墓地出土战国铜匜残存线刻楼阁式建筑图案、运城平陆县等地出土的汉代绿釉陶楼等。

[4] 王其钧主编：《中国建筑图解词典》，机械工业出版社，2007年。

[5] 图片引自畅文齐：《山西长治市分水岭古墓的清理》，《考古学报》1957年第1期。有改动。

[6] 图片引自李青：《山西省博物馆藏汉代绿釉陶楼》，《科学之友（B版）》2008年第5期。有改动。

[7] 朔州水泉梁北齐壁画墓发掘简报中描述为“顶部正脊两端及立柱顶端有类似鸱吻的建筑构件”。鸱尾向外弯翘，造型较为特殊，但其饰于帷帐类建筑上，应是一种特例。

[8] 图片引自高峰等：《山西大同沙岭北魏壁画墓发掘简报》，《文物》2006年第10期。有改动。

[9] 图片引自胡平：《大同北魏方山思远佛寺遗址发掘报告》，《文物》2007年第4期。有改动。

[10] 图片引自张庆捷等：《山西忻州市九原岗北朝壁画墓》，《考古》2015年第7期。有改动。

[11] 图片引自王友奎：《云冈石窟第11—13窟图像构成分析》，《敦煌研究》2017年第4期。有改动。

[12] 图片引自渠传福等：《山西朔州水泉梁北齐壁画墓发掘简报》，《文物》2010年第12期。有改动。

[13] 《隋书·何稠传》中记载：“时中国久绝琉璃之作，匠人无敢厝意，稠以绿瓷为之，与真不异。”

[14] 图片引自萧默：《敦煌建筑研究》，机械工业出版社，2003年。

[15] 图片引自萧默：《敦煌建筑研究》，机械工业出版社，2003年。

[16] 图片引自祁英涛：《中国古代建筑的脊饰》，《文物》1978年第3期。有改动。

[17] 图片引自祁英涛：《中国古代建筑的脊饰》，《文物》1978年第3期。
[18] 图片引自萧默：《敦煌建筑研究》，机械工业出版社，2003年。
[19] 图片引自祁英涛：《中国古代建筑的脊饰》，《文物》1978年第3期。有改动。
[20] 图片引自井庆升：《关于渤海上京城出土的两件琉璃脊件名称》，《古建园林技术》1984年第2期。
[21] 图片引自祁英涛：《中国古代建筑的脊饰》，《文物》1978年第3期。
[22] 图片引自萧默：《敦煌建筑研究》，机械工业出版社，2003年。
[23] 萧默：《敦煌建筑研究》，机械工业出版社，2003年。
[24] 图片引自张建林等：《唐玄宗泰陵陵园遗址考古勘探、发掘简报》，《考古与文物》2011年第3期。
[25] 图片引自萧默：《敦煌建筑研究》，机械工业出版社，2003年。
[26] 图片引自祁英涛：《中国古代建筑的脊饰》，《文物》1978年第3期。
[27] 祁英涛：《中国古代建筑的脊饰》，《文物》1978年第3期。
[28] 图片引自萧默：《敦煌建筑研究》，机械工业出版社，2003年。有改动。
[29] 图片引自萧默：《敦煌建筑研究》，机械工业出版社，2003年。有改动。
[30] 图片来源于网络。
[31] 本文辽金及以后时期的山西琉璃鸱吻实例及其年代基本以柴泽俊先生《山西琉璃》一书中的表述为准。
[32] 祁英涛：《中国古代建筑的脊饰》，《文物》1978年第3期。
[33] 图片引自祁英涛：《中国古代建筑的脊饰》，《文物》1978年第3期。
[34] 图片引自祁英涛：《中国古代建筑的脊饰》，《文物》1978年第3期。
[35] 本文所用琉璃鸱吻彩图除特别说明外，均引自柴泽俊编著：《山西琉璃》，文物出版社，1990年。
[36] 根据目前山西境内材料来看为新出现的形制。
[37] 本文中盘龙龙吻式中的“龙吻”特指以龙首作吞口的形态。
[38] 图片引自柴泽俊编著：《山西琉璃》，文物出版社，1990年。
[39] 柴泽俊编著：《山西琉璃》，文物出版社，1990年。
[40] 柴泽俊编著：《山西琉璃》，文物出版社，1990年。
[41] 仅根据柴泽俊先生《山西琉璃》一书中所记清代山西琉璃鸱吻实例进行分析。
[42] 柴泽俊编著：《山西琉璃》，文物出版社，1990年。
[43] 柴泽俊编著：《山西琉璃》，文物出版社，1990年。
[44] 图片来源于网络。
[45] 柴泽俊编著：《山西琉璃》，文物出版社，1990年。
[46] 柴泽俊编著：《山西琉璃》，文物出版社，1990年。

陕西铜川陈炉明代琉璃窑新论

赵亚利
（耀州窑博物馆）

摘要：立地坡琉璃厂是明代一处官办窑厂，陈炉明代琉璃窑为2005年考古调查时发现。文章对两窑场出土琉璃瓦的形制进行归纳、对比，再结合历史文献，对所烧造琉璃瓦在秦王府及一些相关重要建筑上的使用情况进行了研究。

关键词：明代　琉璃窑　琉璃瓦　使用情况

琉璃瓦自北魏出现后一直沿用了一千多年，是中国古代建筑等级的重要体现。明代随着大量寺观及藩王宫室营缮的需求，各地设立了大量琉璃厂，用来烧造琉璃建材。烧造琉璃需要坩土矿，因此琉璃厂都设在生产陶瓷的窑场周围。在陕西明清时期最大的陶瓷窑场位于同官县（今铜川市印台区）陈炉镇及附近的立地坡镇。而在立地坡，就有专为秦藩王而设立的琉璃厂，这是文献中记载的明代陕西唯一一处官办琉璃厂。对于这处窑厂遗址，从1992年至2004年，文物工作者曾多次做过考古调查和试掘。发现了大量的素烧琉璃瓦坯件及一通明代嘉靖四十一年款的“秦府宝山寺香幢”。2005年陈炉窑考古队在对陈炉地区进行考古调查时，又在陈炉镇北头发现了一处烧造琉璃的窑场。对于该地区琉璃窑的相关情况，笔者曾有过相关论述。近年来，随着实物及文献的补充，笔者又有一些新的想法，现就这两窑场烧造情况再进行探索。不妥之处，敬请指正。

一、立地坡窑厂的琉璃建材

立地坡窑位于铜川市的东南，相距约15千米，是耀州窑金元时期向东传播和兴建的一个窑场。古代曾因兴窑而建镇，现废镇为村。据史载，在明代立地镇址西南有一座宝山寺，是明秦王府崇仁寺的下院。立地坡琉璃厂址就位于宝山寺址周围。

1993年，当地农民修庄基打窑洞，发现了大量带有“官”字款和其他阴刻符号的孔雀蓝釉琉璃瓦，耀州窑博物馆工作人员闻讯后前往调查，发现了大量由院内取土时出土的素烧板瓦、筒瓦及少量施有孔雀蓝釉的琉璃瓦，其中部分瓦瓦头带有“官”字款和其他阴刻符号以及文字。在院内还发现一通八棱形青石质石幢，四面刻文“秦府宝山寺醮立记”，“耀州同官县永受里立地坡/皇帝万岁万万岁/时嘉靖四十一年岁次壬戌正月吉日造”（图1～图3）。根据调查和出土器物判断，基本确定了秦工府琉璃厂的位置。2002年，我们再次实地考察了此窑址，并进行考古试掘。发现了两根建筑石柱、一对柱础石以及大石条砌成的明代建筑基址和大量的素烧及施有孔雀蓝釉的板瓦、筒瓦及少量龙纹滴水瓦等。部分瓦头印有戳记符号和文字。除此之外，还发现了烧窑时用以支烧的窑具和垫烧的大棚板。棚板呈板状长方形，用高温耐火材料烧制而成。这些遗迹、琉璃瓦及窑具的发现，使我们了解了秦王府琉璃厂的烧造种类及烧造工艺，并进一步确定了立地坡明秦王府琉璃厂的具体位置。所发现的板瓦和筒瓦分带釉和素烧两类。板瓦造型、大小基本一致，为一端较厚略大，另一端较薄略小，小头圆弧，其余三面切割平整。小头中间及内壁多半施孔雀蓝釉，瓦内釉面呈舌形。瓷土胎，胎色土黄略泛红，质较粗（图4）。在瓦大头侧面的中间或两边戳印有文字或符号。文字中最常见的是“官”、“工”字款（图5）。符号中常见有“×”、双“××”、“O”、“の”等。长37.5厘米，宽24.5～25.5厘米。在遗址曾经采集到两件刻有“立地坡造凳水瓦壹样捌拾片”十二字素烧板瓦残件（图6）。筒瓦呈半圆形，边棱切割平整，瓦端带唇，唇端圆厚上翘。外壁满施孔雀蓝釉，内壁无釉。缸胎，质粗。瓦头上亦戳印有与板瓦之戳印文字和符号相应的阴文“工”“O”“の”等戳记。板瓦和筒瓦出现相同的符号，应是为配套使用的记号或者不同工匠之间的标记。除此之外，还出土了多件素烧或施釉的脊兽残器。兽角残，背生鬃，毛发披拂，双目圆睁，两耳耸立，张口，两腮有卷曲形须。施绿釉或蓝釉。暗红色胎，质略粗。模印加贴塑成型（图7）。

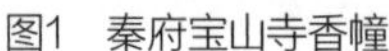
图1　秦府宝山寺香幢

图2　秦府宝山寺香幢拓片

立地坡琉璃厂是专为明代秦藩王烧造琉璃建材的窑场。乾隆本《同官县志》琉璃厂条下记载：“在县东南三十里立地镇，镇出白土可为瓷器，明初敕造琉璃厂以供奉王府盖造只用。”

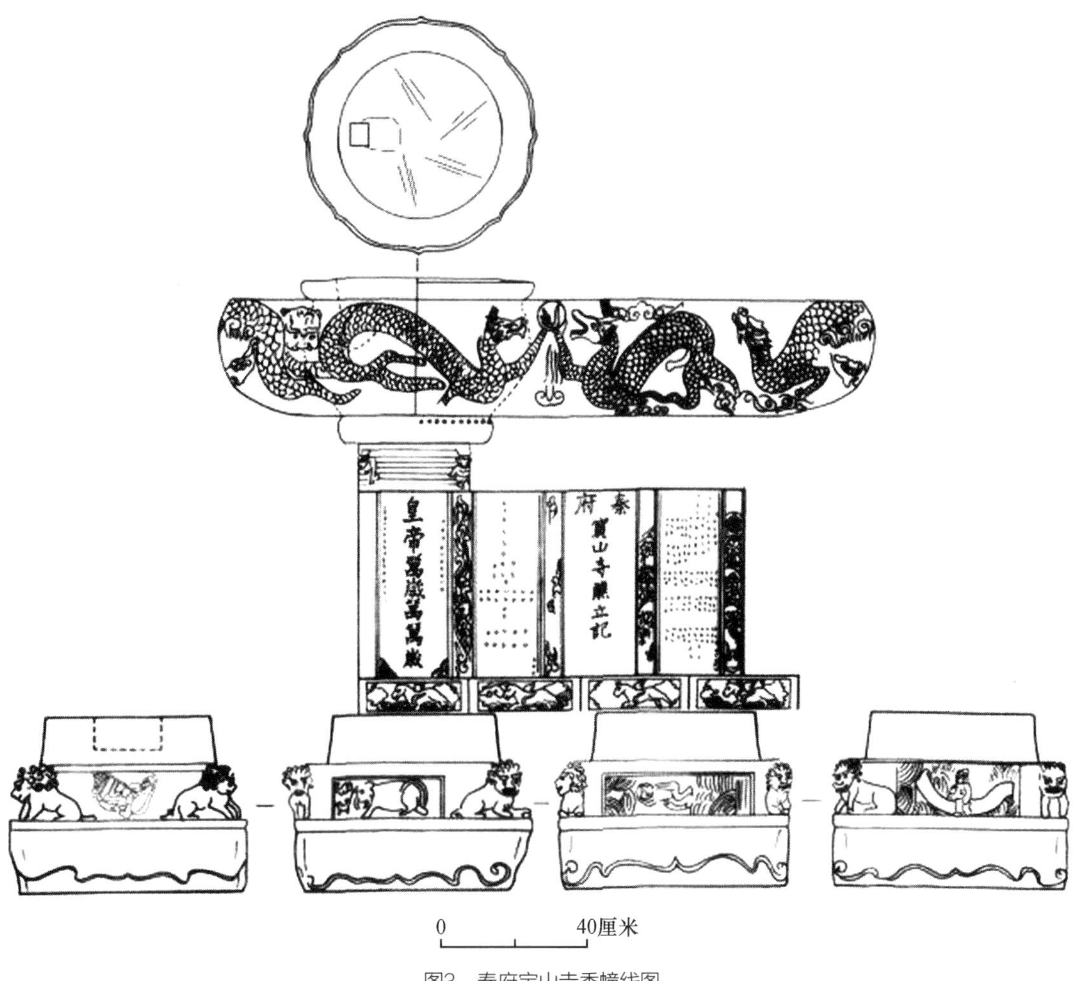

图3 秦府宝山寺香幢线图

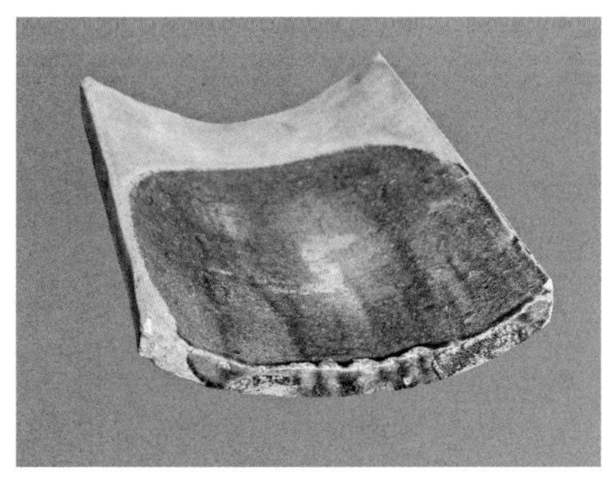

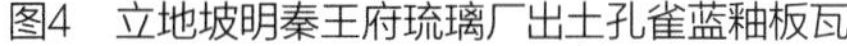
图4 立地坡明秦王府琉璃厂出土孔雀蓝釉板瓦

图5 立地坡明秦王府琉璃厂出土“官”款素烧板瓦

明代之所以能在立地坡设琉璃厂，也是因为此地蕴藏丰富的坩土和煤炭资源。明嘉靖十七年（1538年）苏民撰《重修立地坡琉璃厂敕赐崇仁寺下院宝山禅林碑记》：载“邑东南隅名立地坡者，乃圣祖开天之后，分封诸藩，特赐秦国，以为专造琉璃厂地也。”“其地川原迥旷，出产坩泥，足以造陶器之用。正统、景泰、天顺、成化间，皆尝经理督造。”在嘉靖甲申（嘉靖三年），乙未（嘉靖十四年）年间，秦王府大兴土木。“秦宫室及承运等殿复动工重建”，而

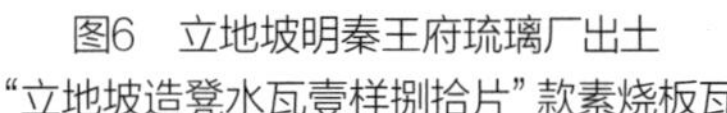

图6　立地坡明秦王府琉璃厂出土
“立地坡造凳水瓦壹样捌拾片”款素烧板瓦

图7　立地坡明秦王府琉璃厂出土绿釉脊兽

“琉璃之费无穷”。为了解决营造之需，秦王上奏朝廷后批准复设琉璃厂，而立地坡由于“出产坩泥，足以造陶器之用”。根据文献及碑文记载，立地坡琉璃厂从明初敕建烧造琉璃建材，至嘉靖乙未年停烧，中间虽经历了停烧与复烧，但也有一百余年的烧造史。

二、陈炉窑场的琉璃建材

陈炉琉璃窑场位于陈炉镇北头，系2005年进行陈炉窑场考古调查时发现，试掘面积近500平方米，先后清理出窑炉和作坊各两座，出土了大量施有孔雀蓝釉的明代各式琉璃瓦及其素烧件。形制有板瓦、筒瓦、割角筒瓦、当沟、压条以及带有纹饰的琉璃瓦当和滴水。

两座窑炉结构、大小相近，与元代瓷窑造型相同，平面呈马蹄形，用耐火砖砌成，由通风道，燃烧室，窑床，烟道等部分组成。通风道建于地下，高1.2米，宽0.7米，长3米。可供一人弯腰通过，既可通风，又利于掏灰。燃烧室在窑床的前面，呈扇形，略低于窑床，占整个窑室的三分之一。南北长1.6、东西宽3.2米，中部下设有耐火砖砌成的落灰坑。窑床宽3.4～3.6米，长2.2米。一窑床上有多块倒塌的窑壁，上面多处粘有孔雀蓝釉，呈流淌状。另一窑床上遗留有两摞素烧板瓦，共20余件。两个烟道位于窑室后面左右两侧，呈长方形，宽1.2米，深0.66米，烟道内壁下设有排烟孔。两作坊相邻，中间相距2米，为长方形，前部均已破坏。一号作坊东西壁由青砖砌成，北壁全系匣钵砌成，残高1.2～1.5米，黄土地面上有薄层坩土，为踩踏面。包含物有素烧板瓦、筒瓦、瓦当、滴水以及少量明代黑釉、白釉碗盘标本。南北残长9.8米，东西宽4.8米。

板瓦和筒瓦造型和胎质与立地坡大体一致。也为素烧和带釉两种。板瓦的琉璃釉施在瓦内心上部，其余处无釉露胎。筒瓦和割角筒瓦以及当沟的琉璃釉施在瓦的背部，瓦内心无釉露胎。有的筒瓦正中还设有一圆形孔，应是用来防止筒瓦和板瓦垄下滑，增强其稳定性而插入瓦钉的钉孔（图8）。割角筒瓦是将筒瓦的尾部按45°斜线割去一个角。当沟的大形与筒瓦一致，只不过在后端切割呈梯形。筒瓦带瓦当纹饰有龙纹、西番莲纹。均呈半圆形，边棱切割平整，瓦端带唇，唇端圆厚上翘，另一端与五爪龙纹瓦当上部弧面连接（图9）。滴水板瓦由板瓦和下垂的如意形舌片合体构成。板瓦较厚，前宽后窄，断面为四分之一的圆形，边棱切割平整，前端粘接下垂舌片滴水。滴水呈如意形，窄边框，如意形边阔。瓷土胎，呈土黄色，质较粗。内外满施孔雀蓝釉或蓝黄双色釉，正面饰模印浮雕式向右奔腾的五爪行龙或展

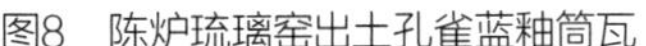
图8　陈炉琉璃窑出土孔雀蓝釉筒瓦

图9　陈炉琉璃窑出土孔雀蓝釉龙纹筒瓦带瓦当

翅曳尾的凤凰纹样（图10、图11）。另外还出土了一批素面瓦当和滴水。这些素面器与带纹饰的瓦当和滴水在外形上并无二致。

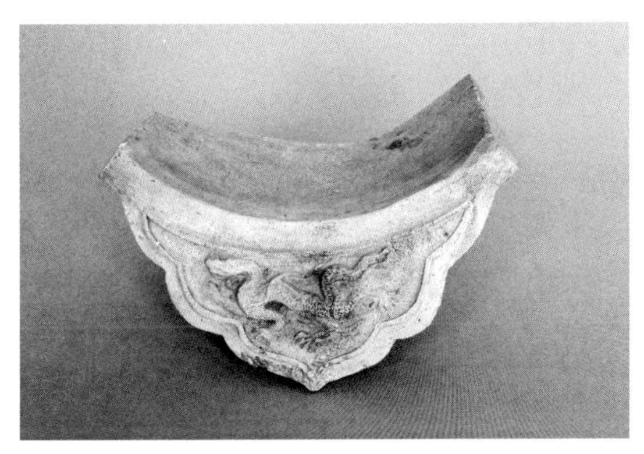
图10　陈炉琉璃窑出土素烧龙纹滴水瓦

图11　陈炉琉璃窑出土黄蓝釉凤纹滴水

从目前立地坡和陈炉两窑场出土的琉璃建材种类来看，立地坡以烧造板瓦和筒瓦为主，多戳印不同符号或“官”字款等文字。瓦当和滴水较少，仅采集了一件孔雀蓝釉龙纹滴水，但与陈炉窑场出土滴水纹样完全一致，可能为陈炉烧造。陈炉琉璃窑除了烧造和立地坡琉璃厂相同的建材外，还烧造不同尺寸筒瓦、割角瓦、当沟、压条以及龙凤纹瓦当和滴水，且出土数量很大。其中一件孔雀蓝釉筒瓦，长53.7厘米，宽23.4厘米，足见规格之大。明代陈炉琉璃窑遗址范围，除了目前已知的区域之外，应还包括更多地方。在该窑场以北的平地上（当地人称场里，碾麦的场子），还发现大量粘有孔雀蓝釉的窑砖，据当地的老者讲，曾在此见到过烧造琉璃瓦的窑炉。通过对两处烧造琉璃建材的窑址及出土器物进行比较，可以看出明代陈炉琉璃窑场烧造范围要比立地坡大，烧造种类要比立地坡多。

在陈炉琉璃窑场还出土了一部分素面的瓦当和滴水（图12）。这种类型的出现当与使用者有关。根据西安清真大寺现存明代《敕赐

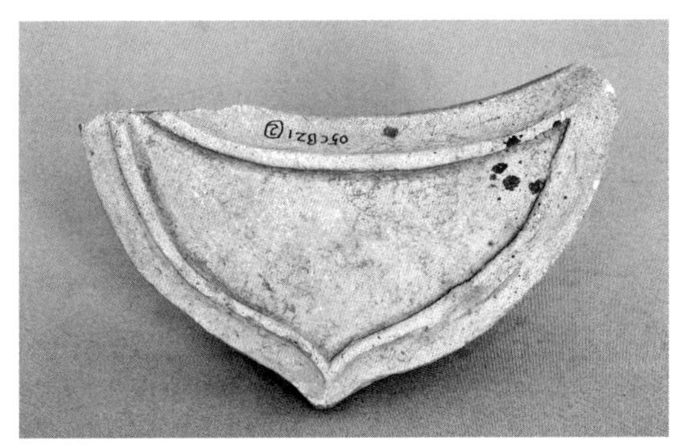
图12　陈炉琉璃窑出土滴水

清真寺重修碑》碑文记载，清真大寺在嘉靖年间修造时也使用了秦王府琉璃厂提供的琉璃砖瓦等建筑构件。而当时明秦藩王宫室使用的琉璃瓦所饰的纹样以龙凤纹为主，这种动物纹的装饰并不符合伊斯兰教义。而素面瓦当和滴水却并不违背其教义，因此这些素面瓦当和滴水，当是专门为明代西安的清真寺烧造的产品。

立地坡琉璃厂和陈炉琉璃窑场其成型工艺也是相一致的。板瓦的制作方法是先轮制成中空的筒坯，再将筒坯十字分割成四等分，筒瓦则是将筒形切割成二等分。瓦当、滴水则采用模压成型后再与瓦坯进行粘接的成型工艺。在立地坡秦王府琉璃厂遗址内和陈炉北头遗址内，出土了一些长方形棚板和大量的各式砖，均系用高温耐火材料制成。其作用是在装窑中支撑和隔离琉璃瓦件，将琉璃瓦分别一层层装在支撑后不同层次的棚架上进行烧造，均采用二次烧成。即高温先素烧生坯，出窑后施釉再低温烧成。以煤炭为燃料，带有通风道的半倒焰馒头窑，烧成温度很高。因此，其胎质应属于瓷胎，这种胎质瓦的使用年限要比陶胎的琉璃建材更长一些。这一时期的胎质比较粗，夹杂有大量的粗颗粒。明代的琉璃釉成分已经很丰富，铅作助熔剂，主要着色剂是铁、铜、锰、钴等金属氧化物。这些工艺都是早期琉璃建材生产中不曾使用的。

通过对立地坡琉璃厂、陈炉琉璃窑、明秦王府旧址、西安清真大寺、西安文庙五处所出土的孔雀蓝釉琉璃瓦进行比对，在胎、釉、规格和纹样装饰上完全一致，印证了秦王府在立地坡设立了专用琉璃厂，除“专供秦王府盖造只用”外，还赐给了一批重要寺庙的高级建筑物盖造之用，同时也表明陈炉和立地坡曾共同为秦王府及一些相关建筑烧造过琉璃建材。

参考文献

[1] 耀州窑博物馆主编：《立地坡·上店耀州窑址》，三秦出版社，2004年。
[2] 杜文：《西安清真大寺明代琉璃瓦产地探讨》，《文博》2000年第4期。
[3] 薛东星、禚振西主编：《陈炉耀州窑精粹》，文物出版社，2007年。
[4] 汪永平：《明代建筑琉璃》（一），《古建园林技术》1988年第3期；汪永平：《明代建筑琉璃》（一），《古建园林技术》1988年第4期。
[5] 王长启：《明秦王府遗址典膳所遗物》，《考古与文物》1985年第4期。
[6] 祁英涛：《怎样鉴定古建筑》，文物出版社，1981年。

从官造瓦件的铭文看其窑作制度
——以明、清时期的琉璃瓦为中心

熊振东
（高安市博物馆）

摘要：本文就瓦的烧造发展史、构件、烧制工艺、明清时期琉璃瓦的产地及使用规制等方面作了逐一阐述。对瓦件上种类繁多、内容各异的款识进行了简单归纳和分类，并结合史料文献及明清时期城墙砖上与瓦件上相近的铭文，相互对照，深入解析其蕴含着的历史信息。

关键词：陶瓦　瓷瓦　琉璃瓦　铭文　监烧督造

一、瓦的烧造简史

瓦的发明是从陶器制作发展而来的，用泥土烧制而成，不上釉的呈青灰色，做成板瓦或筒瓦形式。西周早期瓦还比较少，到西周晚期瓦的数量多了，瓦当为半月形（图1）。圆形瓦当出现在战国早期，秦、汉大量使用（图2至图4）此时砖瓦从制陶业分离出来。南北朝的北魏时期出现了磨光面陶瓦和琉璃瓦[1]（图5）。唐时琉璃瓦增多，最高等级建筑用绿琉璃瓦剪边（图6）并借助于皇家的支持和法律的限制，琉璃逐渐成为只有皇宫、道观、庙宇才能使用的建材，营造出宛若仙境的意念，在建筑上实现了神、皇权的合一。五代时期可见瓷制瓦件（图7）通体瓷质，瓷化程度高，耐腐蚀、不生青苔，不会褪色，使用寿命长。宋、金、西夏时期灰陶瓦、釉陶瓦和琉璃瓦件并存，宋代吉州窑曾烧制釉陶瓦当，宫殿建筑的屋顶开始大量使用琉璃瓦，此时很难烧出黄瓦，皆为绿瓦（图8、图9）。元代皇宫建筑大规模使用黄琉璃瓦（图10-2、图10-3），次要建筑用绿瓦或灰瓦，并于中统四年（1263年），设立琉璃窑场，始有官吏督造。《元史·百官志》载："大都凡四窑场，秩从六品。提领、大使、副使各一员，领匠夫三百余户，营造素白琉璃瓦，隶少府监。"[2]民间则多用青瓦（图10-1）。明代青瓦、釉陶瓦、琉璃瓦、瓷质建筑构件并存，琉璃几乎成为官式建筑的专用材料，琉璃瓦在艺术造型、釉色配制和烧造技术上都日臻纯熟，工艺质量、花色品种日趋完善，是琉璃瓦发展的全盛时期（图11）。明代北京的琉璃厂、琉璃渠，景德镇窑烧造官造瓦件外，明初所推行分封制度，诸藩王在就藩之地兴建藩王府及皇家

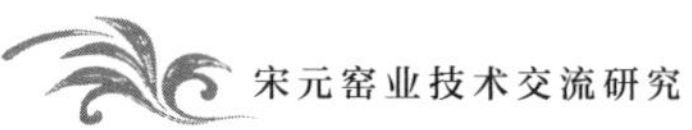

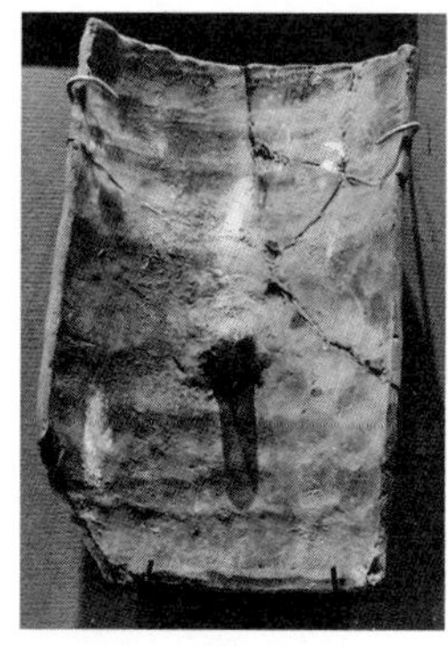
1. 西周绳纹内单钉板瓦

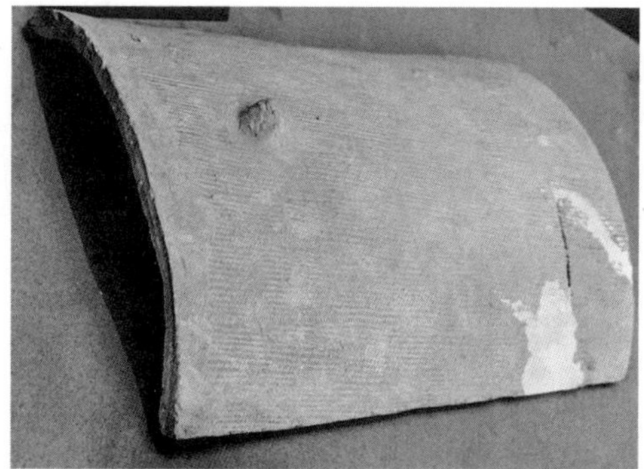
2. 西周带钮板瓦

3. 西周四兽纹半瓦当

4. 西周筒瓦

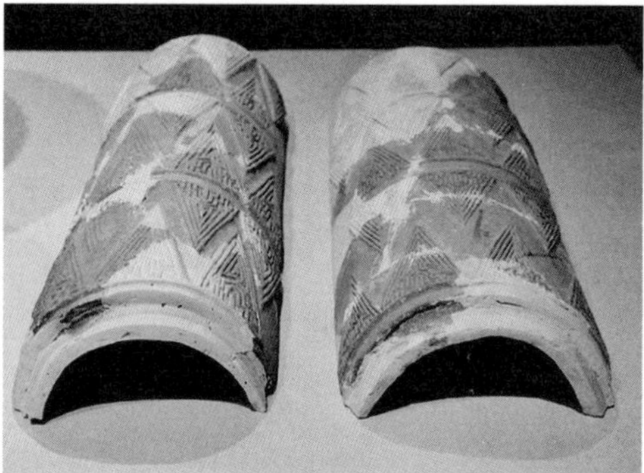
5. 西周时期燕国三角山纹筒瓦

6. 西周燕国兽面纹瓦当

图1 西周瓦

1. 战国燕山形几何纹筒瓦

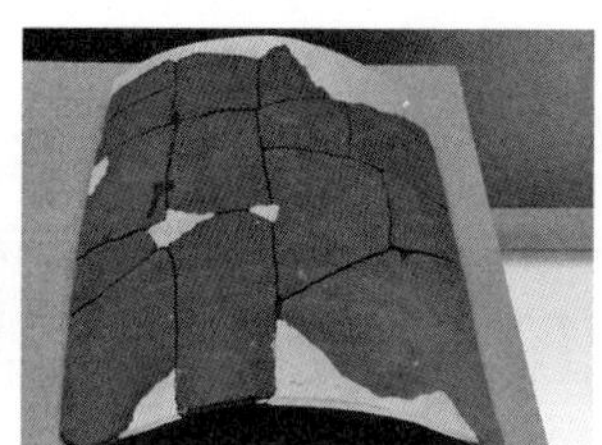
2. 战国绳纹板瓦

3. 战国兽面纹半瓦当

4. 战国莲花纹瓦当

图2 战国瓦

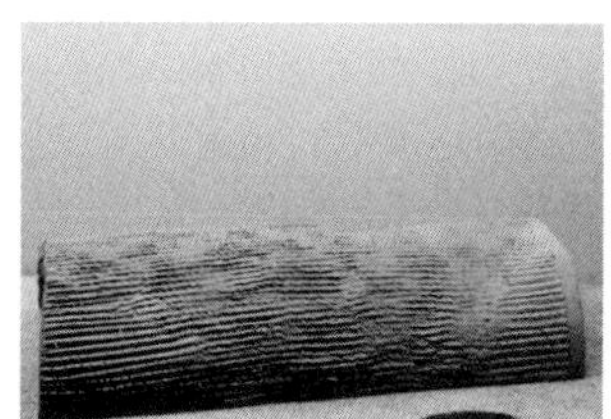
1. 秦代绳纹筒瓦

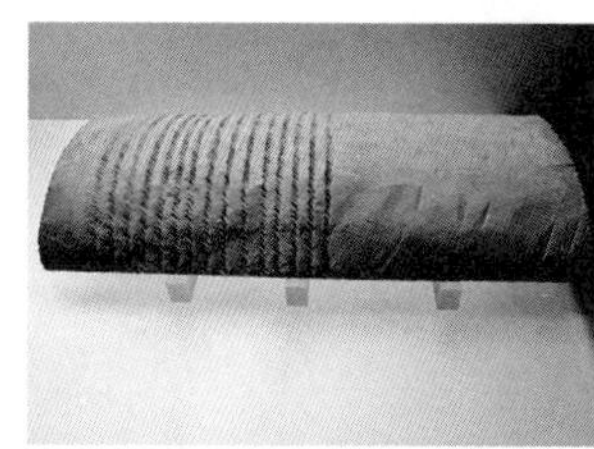
2. 秦长城板瓦

3. 秦代兽面纹半瓦当

4. 秦豹纹瓦当

图3 秦代瓦

1. 西汉板瓦及带瓦当筒瓦

2. 汉代绳纹板瓦

3. 西汉代连当筒瓦

4. 东汉双界格云纹瓦当

图4 汉代瓦

1. 北魏磨光面陶筒瓦及瓦钉

2. 北魏陶板瓦

3. 北魏陶板瓦

图5　北魏瓦

1. 唐代陶筒瓦

2. 唐代连筒陶瓦当

3. 唐代琉璃鸱吻

图6　唐代瓦

1. 南汉（五代）绿釉板瓦

2. 南汉（五代）青釉板瓦

3. 南汉（五代）青釉兽面纹瓦当

图7　五代瓦

在地方营建坛、庙所需琉璃瓦件，就近设立烧造琉璃的官窑。如南京窑岗村聚宝山窑为明南京故宫、大报恩寺烧造琉璃建筑构件[3]；陕西铜川市陈炉镇陈炉窑、立地坡窑为建西安明秦王府[4]；山东兖州酒仙桥街道的琉璃厂窑为修建明鲁王府、曲阜孔庙[5]；湖北丹江口市习家店镇庞湾村琉璃窑为修建武当山道观建筑群[6]；成都市锦江区柳江街道琉璃厂窑为蜀王朱悦𤪭陵寝的地宫[7]。清代青瓦、釉陶瓦、琉璃瓦共同发展（图12），官造琉璃瓦件的生产主要在北平的琉璃窑厂。

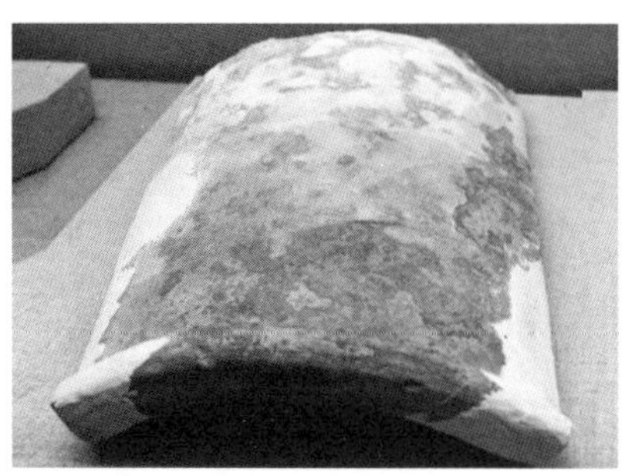
1. 宋代灰陶板瓦

2. 宋代吉州窑绿釉花卉纹瓦当

3. 宋代绿琉璃筒瓦

图8　宋代瓦

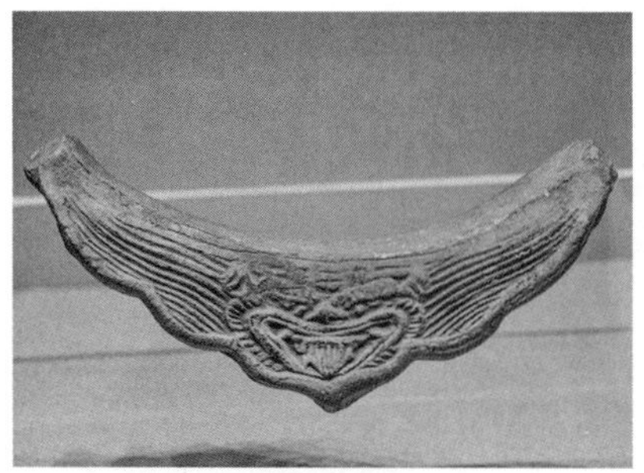
1. 西夏灰陶兽面纹滴水

2. 西夏灰陶兽面纹瓦当

3. 西夏绿琉璃兽面纹连筒瓦当

图9　西夏瓦

1. 元代灰陶龙纹瓦当

2. 元代各色琉璃筒瓦

3. 元代蓝色琉璃筒瓦连黄色龙纹瓦当

图10　元代瓦

1. 明代陶质滴水

2. 明代釉陶板瓦

3. 明代绿琉璃龙纹连筒瓦当

图11　明代瓦

1. 清代灰陶滴水

2. 清代釉陶板（缸）瓦

3. 清代绿琉璃龙纹连筒瓦

图12　清代瓦

二、明、清时期琉璃瓦的使用规制

明始，太祖朱元璋意在恢复大汉文化，“排元崇宋”以“皇权至上”为核心的思想，同时也体现在建筑上，明代建筑琉璃仅限皇家和亲王府邸才能使用，样数、颜色的使用，有严格的规制。琉璃颜色的使用也体现了中国传统文化，结合五行、五色，规定不同的等级使用的颜色也各异。帝王的宫殿、陵墓及奉旨兴建的坛庙才能使用黄色琉璃瓦；《国朝典汇》载：“社稷坛，壝墙各饰以色，如其方，外为周垣，饰以丹，覆以黄瓦。”社稷坛、宗庙以及文庙，俱是使用黄釉琉璃瓦的建筑，亲王、郡王府邸、皆可用绿色琉璃瓦。《明史・舆服四》中谓：“（洪武）九年正月初四日：“诏礼部，亲王宫殿、门庑及城门楼皆覆以青色琉璃瓦。”[8]

清代沿用明代旧制，规定官民房屋墙垣不许擅用琉璃瓦、城砖，如违严行治罪，其该管官一并议处。《钦定大清会典事例》载：“康熙二十七年议准官民房屋墙不许擅用琉璃瓦、城砖，如违，严行治罪其，将该管官员一并议处。”[9]

三、瓦件的构成

瓦件一般由：筒瓦、板瓦、滴水瓦、脊瓦、板椽、套兽、垂兽、屋脊上的神兽、鸱吻、宝顶等构成。

板瓦是仰铺在房顶上，筒瓦是覆在两行板瓦之间，瓦当是屋檐前面筒瓦的瓦头（图13-1）。

板瓦：看起来较平整的瓦，其横断面小于半圆形的弧形约四分之一圆，且瓦的前端比后端稍稍窄一些（图13-2）。

筒瓦：出现晚于板瓦，断面呈半圆形，后尾有榫头称作雄头，用于与后面一块筒瓦搭接。只有上等官和高于上等官建筑的房屋才能使用筒瓦，而普通民居只能用板瓦到了封建社会末期，这种情况有所改变（图13-3）。

瓦当（沟头）：屋檐椽头上的饰件，又叫“遮朽”，用来庇护木质屋檐不受风雨侵蚀，防止渗水腐蚀椽头；同时起装饰屋檐的作用。其位于屋顶筒瓦垄（沟）最下端，有一块特制的瓦，呈半圆形或圆形（图13-4）。

滴水：屋檐椽头上的饰件，常与瓦当并置。屋顶板瓦垄（沟）最下端，有一块特制的瓦多呈如意形，叫滴水（图13-5），防止屋瓦渗水腐蚀椽头。

脊瓦：是覆盖屋脊的瓦件，与屋脊两边斜屋面上的瓦相搭接的槽形瓦。通常可做成人字形、马鞍形、圆弧形。

板椽：位于屋顶瓦之下是承接出椽的构件。琉璃板椽一般把几组飞椽、檐椽、望板连在一起，组成一个单元一起烧制，形成一个类似板状的构件（图14）。

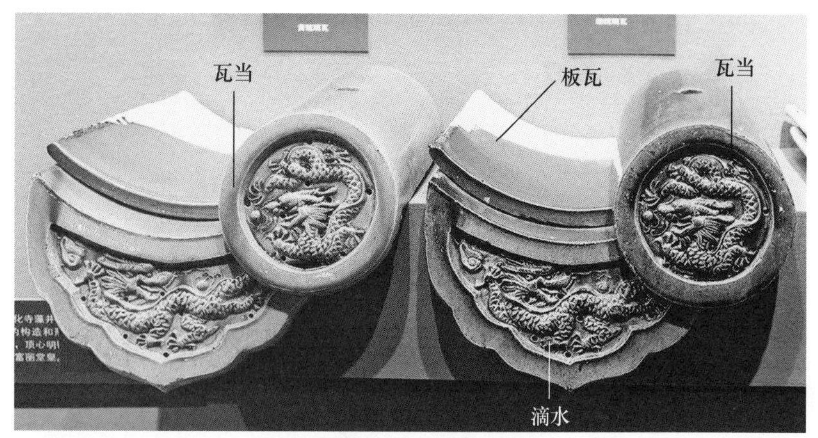

1. 明代琉璃龙纹瓦当滴水两组

2. 清代绿琉璃板瓦

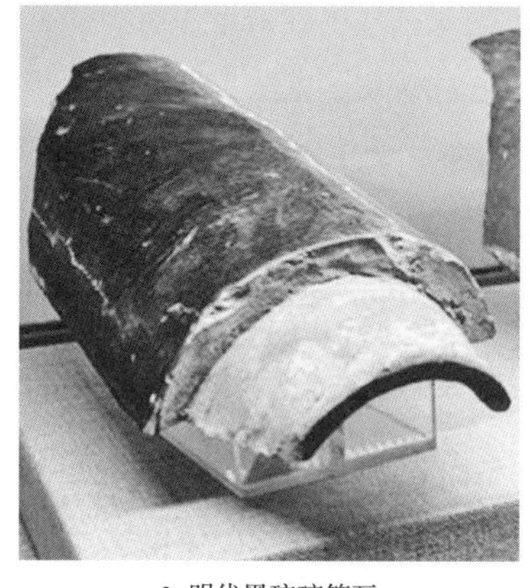
3. 明代黑琉璃筒瓦

4. 明代绿琉璃龙纹瓦当

5. 清代绿琉璃莲荷纹滴水

图13 滴水、沟头

1. 元代孔雀蓝琉璃板椽

2. 清代黄绿相间琉璃板椽

图14 板椽

屋脊上的神兽：宫殿建筑的屋脊上常常排列着一些数目不等的小动物作为装饰，屋脊的坡度，会使脊瓦下滑，需要铁钉固定。为了保护铁钉免受雨雪侵蚀，角兽就用来当做铁钉的帽子，并起到装饰作用（图15）。

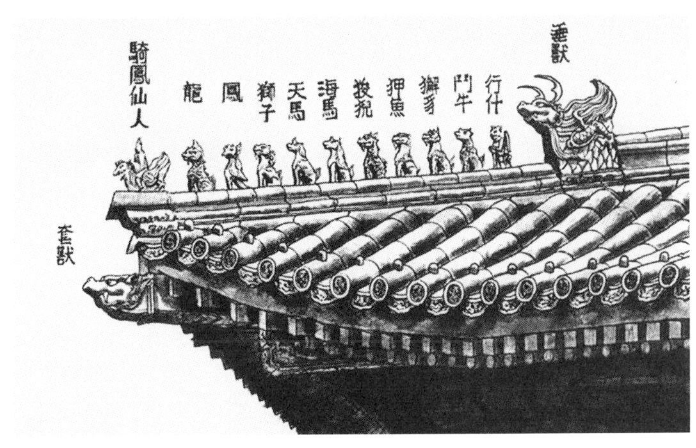

图15　神兽

垂兽：垂脊上的兽件，是兽头形状，位于蹲兽之后，内有铁钉，作用是防止垂脊上的瓦件下滑，加固屋脊相交位置的结合部有陶质、琉璃两种材质（图16）。

套兽：在屋檐的下檐端，有一个突出的兽头，套在角梁榫上，防止屋檐角遭到雨水侵蚀。有灰陶、瓷、琉璃等材质（图17）。

1. 宋代绿琉璃垂兽

2. 明代彩琉璃垂兽

3. 明代彩釉琉璃垂兽

4. 明代灰陶垂兽

图16　垂兽

1. 宋代灰陶套兽

2. 元代蓝琉璃套兽

3. 明代瓷素胎套兽

4. 清代蓝琉璃套兽

图17 套兽

鸱吻（鳌鱼）：正脊（处于建筑屋顶最高处的一条脊）两端的装饰构件。汉代大多用瓦当堆砌的翘起的形状，尊贵建筑则多为孔雀、朱雀、凤凰。南北朝形象为鸱尾，中唐为鸱吻。明清宫殿建筑屋顶，为龙头形，龙口大张咬住正脊，有兴雨防火的寓意（图18）。

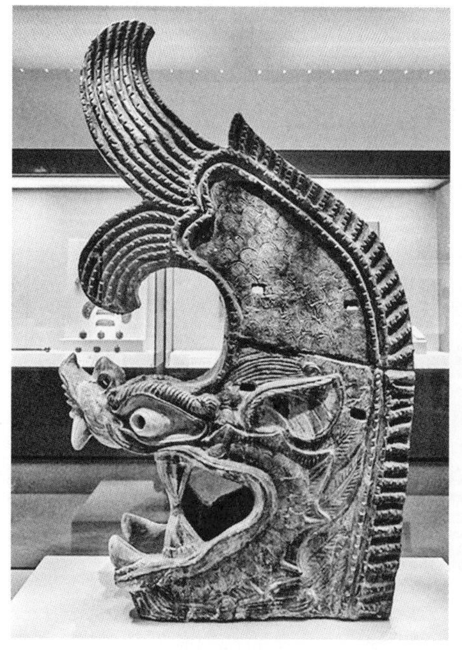
1. 西夏绿釉鸱吻

2. 元代琉璃鸱吻

图18 鸱吻

3. 明代琉璃鸱吻

4. 清代灰陶鸱吻

图18 鸱吻

青瓦：不上釉的普通的青灰色的，清代官式名称为布瓦，一般也叫片瓦，是用泥土烧制而成。可以做成板瓦、筒瓦形式。

琉璃瓦：瓦上挂琉璃釉，琉璃板瓦并非是瓦面全部挂满，只是挂瓦的一部分。

四、制造工艺

青瓦：多为黄色黏土，先浸泡三天，再反复淘洗，去掉土中杂质，把澄浆沥干水分，风干，按照一定比例添加石英砂，反复捶打揉搓，脱模后阴干，最后用950至1000度的高温烧制，出窑时用冷水浇透淬火，成为青灰色的陶制瓦。

琉璃瓦：与汉代的铅釉技术的发展密不可分，以铜、铁等矿物为呈色剂，以铅丹作助熔剂。琉璃一般都采用二次烧成，即高温先烧素坯，使其瓷化，出窑施釉后再入窑低温烧成。二次入窑时，为防止在釉熔过程中瓦与瓦相互粘连，故釉只施于瓦在屋面铺设时露在外面的部分，而覆盖部分则不施釉，这样不仅节省釉料，也有利于装烧及以后的屋面铺设（图19）。

规格：北宋《营造法式》首次对砖、瓦的尺寸、砌筑施工，做了总结和规定。其中瓦的基本类型有两类：筒瓦、板瓦，尺寸共分为十三种[10]。

《清代营造则例》记：琉璃瓦的规格型号共分“二样”至“九样”八种，一般常用为“五样”“六样”“七样”三种型号[11]。

模范：砖、瓦有一定的规范后，采用模范成型。可以从考古遗址中出土瓦件的模范得到印证（图20）。

1. 明代素胎莲池纹瓦当

2. 明代黄绿相间琉璃莲池纹瓦当

图19　琉璃二次烧成工艺

1. 元代“至大叁年伍月日记□”铭兽面纹扇形瓦当陶范

2. 清代龙纹陶范

图20　模范

五、铭　文

瓦件上有很多刻、印或书有铭文落款。这些铭文内容丰富各异且蕴含着诸多的历史信息，有的标注有确切的纪年、宫殿名称、督造部门、烧造窑作、烧造匠人；款识形式多样有方形、椭圆形，清代琉璃瓦上戳印有汉字、满文、满汉对照等，瓦件烧造时的信息。笔者现结合史料文献及明清时期城墙砖上与瓦件上相近的铭文，相互对照，深入解析其蕴含着的历史信息，使大家对官造陶瓦及琉璃瓦的制作工艺，监烧、督造制度有更深入的。

（一）“官”字款

汉代的青瓦上可见模印阳文“昭礼官瓦”竖排四字单列条形款（图21-1）；明代秦王府立地坡琉璃厂遗址出土的瓦件在瓦头刻“官”字；清代琉璃板瓦无釉处模印“嘉庆三年 ”“官窑敬造”双方章款其中“嘉庆三年”为竖四字条形双框款“官窑敬造”为竖排四字两列满汉文字对照方形双框款（图21-2）；“官窑敬造”竖排四字两列满汉文字对照方形双框款（图21-3）；“宣统年官琉璃窑造”竖排八字单列椭圆形单框款（图21-4）。

1. 汉代陶瓦戳印“昭礼官瓦”款

2. 清代琉璃瓦戳印“官窑敬造”满汉文对照款

3. 清代琉璃瓦戳印“嘉庆三年”“官窑敬造”满汉文对照款

4. 清代琉璃瓦戳印“宣统年官琉璃窑造”款

5. 明代瑞州府城墙砖模印“□□二廠官磚”

6. 清代房砖上模印“官”字款

图21　官字款

明代瑞州府城墙砖上可见模印“□□二廠官磚”款（图21-5）、清代房砖上可见模印“官”字款（图21-6）。

（二）纪　年

纪年年号纪年与天干地支纪年和之分。故宫的黄釉琉璃瓦上戳印“乾隆三十年春季造”竖排单列八字条形双框款（图22-1），天坛公园藏蓝琉璃板瓦无釉处戳印“乾隆辛未年制”竖排单列六字条形单框款（图22-2）。

瑞州府的城墙砖上可见戳印有“道光辛丑年重脩□十廠”（图22-3）、“光绪四年瑞州府□”（图22-4）等字样。

1. 清代黄釉琉璃瓦戳印“乾隆三十年春季造”故宫藏

2. 清代蓝釉琉璃板瓦戳印“乾隆辛未年制”天坛公园藏

3. 清代瑞州府城上砖模印有“道光辛丑年重脩□十廠”字款

4. 清瑞州府城砖上模印有“光绪四年瑞州府□”字款

图22　纪年款

（三）物　勒　工

1. 匠名

秦代阿房宫板瓦戳印“将作官凡”竖排四字单列条形款（图23-1），此条铭文可有两种释意：第一种、“匠作，官凡”，第二种为“匠作官，凡”笔者倾向于第一种；唐代板瓦上戳印“匠唐子嵩”竖排四字单列条形款（图23-3）；洛阳博物馆藏唐代板瓦上戳印“匠张保贵”竖排四字单列条形款（图23-2）。

明代瑞州城砖上可见戳印有“□□窑匠罗枨一”（图23-4）。

1. 秦代宫瓦戳印“将作官凡”

2. 唐代灰陶板瓦戳印“匠张保贵”

3. 唐代灰陶板瓦戳印“匠唐子嵩”

4. 明代瑞州府城墙砖上戳印“□□窑匠罗枨一”

图23 物勒工名、工匠名

2. 监工官（提调官）、监造及各到工序经手工匠的姓名，作头、甲首、保长的姓名等。

（1）安徽当涂县明代琉璃窑遗址出土的遗物上戳印有“提调官游弘毅，作头朱寿、南匠上色祝万三、风火刘季”；“提调官游弘毅，作头陶付、南匠上色陶至、风火徐寿”[12]。

（2）私人收藏明代景德镇洪武年间烧制的板瓦（残件）其无釉处铁料书：“益原都，浇釉匠樊道明，风火匠方南，作头潘成，甲首吴昌秀，坯匠张□□，监工官浮梁县赵万□，监造提举周成，□□□（图24-1）。

（3）景德镇明清御窑厂遗址曾出土一块明洪武时期的板瓦，其无釉处铁料书有：“寿字三号，人匠王士名，浇釉凡道名，风火方南，作头潘成，甲首吴昌秀，监工浮梁县丞赵万初，监造提举周成，下连都。（图24-2）”

（2）、（3）的瓦件上明确注明了监工官为浮梁县丞，监造、瓦件烧造所在地的都所、甲首及浇釉、风火、各道工序、工匠及作头的姓名均印在瓦上。从制作到监造，自下而上，逐级责任到人，由县丞负总责。据《浮梁县志》载，赵万初洪武二年任浮梁县丞，益源（原）都隶属于安东乡，下连都隶属于福西乡[13]（图24-3、图24-4）。

无独有偶瑞州府贡南京的城砖上一侧戳印有“甲首方朝张 、小甲刘长兴，□□□中保一”（图 ）；另一侧戳印“□□□調官通判程益，司吏文誠；□□□提调官主簿王谦，司吏雷震”（图24-5）；查正德《瑞州府志・卷六・序官志・历官》载：程益，洪武四年任上高县知县[14]（图24-6）。

袁州府贡南京的城砖为高岭土所制，砖的一侧戳印：“总甲潘民庸关□、甲首谢清远、小甲杨孟；窑匠易丙一、造砖人夫彭潮署。”（图25-1）

综上可知：明洪武时期官造的砖、瓦的监工（提调）官多由州府的县丞或知县担任。责

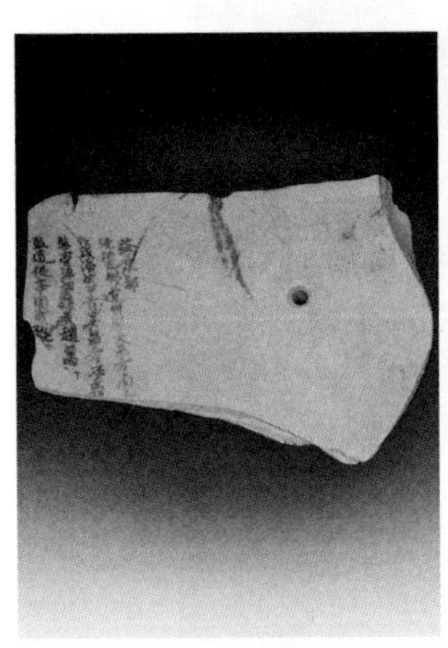

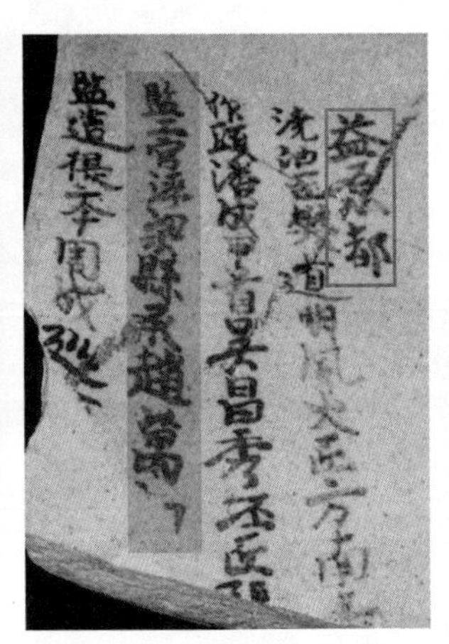

1. 明洪武板瓦残件（私人收藏）铁料书监造官、作头等工匠信息

2. 明洪武板瓦（景德镇御窑厂遗址出土）板瓦铁料书监造官、作头等工匠信息

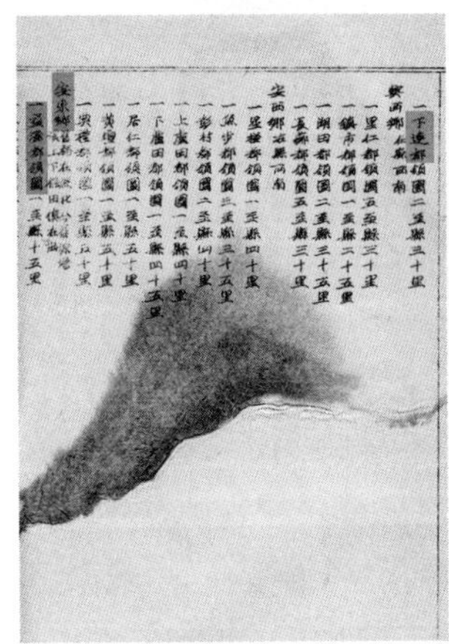

3. 清乾隆版《浮梁县志》曰：益源都属安东乡

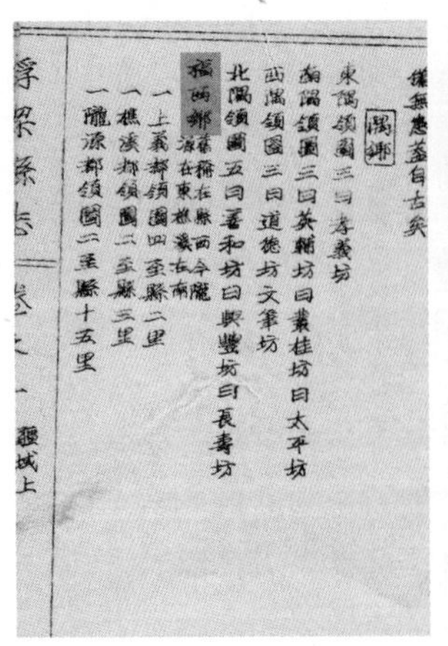

4. 清乾隆版《浮梁县志》谓：下连都隶属于福西乡

5. 明洪武年间瑞州府贡烧南京城墙砖（采集）

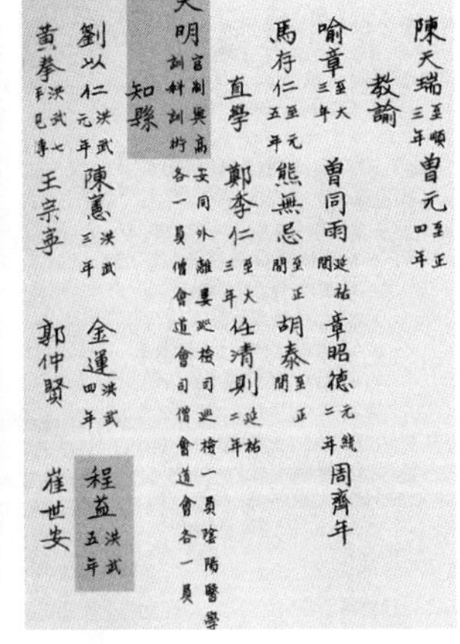

6. 正德《瑞州府志・卷六・序官志・历官》条

图24 洪武物勒板瓦工名

任到人，各道工序、工匠及作头的姓名均印在砖、瓦上。一旦砖、瓦发现质量问题，皆会受到惩罚或刑罚。

嘉庆年间琉璃构件烧制有别于清朝的其他时期，延续了明代“物勒各道工序经手的工匠名”这一做法。故宫的琉璃瓦上戳印“嘉庆三年 窑户赵士林、配色匠徐益寿、房头陈千祥、窑匠许万年”满汉文字对照条形款识（图25-2）。

1. 明洪武十年袁州府贡南京城砖　　2. 清嘉庆三年琉璃瓦上的铭文

图25　物勒工名

（四）建筑的名称

1. 宫殿名

故宫的琉璃瓦上戳印有“雍正八年琉璃窑造斋戒宫用”竖排两列条形款，首列八字、第二列四字（图26-1）；沈阳故宫藏素烧的脊筒（瓦）底部有阴刻“衍慶宫”字样（图 26-2），素烧脊筒中底部还发现有阴刻“昭陵大殿大脊”六字的（图26-3）。

2．庙宇名

南京的琉璃瓦上戳印“府文廟”字样（图27-1），北京故宫琉璃瓦上戳印“太廟”两字单列条形款（图27-2），辽宁省鞍山市博物馆藏清代黄瓦窑遗址出土的素烧垂兽，其底部阴刻有“太庙配殿”字样[15]（图27-3）。

1. 清代戳印“雍正八年琉璃窑造斋戒宫用”

2. 清代阴刻“衍慶宫”素烧脊筒

3. 清代阴刻“昭陵大殿大脊”素烧脊筒

图26　宫殿款

1. 明代黄釉琉璃戳印“府文廟”字样

2. 清代黄釉琉璃戳印“太廟”款

3. 清代阴刻“太庙配殿”素烧垂脊兽

图27　庙宇款

（五）型号规格

1．X样

明代立地坡窑为建西安明秦王府而烧制琉璃瓦，其中的瓦件上戳印有“立地坡登水瓦壹样捌拾片”其铭文中的“壹样”指的是类别。

2．寿字X号

南京遗址出筒瓦内壁朱红书“乐平县伍都吴□□造，寿字壹号（图28-1）”

景德镇御窑厂遗址出土明代板瓦上戳印“壽字弍号（图28-2）”

景德镇明清御窑遗址曾出土一块洪武时期烧造的板瓦，其无釉处铁料书有：“寿字三号，坯匠张二，浇釉樊道名，风火方南，作头潘成，甲首吴昌秀，□□浮梁县丞赵万初。”（图28-3）

1. 朱红书“乐平县伍都吴□□造，寿字壹号”

2. 戳印“壽字弍号”

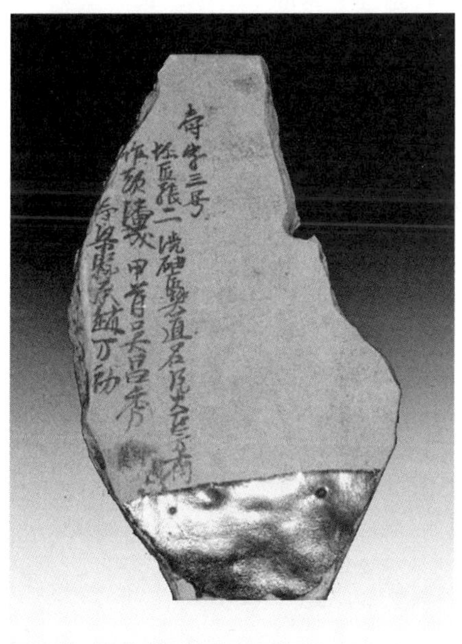

3. 铁料书“寿字三号”

4. 铁料书“寿字□号安仁□”

图28　号字款

南京遗址出黄琉璃筒瓦内壁，铁料书“寿字□号安仁□（图28-4）”

3. 万字X号

当涂县明代琉璃窑瓦件上分别戳印有“萬字壹号——萬字拾玖号”[16]。

六、窑　厂

瓦件上可见铁料书“浮梁□厰”（图29-1），戳印“北平琉璃窑厂制造□赵”等铭文（图29-2）。

1. 明代板瓦铁料书“浮梁□厰”

2. 清代琉璃瓦上戳印“北平琉璃窑厂制造□赵”

3. 清代瑞州府城墙砖上可见“西安一廠”、
“□三廠磚”、“道光辛丑年重脩□十廠”

图29 厂名款

瑞州府城墙砖上分别戳印有“西安一廠”“□三廠磚”“道光辛丑年重脩□十廠”等字样（图29-3）。

瓦作为传统建筑中必不可少的主材之一，承袭了三千年的发展历史，历经形式大小和工艺的演变，形成了独特风格与形式。试图厘清出瓦的烧造发展史，基本样式、形制多样、功能各异的瓦件和烧制工艺；对瓦件上种类繁多、内容各异的款识进行了简单归纳和分类，并结合史料文献及明清时期城墙砖上与瓦件上相近的铭文，相互对照，深入解析其蕴含着的历史信息，使大家对官造陶瓦及琉璃瓦的制作工艺、监烧和督造制度有更深入，更全面的了解。

注释

[1] （北齐）魏收撰：《魏书·西域传》卷一〇二，中华书局，1974年，第2275页。载："（魏）世祖时，其（大月氏）国人商贩京师，自云能铸石为五色琉璃，于是采矿山中，于京师铸之。"

[2] （明）宋濂：《元史》，中华书局，1976年，第228页。

[3] 陈钦龙：《明代南京聚宝山琉璃窑的几个问题》，《江苏地方志》2009年第1期。

[4] 赵亚利：《陈炉新发现的明代琉璃建筑构件及相关问题探讨》，《文博》2012年第5期。

[5] 《山东兖州发现明代琉璃厂遗址》，《中国文物报》2009年7月1日第2版。

[6] 高超：《明代庞湾武当官窑遗址出土琉璃瓦分析》，安徽大学硕士学位论文，2015年。

[7] 江章华等：《成都市琉璃厂古窑址2010年试掘报告》，《成都考古发现》，科学出版社，2010年。

[8] （清）张廷玉等：《明史》卷六十八，中华书局，2013年，第441页。

[9] 《钦定大清会典事例》卷一二八，乾隆十二年（1747年），文渊阁四库全书，台北商务印书馆，1982年。

[10] （宋）李诫编：《营造法式》卷十五，台湾商务印书馆，1956年。

[11] 梁思成：《清式营造则例》，清华大学出版社，2006年。

[12]、[16] 卢茂村：《当涂县明代琉璃窑考察记》，《东南文化》1996年第1期。

[13] 《浮梁县志》卷一，江西省图书馆影印古籍，1960年。

[14] 《瑞州府志》卷六，正德十年（1515年），天一阁版。

[15] 《黄瓦窑遗址采集的铭文构件及与其相关的皇家建筑》，《中国紫禁城学会论文集第7辑》，故宫出版社，2012年。

琉 璃 画

史上海

（河津市三彩琉璃研究所）

摘要：山西琉璃是中国民间艺术瑰宝，历史悠久，驰名中外，有深厚的文化底蕴和地方特色。古代琉璃建筑盛行于山西各地，故有山西琉璃之称。琉璃画是依托山西琉璃和山西珐华艺术，从最基础的传统中走来，把琉璃釉彩材料的能量全部释放出来，经过窑火生成的一种新的艺术样式。琉璃画是“火”的艺术，体现了陶艺的本质特征。采用特质的釉面砖，强调窑火的自然造化，突出“窑变”的色彩效果。釉彩经窑变淋漓酣畅，自然流动，顺势成就，有天趣美的艺术效果，成为琉璃画个性化的语言特色。窑变使釉彩潇洒灵动有诗意和浪漫情调，有写意风采，民族风格，时代精神。2008年琉璃画工艺获国家发明专利，专利号为：ZL 200810092300.1。

关键词：琉璃画背景　琉璃画材质　釉料　琉璃画肌理　水墨　窑变

一、琉璃画产生背景

1983年，中央工艺美院（现清华大学美术学院）肖惠祥教授应邀来河津琉璃工艺厂，在我们的配合下，运用晋南珐华立线工艺，用泥立线控制釉的流动，在陶板上作平面壁画，成功制作出《民间图案》。肖惠祥教授这项技艺荣获国家科技发明金牌奖。

1987年，河津市成立“三彩壁画厂”，为北京崇文门文化馆和石家庄火车站制作了两幅三彩琉璃壁画《欢欢喜喜》（图1）和《海底世界》。由于琉璃釉色具有艳丽、明亮、强烈的个性特征，最适宜制作室外大型壁画。1989年，景德镇市江西省陶瓷研究所和景德镇陶瓷职工大学，特邀我们三彩壁画厂制作两幅《陶魂》（图2）和《飞天》壁画。这两幅壁画受到专家的好评和同行们的关注，壁画至今完好无损。

肖惠祥教授发明的三彩壁画，是用泥立线聚集，隔离釉色，形成浓重，艳丽，明快，强烈色彩，特点明显。但是，我们发现琉璃釉色的流动活泼奇异变化，特有的浪漫情调，却没有得到拓展，缺乏生命的个性和感性激情。长期的用泥立线相当于把琉璃釉彩进行了捆绑，束缚了釉彩在高温下熔融，富有自然流动的特殊艺术效果。人们看不到釉彩在高温下的那种最美妙的变化效果。也失去了釉彩天然的入窑一色，出窑后千变万化的独特魅力。

1996年，河津市组建了三彩琉璃研究所，开始了长达数十年的探索和实验。逆向思维这

图1 《欢欢喜喜》

图2 《陶魂》

一唯物主义的辩证法思维，打开了我们的思路。加上对艺术创新的挚爱和锲而不舍的试验精神，最终使我们的创新思维破茧而出，试验出了一幅幅琉璃画作品。

二、琉璃画三大要素

琉璃画是运用工艺材料表现窑火的艺术。它以新鲜活泼的语言，表达作者的心灵感应，传达情感理念。美在自然，贵在自然的神奇，看起来自然随意，欣赏者也很轻松自由。完善的材质，准确的釉料配制，精心的烧制，构成琉璃画的三大要素（图3）。

《渴望绿洲》20×30cm 史宏艺

作者有幸在宁夏大漠中看到牧放的一群骆驼，它们各自在寻草充饥，中午日照干渴，它们多数卧地喘息，仔骆驼依偎在母骆驼身旁靠母骆驼遮荫乘凉。《渴望绿洲》就是在大漠生活的基础上，通过艺术的夸张和浪漫情调的描写进行意境创造。作者采用了釉彩肌理这种独特的艺术语言，表现骆驼蓬勃的生机，也表达了作者的创作激情。骆驼的周边环境，点滴绿颜色与占据画面大部分空间的红棕色既统一又有变化，色调和谐，其中绿色也是作者的点睛之笔，含有唤醒人们增强环保意识，共建美好家园的意蕴。

图3 《渴望绿洲》

1. 釉面砖是琉璃画很好的载体

各种材料都是有性格的自然物，使用材料的改变，导致新的材质语言的诞生，产生新的审美形式。不断地发现和利用新的材料，将会获得新的成果。我们在实验中发现一些新材料的新特性，并探索到它们在艺术创作中有独特的表现和效果。大胆运用这些材料，获得新奇的艺术效果。其中有一种釉面砖，琉璃釉施于其上，呈现出水墨画的肌理奇效。琉璃釉的质地比前较为沉静、优雅、纯洁。

琉璃画以釉面砖为依托，釉色依附其上，犹如锦上添花。如果釉面砖的材质好，釉彩经窑变如鱼得水，有神奇的艺术效果。所以我们要重视釉面砖的质量选择。现在市场上釉面砖的规格很多，如有20厘米×30厘米，25厘米×40厘米，30厘米×45厘米、40厘米×40厘米、33厘米×60厘米、45厘米×90厘米等各种品牌，各种规格的釉面砖，其质量有很大差别，无论什么品牌，什么规格和谁家生产的，都要经过多次试烧，如果不变形、不断裂、釉色流畅、肌理明显、颜色鲜艳、表现力强、艺术效果好的方可批量购买使用。

2. 釉色的配制是琉璃画创作的关键

以史为鉴，历代陶瓷发展史上取得突破的是釉色的发明和创新。唐三彩就是始于铅的发现和使用。釉彩的装饰以抽象的手法将釉彩点涂抹，经过烧制釉的流动、融汇产生奇异的多变的色彩，成为驰名中外的陶瓷品种。直至，今天还是为人们所喜爱。宋代五大名窑烧制成功，主要突破的还是釉色。天目釉、哥釉、弟釉、钧釉、青釉，“耀变天目”、“蚯蚓走泥”、“雨过天晴”等釉色，至今也无法超越。我们普查本地矿物资源，对几十种矿物进行筛选，发现有一种矿物原料在琉璃釉中使用后，借火的神力，可以使釉质斑斓、质朴、变化万千，达到人工无法企及的天然机趣，进一步增强了釉面的装饰效果，具有鲜明的地域特色及民族个性。这一发现，增强了我们的信心，大胆地进行着各种实验（图4）。

（1）琉璃画的釉料配制

现今大规模工业生产的陶瓷产品，釉用原料的加工配制都有严格的质量标准。一般都是

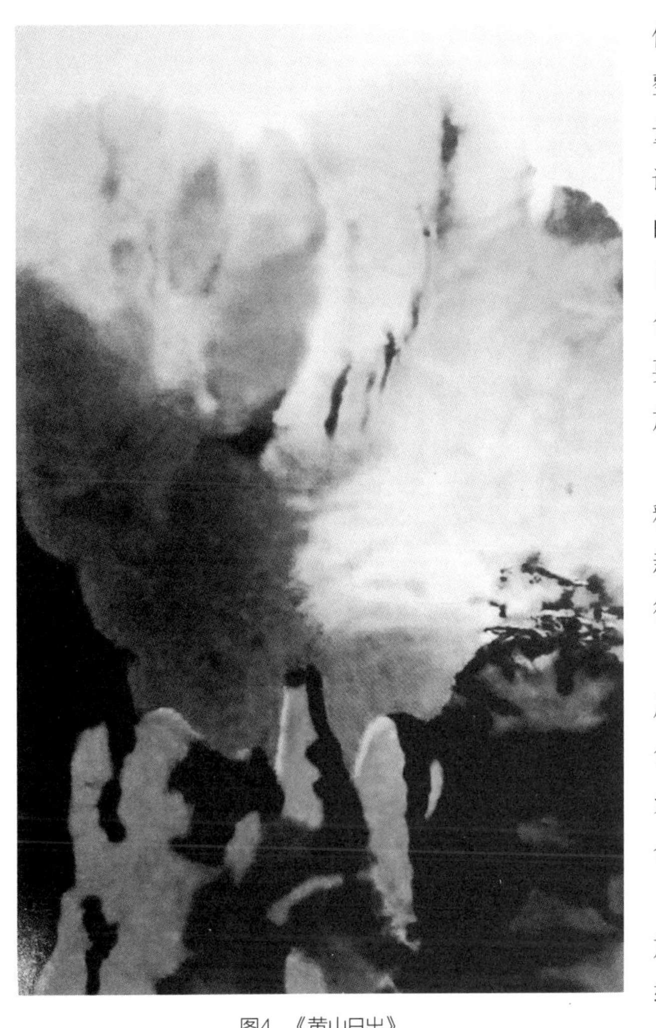
图4 《黄山日出》

使用经过提纯的化工原料，变化小烧成稳定，釉面光滑平整，色彩均匀，这样做是十分必要的。琉璃画釉彩则是尽量选用天然矿物原料粗制而成就可以了。各种原料经过多次试验，摸清原料的纯度含量、颗粒细度、成色效果并关注质的个性。如果原料颗粒粗细差别过大，就要过筛（80～120目）或水澄，调整颗粒配级。如原料的纯度差、含量低、呈色差，在使用时就要加大配比量。以满足深、浅不同的色度要求。要充分开发原料的潜在表现力，把材料的能量全部释放出来，使它们得到生长，将会获得新的成果。

釉的配制是根据原料的性能特点和使用要求而进行的。釉的配方可以根据需要随时进行调整，采用新的原料，产生新的配方。要重视实践经验积累，发现材质美，掌握变化规律，新颖的彩釉，奇妙的艺术效果才会不断出现。

琉璃画的釉色原料，可分为主要原料、呈色原料和辅助原料。主要原料有氧化铅、石英，铅和石英组成基础釉。呈色原料主要是使釉呈现某种颜色，如红、橙、黄、绿、青、紫等色。辅助原料是在釉中起到某种作用的，如助熔、结合、防龟裂等。

在琉璃画生产中稳定使用的釉色可称为软釉，在软釉中加入瓷泥10%～12%，提高釉的熔融温度，成为硬釉。硬、软两种釉在同一窑火的熔融温度中，硬釉已经熔融，玻化，还未流动或稍有流动，釉的外观是均匀平滑光亮；而软釉已经熔融、流动、渗化，呈现淋漓酣畅自然天成的意趣。利用硬、软两种不同熔点的釉彩，对于物象形的控制、表现物象的形态是有丰富的艺术效果，增强了整体的表现力。

（2）琉璃画的施釉方法

琉璃釉在烧制前的颜色，是釉中占主要成分的红丹或黄丹原料，呈红土色或黄土色调，其真正的色相是未知的不具有直观性，所以在配制釉时，同一色相的釉配制成深、中、浅三种甚至五种，便于施釉操作，方便使用，达到预期效果。正因为琉璃釉色的隐蔽性，施釉要从局部到整体，局部施釉要一次完成，再进行另一局部直到完成，要想中途补充、修改是比较困难的。

琉璃釉施与釉面砖上，因釉面砖已烧结，釉面光滑很少吸水，所以釉的浓度要大，釉液不流动或稍有些流动为好。一般的釉层厚度为0.3～0.5毫米。釉层过厚，釉彩在高温作用下变为釉液流动大，扩散浸没画面形象，造成局部或整体损毁。釉层薄，色浅干枯，不润泽，没生机，失去应有光泽，所以施釉的厚度要精心把握，认真操作，不可轻巧、潇洒、一挥而就。

两种釉色混合，其量不可相等，而且不可过多的搅拌把釉调死。一种釉可以覆盖在另一种釉面上，让两种釉在窑火中自然熔融，颜色通灵鲜活。两种不同色相的釉色并置在一起，可以在临界处稍加混合，促进融合，渗化自然过渡；也可在两种釉色之间留有空间，让两种釉色自然浑散、交融。如虎皮三彩、豹斑纹、三阳开泰等釉色都是和施釉的方法有关系。釉的厚薄如何把握，是不能具体量化的，要靠实践经验积累，自己体悟。两色间希望留有空间，可适当涂白色釉，即可实现。白色釉有引导其他釉色流动的功效，如使用得当可以使釉色流动的方向、形态，按照设计者的意愿把握好艺术效果。《牧归》（图5）中骆驼的两个驼峰和胸部的长毛形态控制就是白釉色起作用的。白釉色可阻挡其他釉色流动，但如果白釉色薄，其他釉色厚，会冲破白釉色的阻拦，向外伸展扩散。不过这种扩散的肌理丝纹粗，利用粗细不同的纹理装饰画面，也别有情趣。

（3）琉璃画的施釉工具

琉璃画施釉用的是普通的笔、刷、勺、铲刀（钢锯条折断可替代）。可以把各种笔当作毛笔，运用国画创作中的皴、擦、勾、点、染的笔法，依据设计要求把“预变形”留下，用工具把釉料涂抹或泼洒在釉面砖上。琉璃画釉色的厚薄影响着艺术效果。同时，琉璃釉色又是透明的，釉色的厚薄与呈色是联系在一起的。釉层厚色深，釉层薄色浅。在施釉过程中，不论色度深和浅，釉层的厚度都应尽量保持一致，这样才能保证不同色度的质量，保持釉色的艳丽、强烈、明快的艺术特色。

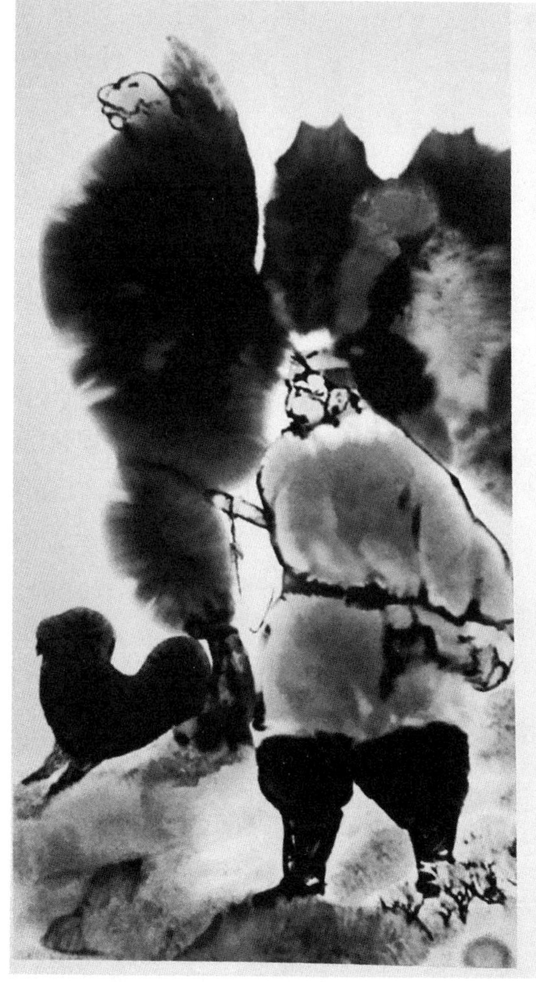

《牧归》
33×60cm
史上海
大漠生活是浪漫的，也是真切的。作者曾多次与牧主人牧归同行。有一次，牧主人双臂向后，腰夹鞭棍，悠然自得的在驼队前步行引路，领头的骆驼昂着头紧跟其后与主人相恋，亲密无间，构成人与自然的和谐之美。我曾在驼背上仔细观察、体悟、记忆着美好的形象和情景，在心里构想着这大漠情结的生动画卷。画面采用竖高瓷板，表现了骆驼的高大雄姿和强壮的体魄以及牧主人潇洒自如的神态，使人感到生命的活力与大自然的和谐美好。

图5 《牧归》

3. 掌控烧成，把握住“火”候是完成琉璃画的保障

陶瓷艺术不同于书法，绘画和雕塑艺术，它具有自己独特的艺术语言。那就是表现窑火艺术的视觉语言，它们是通过陶瓷表面的色彩、光泽和质感来充分表现的。这里所说的色彩是指自然窑变的色彩，是最为可贵的。有丰富多彩、变幻莫测的效果。这就是火的语言，是陶瓷的本质特色。

琉璃画的烧制工作是至关重要的关键环节。在釉烧制过程中要特别重视釉的熔融，不仅要达到釉面平滑光亮，而且要有适当的流动，才显示出铅釉的风采，独特的艺术效果。窑火中的实践证明，铅釉在窑火的作用下，只平滑光亮是传统的规整、呆滞、死板、凝固的色彩图案装饰艺术效果，铅釉有适当的流动，它的艺术表现是活泼的有动感的如同水墨画晕散、水彩画的渗化，有大自然山野情调，原生意趣，蕴含着丰富的情感和文化内涵。

釉的熔融是釉物质在加热过程中，由固相转化为液相。釉熔融是经高温处理后的最终结果，釉从软化、开始玻化和最终玻化并达到熔融流动阶段。釉在熔融流动阶段达到了扩散和化学变化，釉质均匀，表面平滑，缺陷减少，机械强度增强。铅是琉璃釉的主要熔剂，流动是它的优点，只有在烧结过程中达到熔融流动阶段，釉彩意趣的流动，肌理美的显现，釉质通灵鲜活，彰显它的个性呈现独特风采。釉熔融过度，釉的光彩会减退，釉的流动大会冲毁形象损失严重；釉熔融不到位，釉色只玻化呈现凝滞状态，没有鲜活的韵致。所以准确把握釉彩的熔融温度，确定釉的熔融流动程度是琉璃画烧成的关键。把握好这个关键环节会有好的收获，获得精品佳作。

琉璃画一般使用电炉烧成。装窑用瓷管搭篷架，陶板平装，用氧化气氛烧成。釉熔温度摄氏1100度左右。烧成过程大体上可分为连续的三个阶段。分述如下：

（1）预热阶段：常温至300℃左右。这个阶段加热的主要作用是排除陶板和釉中的水分潮气，使制品能经得起高温煅烧，不至于炸裂。历时2小时左右。

（2）升温阶段：300℃～1110℃。升温在整个烧成过程中是关键时期。它的主要作用是把炉温提高到使釉色熔融流动程度。历时4小时左右。

（3）保温阶段：1110℃～1115℃。这个阶段保持炉温基本稳定略有上升。保温阶段的目的是调节炉内上下温差，使炉内温度上下趋于一致，使釉的化学反应充分完善，并有适当流动，形成肌理美。

从装窑、烧成到冷却出窑，历时36～60小时。出窑后，对作品认真检查验收，艺术感觉好的保留，艺术感觉不好的，根据画面的欠缺，进行修改和增补釉色，入窑第二次烧成。有的作品第二次重烧并不是坏事，两次烧成的釉色浑厚、饱和，形象也较完整，有较强的艺术感染力。第二次烧成是艺术的再创造，当然也同样存在着遗憾和失望。每次出窑，总结经验教训，并做好记录，有利于工作的改进和提高。如《远瞩》（图6），此作品是二次烧成。

图6　《远瞩》

三、琉璃画四大特点

琉璃画既依赖于琉璃釉色，又有陶艺作品的特性，是纯艺术形态，它高度重视土、釉、火的语言，很好地展示了釉的自然本性和火的神秘性。

1. 材质美感　有机拓展

肌理是物体的质感及表面特征。它是一种装饰的艺术语言，在作品中起到深化主题的作用。强调材质的肌理意识，扩展材质的肌理美感，增强作品的艺术感染力。

琉璃釉是以铅为熔剂的彩釉，铅的熔融能力很强。自然流动，顺畅通达是它的本质特征。彩釉的流淌、交融就是琉璃釉最突出的一个肌理变化，有着特殊的装饰意趣，也具有极强的形式美感。这一点在唐三彩制品上体现最为强烈。唐三彩的艺术魅力在于各种彩釉的搭配流窜、融合构成艳丽、明快、典雅朦胧的画面。釉的流淌，充满着作者的激情，表达了作者的情感意念。釉的流淌，产生肌理美也注入了作者的情感生命。釉的流淌，彰显自由活泼随意洒脱、淋漓酣畅的现代艺术特色，表达了现代人的审美意趣。

充分利用釉用原料，最大限度地表现材质的肌理效果。如釉彩中的着色剂，尽量采用矿物原料、简便粗制而成。矿物原料不易被铅溶解，在釉的流淌过程中呈现彩色丝纹、斑驳肌理，保持着材质的天然自在美，有乡土气息般的亲切感，如同陶艺家用陶泥进行陶艺造型创作时，用手揉、捏、碎打、剁削、折裂痕迹的保留，作品自然随意，粗犷质朴的艺术风格审美特征，有着异曲同工之美。

琉璃画用釉面砖，作为载体，经过多次试验探索，感悟到应把釉面陶板的性能发挥出来与琉璃釉彩充分融合。于是，我们加大火力强化窑变，其结果釉色变化万千，穷极造化之功，非人工涂鸦，远离了绘画，显示出琉璃画的肌理美。看似普通的釉面砖成为琉璃画很好的载体，犹如中国画的宣纸一般。这是一个新的发现，成就了琉璃画。琉璃画采用釉面砖后，琉璃画的彩釉更美，相对较为沉静、优雅、纯洁。我们在制作过程中，重视肌理效果与意境的创造结合，使完美的形式与丰富的内涵得到统一。

2. 水墨精神　当代形态

琉璃画表现出水墨艺术特质，体现鲜明的时代特征。琉璃画的材质与水墨画的材质相距甚远，没有什么关联。如何能出现水墨艺术表现效果？

（1）优质釉面砖是琉璃画很好的载体，如同水墨画使用的宣纸一般。

（2）琉璃画釉彩的主要成分是氧化铅，氧化铅熔融能力强、活泼流动是它的特点。釉彩在火的神力作用下固体变成液体，如同水墨一样自由流动、融汇渗化。这期间掌控炉温把握“火候”至关重要。

（3）琉璃彩釉着色剂是矿物质原料，如氧化铁、氧化锰、氧化钴、氧化铜等，粗制而成。矿物原料的颗粒不易被铅熔解，釉在流动渗化过程中呈现丝纹肌理，与水墨晕散洇的肌理效果极为相似，琉璃画作品体现出水墨艺术精神。

（4）琉璃釉色由深到浅分为五个层次，犹如水墨画中墨分五色。施釉主要采取“泼墨”“泼彩”“墨破色”“色破墨”等手法，其艺术效果都能保持写意画的民族精神。重视施釉的厚度，釉的厚度如能适应设计的预留空间，水墨画的趣味就能自然呈现。

（5）琉璃画的彩釉经窑变，自然造化神奇莫测，彩釉与水墨都有随意性和机趣的特点。彩与墨淋漓酣畅，宛若天成意趣盎然，活泼灵动有浪漫情调，作品呈现出水墨画的韵味。收获时节，常有意外之惊喜，有价值的东西在这里展现，并都具有不可重复性和不可复制性。

（6）把琉璃画工艺与青花艺术形式结合，其创造的新形式新意象颇有国画意境。琉璃画的钴蓝色釉的着色剂和青花是同一钴矿物原料。运用琉璃画工艺，仿青花用单一钴蓝矿物原料进行创新试验，由于琉璃画的釉中含铅量高，釉色流动大，让其材质、造型和装饰手法突破了青花的框架，彰显了水墨画晕散、渗化的韵味和蓝色丝纹肌理效果。琉璃画仿青花同青花形成一种“和而不同”的艺术效果，别有风味，更具有现代社会文化和审美取向，制作出具有现代风韵的高雅艺术品。这是青花艺术装饰手法创新实践，使青花元素得到进一步延伸和发展，体现了青花元素的价值，展示了青花元素的独特魅力，青花元素得到升华。釉上青花《高原魂》（图7），也是琉璃画艺术表现形式和手法多样化，艺术效果更加丰富多彩。

琉璃画坚守水墨画意趣的同时，吸取民间色彩强烈、艳丽、明快的特点，满足了现代人的审美需求。多种色彩的运用，如同在绘画中添彩转型发展，更有了活力和丰富的表现力，扩大了生存空间，展示了水墨画的当代形态，以鲜明的时代特色，呈现在世人面前。

图7 《高原魂》

3. 火的艺术 独具魅力

彩釉经窑变，无雕琢痕迹，自然流动，宛若天成，创造“意象”，表现出有意味的抽象美。抽象的釉色搭配万千的肌理效果，作品极具现代艺术气息。如孔雀蓝釉色与黄釉色并置相邻，在高温烧成中相互渗化、交融、两色之间产生过渡色——橄榄色调。因此，黄蓝对比强烈而不单调，富有变化。《秋日荷塘》（图8）就是利用黄绿色相互作用，自然造化釉色鲜明的意趣，表现出初秋时节，大自然的融洽调和，浑然一体的色彩情调。窑变出现的彩釉肌理本身有深、浅色度变化，多种色釉的装饰综合运用，更具色彩变化万千瑰丽的神奇。如极富天趣美的中国画水墨色晕散的肌理奇效，即变化莫测又质朴自然，具有中国民族特色的文化内涵和表现形式。

彩釉在窑火中的自然造化创造出的意象作品，耐人寻味。如《参悟》（图9）本来是一只猫在逍遥漫游，向正前方走来，自然造化成的图像，表现出有意味的抽象美。有的说像一只鹰；有的说是一位道士在“修炼”等等，欣赏者有一个开阔而自由的余地，产生丰富的联想，对作品进行再创造。又比如《报春》（图10）梅花朵朵，大多含苞待放，寓意“报春”，不料随机变化成梅花盛开，春意浓浓，一派生机盎然的景象。窑变促成了“梅魂”境

图8　《秋日荷塘》

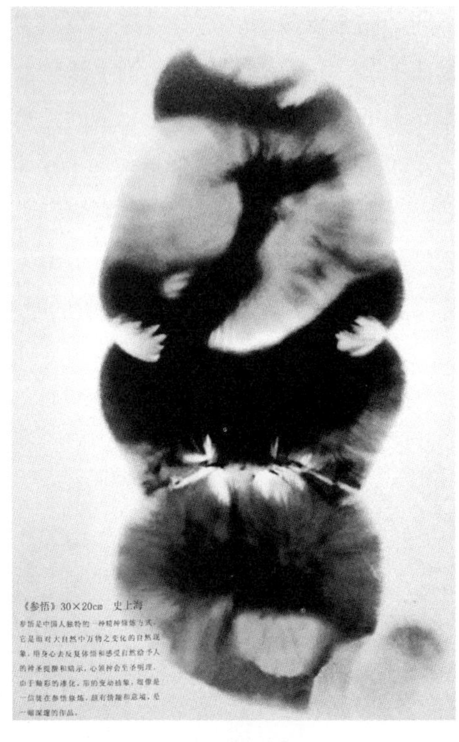

图9　《参悟》

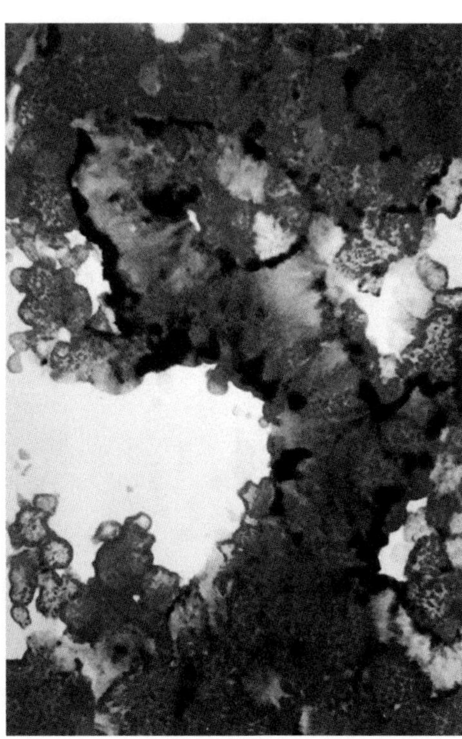

图10　《报春》

界的升华，偶然性和意外形成了新的审美情趣，给人启迪。

4．写意风采　民族风格

琉璃画以釉为彩挥洒自如，“既有水墨画和水彩画的特点，其独特的艺术效果又是二者难以企及的”。琉璃画釉彩的流淌、透明、潇洒，灵动有诗意和浪漫的视觉效果，在创作过程中，自觉和不自觉地运用了民族文化的内在思维方式、审美理念，流露出意象描绘写意意识、民族品格。

琉璃画强调写意性，既是琉璃画本体语言特性的发挥，又是对民族文化的充实和丰富。要做到写意性，就是要以中国画论中“气韵生动”的思想内涵，感受和关注天地万物的生机活力和人的精神世界。使琉璃画的语言更为丰富，带来生动美、流动美和神、情、意蕴灵境的显化与写照。但是要真正做到这一点，必须要加强个人修炼、实践、经验，掌握好窑变规律，运用好火的语言，就能有神韵之气，呈现写意风采。

琉璃画工艺创新以来，虽经过艰苦的劳动已取得了一些成绩，受到专家杨永善、肖惠祥、章星、罗小平、葛军等首肯，观众的赞赏，收藏家的青睐，四次参加中国美协主办的全国陶瓷艺术作品大展，多次获工艺美术金、银、铜奖，培养了两名省级陶艺大师。同时，我们也深深意识到作品的内涵和造型存在很多不足，过于重视工艺技术，艺术构思表达欠缺深度和广度，还只能归属于工艺作品类，进一步挖掘传统琉璃精髓，发展创新，加强艺术和文化思想修养，使艺术作品达到一定高度，牢记习主席的艺术思想“坚持思想精深、艺术精湛、制作精良相统一，加强现实题材创作，不断推出讴歌党、讴歌祖国、讴歌人民、讴歌英雄的精品力作”，这是我们作为琉璃人义不容辞的责任。

艺无止境，目前我们正以“ 丝路绽放之二”和浮雕作品“天下观”为主题进行创作，希望能有更大进展和创新。

附：琉璃画作品图例

《志在千里》25×40cm　史宏艺

志在千里，任重道远，这一条远道，作者走了十三年现在还在路上。以琉璃的传承与创新为己任，重负在心，勇敢向前。2006年全国陶瓷计创新评比银奖的获得，坚定了作者朝着远道依然走去的决心；2010年再次摘取金奖，使作者坚信负重前行的道路是广阔的。在琉璃画的创作历程中，骆驼是作者经常表现的一种体裁，是对传统唐三彩辉煌艺术的追随，是追求琉璃艺术的精神寄托。在十多年的实验中，作者与骆驼一起经历了沙漠般的荒凉、饥渴、艰辛和磨难，忍受了生命中的寂寞孤单和无数次的失败，但一直没有放弃在沙漠中寻找绿洲，一直没有忘却奋斗，一直没有放弃对理想的追求，即使今天也依然如此。所以，仅骆驼这幅作品实验达千余件，第一幅较为成功的骆驼作品命名为《渴望绿洲》，就是作者内心的全部写照。

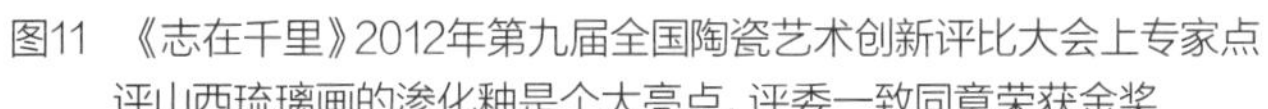

图11　《志在千里》2012年第九届全国陶瓷艺术创新评比大会上专家点评山西琉璃画的渗化釉是个大亮点，评委一致同意荣获金奖

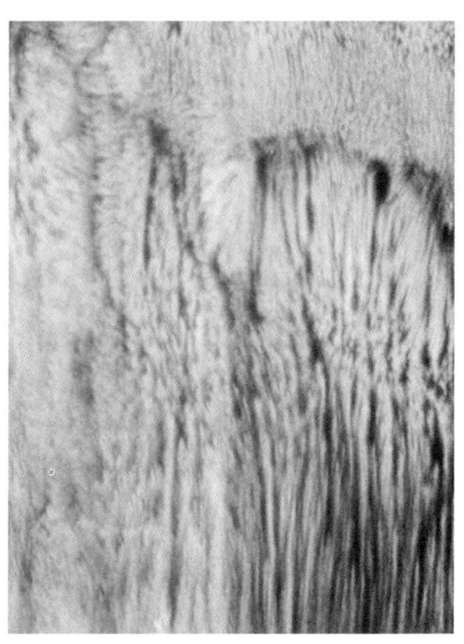

图12　红山文化艺术墙

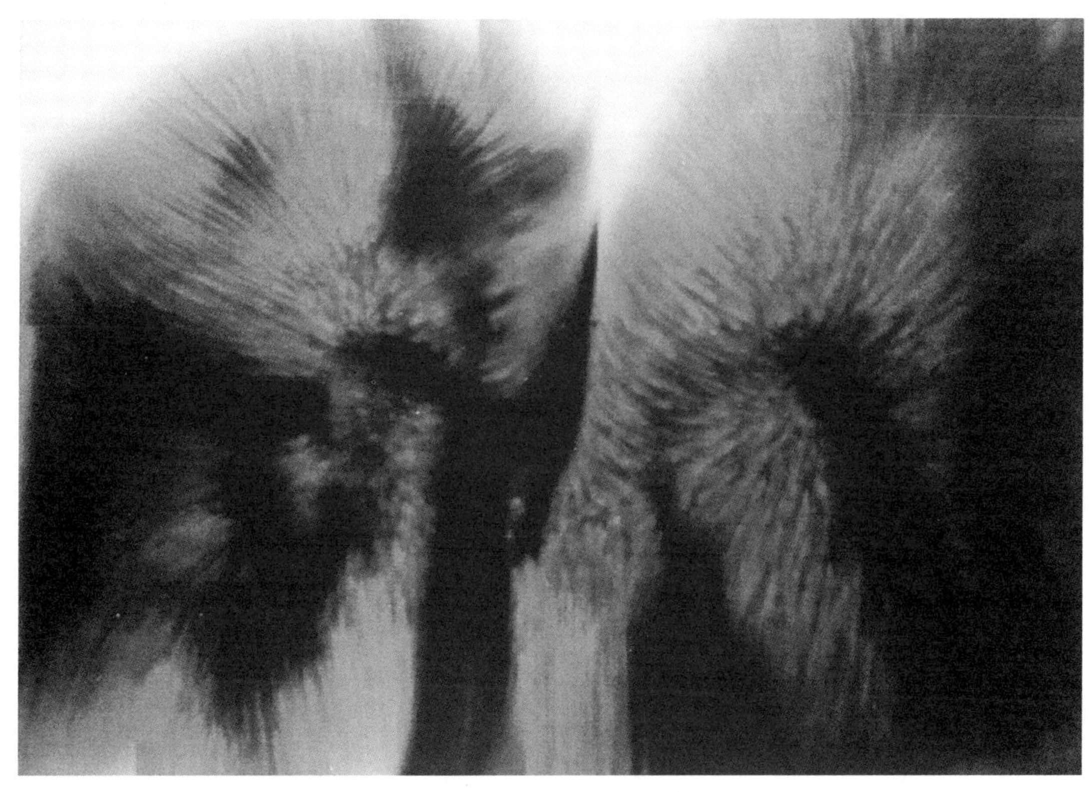

图13　《春意浓浓》

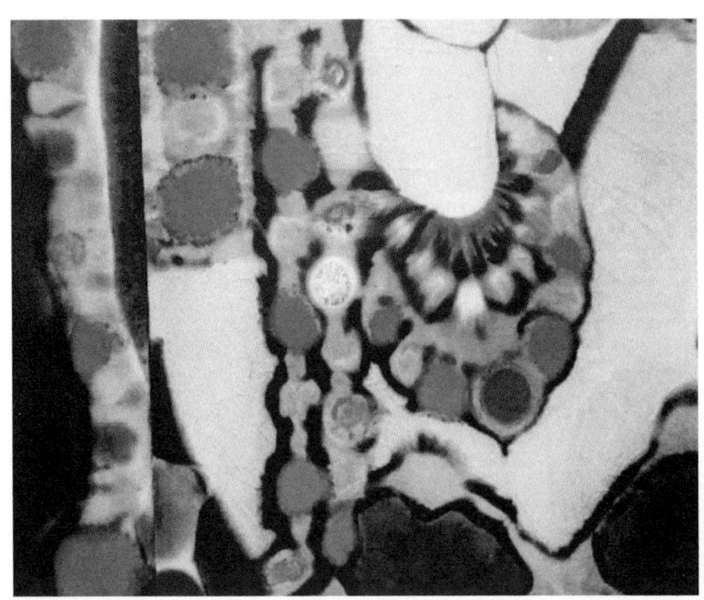

图14 《山鬼》及局部《山鬼局部》项链的釉色——彩色珠宝低温釉色烤化装饰。另我们研发出无光釉，丰富了釉的表现力，拓展釉色表现空间。孔雀蓝釉不用熔炼，可以直接用。而且熔点低，效果好

图15 《无垠》

图16　《奔马》被美国陶艺家苏珊·史蒂芬收藏

《伙伴》

25×40cm

史上海

任何艺术作品没有了情感，只能是印刷品。《伙伴》是作者对晚辈的爱怜。小孙女只有3岁，每顿饭她都不忘与自己的小鸡同时用餐，充满友爱、保护之情。孙女的爱心触动着长辈的情感，童心就是这样留在心间的。孙女与小鸡是伙伴，孙女与爷爷是伙伴，创作与情感是伙伴，艺术与生活是伙伴。

图17　《伙伴》

《和谐》60×66cm　史上海

和谐是时代的需要，是社会的需要，是家庭的需要，是生命的需要。艺术作品只有被赋予时代精神，才会更有生命力。《和谐》就是这样一幅作品。泛绿的沙漠，盛开的仙人掌，点点小花，盈盈绿意，是沙漠里最美好的景色。骆驼一家，相拥相望，亲密无间，正享受着幸福生活。骆驼身上的驼绒彩用釉彩自然渗化熔融技法表现，釉色薄厚、深浅变化不一，窑变后的肌理恰到好处，准确地表现了骆驼的高大形体，根据釉彩的烧成原理控制腿部结构的流动、仙人掌的外形也得以掌控。红色的花朵盛开，斑斑驳驳、点点肌理，更能显现花瓣的妩媚。任何一件琉璃画作品都需要设计、施釉、烧成完美结合，经过火的洗礼，体现作者最终的艺术创作思维，最后形成的作品才是真正的和谐。

图18　《和谐》

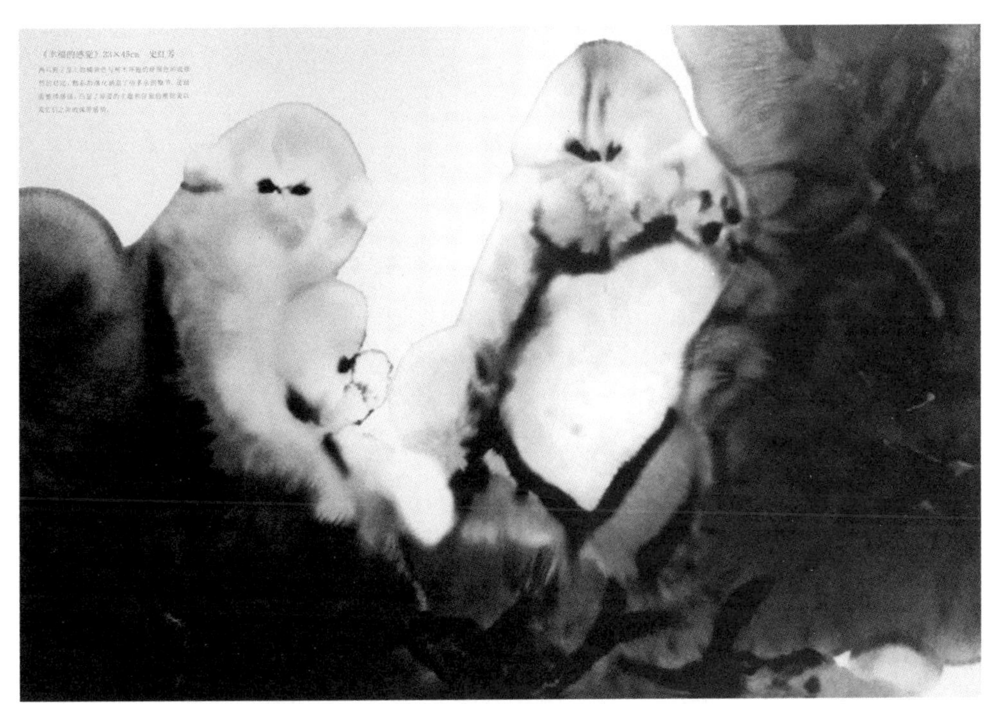

图19 《幸福的感觉》

2001年中国美协举办首届陶瓷艺术作品展，作品收录在作品集中

图20 《群鲤竞放》

图21 《丝路绽放》
“千年景德　瓷上中国——首届中国（景德镇）当代陶瓷绘画作品展，入选作品集

参考文献

柴泽俊：《山西琉璃》，文物出版社，1991年。
史上海：《琉璃人生》，中国科学艺术出版社，2012年。

北宋磁州窑系镶嵌胎瓷的科技分析

马　丁[1,2]，赵学锋[3]，罗武干[1,2]，王昌燧[1,2]

（1．中国科学院古脊椎动物演化与人类起源重点实验室

2．中国科学院大学考古学与人类学系

3．中国磁州窑博物馆）

摘要： 人们以往仅从传统考古学角度探讨镶嵌胎瓷，缺乏必要的科技论证。针对这一现状，特选取北宋时期磁州窑系的7件镶嵌胎瓷样品，经体视显微镜观察样品剖面形貌后，依次采用X射线荧光法（XRF）和粉末X射线衍射（XRD）法进行成分和物相分析。成分分析结果暗示，镶嵌料与化妆土成分一致，似为同一原料。至于釉系类型，大多数样品属于钙釉，仅1件样品为钙-碱釉。物相分析明确指出，胎、镶嵌料和化妆土的主要物相为：莫来石、硅线石和方石英，而釉中所含析晶主要为：钙长石和钠长石。结构成分分析和剖面观察信息皆支持前人推测的制作工艺，即：素胎表面刻划纹饰后，通体施以白色化妆土，再沿胎表面将其刮去，以达到在刻划纹饰内镶嵌白色粉料的目的，最后，通体“罩”上透明釉，置于窑内烧制。

关键词： 磁州窑　镶嵌瓷　北宋　科技分析

一、引　言

现有资料和相关研究表明，中国古代的镶嵌瓷大致可以分为两类。一类是在素胎上戳印、刻划或剔刻出纹样凹槽，在凹槽中填入不同颜色的粉料，再施釉入窑烧成。该类镶嵌瓷包括绞胎镶嵌、戳印嵌粉、珍珠地划花、剔地划花嵌粉、黑釉剔花刻填和镶嵌青瓷等种类，大致流行于唐代晚期—金代。遵照陶瓷学的命名习惯（比如绞胎瓷），本文将这类镶嵌瓷称为“镶嵌胎瓷”。另一类是素胎施釉后在瓷釉层上刻划或剔刻出纹样凹槽，在凹槽中填入与原有釉层颜色不同的釉彩，再入窑烧成。晚唐时期的黑釉刻花嵌白彩就属于这种工艺。遵照陶瓷学的命名习惯（比如白釉瓷、红釉瓷、花釉瓷），本文将这类镶嵌瓷称为“镶嵌釉瓷”，以往也曾称为填彩瓷。顺便指出，以宣德三鱼杯为代表的明清景德镇官窑红三鱼，红三果瓷器也采用了上述镶嵌釉工艺，应属于镶嵌釉瓷。

上述镶嵌瓷中，镶嵌胎瓷的产地主要是晚唐时期的巩义黄冶窑，宋金时期的巩义黄冶窑、观台窑、河南密县窑、登封窑、当阳峪窑、浑源窑、界庄窑、定窑和耀州窑。镶嵌釉瓷的产地主要是晚唐时期黄堡窑和明清时期景德镇窑。河北磁县的观台窑是磁州窑最主要的窑口之一，河南密县窑、登封窑、当阳峪窑产品在工艺上与观台窑产品类似，学界一般将其归入磁州窑系。由此可见，宋金时期磁州窑系镶嵌胎瓷的影响不容低估。

人们以往仅从传统考古学角度探讨镶嵌胎瓷，例如关于镶嵌工艺流程的描述以及镶嵌原料为化妆土的推测等，皆缺乏必要的科技论证。至于磁州窑系的瓷器，确有一些科技分析的论文，唯独未见有关镶嵌胎瓷的研究。

二、样品背景

本文共测试分析了7枚镶嵌胎瓷残片（图1～图7），赵学锋馆长根据器型纹饰等特征判断它们属于北宋时期产品，其制作皆采用剔地划花嵌粉工艺。其中，编号为xq1的样品出土于磁

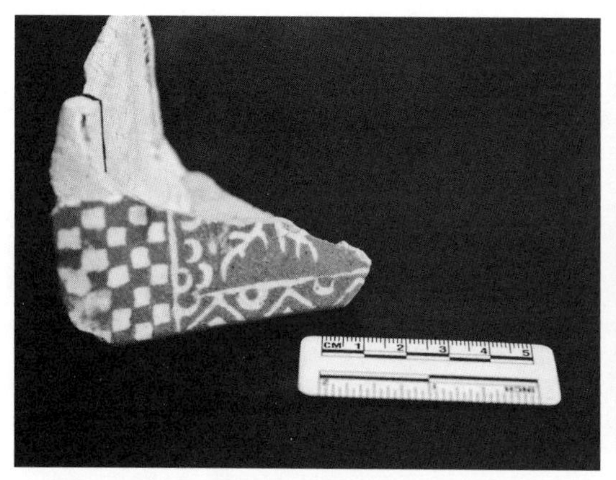

图1 样品xq1

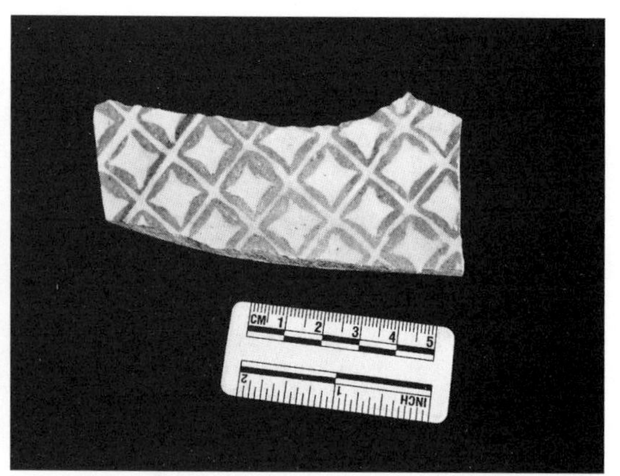

图2 样品xq2

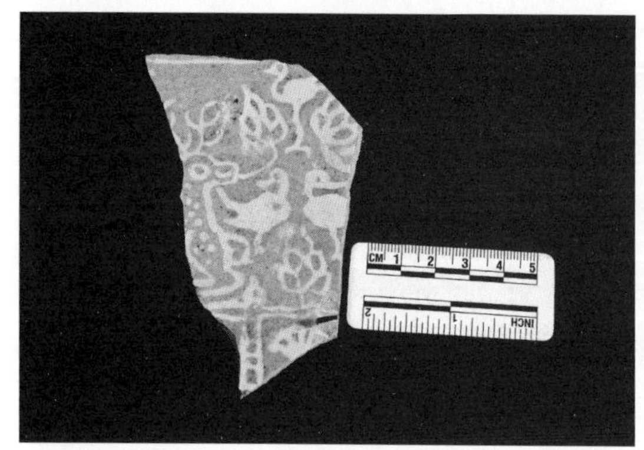

图3 样品xq3

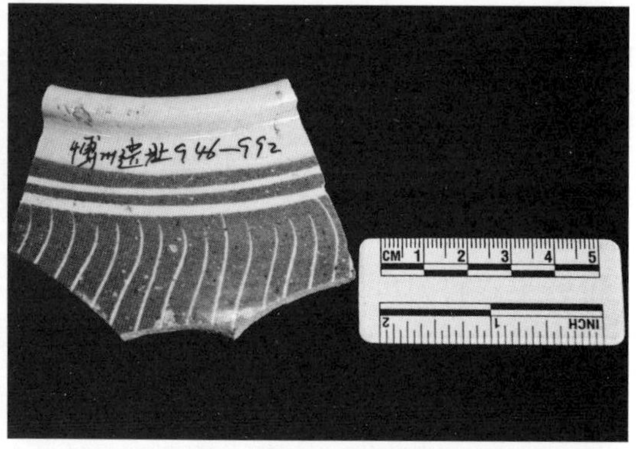

图4 样品xq4

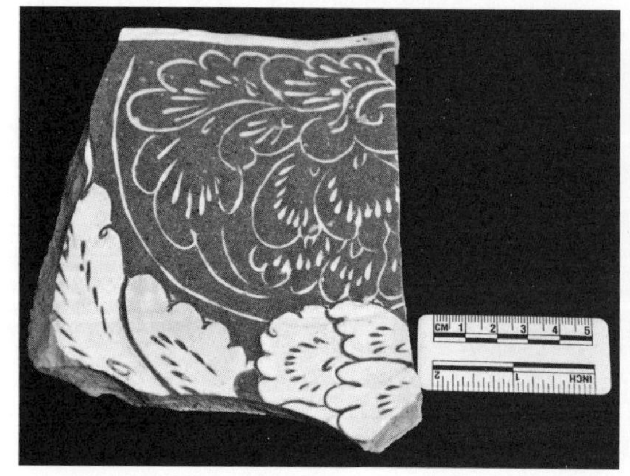

图5 样品xq5

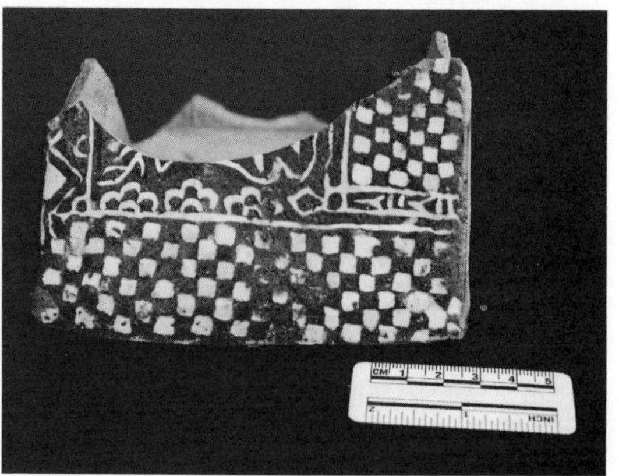

图6 样品xq6

县冶子村窑址，应为观台窑产品，其余6枚残片皆出土于其他遗址或为采集品，详见表1。

三、分析方法

将样品依次置于日本Nikon公司生产的SMZ1000型体视显微镜下，观察其剖面形貌并推测其工艺特征。

图7　样品xq7

表1　样品描述

编号	器型	装饰类型	化妆土	年代	出处
xq1	枕	面镶嵌方格纹	有	北宋	磁县冶子村窑址出土
xq2	枕	面镶嵌菱形纹	无	北宋	聊城博州遗址出土
xq3	枕	面镶嵌动物纹	无	北宋	聊城莘县旧城出土
xq4	容器	线镶嵌	有	北宋	聊城博州遗址出土
xq5	枕	线镶嵌花卉纹	有	北宋	聊城博州遗址出土
xq6	枕	面镶嵌方格纹	有	北宋	聊城博州遗址出土
xq7	容器	线镶嵌花卉纹	有	北宋	郑州采集，判断为登封窑出品

采用日本Horiba公司生产的XGT-7000型能量色散X射线荧光谱仪测试样品的成分，仪器的X射线焦斑直径约为1.2 mm，工作电压和电流分别为30 kV和0.067 mA，测量时间为100s，时间约25%。每枚待分析镶嵌胎瓷在其胎、釉、镶嵌料及化妆土（不包括无化妆土层的样品xq2，xq3）的3个不同位置都分别做了测试，然后取平均值。具体说来，胎样的测试点位于镶嵌胎瓷的剖面，釉样的测试点位于镶嵌胎瓷的釉面，而镶嵌胎瓷的釉层被电磨器磨去后，分别测试其镶嵌料和化妆土。

采用日本理学公司生产的MiniFlexⅡ型X射线衍射仪分析样品的物相组成。其实验条件为：工作电压和电流分别为30kV、15 mA，Cu靶。发散狭缝、防散射狭缝和接收狭缝依次为1.25°、1.25°和0.3 mm。扫描范围为10°～75°，扫描速度3°/min。

四、结果与讨论

以往的研究认为，剔地划花嵌粉镶嵌胎瓷的制作工序如下：素胎表面刻划纹饰后，通体施以白化妆土，再沿胎表面将其刮去，以达到在刻划纹饰内镶嵌白色粉料的目的，最后，通体“罩”上透明釉，置于窑内烧制。遗憾的是，以上研究并未介绍相关依据。

术语“化妆土”早已流行，但其定义似乎不够清晰。为便于研究，有必要在前人探讨的基础上，将化妆土的具体含义叙述如下：以遮盖粗糙瓷胎为目的，大面积涂布于瓷胎表面的细腻单色土层。不同窑口、不同时期，所施化妆土的厚度不尽相同。本次测量的化妆土层厚度介于0.12～1mm之间。

这次分析尺寸最大、保留镶嵌装饰面积最大的样品莫过于编号为xq6的镶嵌胎瓷，其为方格状的面镶嵌纹饰。图8所示红圈内可见部分白色镶嵌方格纹彼此连接，表明镶嵌料过多以致溢出了原有凹槽。蓝圈内可见部分白色方格图案明显有些残缺，表明该区域原有凹槽剔刻过浅，致使镶嵌料去掉太多，露出了凹槽底部的素胎颜色。不难理解，这两种现象暗示，镶嵌胎瓷的制作过程曾包括一道采用刮板刮去多余镶嵌料的工序，表明以往文献关于镶嵌胎瓷的制作工艺的推测不无道理。图4显示，编号为xq4的样品存在明显的化妆土向胎过渡的边界。图9为xq4的剖面形貌以及红框内所示的局部放大图，该图表明，镶嵌料与化妆土形貌相似。左侧红框内展示了化妆土层向胎过渡的边界，有一高于胎表面的斜坡；右侧红框内展示了镶嵌料表面与胎表面持平。这些现象不仅再次暗示，镶嵌胎瓷的制作过程中，曾使用刮板刮去多余的镶嵌料，而且镶嵌所用原料很可能与上述化妆土雷同。

图8 样品xq6的局部，镶嵌装饰面呈现方格纹饰，红圈内可见白色镶嵌方格纹彼此连接，蓝圈内可见白色方格图案不完整

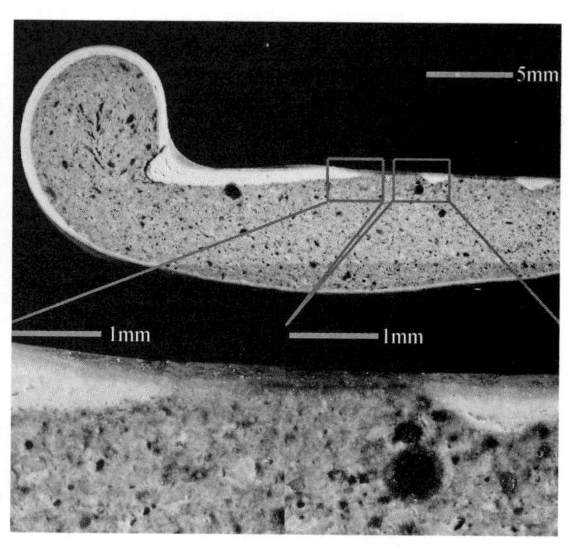

图9 样品xq4剖面及局部（框内）

XRF所得成分数据列于表2～表5。对比分析瓷胎、镶嵌料、化妆土的成分数据，不难发现，上述三种材料中，仅Fe_2O_3和Al_2O_3的含量相差甚远，其他元素的含量未见明显差异。具体说来，瓷胎的Fe_2O_3含量介于3.01%～4.99%之间；Al_2O_3含量介于32.83%～36.93%之间。编号为xq1-xq6的六枚镶嵌胎瓷，它们镶嵌料的Fe_2O_3含量落在0.83%～1.79%之间，Al_2O_3含量介于35.16%～39.93%之间。与此同时，它们（xq2，xq3无化妆土）化妆土的Fe_2O_3含量落在0.89%～1.83%之间，Al_2O_3含量位于38.93%～39.87%之间。图10所示的数据显示，化妆土和镶嵌料相较于瓷胎，Fe_2O_3含量较低而Al_2O_3含量较高，暗示它们的原料与瓷胎截然不

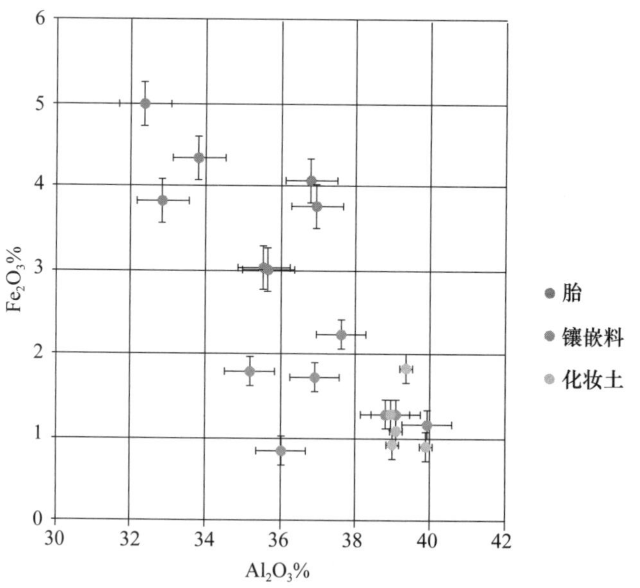

图10 胎、镶嵌料和化妆土的成分分布

同。分析数据还显示，镶嵌料成分数据的范围和化妆土相互重叠，意味着镶嵌料与化妆土的材料相同。

表2 样品胎各个元素质量百分比 （单位：%）

	Na_2O	MgO	Al_2O_3	SiO_2	P_2O_5	K_2O	CaO	TiO_2	MnO	Fe_2O_3
xq1b	1.04	0.63	35.5	55.58	0	1	1.63	1.57	0.01	3.03
xq2b	1.06	0.53	35.63	55.87	0	0.95	1.38	1.56	0.01	3.01
xq3b	1.1	0.81	32.83	57.39	0	1.16	1.32	1.56	0.01	3.83
xq4b	1.01	0.62	36.93	53.82	0	0.87	1.57	1.4	0.01	3.77
xq5b	1.09	0.49	33.78	56.28	0	1.02	1.49	1.52	0.01	4.34
xq6b	1.1	0.79	32.35	56.52	0	1.18	1.69	1.38	0	4.99
xq7b	1.01	0.73	36.78	53.62	0	0.93	1.49	1.36	0	4.07

表3 样品釉各个元素质量百分比 （单位：%）

	Na_2O	MgO	Al_2O_3	SiO_2	P_2O_5	K_2O	CaO	TiO_2	MnO	Fe_2O_3	b值
xq1g	1.48	1.09	13.97	72.39	0.03	1.65	8.62	0.18	0.05	0.54	0.8
xq2g	2.99	1.13	15.09	64.81	0	4.01	10.09	0.28	0.05	1.55	0.69
xq3g	1.37	2.6	15.11	63.77	0.02	1.37	13.28	0.38	0.07	2.12	0.89
xq4g	2.41	0.77	14.41	69.12	0	1.53	10.44	0.25	0.05	1.06	0.79
xq5g	1.51	1.19	14.19	68.66	0	1.81	10.64	0.26	0.06	1.68	0.83
xq6g	1.47	1.27	14.07	70.74	0	1.95	7.67	0.37	0.03	2.48	0.79
xq7g	1.69	0.9	12.96	72.67	0	2.05	8.3	0.19	0.05	1.19	0.78

表4 样品镶嵌料各个元素质量百分比 （单位：%）

	Na_2O	MgO	Al_2O_3	SiO_2	P_2O_5	K_2O	CaO	TiO_2	MnO	Fe_2O_3
xq1i	1.04	0.49	36.9	55.48	0	1.4	1.48	1.46	0	1.73
xq2i	1.02	0.09	36	55.36	0	4.03	1.25	1.4	0	0.84
xq3i	1.05	0.83	35.16	56.85	0	1.27	1.85	1.2	0.01	1.79
xq4i	0.98	0.13	38.8	54.35	0	1.54	1.6	1.32	0	1.28
xq5i	0.94	0.65	39.93	53.9	0	1.39	0.64	1.39	0.01	1.15
xq6i	0.96	0.71	39.07	54.64	0	0.97	1.06	1.31	0.01	1.27
xq7i	0.99	0.48	37.61	54.33	0	1.62	1.34	1.41	0	2.23

表5 样品化妆土各个元素质量百分比 （单位：%）

	Na_2O	MgO	Al_2O_3	SiO_2	P_2O_5	K_2O	CaO	TiO_2	MnO	Fe_2O_3
xq1s	0.95	0.14	39.11	55.31	0	1.25	0.79	1.37	0.01	1.08
xq4s	0.97	0.54	38.93	54.58	0	1.35	0.97	1.37	0.01	1.28
xq5s	0.96	0.2	39.87	53.83	0	1.24	1.54	1.45	0	0.89
xq6s	0.95	0.45	39.36	53.15	0	1.39	1.61	1.26	0	1.83
xq7s	0.97	0.21	39.03	55.52	0	1.18	0.69	1.48	0	0.92

根据李家治先生提出的釉系类型划分标准可知：以n代表物质摩尔数，R_2O代表碱金属氧化物，RO代表碱土金属氧化物。定义$b=n_{RO}/(n_{RO}+n_{R_2O})$，当b≥0.76时，为钙釉；0.76>b≥0.50时，为钙-碱釉；而b<0.50时，为碱-钙釉。由此可知，本研究大部分样品的瓷釉属于钙釉，仅样品xq2为钙-碱釉（样品的b值数据详见表3）。

图11～图14为分析样品的XRD谱图示例，经计算机物相检索得知，所有样品的物相组成相同，这就是说，它们胎、镶嵌料和化妆土中所含晶体主要为莫来石、硅线石和方石英，而它们釉中所含析晶主要为：钙长石和钠长石。

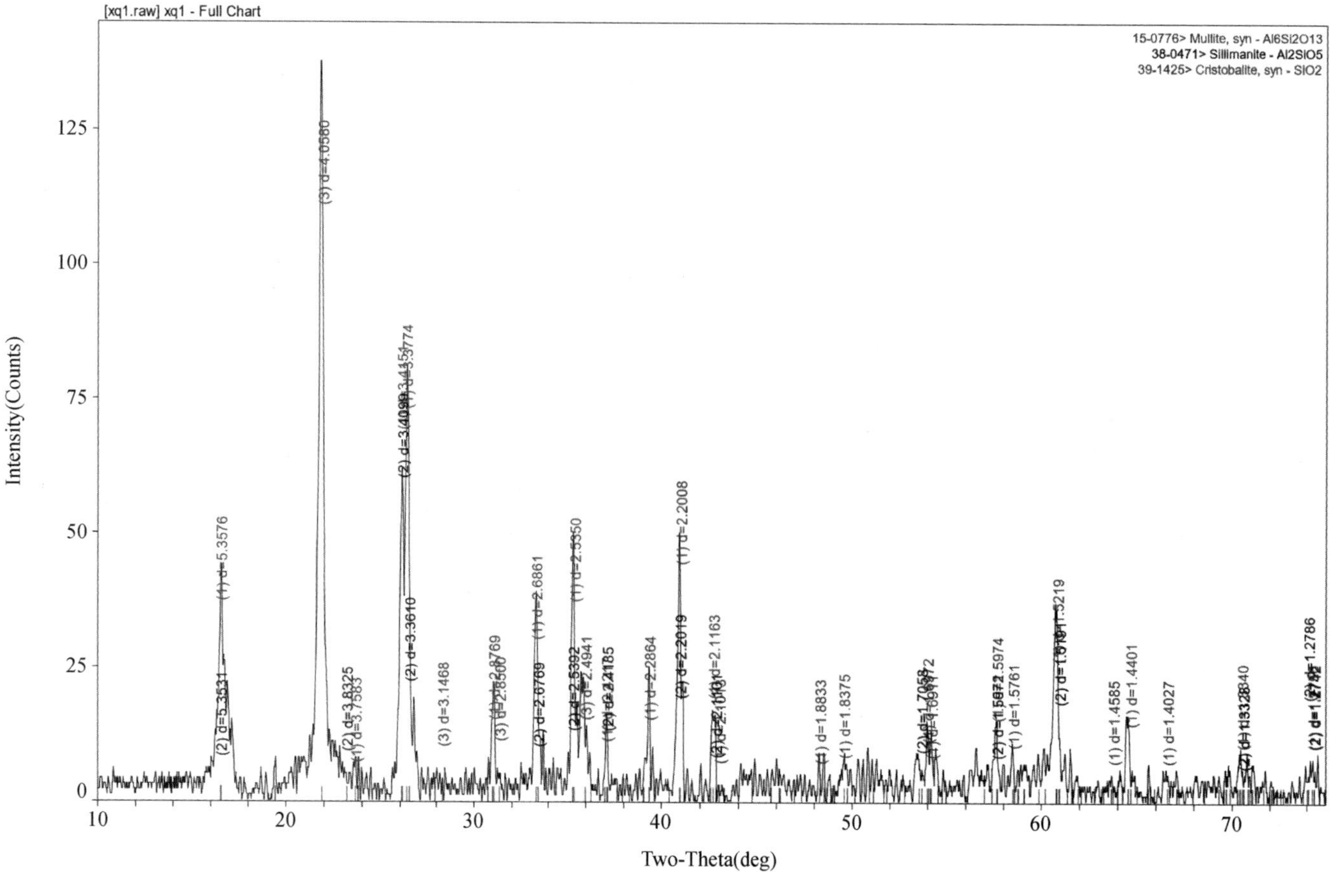

图11　样品xq1胎的XRD谱，检出莫来石、硅线石和方石英

五、结　　语

镶嵌胎瓷成分分析的结果暗示，镶嵌料与化妆土成分一致，似为同一材料。大多数样品的釉系类型属于钙釉，仅编号为xq2的镶嵌胎瓷属于钙-碱釉。物相分析指出，所有分析样品的胎、镶嵌料和化妆土所含晶体主要为：莫来石、硅线石和方石英；而釉中所含析晶主要为：钙长石和钠长石。结构成分分析和剖面观察信息皆支持前人对于这类瓷器制作工艺的推断，即：素胎表面刻划纹饰后，通体施以白化妆土，再沿胎表面将其刮去，以达到在刻划纹饰内镶嵌白色粉料的目的，最后，通体“罩”上透明釉，置于窑内烧制。

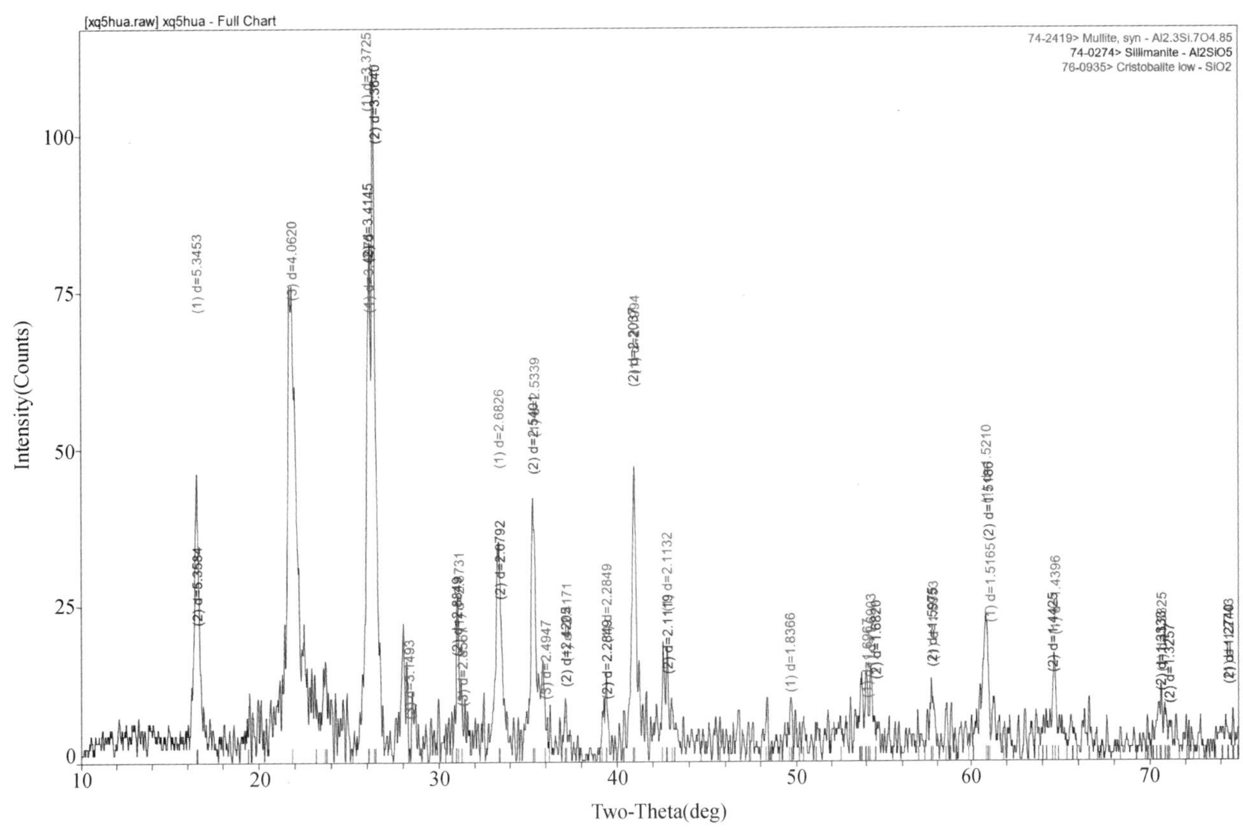

图12　样品xq5化妆土的XRD谱，检出莫来石、硅线石和方石英

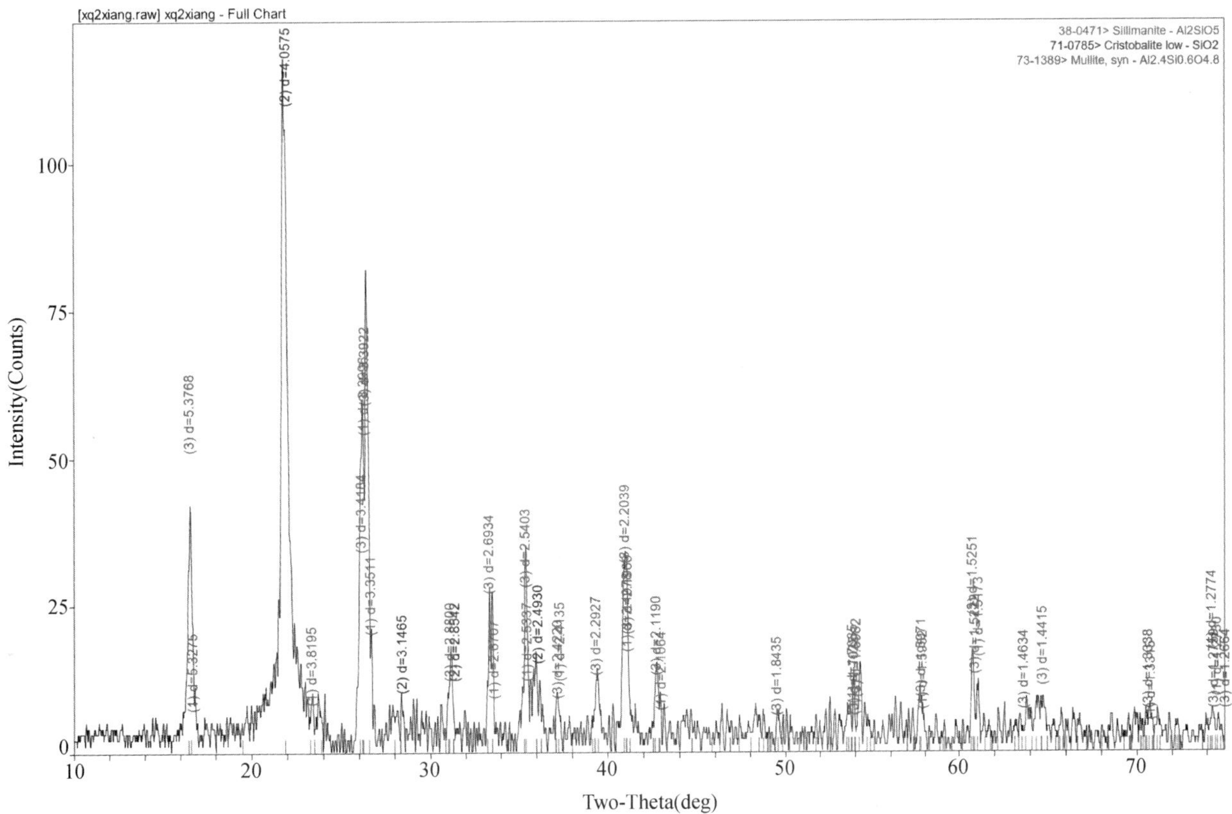

图13　样品xq2镶嵌料的XRD谱，检出莫来石、硅线石和方石英

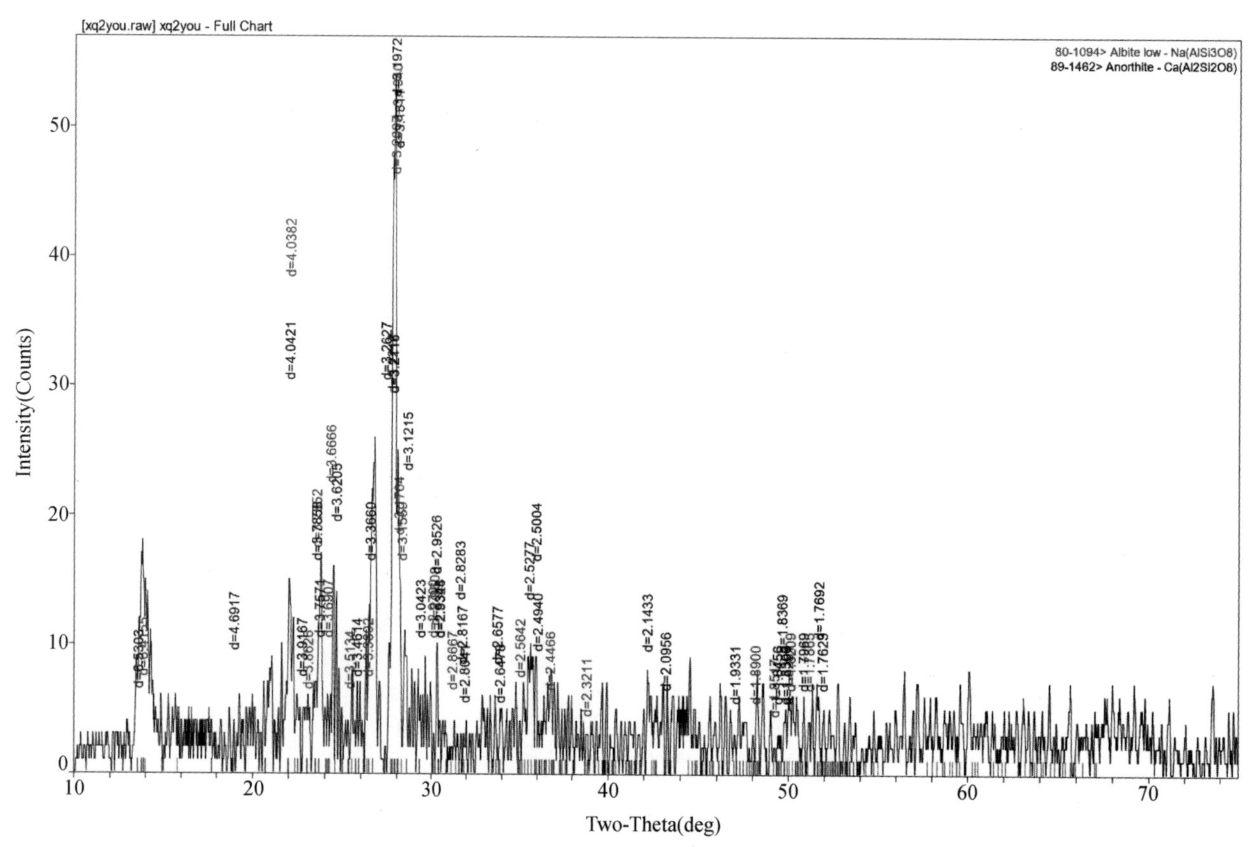

图14 样品xq2釉的XRD谱，检出钠长石，钙长石

注：编号为xq7的镶嵌胎瓷，其镶嵌料宽度远小于XRF光斑直径1.2mm，必然导致较大的测量误差，其测量数据为2.23%的Fe_2O_3含量，只能作为参考。

参考文献

[1] 胡彩虹、罗武干、王昌燧、孟耀虎：《临水窑与介休窑白底彩绘工艺的对比研究》，《文物保护与考古科学》2013年第3期。

[2] 李家治：《中国科学技术史》陶瓷卷第404、405页。

[3] 李家治：《中国科学技术史》陶瓷卷第161、162页。

[4] Leung 2000. P. L. Leung, M. J. Stokes, Chen Tiemei And Qin Dashu. A study of ancient Chinese porcelain wares of the song-yuan dynasties from cizhou and ding kilns with energy dispersive x-ray fluorescence. Archaeometry 42, 1 (2000), 129-140.

[5] 李融武、赵学峰、李江，等：《磁州窑炉上村窑址白地黑花、酱花瓷的初步分析》，《磁州窑瓷器研究》，故宫出版社，2013年，第183-188页。

[6] 秦大树：《中国古代瓷器镶嵌工艺与高丽镶嵌青瓷》，《宿白先生八秩华诞纪念文集》上，文物出版社，2002年，第325～344页。

[7] 秦大树：《瓷器化妆土工艺的产生与发展》，《华夏考古》2018年第1期。

[8] 任志录：《中国早期镶嵌瓷的考察》，《文物》2007年第11期。

[9] 任志录：《关于化妆土在中国古陶瓷中作用的探讨》，《山西省考古学会论文集》2000年，第440～447页。

[10] 王少宇：《磁州窑系之河南诸窑》，《磁州窑瓷器研究》，故宫出版社，2013年，第319～332页。

[11] 王建保：《磁州窑窑址考察与初步研究》，《磁州窑瓷器研究》，故宫出版社，2013年，第319～332页。

[12] 张福康：《中国古陶瓷的科学》，上海人民美术出版，2000年，第115、116页。

[13] 张明悟、赵学锋、王文轩，等：《白瓷间的关系——兼论北方"青白瓷"》，《华夏考古》2018年第5期。

山东北宋晚期至金代瓷器生产工艺源流考

杨君谊
（山东财经大学艺术学院）

摘要：北宋晚期，山东地区窑址的数量与分布范围相比北宋中期有所扩张。由于磁州窑制瓷工艺技术的传入，以及山东地区生产与销售主流产品的改变（表1），促使部分新瓷窑的兴起，而其中燃料与工艺技术明显限制了部分窑场的生产。即衰落的窑场附近无煤资源，燃料不足是导致窑场消亡的主要因素。另一原因为部分窑口装饰手法、烧造工艺对外交流滞后，全无创新，也导致了其生产明显衰退。

关键词：山东　装饰手法　技术来源

表1　北宋主要窑址的瓷器工艺类型

窑址	生产年代	产品类型	窑址	生产年代	产品类型
宁阳西太平窑址	北宋中晚期	白釉、黑釉、酱釉	淄川磁村窑址	北宋中晚期	白釉刻花、白釉划花、白釉剔花
淄川寨里窑址	唐晚期	黑釉	枣庄中陈郝窑址	北宋晚期	白釉、白釉刻花
临沂朱陈窑址	北宋	白釉、黑釉	枣庄中陈郝窑址	金代	白地黑花、红绿彩

一、主要装饰工艺

北宋早中期，磁村窑与磁州窑均以生产白釉瓷产品为主。北宋晚期，磁州窑的产品器类与装饰工艺技术趋于丰富，相继产生白釉刻花、白釉划花、白地黑花釉下彩绘、红绿彩等装饰工艺技术，改变了北宋早期以生产青釉瓷与白釉瓷为主的面貌[1]，因其技术的对外传播，从而北方地区逐渐形成了所谓的磁州窑系[2]，在釉药配方及装饰技法为核心的工艺技术有了明显突破。而磁州窑工艺技术在对外传播过程中，顺理成章地影响了山东本地的窑业生产，尤其是其胎装饰及釉彩装饰的传入[3]，改变了山东瓷业生产的主要装饰手法。金代，山东地区瓷器的装饰工艺可能主要来源于磁州窑，与定窑等北方地区窑口。

北宋晚期之后，磁州窑瓷器向包括山东地区在内的整个中国北方地区大量销售。与此同时，山东地区原已具备模仿磁州窑产品的技术基础，山东地区瓷窑对磁州窑瓷器的模仿主要有两种，一种为对产品器形与装饰纹样的模仿，本地已有技术基础；另一种为技术模仿，主要体现在各种制瓷工艺方面。而这种仿制仅以本地窑工的技术模仿是无法完成的，而主要靠掌握仿制磁州窑窑业生产核心技术工匠的流动所完成。

（一）胎 装 饰

北宋晚期至金元，山东地区的瓷器生产相继出现白釉刻花、白釉划花、白釉剔花、印花、粉杠等多种胎装饰工艺，其中白釉刻花出现相对较早[4]。白釉刻花工艺产生之前，山东地区已具备胎体刻花的工艺基础。

山东的刻花工艺可以上溯至北朝晚期寨里窑生产的青瓷莲花尊，就已经开始采用刻花、模印贴塑等工艺，对其进行装饰。磁村窑在生产划花白釉瓷器之前，便已生产刻花青釉瓷器，具备一定工艺基础（图1）。北宋早中期，刻花瓷器的数量仍不多。磁村窑正是在此技术基础之上对定窑、磁州窑产品进行模仿。但这种刻花技术并非来自定窑或磁州窑。而在其北宋晚期的遗存中发现白釉刻花瓷器（图2）[5]，但不见青釉刻花瓷器。磁村窑生产的白釉刻花瓷器纹饰模仿定窑、磁州窑（图3），但刻花装饰更为简单。山东当地窑口生产的刻、划花白瓷器主题纹饰多为花卉纹[6]，而白釉划花是在白釉刻花工艺基础上发展而来的，但划花线条相对较浅，通常作为辅助纹饰装饰（图4）。

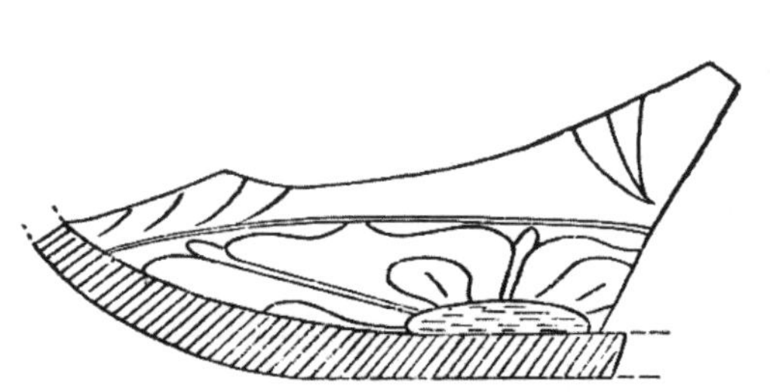

图1 宋家村窑址采集隋代刻花青瓷残片标本
（采自《曲阜宋家村古代瓷器窑址的初步调查》）

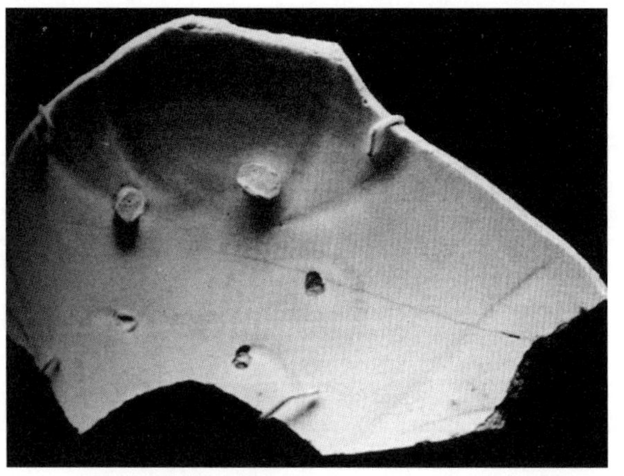

图2 淄川磁村窑址采集刻花白瓷残片标本
（采自《山东淄博磁村窑址调查》）

图3 北宋萱草纹白釉盘
（采自《中国陶瓷全集》）

图4 淄川磁村窑址采集北宋晚期白釉划花残片标本
（采自《山东淄博磁村窑址调查》）

磁村窑址目前发现的白釉刻花、划花瓷器的数量并不多。即便如此，仍有细白瓷、粗白瓷的区分。细白瓷不施化妆土，直接在胎体上进行刻划纹饰，多模仿定窑。由于白釉瓷胎土的淘洗工艺较高，瓷土内的含铁量有所下降，所以细白瓷为磁村窑生产质量较高的产品。而粗白瓷胎土淘洗草率，其含铁量相对较高，胎体表面多施以化妆土，再于胎体化妆土上刻、划纹饰，这应是模仿磁州窑同类产品。

淄川磁村窑址白釉剔花瓷器的装饰工艺产生于北宋晚期。淄川磁村窑址第五期产品遗存中发现有白釉剔花的瓷器遗物[7]（图5）。白釉剔花工艺建立于刻花、划花的装饰工艺基础之上。剔花工艺技术是在施有化妆土装饰的胎体上，先以刻、划工艺来装饰主题图案，再将主题纹饰之外的化妆土剔除，胎色与化妆土之间形成鲜明对比的装饰手法。

北宋早中期，山东地区瓷窑的装饰手法中尚不具备剔花工艺。北宋晚期，白釉瓷器的产品类型中，其剔花工艺的装饰纹饰运用的较少，仍以刻花装饰为主，剔花工艺仅作为刻花工艺的辅助装饰技术。金代以后，磁村窑的白釉剔花工艺才开始成为主题纹饰，地位日渐显著。

白釉剔花工艺推断应由本地区窑口产生。原因在于剔花工艺技术建立于刻花、划花的基础之上，剔花工艺技术相对简单，便于窑工掌握。北宋晚期，磁村窑址瓷器局部装饰有剔花纹饰（图5），但比磁州观台窑址出土的剔花瓷器更为简单，也未发现其他釉色类型的剔花瓷器。大街窑、坡地窑、磁村窑也均发现有剔花瓷器，而淄博以外的其他窑址并未发现，表明剔花瓷器仅在淄博地区的瓷窑进行生产。但这一时期，白釉剔花瓷器作为高档瓷器，生产数量少于白釉刻、划花瓷器。

图5　淄川磁村窑址采集第五期白釉剔花残片标本
（采自《山东淄博磁村窑址调查》）

印花工艺的使用年代大体在入金以后[8]。印花工艺以模具印制大量的同类纹饰产品，故而比刻花、划花、剔花工艺更为简单便捷。大街窑址发现了大量制胎模具[9]，也发现有以缠枝菊纹为装饰的青釉印花盘[10]（图6）。由于青釉瓷胎体的受力程度相对较高，在印花技术不成熟的时期更适合推广普及。

磁州观台窑址北宋晚期地层出土的白釉印花瓷器[11]，采用缠枝菊纹的印花装饰（图7），与大街窑址出土的青釉瓷

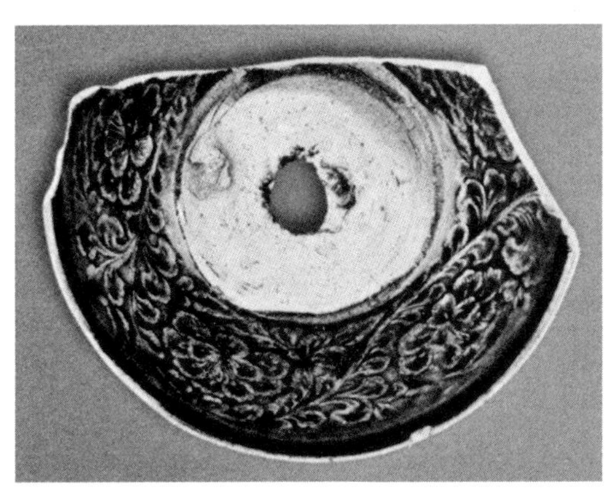

图6　博山大街窑址出土金代青釉印花瓷器标本
（由博山博物馆提供）

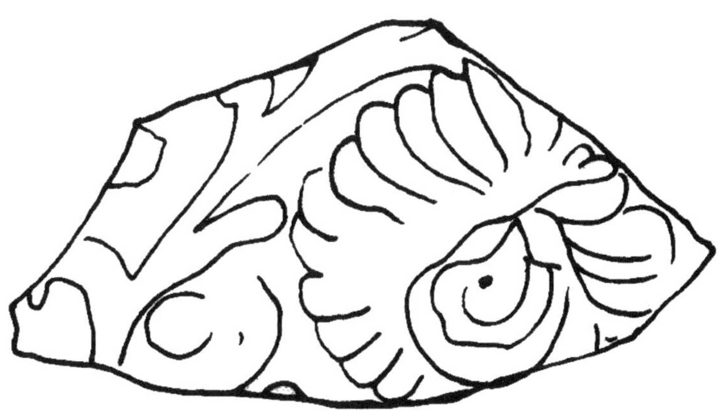

图7　磁州窑址出土北宋晚期印花瓷器标本
（采自《观台磁州窑址》）

印花纹饰相近，表明印花工艺可能也是从磁州窑传入。

粉杠瓷器（图8）发现于磁村窑址第五层，生产年代为金代[12]。中淳于窑址、德州窑址均有所发现。

磁村窑址发现的粉杠瓷器标本[13]，为山东地区生产年代最早的产品类型。观台窑址第三期遗物（北宋晚期至金代初期）中发现的粉杠瓷器，生产年代也早于磁村窑同类瓷器。粉杠瓷器的生产工艺流程：先以素胎作为装饰基础，在胎体上堆塑线条纹饰，堆塑的线条凸起，器表再施以黑釉，烧成后，凸起线条呈黄色或白色，与黑釉釉面形成对比。

磁村窑址生产的粉杠瓷器以三条排列整齐的黄白色线条为一组，磁州窑系其他窑址的粉杠瓷器上的线条呈黄色（图9），线条呈色是胎土内含铁量的不同所致。粉杠瓷器的装饰工艺较为复杂，可能借鉴磁州窑。金代之后，粉杠瓷器的生产有所减少。

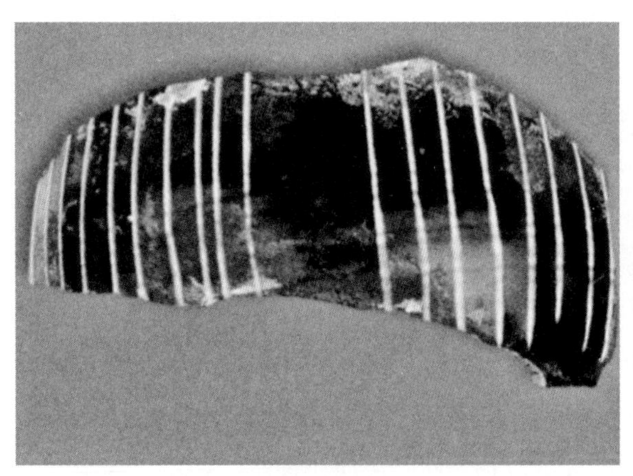

图8　淄川磁村窑址采集的金代粉杠瓷器残片标本
（采自《山东淄博磁村窑址调查》）

图9　磁州窑系鹤壁集窑址出土的金代黑釉线条罐标本
（采自《中国出土瓷器全集》）

综上所述，北宋晚期之后，山东地区制瓷业，胎装饰成为主要类型（表2）。白釉刻花、划花、剔花工艺可能较早出现在山东地区，装饰纹饰较为简单。青釉印花、粉杠工艺类型可能由磁州窑址或磁州窑系的其他窑口所传入。

表2　胎装饰工艺类型

窑址	装饰工艺	生产年代上限
淄川磁村窑址	白釉刻花	北宋晚期
淄川磁村窑址	白釉划花	北宋晚期
博山大街窑址	印花	金代
淄川磁村窑址	粉杠	金代
淄川磁村窑址	白釉剔花	北宋晚期

（二）白地黑花装饰工艺

1. 生产年代与工艺来源

白地黑花彩绘是在白釉瓷器的生产基础上，釉下施以黑彩彩绘的装饰，在白釉瓷的胎体或化妆土上，以点、染、绘画的技法用来装饰瓷器。白地黑花瓷器多发现于金元时期的窑址与墓葬，[14]表明山东地区瓷窑生产这类瓷器的年代应为金代。德州窑址、磁村窑址、大街窑址、坡地窑址、中淳于窑址、中陈郝窑址均发现白地黑花瓷器，表明这类瓷器当时是山东窑口普遍生产的主流类型。

河南方城崇宁三年（1104年）范致祥墓出土了一件白地黑花碗，为纪年墓葬中发现年代最早的该类瓷器，面貌上与磁州观台窑址的瓷器标本相同[15]。磁州观台窑可能为最早生产白地黑花瓷器的瓷窑。磁村窑址金代地层发现的标本，为山东本地生产最早的白地黑花瓷器，早于山东其他窑址[16]。可见，山东白地黑花的生产工艺也应晚于磁州窑。

白地黑花工艺中的彩绘颜料从富含氧化铁的斑花石中提取[17]，斑花石资源在山东地区也有所分布。金元时期，白地黑花作为一类釉下彩绘工艺，山东地区瓷窑与磁州窑黑彩呈色与纹饰特征相近，表明山东瓷窑借鉴了磁州窑白地黑花瓷器的生产工艺，并模仿其纹饰。

磁村窑、坡地窑、大街窑同属淄博地区窑址，由于三处窑址的分布距离较近，所以工艺技术的传播速度较快，三处窑口均生产有白地黑花瓷器。其中，淄川磁村窑址发现的金代白地黑花四系瓶（图12）的器形与装饰纹饰，明显模仿了磁州窑四系瓶（图13），应为磁州窑工艺直接传入磁村窑后的产物。中陈郝窑址南区第2层中发现的白地黑花瓷器的生产年代为金代[18]，出土的器类以碗、罐、钵、壶为主。其中，发现的白地黑花卷草纹双系罐（图11）继承了本地北宋晚期白釉双系罐的器形特征（图10），表明了本地对磁州窑白地黑花瓷器装饰的模仿具有两种形式，一种是直接模仿磁州窑白地黑花瓷器，包括器形与纹饰；另一种是借鉴白地黑花瓷器的纹饰工艺，在原有的器形上进行装饰。

图10　枣庄中陈郝窑址出土的北宋白釉双系罐残片
（采自《中国出土瓷器全集》）

图11　枣庄中陈郝窑址出土的金代白地黑花卷草纹双系罐
（采自《中国出土瓷器全集》）

北宋晚期至元代，磁州窑瓷器装饰工艺的变化速率较快。并在白地黑花装饰的工艺基础上，产生了红绿彩瓷器。德州窑址、磁村窑址发现的红绿彩瓷器，具有“泰和”纪年款识，表明红绿彩瓷器的生产下限为金代泰和时期，推断白地黑花瓷器的创制下限应为金代初年。

白地黑花花口瓶（图14）的器身书写纪年款识与生产地点，其中颜神镇为今淄博博山，

图12　淄川磁村窑址出土的金代四系瓶
（由淄博博物馆提供）

图13　磁州窑金代四系瓶
（采自《故宫博物院藏中国古代窑址标本·河北》）

图14　元代淄博窑白地黑花花口瓶
（由淄博博物馆提供）

表明花口瓶为元代淄博窑址的产品。其中，所施黑彩的呈色与元代磁州窑的同类产品相近。花口瓶的黑彩彩料呈褐色，与金代黑彩彩料的呈色有一定区别。淄博窑生产的花口瓶具有纪年款识，为元代至正时期所生产。由此，淄博窑生产白地黑花瓷器的年代大体应为金代初期到元代晚期，时间跨度长。

2．装饰纹饰

金元时期白地黑花瓷器依据纹饰的不同，可大体分为动植物与文字两类。文字的装饰内容多为诗文，也有将产品的生产地、定烧者书写于瓷器器表。当然部分文字书写也并非用于装饰的目的。动物纹饰以鱼藻纹为主，并产生分层装饰的工艺。植物纹饰以卷草纹、竹叶纹为主，绘画技法为一笔点画的工艺，磁村窑绘画技法与磁州窑相同（图18），表明磁村窑址白地黑花瓷器的装饰技法直接来源于磁州窑。

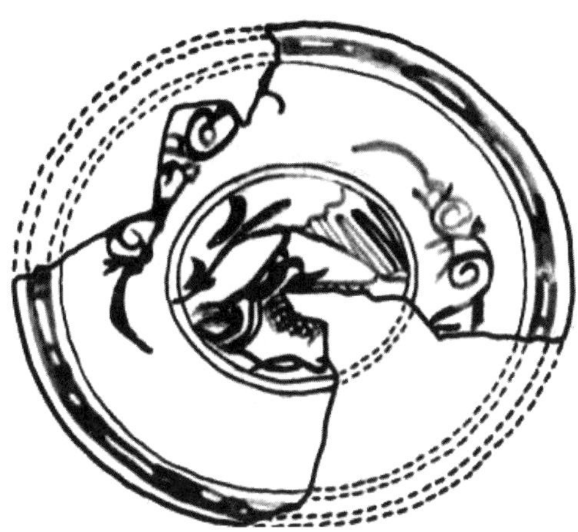

图15　枣庄中陈郝窑址出土的白地黑花鱼藻纹折沿盆
（采自《山东枣庄中陈郝瓷窑址》）

图16　淄川磁村窑址出土的白地黑花鱼藻纹折沿盆
（由淄博博物馆提供）

磁村窑址、中陈郝窑址发现的金代白地黑花鱼藻纹折沿盆（图15、图16）与磁州窑的同类瓷器的器形与纹饰相近（图17），磁州窑、磁村窑、中陈郝窑三处窑址出土白地黑彩鱼藻纹盆的中心绘有鱼藻纹饰，四周具有卷草纹，其装饰纹饰的相近，也表明山东窑址的装饰工艺存在相互模仿的现象。

图17　金代磁州窑鱼藻纹瓷盆
（采自《中国出土瓷器全集》）

元代白地黑花瓷器的纹饰相比金代有所变化，主要表现在新出现的装饰图案，如折枝花、莲瓣纹等。其次，技法以单线与平涂绘画为主，改变金代一笔点画的技法（图19），图案装饰以器形的整体绘画为主。元代，白地

图18　北宋磁州窑址白地黑彩瓷片标本
（采自《故宫博物院藏中国古代窑址标本·河北》）

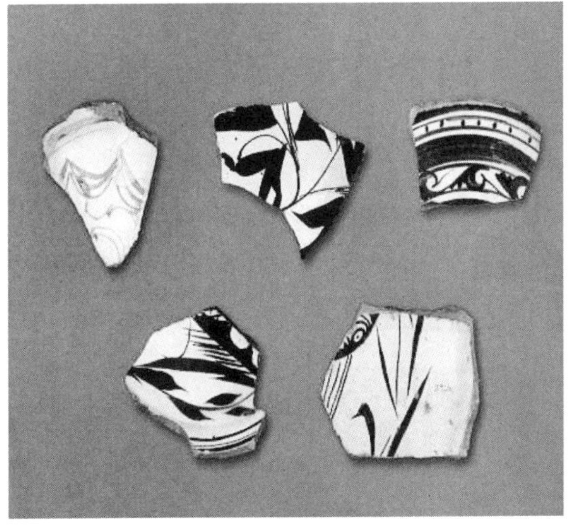

图19　淄川磁村窑址采集的金代白地黑花瓷片标本
（采自《故宫博物院藏中国古代窑址标本·河北》）

黑花工艺受到磁州窑的影响，磁州窑白地黑花大罐的主题装饰纹饰为婴执莲纹（图20），纹饰占据了器形的整体，工艺是以单线绘画为主，表明本地与磁州窑址工艺技术具有交流。金元时期，磁村窑白地黑花瓷器的生产工艺一直受到磁州窑址的影响。

图20 元代磁州窑白地黑花婴执莲纹大罐
（采自《中国出土瓷器全集》）

（三）釉陶三彩

1. 生产技术

釉陶三彩为宋、金时期北方地区各窑系生产的低温陶器。山东地区仅大街窑址有所发现[19]。大街窑址T1东壁第二层发现的三彩釉陶遗物，其生产年代为金代，釉色以黄、绿两色为主，也有产品以黄、绿、白三色装饰。

三彩陶器的成型工艺技术，是以陶制模范印制坯体，再接胎成型。一部分三彩釉陶采用轮制成型，所占产品的比例较小。用于三彩釉陶的生产模具，是以陶土作为原料进行烧制（图21），模具可以反复使用。三彩陶器的制作采用模具大量生产，原因在于陶土相比瓷土更具可塑性，采用模具印坯有利于三彩陶器器皿的成型，当然也有从降低成本的角度考量。

三彩釉陶的施釉工艺，彩釉不具备流动性，是在器物的不同部分施以釉彩，多次入窑烧制。大街窑生产的三彩釉陶集中于金代，未发现元代遗物[20]，表明该产品在本地区生产的时间较短。北宋三彩的装饰工艺是在器表刻、划纹饰的基础上，再进行填彩（图22）。与北宋三彩的工艺相区别（图23），大街窑生产的釉陶三彩，器表模印纹饰，直接在胎体上施以彩料，生产工艺相对简单。釉陶三彩的装饰中，女真族的民族图案元素运用较多（图24），应与金代少数民族的审美因素相关。

“较早的器物以白瓷为主。烧造时不用匣钵，多用器皿状的窑具支烧，碗、盘类内底普遍有三至四枚支钉痕。器外部多施半釉。这些特征与淄博市淄川区磁村窑址的第四期

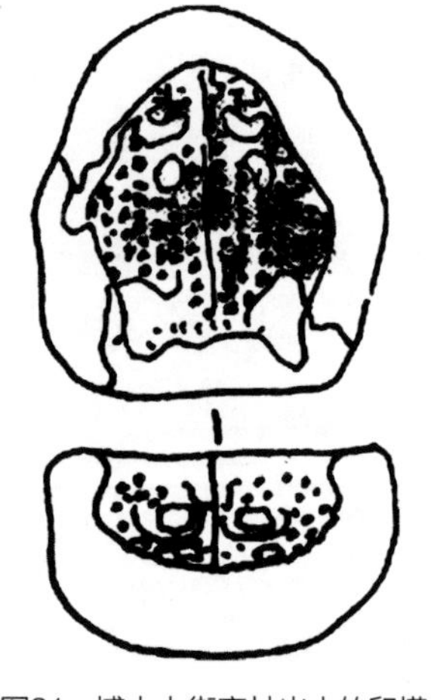

图21 博山大街窑址出土的印模
（采自《淄博市博山大街窑址》）

图22 宋三彩枕
（采自《中国出土瓷器全集》）

图23 金三彩人物俑
（采自《中国出土瓷器全集》）

（北宋晚期）遗物的特征相同。”[21]大街窑生产上限为北宋晚期。至金代，瓷器的工艺类型丰富。[22]其以生产白釉、青釉瓷器为主，釉陶三彩不作为生产的主要产品。釉陶三彩产品仅在大街窑有所生产，应与周边的制陶原料有关。

图24　博山出土金三彩灯具
（采自《中国出土瓷器全集》）

金代，釉陶三彩产品以盘、碗、灯具等为主，盘、碗等的成型工艺为拉坯成型。雕塑以及其他类型产品采用模印接胎的成型工艺，有利于产品的大量生产。三彩陶器在窑内烧成的温度较低，胎质疏松，呈白色。大街窑址生产的三彩陶器以白陶作胎，区别于北宋三彩以红陶作胎的工艺。其以白陶作胎，降低胎土内铁元素的含量，也有利于釉色的生成。这些釉陶分为单色与复合色两类。单色釉彩是以单一的黄彩或绿彩装饰。复合色是两类或以上不同的釉彩用以产品的装饰，雕塑类的生产多施以复合色釉（图23）。

低温彩釉装饰也运用于其他产品。大街窑所生产的绞胎陶器以黄釉为装饰，属于低温陶器类型（图25）。由于大街窑生产的三彩陶器、低温陶器的数量较多，推断应具有专门生产低温陶器的窑炉，区别于烧制瓷器的高温窑炉。但由于生产的时间较短，所发现产品器类较少。

图25　博山出土黄釉绞胎碗
（采自《中国出土瓷器全集》）

2. 技术来源

“右副元帅宗辅伐宋，徇地淄、青”[23]。北宋晚期，淄川的窑业生产受到战争的影响，发生了中断。至金代，社会环境稳定后，外地工艺技术的传入，导致大街窑址、磁村窑址的生产得到恢复，技术也有所改变。

大街窑生产三彩陶器的工艺技术来源于北宋三彩陶器，北宋三彩陶器在胎体上刻、划纹饰，纹饰内部施以釉彩[24]。博山大街窑址三彩陶器的釉彩装饰运用不及北宋三彩陶器丰富，生产三彩陶器的成型技术以模印技术为主，区别于北宋三彩釉陶成型工艺，釉陶三彩装饰纹饰均以模印印花，与北宋三彩的刻、划纹饰相区别。河南、山西地区金代窑口所生产三彩陶器的装饰工艺继承北宋时期三彩釉陶，先于胎体上刻、划纹饰，再于纹饰内进行釉彩装饰。博山大街窑生产釉陶三彩的工艺技术吸收北宋三彩陶器的釉药配方工艺，彩料直接施于器物之上，并不以刻、划纹饰区分施釉的区域，应为博山大街窑址本地所产生的施釉工艺技术。

大街窑址、磁村窑址、坡地窑址分布于淄博地区，其中磁村窑址、坡地窑址未发现三彩陶器，表明处于同一区域的窑址，生产的产品装饰工艺也具有区别。磁州观台窑址发现大量的模具（图26）与三彩陶器，其中，模具与磁村窑窑具相近，表明磁村窑模印成型技术或许受到磁州窑工艺技术的影响。

博山大街窑址釉陶三彩产品的装饰工艺技术继承北宋三彩的釉药配方与施釉工艺，由于本地区釉陶装饰工艺的限制，产品仅有黄、绿、白三类釉彩装饰，其中以黄、绿两色釉彩为主。金代三彩陶器生产工艺与瓷器相比，生产的成本较低。原因在于：三彩釉陶以模印工艺成型，有利于产品的大量生产。而瓷器产品多为拉坯成型，制作成本相对较高，由于瓷器工艺复杂，烧制温度的要求较高，导致其生产的成品率较低。

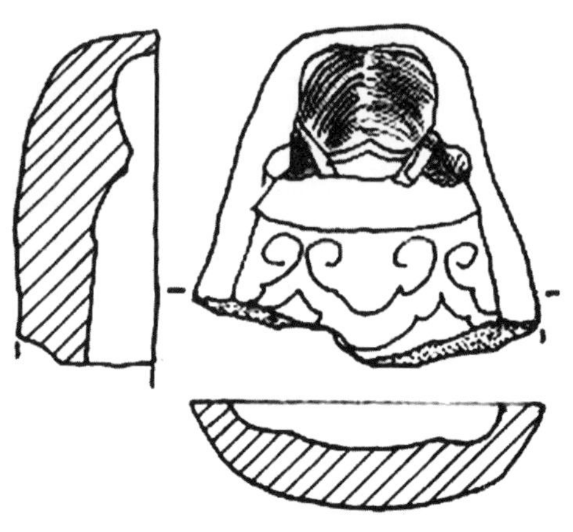

图26 磁州窑址出土印模
（采自《观台磁州窑》）

（四）红 绿 彩

红绿彩属于金元时期北方地区窑业生产中的特色装饰工艺。日本东京国立博物馆藏红绿彩碗的底部具有墨书款识："泰和元年二月十五日记"，为至今发现的生产年代最早的产品，推断红绿彩瓷器的创烧年代不晚于金泰和元年，与磁州观台窑址红绿彩瓷器的胎色与彩料相同，推断其产生于观台窑[25]。观台窑为磁州窑系的中心窑址，产品类型相对其他瓷窑丰富。红绿彩瓷遗物发现于观台窑址（图28），其地层的形成年代为海陵王"天德元年"到宣宗"兴定四年"[26]。

磁州观台窑址临近德州窑，德州窑址采集了部分红绿彩瓷器[27]，其中雕塑瓷器的发现数量较多（图29、图30）。产品以白釉瓷器为主要装饰对象，釉上施以红绿彩绘。淄川磁村窑址第五期、枣庄中陈郝窑址第五期发现的红绿彩瓷器都与磁州观台窑址瓷器较为相似。

1. 工艺特征

红绿彩瓷器分为实用器和雕塑两类，但在山东地区的德州窑址、磁村窑址、中陈郝窑址皆仅发现有雕塑遗物，而不见实用器。德州窑生产的雕塑器皿多以白釉瓷进行加彩，或在

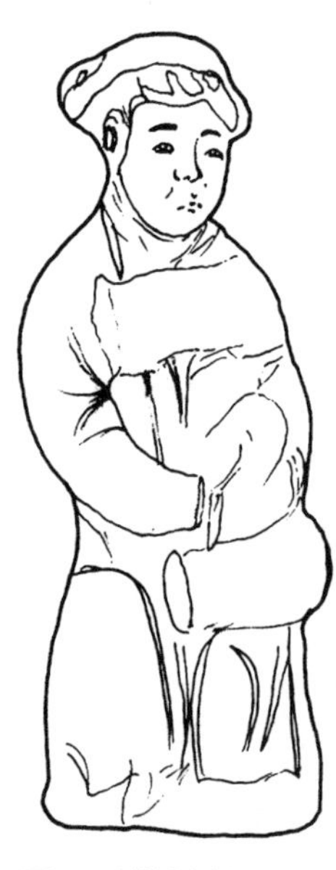

图27 淄川磁村窑址出土红绿彩瓷佣
（采自《山东淄博市淄川区磁村古窑址试掘简报》）

图28 磁州窑址出土红绿彩瓷佣
（采自《故宫博物院藏中国古代窑址标本·河北》）

图29 德州窑址采集红绿彩素胎人物佣
（由德州博物馆提供）

图30 德州窑址采集绿彩狮形器
（由德州博物馆提供）

白地黑花瓷器上施以彩绘（图30），增加产品的装饰纹饰。塑像类瓷器的成型工艺以模印成型，入窑烧制素瓷（图29），再施以彩绘，为二次入窑烧造。塑像底部通常留有气孔，目的是保证器物烧制中的气压的平衡，防止产生胎裂和变形等烧造缺陷。红绿彩瓷器的生产需要二次入窑，第二次入窑的烧制温度低于第一次，以防止窑裂等工艺缺陷。由于需要二次入窑烧制，所以成品率相对较低。红绿彩瓷器使用的釉上彩料，以铅作助熔剂，降低釉彩的烧结温度。其中釉上红彩、黄彩是以铁为呈色剂，釉上绿彩是以铜为呈色剂。

2. 生产年代

山东成武宝西村房址发现的红绿彩瓷器的生产年代相对较早，具有墨书款题记“泰和三年”[28]。但对于红绿彩瓷器的生产窑址并不明确。德州窑址发现的红绿彩器表书写有泰和、正大年号款识[29]，表明其生产下限为金代泰和时期，与观台窑址红绿彩瓷器的年代相近，或晚于观台窑的生产年代。本地区窑址不具备原生的釉上彩绘工艺，红绿彩的产生，应为借鉴磁州窑的工艺。磁州窑址所发现的红绿彩瓷器的器形与彩料，与本地窑址相近，但生产年代早于本地。由此，考古发现表明本地区窑口生产红绿彩瓷器上限为金代泰和时期，由于未发

图31　上海博物馆藏德州窑址红绿彩冠帔女像
（由上海博物馆提供）

图32　磁村窑址出土的红绿彩人物俑
（采自《故宫博物院藏中国古代窑址标本·河北》）

现元代时期的产品，推断其生产年代集中于金代。

二、与磁州窑址出土瓷器比较

磁州窑址所发现瓷器的装饰工艺具有多种类型，其中白釉刻花、划花技术产生于北宋中期，白地黑花、粉杠、青釉印花技术则产生于北宋晚期[30]（表3）。淄川磁村所见白釉刻花瓷器的生产年代为北宋晚期，白地黑花瓷器为金代。

表3　窑址的主要装饰工艺类型

窑址名称	生产年代	产品主要类型
淄川磁村窑址	北宋早期至元代	白釉刻花、白釉划花、青釉、绞胎、白地黑花、红绿彩
博山大街窑址	金、元时期	白釉刻花、白釉划花、青釉、绞胎、釉陶三彩、白地黑花、红绿彩
博山坡地窑址	金、元时期	白釉刻花、白釉划花、青釉、绞胎、釉陶三彩、白地黑花、红绿彩
德州窑址	北宋晚期至元代	白釉刻花、白釉划花、白地黑花、红绿彩
泰安中淳于窑址	北宋早期至元代	青釉、白釉刻花、白釉划花、白地黑花
枣庄中陈郝窑址	北宋早期至元代	白釉刻花、白釉划花、青釉、绞胎、白地黑花、红绿彩
宁阳西太平窑址	北宋时期	白釉刻花、白釉划花、青釉

山东地区的传统瓷器装饰工艺中，并无釉下黑彩彩绘、釉上红绿彩等技术。从淄川磁村、枣庄中陈郝等地生产瓷器的特征来看，其器形特征、装饰工艺与磁州窑所见者相似（表4）。这也表明，山东地区新见瓷器成型、装饰等工艺技术，是来源于磁州窑。之后至金代，磁州窑相关技术继续影响本地，但又与磁州窑产品有所区别。如淄川磁村产粉杠瓷器的器形较小，堆塑线条呈黄色；白釉刻、划花装饰纹饰较磁州窑产品简略（图33）。磁州窑址瓷器产品的胎色呈白色，本地产瓷器胎的含铁量较高，胎色呈灰白色。金代，磁村窑址白地黑彩瓷器彩料与磁州窑白地黑彩瓷器彩料的呈色相同，绘画的图案纹饰相近。磁州窑白地黑花鱼藻纹大盘，盘中心绘画有鱼藻纹，除了鱼身方向与磁村窑产品相区别外，其分层装饰的工艺技法，以及辅助纹饰与磁村窑相同；淄博地区窑址发现的白釉炉、白釉双系罐的器形也与磁州窑相近；表明金代淄博窑业技术受到磁州窑的深入影响。元代，磁州窑生产的白地黑花瓷器的彩料呈色为褐色，而淄博地区窑口生产瓷器的彩料呈色亦与磁州窑相同（图34）。表明金元时期磁州窑一直对本地的装饰技术有所影响。

自北宋晚期起，磁州窑生产技术开始影响山东地区。虽然并未彻底改变本地的工艺传统。但导致本地传统生产技术走向衰落。北宋晚期，本地区除淄博外，所生产瓷器种类与工艺技术单一。正是在此阶段，形成以淄川磁村、博山大街、淄川坡地、巩家坞等为中心的窑址群，相关的瓷器制作工艺与磁州窑相近，但产生年代相较为晚（表5）。

《中国陶瓷史》中，按工艺、釉色、造型、装饰的差异，将宋代窑口分为六大体系[31]。这也是依据生产工艺技术、装饰手段进行的初步分类。在一定的时间范围内，不同窑址的主要产品类型具有一定的共性特征，可以组成为一类窑系。[32]由于不同时期窑系内部的窑口所生产瓷器的器类与装饰工艺特征有所变化，所以将窑系生产具有装饰工艺共性的瓷器产品限

表4　磁州窑址与山东地区窑址主要产品工艺类型

	生产年代	黑釉线条罐	白地黑彩瓷盆	白釉灯	印花瓷器残片	白釉双系罐
磁州窑址	北宋晚期	1	3	6	8	10
磁村窑址	金代	2	4	7		11
博山大街窑址	金代				9	
枣庄中陈郝窑址	金代		5			

图33　淄川磁村窑址采集白釉刻花残片标本
（采自《山东淄博磁村窑址调查》）

图34　元代磁州窑瓷罐
（采自《故宫博物院藏中国古代窑址标本·河北》）

制在一定的生产时期内，作为窑系生产的主流瓷器产品。

表5　磁州窑址与磁村窑址瓷器装饰工艺的产生年代

	装饰工艺类型	产生年代
磁州窑址	白釉刻、划花	北宋中期
	红绿彩	海陵王“天德元年”到宣宗“兴定四年”
	白地黑花	北宋晚期
淄川磁村窑址	白地黑花	金代初期
	红绿彩	泰和三年之后
	白釉刻、划花	北宋晚期

北宋晚期至元代，本地区窑业产品装饰工艺主要以白釉刻花、划花、剔花、红绿彩、釉陶三彩、白地黑花等为主，而以上工艺技术借鉴或来源于磁州窑。淄博地区窑口的工艺技术，是建立在本地青釉瓷、白釉瓷的生产基础之上。其生产的瓷器器类、装饰工艺与磁州窑产品多相近，主要区别仅在于制瓷原料就近取材，生产种类较磁州窑为少，所以本地窑口也可以归属于磁州窑系。

三、装饰工艺的演变原因

（一）磁州窑装饰工艺的传入

北宋早中期，本地生产以青釉瓷、白釉瓷产品为主[33]。北宋晚期，窑业生产的产品工艺类型趋于丰富。德州窑址、磁村窑址发现具有模仿磁州窑的大量瓷器遗存，而中陈郝窑址保留了部分原有的产品器类与装饰工艺，表明磁州窑对中陈郝窑的影响较少。北宋时期，磁州窑窑业生产工艺技术向磁村窑传播，其产品在山东地区销售并有所流行，对磁村窑址产品的对外销售产生了明显阻碍。

北朝晚期以来，本地窑业生产技术一直受到河北地区窑址影响。北宋晚期，磁州窑工艺技术的传入，与淄博地区原有的生产白釉瓷的工艺基础相关。金元时期，山东窑址除模仿磁州窑产品，也具有鲜明的本地工艺特征。原因在于：磁州窑址技术传播仅为部分瓷器种类的生产工艺。其次，本地区制瓷原料、原有的生产工艺基础与磁州窑相区别。

北宋金元时期，本地区窑业生产一直受到磁州窑影响，装饰工艺的演变与磁州窑瓷器向本地区的销售以及装饰工艺的传入有关。

（二）适应周边消费的需求

北宋早中期，南、北方的窑业产品已销售至山东地区，出土的北宋瓷器种类有：景德镇窑、耀州窑、磁州窑等多处窑址的产品。[34]本地区北宋晚期窑业生产的瓷器种类较少，窑址分布相对分散，其中以淄博地区的窑址分布集中。与磁州窑系的其他窑址相比，不具备生产优势。

由于外域窑口的瓷器产品大量运输至山东境内，对本地产品的销售起到阻碍作用，本地瓷器产品多流布于窑址的周边区域，从而模仿磁州窑生产工艺。其原因在于：与磁州窑产品相比，本地产品的质量及装饰工艺较差，而利用获取资源的便利以及运输条件来减少成本，但对外销售不具备优势条件，不能与外地窑口的产品相竞争。

注释

[1] 李辉柄：《磁州窑遗址调查》，《文物》1964年第8期。

[2] 中国硅酸盐学会主编：《中国陶瓷史》，文物出版社，1982年，第239～240页。

[3] 陈杰：《略谈宋元时期山东地区瓷器手工业的磁州窑因素》，《华夏考古》2006年第4期。

[4] 淄川磁村窑址北宋晚期地层中发现白釉刻花瓷器产品遗存。山东淄博陶瓷史编写组：《山东淄博市淄川区磁村古窑址试掘简报》，《文物》1978年第6期。

[5] 山东淄博陶瓷史编写组：《山东淄博市淄川区磁村古窑址试掘简报》，《文物》1978年第6期。

[6] 山东淄博陶瓷史编写组：《山东淄博市淄川区磁村古窑址试掘简报》，《文物》1978年第6期。

[7] 山东淄博陶瓷史编写组：《山东淄博市淄川区磁村古窑址试掘简报》，《文物》1978年第6期。

[8] 淄博市博物馆：《淄博市博山大街窑址》，《文物》1987年第9期。

[9] 淄博市博物馆：《淄博市博山大街窑址》，《文物》1987年第9期。

[10] 淄博市博物馆：《淄博市博山大街窑址》，《文物》1987年第9期。

[11] 北京大学考古学系、河北省文物研究所、邯郸地区文物保管所：《观台磁州窑》，文物出版社，1997年。

[12] 山东淄博陶瓷史编写组：《山东淄博市淄川区磁村古窑址试掘简报》，《文物》1978年第6期。

[13] 山东淄博陶瓷史编写组：《山东淄博市淄川区磁村古窑址试掘简报》，《文物》1978年第6期。

[14] 淄川磁村窑址、枣庄中陈郝窑址金代地层中发现白地黑花瓷器标本，德州窑址、泰安中淳于窑址白地黑彩瓷器标本为采集，其生产工艺与淄川磁村窑标本相比具有共性特征，应为金代所生产。

[15] 南阳地区文物队等：《河南方城金汤寨北宋范致祥墓》，《文物》1988年第11期。

[16] 山东淄博陶瓷史编写组：《山东淄博市淄川区磁村古窑址试掘简报》，《文物》1978年第6期。

[17] 陈尧威、郭演仪、刘立忠：《磁州窑黑褐彩瓷用原料研究》，《景德镇陶瓷学院学报》1988年第1期。

[18] 山东大学历史系考古专业、枣庄市博物馆：《山东枣庄中陈郝瓷窑址》，《考古学报》1989年第3期。

[19] 淄博市博物馆：《淄博市博山大街窑址》，《文物》1987年第9期。

[20] 淄博市博物馆：《淄博市博山大街窑址》，《文物》1987年第9期。

[21] 淄博市博物馆：《淄博市博山大街窑址》，《文物》1987年第9期。

[22] 淄博市博物馆：《淄博市博山大街窑址》，《文物》1987年第9期。

[23] （元）脱脱：《金史》卷三，中华书局，1975年，第58页。

[24] 孙新民：《综论宋三彩》，《中原文物》1998年第3期。

[25] 秦大树：《河北省磁县观兵台古瓷窑遗址调查》，《文物》1990年第4期。

[26] 北京大学考古学系、河北省文物研究所、邯郸地区文物保管所：《观台磁州窑》，文物出版社，1997年。

[27] 朱国庆：《山东德州窑及红绿彩产品的新发现》，《收藏》2007年第11期。

[28] 苏鸣：《成武出土金代五彩瓷人》，《文物》1993年第11期。

[29] 朱国庆：《山东德州窑及红绿彩产品的新发现》，《收藏》2007年第11期。

[30] 秦大树：《河北省磁县观兵台古瓷窑遗址调查》，《文物》1990年第4期。

[31] 中国硅酸盐学会编：《中国陶瓷史》，文物出版社，1980年，第229页。

[32] 刘毅：《论“窑系”》，《中国古陶瓷研究》第八辑，紫禁城出版社，2002年，第155～164页。

[33] 山东淄博陶瓷史编写组：《山东淄博市淄川区磁村古窑址试掘简报》，《文物》1978年第6 期。

[34] 张元：《山东地区宋金墓葬出土瓷器研究》，对山东地区宋金墓葬出土的各窑址瓷器数量做过统计。张元：《山东地区宋金墓葬出土瓷器研究》，山东大学硕士学位论文，2014年。

1. 北宋灰褐地划花镶嵌花卉纹枕

2. 北宋灰褐地刻划镶嵌鹿鹤莲花纹银锭枕

1. 辽灰褐地划花镶嵌花卉纹钵标本

2. 青瓷铁画牡丹唐草纹长鼓

彩版三

1. 冶子窑黄釉印花标本

2. 冶子窑黄釉印花标本

3. 冶子窑黄釉印花标本

4. 冶子窑黄釉印花标本

5. 冶子窑黄釉印花标本

6. 冶子窑黄釉印花标本

1. 列山窑三彩五足炉

1. 北宋潮州笔架山窑青白釉佛像

1. 元代雷州窑褐彩凤鸟纹荷叶盖罐

1. 元青花花卉纹盘

2. 龙泉窑青釉花卉纹罐

1. 空王祠正殿正吻

1. 小西天大雄宝殿正吻

1. 真泽二仙宫正吻